公羊義疏

四部備要

經部

上海中華書局據南菁書院續經解本校刊

桐鄉陸費逵總勘
杭縣高時顯
吳汝霖輯校
杭縣丁輔之監造

公羊義疏一

南菁書院

句容陳立卓人著

隱元年

正月

春秋公羊經傳解詁隱公第一　何休學　疏

阮氏元公羊校勘記云釋文唐石經同閩監毛本改

此低一格非舊疏云按舊題云春秋隱公經傳解詁第一公羊何氏則云春秋者一部之總名隱公者魯侯之諡號經傳雜縟之稱解詁者何所自目第一者無先之辭公羊者傳之別名何氏者邵公之姓也今定本則升公羊字在經傳上退隱公字在解詁之下未知自誰始也臧氏琳經義雜記云詩正義毛詩國風云詩者一部之大名國風者十五國之總稱不冠於周南之上而退在下者按鄭注三禮周易中候尚書皆大名在下孔安國馬季長盧植王肅之徒其所注莫不皆然然則本題自然非注者移之定本亦然當以皆在第一足得總攝故也班固之作漢書陳壽之撰國志亦大名在下蓋取法於經典也按周禮注疏天官冢宰第一下有周禮二字在鄭氏注之上儀禮注疏亦然賈公彥云儀禮者一部之大名士冠者當篇之小號退大名在下者取配注之義故也孔氏禮記正義云禮記者一部之大名曲禮者當篇之小目既題曲禮於上故著禮記於下以配注耳此鄭注三禮大題在下之證其周易尚書雖亡据三禮可類推也公羊解云舊題云春秋隱公經傳解詁第一公羊何氏則公羊傳亦本隱公小題在上公羊大題在下定本誤改故唐人多從之春秋正義引服虔注題云隱公左氏傳解詁第一左氏傳三字亦當退下漢人必不改舊例蓋亦後人

升之耳孔安國書傳雖出於魏晉據詩正義知猶取法於漢儒故尙書音義載堯典第一於上虞書於下正義則加古文尙書四字於堯典上蓋承二劉之舊也杜注左傳題云春秋經傳集解隱公第一此非特以大題加小題之上且以己所題集解之名亦加於小題之上矣故范注穀梁傳題云春秋穀梁傳隱公第一王弼周易注題云周易上經乾傳第一並與杜氏同也魏晉之儒一如何晏論語郭璞爾雅釋文本皆小題在上尙依漢儒之舊小題所以在上者以當篇之記號欲其顯也大題所以在下者總攝全書之意也五經並然或見毛詩國風在周南關雎詁訓傳之下便云小毛公加毛詩二字又云河間獻王所加非也賈孔並云在下以配注亦非按宋嚴州本儀禮亦題士冠禮第一儀禮鄭氏注與開成石經同則猶有古本之遺也今以阮氏所刻十行本爲本故仍循其舊舊疏又云何休學今按博物志曰何休注公羊云何休學有不解者或答曰休謙詞受學於師乃宣此義不出於己此言爲允是其義也校勘記臧禮堂曰何氏題何休學非也杜預解左傳止題杜氏趙氏孟子章句止題趙氏古人謙遜不欲自表其名但著氏族俾可識別耳按唐石經桓公第二何休學原刻作何氏後磨改作何休据疏引博物志則晉時本已稱何休休學矣閩監毛本何休學三字在此題下此本移於疏後非也元板同按廣雅釋詁學識也御覽引論語識云此學者識也蓋謂有所得即識之釋文學者言爲此經之學即注述之意也蓋魏晉間本有稱何休學或何氏當時不敢自稱注述謙言學耳然漢世均不表名如鄭氏三禮毛詩止題鄭氏則應題何氏學矣而本傳云作公羊解詁則解詁是其書之正名故今題解詁云拾遺記何休木訥多智三墳五典陰陽算術河洛讖緯及遠年古諺歷代圖籍莫不成誦也門徒有問者則爲注記而口不能說作左氏膏肓公羊墨守穀梁廢疾謂之三

關言理幽微非知機藏德不可通焉今按春秋者三統曆云春爲陽中萬物以生秋爲陰中萬物以成舊疏引賈服依此以解春秋之義何氏與賈服不異亦以爲欲使人君動作不失中也又引春秋說云始於春終於秋故曰春秋也舊疏又云舊云春秋說云哀十四年西狩獲麟作春秋九月書成以其書春作秋成故云春秋也者非也何者莊七年傳不修春秋曰何注不修春秋謂史記也古者謂史記爲春秋則孔子未修之時已名春秋何言孔子修之春作秋成乃名春秋乎按左傳昭二年韓宣子聘魯見易象與春秋又墨子明鬼篇著在周之春秋著在燕之春秋著在齊之春秋又云古者聖王必以鬼神爲其務鬼神厚矣又恐後世子孫不能知也故書之竹帛傳遺後世子孫竹帛蓋即春秋言古者聖王則不必孔子乃名春秋矣隱公者魯世家名息姑伯禽七世孫惠公弗皇子平王四十九年即位周書謚法解云隱拂不成曰隱春秋託始於隱故以隱公爲首經傳者白虎通五經篇五經何謂易尚書詩禮春秋也又云經者常也定元年注傳謂訓詁漢書古今人表注傳謂解說經義者也解詁者釋文云佳買反下音古訓也按賈逵注左傳國語名解詁也公羊者傳者姓氏舊疏引說題詞云傳我書者公羊高也公羊高子夏弟子五傳而著竹帛弟子不敢斥言師名故以氏傳也第一者第次也舊以一公爲一卷閔公附於莊公之末齊氏召南注疏考證云按隋志漢諫議大夫何休撰公羊解詁十一卷而唐志作十三卷以陸氏釋文證之則本十二卷隋志作十一卷唐志作十三卷皆筆畫之誤耳但今注疏本作二十八卷不知分自何人按閔公未注云繫閔公篇于莊公下者子未三年無改於父之道傳曰爲其封內三年稱子緣孝子之心則三年不忍當也則何氏自十一卷也當以隋志爲正錢氏大昕答問云問漢志春秋古經十二篇經十二卷經十二卷下注

云公羊穀梁二家而古經十二篇注無明文所謂古經者何經也曰按劉歆移太常博士書稱春秋左氏邱明所傳皆古文舊書許愼說文序云孔子書六經左氏邱明述春秋傳皆以古文江式云北平侯張蒼獻春秋左氏傳書體與孔氏相類卽前代之古文然則志所稱者左氏經也鄭司農周禮注云古文春秋經公卽位爲公卽立先鄭傳左氏其所稱古文經亦必左氏之經也按兩漢經師以春秋左氏詩毛氏禮周禮均稱古文則漢志所稱古經十二卷爲左氏無疑公穀爲今文故止稱經然公羊實止十一卷宋本猶然則十二卷或涉上古經篇目而誤又按公羊舊疏不知何人所著洪氏頤煊讀書叢錄云公羊疏不著撰人名氏或云徐彥不知何時人宋董逌謂當在貞元長慶之後頤煊按疏中引爾雅孫炎注郭璞書序長義孝經疏之類皆唐以前本疏司空掾云若今之三府掾三府掾亦六朝時有之至唐以後則無此稱矣此疏爲梁齊閒舊帙無疑校勘記序云徐彥疏唐志不載崇文總目始著錄亦無撰人名氏宋董逌云世傳徐彥所作其時代里居不可得而詳矣王鳴盛云卽北史之徐遵明不爲無見也蓋其文氣似六朝人不似唐人所爲者郡齋讀書志書錄解題並作三十卷世所傳本乃止二十八卷其參差之由亦無由考也姚氏範援鶉堂筆記隋唐閒不聞有三府掾亦無三府之稱意者在北齊蕭梁之前乎此疏有解有問答隋志有鮮于照春秋公羊解序一卷未知何時人又云梁有孔衍公羊集解十四卷按孔衍傳不言解公羊又云梁有公羊傳問九卷荀爽問魏安平太守徐欽答又晉車騎將軍庾翼問王愆期答其書在隋並亡而唐志有之今疏中有問答未知爲徐爲王然此疏不類魏晉閒人語又內引家語家語出於王肅疑非欽所得引蓋此爲王愆期語按問答語甚精贍必非隋唐人作或卽舊疏人所述與又公羊傳文初不與經連綴漢志各

自爲卷孔穎達詩正義云漢初爲傳訓者皆與經別故蔡邕石經公羊殘碑無經解詁亦但釋傳也分經附傳大抵漢後人爲之開成石經始取而刻石爲杜預左傳序云分經之年與傳之年相附是杜氏前左氏亦經傳各別也按公羊家舊有三科九旨舊疏問曰春秋說云春秋設三科九旨其義如何答曰何氏之意以爲三科九旨正是一物若總言之謂之三科科者段也析而言之謂之九旨者意也故何氏作文謚例云三科九旨者新周故宋以春秋當新王此一科三旨也又云所見異詞所聞異詞所傳聞異詞二科六旨也又內其國而外諸夏內諸夏而外夷是三科九旨也問曰宋氏之注春秋說三科者一曰張三世二曰存三統三曰風外內是三科也九旨者一曰時二曰月三曰日四曰王五曰天王六曰天子七曰譏八曰貶九曰絕時與日月詳略之旨也王與天王天子是錄遠近親疏之旨也譏與貶絕則輕重之旨也舊疏引文謚例又云此春秋五始三科九旨七等六輔二類之義以矯枉撥亂爲受命品道之端正德之紀也又云五始者元年春王正月公卽位是也七等者州國氏人名字子是也六輔者公輔天子卿輔公大夫輔卿士輔大夫京師輔君諸夏輔京師是也二類者人事與災異是也又引春秋說春秋書有七缺惠公妃匹不正隱桓之禍生是爲夫之道缺文姜淫而害夫爲婦之道缺大夫無罪而致戮爲君之道缺臣而害上爲臣之道缺僖五年晉侯殺世子申生襄二十六年宋公殺其世子痤殘虐枉殺其子爲父之道缺文元年楚世子商臣弒其君髡襄三十年蔡世子般弒其君固是爲子之道缺桓八年正月己卯烝桓十四年八月乙亥嘗僖三十一年夏四月四卜郊不從乃免牲猶三望郊祀不修周公之禮缺是爲七缺春秋緯多與公羊說比附故鄭氏謂孔子所欲改先王之法陰書于緯藏之以備後世公羊由子夏口授傳之孔子故聖

人改周受命之制惟公羊得其傳焉後世惟說三科九旨有異孔氏廣森著公羊通義遺何氏而雜用宋氏其說云春秋之為書也上本天道中用王法而下理人情不奉天道王法不正不合人情王法不行天道者一曰時二曰月三曰日王法者一曰譏二曰貶三曰絕人情者一曰尊二曰親三曰賢此三科九旨既布而一裁以內外之異例遠近之異辭錯綜酌劑相須成體是也

元年春王正月

疏錢氏大昕養新錄云春秋正義於十二公之首必云是歲歲在某次因此可知太歲所在此必舊儒相承之舊文非孔沖遠所能及也如隱元年歲在豕韋太歲當在甲寅今曰己未桓元年歲在元枵太歲當在乙丑今曰庚午莊元年歲在鶉火太歲當在癸未今曰庚子案莊公即位三十二年以常率計之當在甲寅歲星應在豕韋而春秋正義云閔公元年歲在大梁依三統術莊二十三年入歲星數正在超辰之限太歲超乙巳入丙午歲星亦超實沈入鶉首矣算至莊末歲星已至降婁則閔公初年正在大梁也此非精於算術者不能知孔氏於三統元起丙子之故全然未曉轉信虞恭諸人說以庚戌為上元詩疏所引之三統術率與本術不合安能精思及此又閔元年歲在大梁太歲當在丙辰今曰庚申傳元年歲在鶉首太歲當在戊午今曰壬戌文元年歲在降婁太歲當在辛卯今曰乙未宣元年歲在壽星太歲當在己酉今曰癸丑成元年歲在降婁太歲當在丁卯今曰辛未襄元年歲在壽星太歲當在乙酉今曰己丑昭元年歲在大梁太歲當在丙辰今曰庚申昭十五年距莊公二十三年百四十四歲又值超辰之限歲星超鶉首入鶉火太歲超庚午入辛未服子慎所謂有事于武宮之歲龍度天門是也自此年歲在鶉火算至三十二年正在星紀故有越得歲而吳伐之之占又定元年歲在元枵太歲當在己丑今曰壬辰哀元年歲在大梁太歲當

在甲辰今曰丁未春秋二百四十二年太歲干支與今人所推不同前後亦分三段自莊二十三年以前相差五辰如隱元年本甲辰而今人以爲己未是也昭十五年以前相差四辰如襄二十一年本乙巳而今人以爲己酉是也昭十五年以後相差三辰如哀十六年本己未而今人以爲壬戌是也按春秋緯言孔子爲春秋退而修殷曆是春秋實用殷曆殷術起甲寅元以三統術校之周公六年入第七蔀戊午至春秋隱元年爲癸酉蔀之十年癸酉蔀首歲爲庚戌則其十年爲己未後漢志載馮光陳晃上言曆元不正宜改甲寅元而其所說積年以爲開闢至獲麟二百七十五萬九千八百八十六歲則獲麟之歲值十五蔀庚午之二十二年庚午首歲爲戊戌則二十二年爲己未隱元年當爲戊午與三統所載殷曆差一歲耳何氏又以黃帝術辛卯爲元元歲既差蔀法亦異其注襄二十一年爲歲在己卯循以上考下求則隱元年爲己丑哀十四年爲庚寅矣或疑己卯爲己酉之形近而譌史記三代世表云孔子因史文次春秋紀元年正時日月蓋其詳哉至於序尚書則略無年月或頗有然多闕不可錄故疑則傳疑蓋其慎也今取殷曆以爲蔀分年紀取四分日法閏法以排纂日月就經文所錄月朔日辰攷之其有不合則蓋闕焉

元年者何【注】諸据疑問所不知故曰者何【疏】校勘記云宋余仁仲本同閩本監本毛本元上增傳字非通書並同左傳經傳首皆有經傳字係杜氏所增杜氏分經繫傳故綴經傳以別之孔疏云公羊穀梁二傳年上皆無經傳字可證○注諸据至者何○通義云按春秋本公羊子口受說於子夏以傳其子平平傳地地傳敢敢傳壽凡五世至漢景帝時乃與齊人胡毋子都著於竹帛以先師口相授受解釋其義故傳皆爲弟子疑問之詞諸疑或直問所不知卽曰者何曰孰謂

或据彼難此則知曷爲何以其言某何此何以書之等何氏各於當文目其所据焉段氏玉裁經韻樓集云喪服疏傳曰者不知誰作皆云孔子弟子卜商所爲按公羊高是子夏弟子公羊傳有云者何何以曷謂孰謂之等今此傳亦云者何何以孰謂曷爲弟子卻本先師此傳得爲子夏所作也廣雅序引春秋元命包言子夏問夫子作春秋不以初哉首基爲始何是當作春秋時弟子見以元爲始已疑不能明矣舊疏云諸据有疑理而問所不知者曰者何僖五年秋鄭伯逃歸不盟之下傳云不盟者何注据上言諸侯鄭伯在其中弟子疑故執不知問成十五年仲嬰齊卒之下傳云仲嬰齊者何注云疑仲遂後故問之是也若据彼難此即或言曷爲或言曷以或單言何即下傳云曷爲先言王而後言正月注据下秋七月天王先言月而後言王公何以不言即位注云据文公言即位也何成乎公之意注据刺欲救紀而後不能是也而舊解云案春秋上下但言曷爲與何皆有所据故何氏云諸据疑者皆無所据故云問所不知故曰者何也者按注明云諸据非疑則明有所据矣特疑而未知故有待於問也舊解非

君之始年也注以常錄即位知君之始年君魯侯隱公也年者十二月之總號春秋書十二月稱年是也變一爲元元者氣也無形以起有形以分造起天地天地之始也故上無所繫而使春繫之也不言公言君之始年者王者諸侯皆稱君所以通其義於王者惟王者然後改元立號春秋託新王受命於魯故因以錄即位明王者當繼

天奉元養成萬物

疏 爾雅釋詁云元始也本此文選注引元命包云元年者何元宜為一謂之元何君之始年也○注以常至始年○舊疏云正以桓文宣成襄昭及哀皆云元年春王正月公即位故曰以常錄即位知君之始年按定書即位雖非正月亦在元年○注君魯侯隱公○史記魯世家云惠公卒長庶子息攝當國行君事是為隱公舊疏引春秋說云周五等爵法五精公之言公公正無私侯之言候候逆順兼伺候王命按周制公九命侯伯七命子男五命臣子言於其國內皆稱公故侯者魯之正爵公者臣子之私尊故云魯侯隱公也○注年者至是也○爾雅釋天云周曰年按彼云夏曰歲商曰祀春秋改周之文仍据周言年者年祀之稱無繫於改制也北堂書鈔引元命包云冬至百八十日春夏成夏至百八十日秋冬成合三百六十日歲數舉注舉猶備也是為十二月總號也春秋書十二月即下書十有二月之屬是也說文總聚束也俗作揔校勘記謂毛本即揔改總為非蓋誤○注變一至始也○此明下有二年三年此不稱一年之意舊疏引春秋說云元者端也氣泉注云元為氣之始如水之有泉泉流之源又云無形以起有形以分窺之不見聽之不聞宋氏云無形以起在天成象有形以分在地成形也意謂天地皆一元故曰天地之始也劉氏逢祿解詁箋云易上象大哉乾元萬物資始子夏傳元者始也左氏云元者大也董子云春秋謂一為元者示大始而欲正本也漢志曰太極元氣函三為一三者三才一即乾元也三才之道皆統於天謂之元元以為道生天地老氏之說也繁露玉英云謂一元者大始也知元年志者大人之所重小人之所輕是故治國之端在正名名之正興五世五傳之外美惡乃形可謂得其真矣又王道云春秋何貴乎元而言之元者始也言本正也道王道也王者人之始也王正則元氣和順風雨時景星見

黃龍下王不正則上變天賊氣并見五帝三皇之治天下不敢有君民之心什一而稅教以愛使以忠敬長老親親而尊尊不奪民時使民不過歲三日民家給人足無怨望忿怒之患強弱之難無讒賊妬嫉之人民修德而美好被髮銜哺而游不慕富貴恥惡不犯父不哭子兄不哭弟毒蟲不螫猛獸不搏抵蟲不觸故天為之下甘露朱草生醴泉出風雨時嘉禾興鳳凰麒麟遊於郊囹圄空虛晝衣裳而民不犯四夷傳譯而朝民情至朴而不文郊天祀地秩山川以時至封於泰山禪於梁甫立明堂宗祀先帝以祖配天天下諸侯各以其職來祭貢土地所有先以入宗廟端冕盛服而後見先德恩之報奉元之應也又重政云唯聖人能屬萬物於一而繫之元也終不及本所從來不能遂其功是以春秋變一謂之元元猶原也其義以隨天地終始也漢書董仲舒傳臣謹按春秋謂一元之義一者萬物之所從始也元者辭之所謂大也謂一為元者視大始而欲正本也春秋深探其本而反自貴者始王氏念孫讀書雜志云漢書此傳大當為本下文視大始而欲正本也視大始承上始字言欲正本承上本字言也正以元為天地之始故以本言之也又孝武紀正作元者辭之所謂本也故元命苞曰孔子曰某作春秋始于元終于麟王道成也注故上至繫之也舊疏引春秋說云王不上奉天文以立號則道術無原故先陳春後言王天不深正其元則不能成其化故先起元然後陳春矣是以推元在春上而使春繫之義也○注不言至王者○此解傳不言公之始年義也爾雅釋詁云林烝天帝皇王后辟公侯君也是皇王公侯皆有君稱故言君則包有王者在內所以通其義於王者也故儀禮喪服云君注天子諸侯及卿大夫有地者皆稱君也今魯諸侯宜稱公之始年因欲假王於魯而又不得直稱王故渾目曰君之始年也○注唯王至立號○通義云天子諸侯通稱君古者

諸侯分土而守分民而治有不純臣之義故各得紀元於其境內而何邵公猥謂唯王者然後改元立號經書元年爲託王于魯則自蹈所云反傳違戾之失矣按公羊家以春秋託王于魯明假魯爲王者故謂唯王者然後改元立號也有何反傳違戾之有樂資春秋後傳云唯王者改元諸侯改元自汾王以前未有也萬氏斯大學春秋隨筆曰君曰元首臣曰股肱天子爲天下共主五等諸侯出作屏藩入爲卿士依然臣也一統天下咸奉正朔同軌同文安有諸侯改元之理即曰國自有史亦必大書天子之年而分繫其事何休曰必天子然後改元此說是也若然白虎通爵篇云春秋曰元年春王正月公即位改元位也王者改元即事天地諸侯改元即事社稷者蓋春秋之世容有諸侯各自紀元於其國中者如桓二年左傳云惠之二十四年惠之三十年是也春秋自論其正故云唯王者然後改元立號其實隱公即位當時自己稱元必不仍平王四十九年之稱聖人即其稱元以著王法所謂假事以託義也宋書禮志云魏明帝初司空王朗議古者有年數無年號漢初有事而改有中元後元元改彌數中後之號不足故更假取美名非古也述春秋之事曰隱公元年則簡而易知載漢世之事曰建元元年則後不見宜若古稱元而已立號者白虎通號篇云所以有夏殷周號何以爲王者受命必立天下之美號以表功自克明易姓爲子孫制也夏殷周者有天下之大號也百王同天下無以相別改制天下之大號以自別于前所以表著己之功業也必改號者所以明天命已著欲顯揚於天下也己復襲先王之號與繼體守文之君無以異也不顯不明非天意也故受命王者必擇天下之美號表著己之功業明當致施者也所以預自表克於前也按春秋託王於魯亦即立號之義也○注春秋至於魯○越絕書德序外傳記夫子作春秋記元於魯大義立史記太史公自

序云余聞董生曰周道衰廢孔子爲魯司寇諸侯害之大夫壅之孔子知言之不用道之不行也是非二百四十二年之中以爲天下儀表貶天子退諸侯討大夫以達王事而已矣子曰我欲載之空言不如見之於行事深切著明也繁露兪序云故引史記理往事正是非見王公史記十二公之間皆衰世之事故門人惑孔子曰吾因其行事而加乎王心以爲見之空言不如行事博深切明所聞之董生此爲又三代改制質文云春秋上黜夏下存周以春秋當新王春秋當新王者奈何曰王者之法必正號絀王謂之帝封其後以小國使奉祀之下存二王之後以大國使服其服行其禮樂稱客而朝故同時稱帝者五稱王者三所以昭五端通三統也又云春秋作新王之事變周之制當正黑統而殷周爲王者之後絀夏改號禹謂之帝錄其後以小國故曰絀夏存周以春秋當新王以春秋當新王不能見之空言故託之於魯所以見之行事也所謂託新王受命於魯也託王於魯非以魯爲王夫子以匹夫行褒貶之權不可無所藉故託魯爲王以進退當世士大夫正以載之空言不如行事之深切著明也繁露王道云諸侯來朝者得褒邾婁儀父稱字滕薛稱侯荊稱人介葛盧得名內出言如諸侯來曰朝大夫來曰聘王道之意也是也俗儒不得察猥以王魯之說集矢於公羊此不知春秋者也劉氏逢祿春秋釋例云王魯者卽所謂以春秋當新王也夫子受命制作以爲託諸空言不如行事之博深切明故引史記而加乎王心焉孟子曰春秋天子之事也夫制新王之法以俟後聖何以必乎魯曰因魯史之文避制作之僭祖之所逮聞唯魯爲近故據以爲京師張治本也聖人在位如日之麗乎天萬國幽隱莫不畢照庶物蠢蠢咸得繫命堯舜禹湯文武是也聖人不得位如火之麗乎地非假薪蒸之屬不能舒其光究其用天不生仲尼萬古如長夜春秋是也故曰歸明於西而

以火繼之堯舜禹湯文武之沒而以春秋治之雖百世可知也且春秋之託王至廣稱號名義仍繫於周挫強扶弱常繫於二伯且魯無可觀也郊禘之事春秋可以垂法而魯之僭則大惡也就十二公論之桓宣之弒君宜誅昭之出奔定之盜國宜絕隱之獲歸宜絕莊之通仇外淫宜絕閔之見弒宜絕僖之僭王禮縱季姬禍鄫子文之逆祀喪娶不奉朔成襄之盜天牲哀之獲諸侯虛中國以事強吳雖非誅絕而免於春秋之貶黜者鮮矣吾故曰春秋者火也魯與天王皆薪蒸之屬可以宣火之明而無與於火之德也彼范甯杜預之徒曉曉不已猶矇瞍之不可語於日月之明繼照之火也包氏慎言王魯說云春秋魯史也因魯以明王法是之謂王魯云爾王法非周之法唐虞夏殷相傳之法也周室東遷三代之綱紀文章蕩然矣上無道揆下無法守聖人不得已而作春秋以明一王之制始於麤觕極於精詳蓋以繼周氏之絕業反衰世之凌夷故曰撥亂世而反之正莫近乎春秋春秋以魯史撥周亂因曰王魯曷嘗假王號於魯哉曰非天子不改元而春秋於十二公之即位皆書元年則似假以名號矣曰桓莊以後之書元緣公也隱公庶子也仲尼庶位也隱庶而無嫡則隱當君隱讓而不居則隱無位春秋成公之意不書即位而書元年為春秋書元年為春秋之繼周書元年也元者善之長仁也體仁足以長人而長人莫善乎讓子曰能以禮讓為國乎何有隱桓之為嫡庶也微謂隱讓而隱之君國者十一年則隱之讓也亦微隱讓而弁不居讓之名以覆護桓老子曰貴以身為天下者可寄於天下愛以身為天下者可託於天下春秋新王而託之隱蓋如是爾因是而褒儀父因是而進滕薛一王初起其慕義來歸者皆王者之所與不追治其小故此元之所以為善長此王之所以為天下所歸往也又云此十二君者魯之君乎哉春秋之君也方之於周則此二百四十

二年隱公之統緒也繼世相沿而業隆太平則十二公皆筌蹄也班固曰縣象闡而桓文乖彝倫斁而憲章缺乃命元聖綴學立制宏亮洪業表相祖宗贊揚迪哲備哉粲爛真神明之式也然則春秋自為一代有祖有宗而假之於魯史公表十二諸侯云齊晉秦楚四國迭興更為伯主文武所褒大封皆威服焉孔子明王道干七十餘君莫能用故西觀周室論史記舊聞而次春秋上記隱下至哀之獲麟約其詞以制其法王道備人事浹王魯云者猶曰與於魯焉耳按包氏之說較劉氏尤為暢洽左疏引劉炫難何氏云新王受命正朔必改是魯得稱元亦應改其正朔仍用周正何也既託王於魯則是不事文王仍奉王正何也諸侯改元自是常法而云託王改元是妄說也是由昧於託王於魯為借魯以明王之義故以俗見強說也舊疏云問曰公羊以魯隱公為受命王黜周為二王後按長義云名不正則言不順言不順則事不成今隱公人臣而虛稱以王周天子見在上而黜公侯是非正名而言順也答曰春秋藉位於魯以託王義隱公之爵不進稱王周王之號不退為公何以不正名何以為不順言乎又奉天命而制作何不謙讓之有按左氏詳於事公羊重乎義春秋重義不重事明乎此可以說公羊矣〇注故因至萬物〇此解書即位於元下義也杜預云凡人君即位欲其體元以居正故不言一年一月也繁露楚莊王云春秋之道奉天而法古又重政云故春正月者承天地之所為也繼天之所為而終之也漢書魏相傳相曰天地變化必繇陰陽陰陽之分以日為紀日冬夏至則八風之序立萬物之性成各有常職不得相干明王謹於尊天慎於養人故立羲和之官君動靜以道奉順陰陽則日月光明風雨時節寒暑調和臣愚以為陰陽者王事之本羣生之命自古聖賢未有不繇者也天子之義必純取法於天地而觀於先聖書曰撫于五辰庶績其凝又董仲舒

傳元者視大始而欲正本也春秋深探其本而反自貴者始故爲君者正人心以正朝廷正朝廷以正百官正百官以正萬民正萬民以正四方四方正遠近莫敢不壹於正而無有邪氣奸其間者是以陰陽調而風雨時羣生和而萬民殖五穀熟而草木茂天地之間被潤澤而大豐美四海之內聞盛德而皆徠臣諸福之物可致之祥莫不畢至而王道終矣孔子曰鳳鳥不至河不出圖吾已矣夫自悲可致此物而身不得致也是奉元繼天善成萬物之義也

春者何 注 獨在王上故執不知問 疏 注獨在至知問○舊疏云春夏秋冬皆四時之名而夏秋冬三時常不得配王言之唯有春字常在王上故怪而問之

歲之始也 注 以上繫元年在王正月之上知歲之始也春者天地開闢之端養生之首法象所出四時本名也昏斗指東方曰春指南方曰夏指西方曰秋指北方曰冬歲者總號其成功之稱尚書以閏月定四時成歲是也 疏 後漢書郎顗傳云孔子作春秋書正月者敬歲之始也又班彪傳注春者四時之始也漢書郊祀志云古者天子常以春解祠張晏曰春者歲之始也又高帝紀拜婁敬爲奉春君張晏注同書鈔引元命包云據春者歲之始也神明推移精華紐結注神明猶陰陽也相推相移使物精華結成紐結要也舊疏云問曰注元年春王正月公即位寶是春秋之五始而傳直於元年春之下發言始而王正月下不言始何答曰元是天地之始春是四時之始王正月公即位者人事之始欲見尊重天時略於人事故也○注春者至名也○校勘記辟宋本監本同毛本辟作闢非按疏中仍作開辟釋文辟本

亦作關白虎通嫁娶篇春者天地交通萬物始生陰陽交接之時也獨斷春爲少陽其氣始出生養周禮目錄春者出生萬物漢書董仲舒傳春之所以生也天開於子地闢於丑人生於寅三正迭爲春首故爲開闢之端御覽引元命包云春含名蠢位東方動春氣明達六合俱生萬物應節注春之言蠢東之言動含出名以自明自達也惟於時爲春以其蠢動無節應此時節也禮記鄉飲酒義云東方者春春之爲言蠢也產萬物者也又乾鑿度云震生萬物東方然則震爲東方之卦東方爲仁仁有生育之義也舊疏引易說云孔子曰易始於太極太極分而爲二故生天地天地有春夏秋冬之節故生四時也春爲四時之首是以爲天地開闢之端養生之首也通義云此周之春也周人以斗杓初昏建子之月爲歲始殷人以建丑之月爲歲始夏后氏以建寅之月爲歲始尋此傳文明歲始郎謂之春非關木德之位東作之候後儒有疑子丑月不得名春者可以辨矣顧炎武曰春秋時月並書於古未之見考之尚書伊訓惟元祀十有二月乙丑成惟一月壬辰康誥惟三月哉生魄召誥三月惟丙午朏多士惟三月多方惟五月丁亥顧命惟四月哉生魄畢命惟十有二年六月庚午朏言月則不言時金縢秋大熟言時則不言月其他鐘鼎古文多如此春秋獨並舉時月者以其爲編年之史有時有月有日多是義例所存不容於闕一月也云法象所出者周禮太宰之職正月之吉始和布治於邦國都鄙乃縣治象之法于象魏使萬民觀治象是法象所出也云四時本名者凡歲首三月統名曰春不論三正同異也○注昏斗至曰冬○舊疏云皆春秋說文大戴禮夏小正云六月初昏斗柄正在上斗柄以南爲上北爲下斗柄謂斗衡六月之昏尾中南方衡當尾故南指史記天官書云衡殷南斗南斗與尾亦相近以次差之知春指東秋指西冬指北也小正又云正月初昏參中斗

柄縣在下言斗柄者所以著參之中也時猶在冬末故指北方也淮南天文訓斗指子則冬至加十五日指癸則小寒加十五日指丑則大寒加十五日指報德之維故曰距冬至四十六日而立春加十五日指寅則雨水加十五日指甲則雷驚蟄加十五日指卯中繩故曰春分加十五日指乙則清明風至加十五日指辰則穀雨加十五日指常羊之維故曰有四十六日而立夏加十五日指己則小滿加十五日指丙則芒種加十五日指午故曰有四十六日而夏至加十五日指丁則小暑加十五日指未則大暑加十五日指背陽之維故曰有四十六日而立秋加十五日指申則處暑加十五日指庚則白露降加十五日指酉中繩故曰秋分加十五日指辛則寒露加十五日指戌則霜降加十五日指號通之維故日有四十六日而立冬加十五日指亥則小雪加十五日指壬則大雪加十五日指子○注歲者至之稱○素問六節藏象論云四時謂之歲周書小開武九歲以紀終注四時終則成歲爾雅釋天夏曰歲郭注歲取歲星行一次廣雅釋言歲遂也白虎通四時云歲者遂也古微書元命包云一歲之言遂也遂有成義故云總號其成功之稱也書鈔引元命包云冬至百八十日春夏成夏至百八十日秋冬成合三百六十日歲數舉舊疏云四時皆於萬物有功歲為兼總其成功之稱是也又云以當代相對言之郎唐虞曰載夏曰歲殷曰祀周曰年若散文言之不問何代皆得謂之歲等取一名而必取歲者蓋以夏數為得天正義或然也校勘記云功宋本閣本同監本毛本功誤名按舊疏引一本云歲者總號成功之稱可證○注尚書至是也○書堯典文舊疏引鄭注云以閏月推四時使啓閉分至不失其常著之用成歲歷將以授民時且記時事史記五帝紀定作正開元本改作定此引亦當作正後人依俗本尚書改也御覽引元命包云歲之為言遂也三年一閏以起紀

也

王者孰謂【注】孰誰也欲言時王則無事欲言先王又無謚故問誰謂【疏】注孰誰也○禮記檀弓云天下其孰能宗予注孰誰也孰誰雙聲爲訓也○注欲言至誰謂○舊疏云時王卽當時平王若是時王應如下天王使宰咺來歸惠公仲子之賵是其事也欲言先王又無謚正以死謚周道也

謂文王也【注】以上繫王於春知謂文王也文王周始受命之王天之所命故上繫天端方陳受命制正月故假以爲王法不言謚者法其生不法其死與後王共之人道之始也【疏】書泰誓疏云公羊傳曰王者孰謂謂文王其意以正爲文王所改公羊傳漢初俗儒之言不足以取正也春秋之王自是當時之王按孔穎達据杜預俗說不足以解春秋者故言如此彼又云晉世有王愆期者知其不可注公羊以爲春秋制文王指孔子耳非周昌也文王世子稱武王對文王云西方有九國焉君王其終撫諸呼文王爲王是後追爲之詞其言未必可信亦非實也臧氏庸拜經日記云釋文序錄云公羊有王愆期注十二卷字門子河東人晉散騎常侍辰陽伯春秋制文王指孔子者門子用緯說言春秋之法以孔子爲文王禮記正義曲禮下曰鉤命決云某爲制法之王黑綠不代蒼黃是孔子爲文王之事又或稱素王按緯說以孔子爲文王謂孔子作春秋制法文王俟後世耳非謂孔子謂文王也王氏誤解轉爲孔穎達取口實也漢書董仲舒傳故文王悼痛而欲安之是以日昃不暇食也孔子作春秋先正王而繫萬事見素王之文也亦止以孔子素王不以文王指孔子也舊疏引春秋說云王者孰謂謂文王也疑三代謂疑文王宋注雖大略据

三代其要主於文王按春秋說係元命包文校勘記云春秋說云下當有脫誤疑三代謂疑文工當云疑三代不專謂文王按宋意以春秋之道實兼三王而專主文王者孔子當周之世理宜假文王之法故偏道之也故文九年毛伯來求金傳云繼文王之體守文王之法度文王之法無求而求故譏之也是也○注以上至王也○王春秋有五始之義春者四時之始王者受命之始繫王於春明王爲受命之王故宜謂文王矣○注文王至之王○詩大雅序文王文王受命作周也箋云受命受天命而王天下制立周邦史記周本紀西伯陰行善諸侯皆來決平虞芮既讓諸侯聞之曰西伯蓋受命之君也書大傳文王受命一年斷虞芮之訟二年伐邘三年伐密須四年伐犬夷五年伐耆六年伐崇七年而崩詩疏引中候我應云季秋之月甲子赤雀銜丹書入豐止于昌戶再拜稽首受又引尚書運期授引河圖曰倉帝之治八百二十歲立戊午蔀注云周文王以戊午蔀二十九年受命又引易是類謀云文王比隆興始霸伐崇作靈臺受赤雀丹書稱王制命示王意注云入戊午蔀二十九年時赤雀銜丹書而命之又乾鑿度云入戊午部二十九年伐崇作靈臺改正朔布王號於天下受籙應河圖注受命後五年乃爲此改應猶如也如前聖王所得河圖之書又云亡殷者紂黑期火戊倉精授汝位正易注火戊戊午蔀也午爲火必言火戊者紂木精將王火爲之相戊土也又爲火子又火使其子爲己塞水明倉精絕殷之相也又云歷元名握先紀日甲子歲甲寅又曰今入天元二百七十五萬九千二百八十歲昌以西伯受命洛書之命爲天子御覽引元命包云代殷者爲姬昌生於岐立於豐精翼日衣青光遷造西十刻消初學記引元命包云姬昌蒼帝之精位在房心類聚引元命包云殷紂之時五星聚于房房者蒼帝神之精周據而興是文王爲周始受命王也惟伏生與馬遷鄭

康成皆以文王受命七年而崩詩疏引劉歆作三統歷攷上世帝王以爲文王受命九年而崩班固作漢書律歷志載其說賈逵馬融王肅韋昭皇甫謐皆悉同之何無明說未知所從按殷本紀周武王爲天子其後世貶帝號號爲王考夏殷天子皆稱帝故文王當紂之世稱王正降帝一等故不爲僭武王不敢有加故太王王季亦止追稱王即以王爲一代之號如文王造舟爲梁即以造舟爲天子之制親迎于渭即以親迎爲天子之禮太王立皐門應門亦即以皐應爲天子之門也莊氏存與春秋正詞云聞之曰受命之王曰太祖嗣王繼體者繼太祖也不敢曰受之天曰受之祖也文王受命之祖也成康以降繼文王之體者也武王有明德受命必歸文王是謂天道武王且不敢專子孫其或干焉命曰文王之命法曰文王之法所以尊祖所以尊天子也大雅曰上天之載無聲無臭儀刑文王萬邦作孚聖人之志也書曰丕顯哉文王謨丕承哉武王烈佑啓我後人咸以正無缺天子之事守也○注天之至天端○天之所命即上緯書所載是也春爲天之始繫王於春故爲上繫○天端繫露奉本云人之所得天得衆者莫如受命之天子下至公侯伯子男海內之心懸於天子是也○舊疏引春秋說云以天之端正王者之政是也○注方陳至王法○孟子引滕文公云春秋天子之事也趙注孔子懼王道遂滅故作春秋因魯史記設素王之法謂天子之事也明春秋借魯受命立制故假以行天子事所謂假以爲王法也通義云昔者周公營洛作宗宮考宮其制五室九階四戶八牖謂之文世室武世室洛誥曰王在新邑烝祭歲文王騂牛一武王騂牛一王入太室裸太室之言猶世室也夏曰世室周曰明堂異名而同實是以大戴禮記曰明堂者文王之廟也鄭司農說文王之廟爲明堂制禮有明堂月令篇王者聽朔必居明堂所以辨方正之位順時布政周之初蓋頒朔於文王之廟故曰

王正月者文王之正月也周人受命自文王始雖今嗣王亦守文王之法度行文王之正朔春秋內魯文王又魯之所自出繫王於春繫正月於文王尊則統人親則率祖尊尊而親親人道之始也子嘗曰文王既沒文不在茲乎蓋治春秋之本意也治左氏者以王正月爲時王之正月周之東遷時王不能頒月久矣且如左氏說襄公季年歸餘再失哀公之世大火冬流魯歷未必盡合周歷而春秋强据魯史正月號稱時王之正月不亦誣乎通義敘又云經有變周之文從殷之質非天子之因革耶甸服之君三等蕃衛之君七等大夫不世小國大夫以名氏通非天子之爵祿耶上抑杞下存宋褒滕辟邾婁儀父賤穀鄧而貴盛郜非天子之絀陟耶內其國而外諸夏內諸夏而外四裔殆所謂天下之本在國國之本在家者非耶皆假爲王法事也解詁箋云王者正三統之稱董子書略說云聖王生則稱天子崩遷則存爲三王絀滅則爲五帝下至附庸絀爲九皇下極其爲民湯受命正白統親夏故虞絀唐謂之帝堯以神農爲赤帝推庖羲爲九皇文王受命正赤統親殷故夏絀虞謂之帝舜以軒轅爲黃帝推神農爲九皇春秋應天作新王之事時正黑統王魯尚黑絀夏親周故宋改號禹謂之帝樂宜親部舞故以虞錄親樂制宜商傳曰謂文王者猶以天正終麟方明夏時子曰文王既歿文不在茲乎上下百王皆統此矣三代之書託始帝典人統之正託始文王一也舊疏云孔子方陳新王受命制正月之事故假取文王創始受命制正朔者將來以爲法其實爲漢矣是也〇注不言至共之〇儀禮士冠記云死而諡今也注今謂周衰記之時也是周道死諡春秋法文王生時政教以爲後王法故不稱諡明王法者百代所同也禮記中庸云仲尼祖述堯舜憲章文武注此以春秋之義說孔子之德孔子曰吾志在春秋行在孝經二經固足以明之孔子祖述堯舜之道而制春

秋而斷以文王武王之法度春秋傳曰繼文王之體守文王之法度又曰王者孰謂謂文王也此孔子兼道堯舜文武盛德而著之春秋以俟後聖者也○注人道之始也○舊疏云何氏以見上文亦始尊重天道皆傳自有始文故不須註云天道之始今此實天下之始但略於人事無始文故須注云人道之始也曷爲先言王而後言正月注据下秋七月天王先言月而後言王疏王氏引之經傳釋詞云爲猶以也詩十月胡爲我作公羊曷爲先言王隱四年穀梁傳何爲貶之也論語先進奚爲於某之門胡爲曷爲何爲奚爲皆言何以也○注据下至言王○卽下秋七月天王使宰咺來歸惠公仲子之賵是也通義云据桓之篇正月上或不先言王按傳文明以曷爲先言王爲問當如何氏解也王正月也注以上繫於王知王者受命布政施教所制月也王者受命必徙居處改正朔易服色殊徽號變犧牲異器械明受之於天不受之於人夏以斗建寅之月爲正平旦爲朔法物見色尚黑殷以斗建丑之月爲正雞鳴爲朔法物牙色尚白周以斗建子之月爲正夜半爲朔法物萌色尚赤疏通義云爾雅曰正長也謂之正月者十二月之長按釋文云正月音征又音政世以秦皇名政改音爲征蓋不知周秦平仄之分不必如後世之嚴也○注以上至月也○周禮太宰云正月之吉始和布治於邦國都鄙乃懸治象之灋於象魏使萬民觀治象司徒等職亦有是事是布政施教所制月也繁露三代改制云春秋曰王正月

傳曰王者孰謂謂文王也曷爲先言王而後言正月王正月也何以謂之王正月曰王者必受命而後王王者必改正朔易服色制禮樂一統於天下所以明易姓非繼人通以己受之於天也王者受命而王制此月以應變故作科以奉天地故謂之王正月也又重政云元者萬物之本春正月者承天地之所爲也繼天之所以爲而終之也又左疏引董仲舒對策云孔子作春秋先正王而繫以萬事是素王之文也今漢書無此語說苑君道云孔子曰文王似元年武王似春王周公似正月文王以王季爲父以太任爲母以太姒爲妃以武王周公爲子以泰顛閎夭爲臣其本美矣武王正其身以正其國正其國以正天下伐無道刑有罪一動而天下正其事正矣春致其時萬物皆及生君致其道萬物皆及治周公戴己而天下順之其誠至矣繁露三代改制云故君子曰武王其似正月矣與說苑異○注王者至於人○宋書禮志引元命包云王者受命昭然明於天地之理故必移居處更稱號改正朔易服色以明天命聖人之寶質文再而改窮則相承周則復始漢書董仲舒傳故春秋受命所先制者改正朔易服色所以應天也然則宮室旌旗之制有法而然也白虎通三正云王者受命必改朔何明易姓示不相襲也明受之於天不受之於人所以變易民心革其耳目以助化也故大傳曰王者始起改正朔易服色殊徽號異器械別衣服也是以禹舜雖繼太平猶宜改以應天王者改作樂以必得天應而後作何重改制也春秋瑞應傳曰敬受瑞應而王改正朔易服色易曰湯武革命順乎天而應乎民也史記歷書王者易姓受命必愼始初改正朔易服色推本天元順承厥意繁露楚莊王云今所謂新王必改制者非改其道非變其理受命於天易姓更王非繼前王而王也若一因前制修故業而無所改是與繼前王而王者無所別受命之君天之所大顯也事父者承意事君

者儀志事天亦然今天大顯已物襲所代而率與同則不顯不明
非天志故必徙居處更稱號改正朔易服色者無他焉不敢不順
天志而明自顯也若夫大綱人倫道理政治教化習俗文義盡如
故亦何改哉故王者有改制之名無易道之實孔子曰無爲而治
者其舜乎言其主堯之道而已此非不易之效與又三代改制質
文云王者改制作科奈何曰當十二色歷各法而正色逆數三而
復絀三之前曰五帝迭首一色順數五而相復禮樂各以其法象
其宜順數四而相復咸作國號遷宮邑易官名制禮作樂按此即
何所云徙居處是也如少昊都曲阜顓頊都濮陽帝嚳都亳堯都
平陽舜都蒲坂夏都安邑湯都亳文王作邑于豐又繁露三代改
制云湯受命而王作宮邑於下洛之陽又云作宮邑於豐蓋謂文
王彼有奪文也又云武作宮邑於鄗周公輔成王受命作宮邑於
洛陽又云殷湯之後稱邑示天之變反命故天子命無常唯命是
德慶是也其改正朔者白虎通引三正記曰正朔三而改即下注
所云是也其易服色者禮記大傳注云服色車馬也舊疏云即明
堂位云鸞車有虞氏之路也鉤車夏后氏之路也大路殷路也乘
路周路也夏后氏駱馬黑鬣殷人白馬黑首周人黃馬蕃鬣之屬
是也其殊徽號者大傳注徽號旌旗之名也舊疏云即明堂位有
虞氏之旂夏后氏之綏殷之大白周之大赤之屬是也繁露又云
黑統大節綏幘尚黑旗黑正白統者大節綏幘尚白旗白正赤統
者大節綏幘尚赤旗赤亦是也其變犧牲者舊疏即明堂位云夏
后氏牲尚黑殷白牡周騂剛之屬是也按繁露又云黑統郊牲黑
犧牲角卵祭牲黑牡薦尚肝正白統者郊牲白犧牲角繭祭牲白
牡薦尚肺正赤統者郊牲騂犧牲角栗祭牲騂牡薦尚心按郊特
牲注夏祭心殷祭肝周祭肺與此殊其異器械者大傳注云器械
禮樂之器及兵甲也舊疏云器即明堂位云泰有虞氏之尊也山

彝夏后氏之尊也著殷尊也犧象周尊也夏后氏之鼓足殷楹鼓周縣鼓是也按繁露又云黑統樂器黑質正白統者樂器白質正赤統者樂器赤質亦是也禮記大傳云立權度量考文章改正朔易服色殊徽號異器械別衣服此其所得與民變革者也其不可變革者則有矣親親也尊尊也長長也男女有別此其不可得與民變革者也明王者受命止變此數所以新天下耳目故也史記趙世家云及至三王隨時制法因事制禮法度制令各順其宜衣服器械各便其用故禮也不必一道而變國不必古聖王之興也不相襲而王夏殷之衰也不易禮而滅〇注夏以至尚赤〇類聚引元命包云正朔三而改白虎通三正云三微者何謂也陽氣始施黃泉萬物動微而未著也十一月之時陽氣始養根株黃泉之下萬物皆赤赤者盛陽之氣也故周為天正色尚赤也十二月之時萬物始牙而白白者陰氣故殷為地正色尚白也十三月之時萬物始達孚甲而出皆黑人得加功故夏為人正色尚黑尚書大傳曰夏以孟春月為正殷以季冬月為正周以仲冬月為正夏以十三月為正色尚黑以平旦為朔殷以十二月為正色尚白以雞鳴為朔周以十一月為正色尚赤以夜半為朔不以二月後為正者萬物不齊莫適所統故必以三微之月也三正之相承若順連環也孔子承周之弊行夏之時知繼十三月為正者當用十三月也論語疏引元命包又云夏以十三月為正息卦受泰注物之始其色尚黑平明為朔又云殷以十二月為正息卦受臨注物之芽其色尚白以雞鳴為朔又云周以十一月為正息卦受復注物之萌其色尚赤以夜半為朔五行大義引感精符云十一月建子天始施之端謂之天統周正服色尚赤象物萌色赤也十二月建丑地始化之端謂之地統殷正服色尚白象物牙色白也正月建寅人始化之端謂之人統夏正服色尚黑象物生色黑也此三正律

者亦以五德相承以前三皇爲正謂天皇地皇人皇皆以天地人爲法周而復始其歲首所書乃因以爲名欲體三才之道而君臨萬邦故受天命而王者必調六律而改正朔受五氣而易服色法三正之道也周以天統服色尚赤者陽道尚左故天左旋周以木德王火是其子火色赤左行用其赤色也殷以地統服色尚白者陰道尚右其行右轉殷以水德王金是其母金色白故右行用其白色夏以人統服色尚黑者人亦尚左夏以金德王水是其子水色黑故左行用其黑色後漢書注引崔靈恩三禮義宗云三微三正也言十一月陽氣始施萬物動於黃泉之下微而未著其色皆赤赤者陽氣故周以天正爲歲色尚赤夜半爲朔十二月萬物始牙色白白者陰氣故殷以地正爲歲色尚白雞鳴爲朔十三月萬物始達其色皆黑人得加功以展其業夏以人正爲歲色尚黑平旦爲朔故曰三微王者奉而成之各執其一以改正朔也後漢書陳寵傳冬至之節陽氣始萌故十一月有蘭射干芸荔之應天以爲正周以爲春十二月陽氣尚通雞始乳地以爲正殷以爲春以十三月陽氣已至天地已交萬物皆出蟄蟲始振人以爲正夏以爲春三微成著以通三統統者統一年之事王者三正遞用循環無窮元命包感精符皆春秋緯與今文書傳皆合也舊疏引書傳略說云周以至動殷以萌夏以牙注謂三王之正也至動冬日至物始動也物有三變故正色有三天有三生三死故土有三王王特一生死是故周人以日至爲正殷人以日至三十日爲正夏以日至六十日爲正三統三王若循連環周則又始窮則反本是也舊疏又据禮說云若尚色天命以赤尚赤以白尚白以黑尚黑宋氏云赤者命以赤烏故周尚赤湯以白狼故尚白禹以元珪故尚黑如三代所尚自是依天命之色似非法也時物之牙色也以爲難其實兩不相妨也

何言乎王正月

注 据定

公有王無正月【疏】注据定至正月○定元年春王三月是有王無正月也凡即位皆在正月故十二公無論書即位不書即位凡元年皆書王正月所以重始也定公即位在六月正月又無事故不書正但書三月晉人執宋仲幾于京師自爲他事書也

大一統也【注】統者始也總繫之辭夫王者始受命改制布政施教於天下自公侯至於庶人自山川至於草木昆蟲莫不一一繫於正月故云政教之始【疏】漢書王陽傳王陽曰春秋所以大一統者六合同風九州共貫也禮記坊記曰天無二日土無二王國無二君家無二尊以一治之也即大一統之義也解詁箋云大一統者通三統爲一統周監夏商而建天統教以文制尚文春秋監商周而建人統教以忠制尚質也○注統者至之辭○禮記祭統鄭目錄云統猶本也易乾彖傳云乃統天釋文引鄭注統猶本也本有始義漢書兒寬傳統楫羣元臣瓚曰統猶總覽也文選笙賦統大魁以爲笙注統總也周禮太宰以八統詔王馭萬民注統所以合率以等物也凡一統領統率皆與總繫義近故云總攝之辭也王者受命制正月也凡統一切政令無不奉以爲始故統兼兩義即下注所云是也○注夫王至之始○宋本夫作天校勘記監毛本同誤也宋鄂州官本元本閩本天作夫成十五年疏定元年疏引此注同當據以訂正繁露觀德云百禮之貴皆編於月史記歷書云正不率天又不由人則凡事易壞而難成矣王者易姓受命必慎始初改正朔易服色推本天元順承厥意漢書董仲舒傳春秋大一統者天地之常經古今之通誼也師古曰一統者萬物之統皆歸於一也故何氏包自公侯至庶人自山川至草木昆蟲言之見天地人物無不繫之正月矣云政教

之始者舊疏云正以傳不言始故足之公何以不言卽位注據文公言卽位也公卽位者一國之始政莫大於正始故春秋以元之氣正天之端以天之端正王之政以王之政正諸侯之卽位以諸侯之卽位正竟內之治諸侯不上奉王之政則不得卽位故先言正月而後言卽位政不由王出則不得爲政故先言王而後言正月也王者不承天以制號令則無法故先言春而後言王天不深正其元則不能成其化故先言元而後言春五者同日並見相須成體乃天人之大本萬物之所繫不可不察也疏注據文公言卽位〇文元年春王正月公卽位是也舊疏云桓公元年亦書卽位傳不從始而遠据文公者正以文公正卽位之始故也桓公篡而卽位非其正故雖卽位在文公前猶不据之是也〇注公卽至之始〇各本脫公字据左傳疏引補漢書路溫舒傳春秋正卽位大一統而愼始也舊疏云亦以傳無始文故言此也〇注政莫至之治〇繁露重政云元猶原也其義以隨天地終始也故人唯有終始也而生不必應四時之變故元者爲萬物之本而人之元在焉安在乎乃在乎天地之前故人雖生天氣及奉天氣者不得與天元本天元命而共違其所爲也故春正月者承天地之所爲也繼天地之所爲而終之也其道相與共功持業安容言乃天地之元天地之元奚爲於此惡施於人大其貫承意之理矣

是言有終必先正始也又二端云故聖人能繫心於微而致之著也是故春秋以元之深正天之端以天之端正王之政以王之政正諸侯之即位五者俱正而化大行然書日蝕星隕有蜮山崩地震夏大雨水冬大雨雪隕霜不殺草自正月不雨至於秋七月有鸛鵒來巢春秋異之以此見悖亂之徵是小者不得大微者不得著雖甚末亦一端孔子以此效之吾所以貴微重始是也蓋凡不始皆微故聖人繫心於微正以正始故也舊疏引元命包亦云以元之深正天之端以天之端正王者之政也浦氏鏜疑深當作氣然繁露亦云以元之深似不必改氣也漢書王褒傳記曰共惟春秋法五始之要在乎審己正統而已張晏曰春秋稱元年春王正月此五始也師古曰元者氣之始春者四時之始王者受命之始正月者政教之始公即位者一國之始是為五始穀梁疏引春秋緯云黃帝受圖立五始又約何氏義云元者氣之始春者四時之始王者受命之始正月者政教之始即位者一國之始說苑建本云孔子曰君子務本本立而道生夫本不正者末必倚始不盛者終必衰詩云原隰既平泉流既清本立而道生春秋之義有正春者無亂秋有正君者無危國易曰建其本而萬物理失之毫釐差以千里是以君子貴建本而重立始新書胎教雜事亦引易語下云故君子慎始也春秋之元詩之關雎禮之冠婚易之乾坤皆慎始敬終云爾按劉向習穀梁賈誼治左氏是三傳大略同也○注諸侯至祭也○天不監毛本鄂本元本閩本宋本並同不誤釋文作夫不音扶校勘記云此陸德明一時誤會未審其理也禮記疏引元命包云諸侯不上奉王之正則不得即位正不由王出不得為正王不承於天以制號令則無法天不得正其元則不得成其元也王不上奉天元以立號則道術無原故先陳春後言王天不深正其元則不能成其化故先起元然後陳春矣繁露楚莊王云春

秋之道奉天而法古故聖者法天賢者法聖故書堯典曰若稽古疏引鄭注稽古同天言能順天而行與之同功又竹林云春秋之序辭也置王於春正之間非曰上奉天施而下正人然後可以爲王云爾非曰猶言豈非也漢書董仲舒傳臣謹按春秋之文求王道之端得之於正正次王王次春春者天之所爲也正者王之所爲也其意曰上承天之所爲而下以正其所爲正王道之端焉耳然則王者欲有所爲宜求其端於天說苑建本云魏武侯問元年於吳子吳子對曰言國君必愼始也愼始奈何曰正之正之奈何曰明智智不明何以見正多聞而擇焉所以明智也皆言天人相須之義也包氏愼言五始說云五始一曰元二曰春三曰王四曰正月五曰公卽位子思贊述祖德曰仲尼祖述堯舜憲章文武上律天時下襲水土祖述憲章者制作之事也上律下襲者制作之文也而推其德譬之於天地鄭氏康成曰推五始足以當之初莫解其故旣而思之元者天命之性也春者率性之道也王者脩道之主而政教由之出焉王奉天出教諸侯奉行之以治其國各以歲時述職於王所以大一統也合天下而齊趨於王統百王而皆奉一元脩德凝道戒愼乎其所不覩恐懼乎其所不聞故能一以貫三所謂不覩者非探之茫茫所謂不聞者非索之冥冥也緣所觀以逆測所不觀緣所聞以逆測所不聞吉凶悔吝之著焉耳王褒曰恭惟春秋五始之要在乎省己正統而已統者何本也正本在乎省己省己者省所觀所聞於春秋而反之於己則本正王自正其本則其聰明睿智足以有臨寬裕溫柔足以有容發強剛毅足以有執齊莊中正足以有敬文理密察足以有別所謂溥博時出見之政教者一如日月之代明四時之錯行故尊親偏於凡有血氣之區然至聖之所以如此者無他至誠焉而已至誠者戒愼恐懼之要於獨者也以其獨見之明獨運之智爲天下經綸大經

立大本夫是以肫肫乎其仁也淵淵乎其淵也浩浩乎其天也堯舜文武以至聖至誠在天位故身備其事仲尼不當天位而制作之倖神明文成麟致瑞應昭焉不啻身備其事也史公曰爲人君父者不可以不知春秋爲人君父而不通春秋則必蒙首惡之名爲人臣子者不可以不知春秋爲人臣子而不通春秋則必陷簒弒之誅故曰知遠之近知風之自知微之顯可與入德矣謂見末正本而可與入於元德也子嘗曰文王旣沒文不在茲乎子思述祖德而篇末兩引文王之詩曰不顯惟德百辟其刑之其王正月之謂乎上天之載無聲無臭其元之謂乎與天合德者天所命也故曰王者孰謂謂文王也文之在茲仲尼一文王也其發明五始之旨以中庸說春秋尤爲明顯也五者同日並見者卽位之日卽位卽布政布政卽以奉王奉王卽以奉天奉天卽以體元也所以相須乃成也元年春者天之大本王正月卽位者人之大本自公侯至庶人自山川至草木昆蟲無不繫於正月故爲萬物之所繫也

成公意也**注**以不有正月而去卽位知其成公意**疏**解詁箋云隱之能讓與不能讓與其讓正與不正不足辨也春秋成之以明正適媵立長貴之法以治幽平之亂以維王者之道天地之常經古今之通義也繁露楚莊王云春秋之好微與其貴志也隱公志乎讓故不書卽位以成其志爾穀梁傳亦云成公志也焉成之言君之不取爲公也〇注以不至公意〇舊疏云下十一年傳云隱何以無正月隱將讓乎桓故不有其正月也今此注云不有正月者謂從二年後恆去正月也今元年去卽位故知成公意矣今元年言正月者公時實行卽位之禮故見之又引舊云以有正月而去卽位無不字言凡書正月爲公卽位出也以元年有正月卽公實行卽位禮而孔子去卽位知其成公讓意者非按舊無不字是也去卽位

亦足以見成公意傳文明承上公何以不言卽位而答之則專据不書卽位明甚正以既書正月自必實已卽位而不書卽位故知成公意何氏必不探二年以下之不書正月爲說也下十一年之傳自明二年以後無正月之義與此無涉何成乎公之意注据刺欲救紀而後不能疏注据刺至不能○莊三年公次于郞傳曰刺欲救紀而後不能也善疏云欲救紀是善事公不能救紀是不終善事而春秋書次于郞以刺之今隱公有讓心實是善事但終讓不成亦是善心不遂而春秋善之故以爲難撥此可知春秋無達例矣春秋之道視人所惑爲立說以大明之此也公將平國而反之桓注平治也時廢桓立隱不平故曰平反還之疏注平治也○書大禹謨地平天成傳水土治曰平廣韻平正也廢桓立隱不正故不平也詩皇矣修之平之亦謂修理之平治之也曷爲反之桓注据已立也桓幼而貴隱長而卑注長者已冠也禮年二十見正而冠士冠禮曰適子冠於阼以著代也醮於客位加有成也三加彌尊諭其志也冠而字之敬其名也公侯之有冠禮夏之末造也天子之元子猶士也天下無生而貴者疏注長者已冠也○禮記冠義曰已冠而字之成人之道也又曰成人之者將責成人禮焉也故已冠爲長喪服十九以下爲長殤以其未成人猶不爲長也○注禮年至而冠○白虎通紼冕篇禮所以十九見正而冠者何漸三十之人耳男子陽也成於陰故二十而冠曲禮曰二十弱冠言見正何以知不謂正

月也儀禮士冠經曰夏葛屨冬皮屨明非歲之正月也荀子大略篇天子諸侯子十九而冠冠而聽治其教至也說苑建本篇周召公年十九見正而冠冠則可以為方伯諸侯矣又冠禮十九見正而冠古之通禮也則見正而冠意古禮有是語故此注及荀子說苑白虎通並依用焉惟此言二十彼言十九者年二十者冠之正禮記曲禮曰男子二十冠而字又內則曰二十而冠始學禮是也年未二十則禮之變天子諸侯之元子猶士焉亦二十而冠而魯襄邾隱不拘此限則以先君早世世子年幼為君故得早冠如周成王亦或有異焉周衰禮失士夫家亦或有不及二十而冠者故有十九見正之說焉舊疏云依八代記即少昊亦十二而冠知天子諸侯幼即位者皆十二而冠矣又引異義古尚書說云武王崩時成王年十三後一年管蔡作亂周公東辟之王與大夫盡弁以開金滕之書時成王年十四言弁明知已冠矣是其證也隱公之冠當惠公之世猶從士禮必二十成人乃冠故何氏云長者已冠也舊疏又引異義禮戴說云男子陽也成於陰故二十而冠是也言見正者舊疏云欲道庶子不冠於阼階義或然也○注士冠至成也○自適子至貴者皆儀禮士冠記文禮記郊特牲冠義亦有此語鄭彼注云每加於阼則醮之於客位所以尊敬之成其為人也又郊特牲注云東序少北近主位也又冠義注云適子冠於阼若不醴則醮用酒於客位敬而成之也戶西為客位庶子冠於房戶外又因醮焉不代父也今按阼是主位故冠於此以著代即東序少北之位醴於客位醮亦於客位異於庶子之冠醮皆於房戶外也郊特牲注又云每加而有成人之道也成人則益尊醮於客位尊之也與儀禮注少異敖繼公儀禮集說云加猶尚也尊也尊其有成人之道故以客禮待之張氏爾岐儀禮句讀云加有成加禮於有成德者也皆通著代者張爾岐云明其將代己也是也嫡

校勘記云鄂本同閩監毛本嫡作適下同按釋文亦作適字〇注三加至名也〇鄭彼注云冠服後加益尊論其志者欲其德之進也名者質所受於父母冠成人益文故敬之也張氏爾岐云諭其志教諭之使其志存修德每進而上也敬其名敬其所受於父母之名非君父之前不以呼也按冠禮始加緇布冠次加皮弁三加爵弁皮弁弁尊於緇布冠爵弁尊於皮弁所謂三加彌尊也彌益也謂益尊也子生三月父名也既冠賓字之字以代名是爲敬其名也鄭彼注又云今文無之按何氏此注引有之字與古文合故鄭亦從古文〇注公侯至造也〇鄭彼注云造作也自夏初以上諸侯雖父死子繼年未滿五十者亦服士服行士禮五十乃命也至其衰末上下相亂簒弑所由生故作公侯冠禮以正君臣也坊記曰君不與同姓同車與異姓同車不同服示民不嫌也以此坊民民猶得同姓以弑其君張氏爾岐云此言不獨大夫無冠禮雖公侯冠禮亦夏末始作非古也晉書禮志云儀禮公侯之有冠禮夏之末造也王鄭皆以爲夏末上下相亂簒弑由生故作公侯冠禮是王亦與鄭同盛氏世佐儀禮集編云大夫以上本無冠禮而玉藻記天子諸侯始冠之冠家語記成王冠頌及公侯冠禮左傳載魯襄公冠事國語載趙文子冠事然則諸侯冠禮始於夏末天子冠禮始於周初大夫冠禮其始於周之季世乎郊特牲疏謂此記直云諸侯不云天子又下云天子之元子與士同則天子冠禮由來已久但無文以明之然家語言天子冠禮而直以成王事賓之而曰此周公之制也則天子冠禮之作非無文也蓋先有公侯冠禮後有天子冠禮故大戴禮公冠篇云天子擬爲是也按家語冠頌云邾隱公既即位將冠使大夫因孟懿子問禮於孔子孔子曰雖天子之元子猶士也其禮無變天下無生而貴者故也行冠事必於祖廟以祼享之禮將之以金石之樂節之所以自卑而尊先

祖示不敢擅也懿子曰天子未冠卽位長亦冠乎孔子曰古者王世子雖幼其卽位則尊爲人君人君治成人之事者何冠之有懿子曰然則諸侯之冠異天子歟孔子曰君薨而世子主喪是亦冠也已人君無所殊也懿子曰今邾君之冠非禮也孔子曰諸侯之有冠禮也夏之末造也有自來矣今無譏焉天子冠者武王崩成王年十有三而嗣立周公攝政治天下明年夏六月既葬冠成王而朝於祖示有君也命祝雍作頌此周公之制也懿子曰諸侯之冠其所以爲賓主者何如孔子曰公冠則以卿爲賓公自爲主迎賓揖升自阼立於席北其醴也則如士饗之以三獻之禮既醴降自阼階諸侯非公而自爲主者其所以異皆降自西階元端與皮弁異朝服素韠公冠四加元冕祭其酬幣於賓則束帛乘馬王太子庶子之冠擬焉皆天子自爲主其禮與士無變饗食賓也皆同是公侯冠禮也○注天子之貴者○儀禮鄭注云元子世子也無生而貴皆由下升上旣言大夫與諸侯無自身之冠禮此又言冠子亦同士禮雖天子之元子尙然況下此者乎郊特牲鄭注云明人有賢行著德乃得貴也白虎通爵篇云王者太子亦稱士何舉從下升以爲人無生得貴者莫不由士起則隱公之冠在卽位先宜從士禮二十而冠故知其長也

其爲尊卑也微

注母俱媵也

疏注母俱媵也○史記魯世家云初惠公適妃夫人無子公賤妾聲子生子息息長爲娶于宋宋女至而好惠公奪而自妻之生子允登宋女爲夫人以允爲太子何氏以隱桓之母皆媵則不取史記之說矣又左傳言元妃孟子孟子卒繼室以聲子生隱公宋武公生仲子仲子生而有文在其手曰爲魯夫人故仲子歸於我生桓公亦何氏所不取

國人莫知

注國人謂國中凡人莫知者言惠公不早分別也禮男子年六

十閉房無世子則命貴公子將薨亦如之疏注國人至別也○舊疏古者一娶九女一適二媵分爲左右尊卑灼然朝廷之上理應悉知今此傳云國人不知明是國內凡人也蓋皆由於惠公之不早分別也解詁箋云以桓爲貴隱爲尊春秋微意國人莫知者所謂游夏之徒不能贊一辭也按下注云明王者受命不追治前事則劉氏之說信矣○注禮男至如之○各本脫禮字依鄂本正白虎通嫁娶篇男子六十閉房何所以輔衰也故重性命也又曰父子不同椸爲亂長幼之序也禮內則曰妾雖老未滿五十必與五日之御滿五十不御俱爲助衰也至七十大衰食非肉不飽寢非人不煖故七十復開房也家語好生解云男女不六十不同居毛詩傳同故六十無妻則不娶惟宗子則不限常制以宗子收族昭穆事重又凡祭必夫婦親之故曾子問云宗子雖七十無無主婦也又禮記內則云夫婦之禮唯及七十同藏無間注云衰老無嫌卽白虎通所云復開房者是也無世子則命貴公子則當如下注所云先右媵後左媵次適姪娣次右媵姪娣次左媵姪娣矣將薨亦如之謂未及六十而薨者也六十無世子所以立貴公子者以六十以後陽道閉藏適夫人無生世子之理故立貴公子爲世子以定儲位若早立庶子恐更生世子立而復黜則致亂階故也隱長又賢注此以上皆道立隱所緣疏注此以至所緣○謂桓幼而貴至此也諸大夫扳隱而立之注扳引也諸大夫立隱不起者在春秋前明王者受命不追治前事孔子曰不教而殺謂之虐不戒視成謂之暴疏注扳引也○莊子馬蹄云可攀援而窺釋文攀本作扳則扳卽攀也說文𠬜引也或从手

从樊廣雅釋詁攀引也國語晉語攀輦郎利而舍注攀引也廣雅釋言扳援也集言扳挽也引也援也皆本此文爲說也○注諸大夫至前事○史記魯世家及惠公卒爲允少故魯人共令息攝政不言郎位是隱之立爲諸大夫所立在春秋前也穀梁傳春秋貴義而不責惠信道而不信邪孝子揚父之美不揚父之惡先君之欲與桓非正也邪也雖然既勝其邪心以與隱矣己探先君之邪志而遂以與桓則是成父之惡也則以隱公之立爲受之惠公故下又云爲子受之父注隱爲世子親受命於惠公也又責隱之讓爲不正未免深文矣何所不取舊疏云公子翬弒隱立桓仲遂弒赤立宣皆貶去公子以起見之今諸大夫廢桓立隱亦是不正何故不作貶文以見罪正以在春秋前欲明王者受命不追治前事故也凡言起者莊氏存與春秋正詞云春秋詞異則指異事異而辭同則以事見之事不見則以文起之嫌者使異不嫌使同是也○注孔子以至之暴○論語堯曰文毛本暴作㬥集解引馬曰不宿戒而責目前成爲視成荀子坐宥云魯有父子訟者拘之三日其父請止孔子舍之季孫不說孔子曰嫚令謹誅賊也令有時斂也無時暴也不教而責成功虐也已此三者然後刑可即也按何意引以證不追治前事自据不教而殺謂之虐意言入春秋後尚未教治而追究已往是爲不教而殺也不戒句連及之耳

隱於是焉而辭立注辭讓也言隱欲讓

疏注辭讓也○禮記哀公問曰固臣敢無辭而對注辭讓也又坊記曰無辭而行情則民爭注辭辭讓也若然儀禮鄉飲酒禮主人坐奠爵于階前辭注云事同曰讓事異曰辭者對文異散則通也辭讓之辭當作辤說文受部辤不受也从辛从受受辛宜辤之是也

則未知桓之將必得立也注是時公子非一疏注是時公子非一○隱桓弟兄

史記及各書別無所見無文言之或何氏時書籍尚多別有所据而以意言之也且如桓立注且如假設之辭疏注且如假設之辭○廣雅釋言如若也論語先進如用之皇疏如若也若即假設之義又廣雅釋詁且借也莊子齊物論今且有人於此是且如皆假設之詞則恐諸大夫之不能相幼君也注隱見諸大夫背正而立己不正恐其不能相之疏注隱見至相之○何意以國人既可背正立己則亦可背正立羣公子故權行即位之禮以靖亂階也故凡隱之立爲桓立也注凡者凡上所慮二事皆不可故於是己立欲須桓長大而歸之故曰爲桓立明其本無受國之心故不書即位所以起其讓也疏注凡者至不可○舊疏云己若辭立則未知桓之得立與否是一慮也假使桓得立又恐諸大夫不能相幼君是二慮也有此二慮皆不可也○注故於至桓立○史記魯世家四十六年惠公卒長庶子息攝當國行君事是爲隱公又云爲允少故魯人共令息攝故不言即位○注明其至讓也○穀梁傳公何以不言即位成公志也焉成之言君之不取爲公也君之不取爲公何也將以讓桓也繁露竹林云前枉而後義者謂之中權雖不能成春秋善之魯隱公鄭祭仲是也又王道云魯隱之代桓立祭仲之出忽立突仇牧孔父荀息之死節公子目夷不與楚國此其執權存國行正世之義守惓惓之心春秋嘉義氣焉故皆見之復正之謂也左傳不書即位攝也漢書王莽傳春秋隱公不言即位攝也若然下十一年稱薨同之正諸侯者禮疏引鄭箴膏肓云周公歸政就臣位而死何得記崩隱公見死於君位

不稱薨云何又發墨守云隱爲攝位周公爲攝政雖俱相幼君攝政與攝位異也、隱長又賢何以不宜立
注据賢繆公與大夫獲且長以得立 疏 注据賢至得立○文十二年秦伯使遂來聘傳云秦
無大夫此何以書賢繆公也何賢乎繆公以爲能變也注感而自變悔遂霸西戎故因其能聘中國善而與之使有大夫也今既賢
隱公亦宜與立公之大夫故据以爲難也又文十四年晉人納捷菑于邾婁傳曰貴則皆貴矣雖然獲且也長彼以獲且長春秋與
邾婁人以得立今隱公亦長何故不宜立故又据以難之引此二事一以難立隱之大夫宜與一以難隱之何以不宜立也注順經
文先後述之故先言賢後言長也 立適以長不以賢立子以貴不以長 注 適謂適
夫人之子尊無與敵故以齒子謂左右媵及姪娣之子位有貴賤
又防其同時而生故以貴也禮適夫人無子立右媵右媵無子立
左媵左媵無子立適姪娣適姪娣無子立右媵姪娣右媵姪娣無
子立左媵姪娣質家親親先立娣文家尊尊先立姪適子有孫而
死質家親親先立弟文家尊尊先立孫其雙生也質家据見立先
生文家据本意立後生皆所以防愛爭 疏 注適謂至以齒○此道立適子禮也以敵解適
疊韻爲訓也禮記雜記曰大夫訃於同國適者注適讀爲匹敵之敵以匹敵說嫡以無敵解適望文生訓也大雅大明云天位殷適

傳紂居天位而殷之正適是也正以微子紂庶兄箕子勸帝乙立之帝乙不從帝乙亦以紂爲適所謂不以賢也○注箕子謂至貴也○釋名釋親屬云姪娣曰媵媵承也承事嫡也此以左右媵之外有姪娣彼以媵卽姪娣蓋諸侯一娶九女媵與姪娣宜別大夫以下則不備也其實同爲承事故姪娣亦可稱媵也○爲其位有貴賤故以貴雖同時生無妨也○注禮適至左媵姪娣○白虎通嫁娶篇質家法天尊左文家法地尊右按彼左右二字當互易蓋質家尙右文家尙左春秋從殷之質改周之文當先右也左傳說立庶子之法異是昭二十六年傳云王后無適則擇立長年鈞以德德鈞以卜王不立愛公卿無私古之制也周禮疏引何君膏肓云春秋之義三代異建有適媵以別貴賤有姪娣以廣親疏立適以長不以賢立子以貴不以長王后無適明尊之敬之義無所卜筮不以賢者人狀難別嫌有所私故絕其怨望防其覬覦今如左氏言之以年鈞以德德鈞以卜人君取賢下必從之爲能使王不立愛也豈復有卜隱桓之禍皆由是興乃曰古制不亦謬哉鄭箴之曰立適以長不以賢固立長矣無適而立子以貴不以長固立貴矣若長鈞貴鈞何以別之故須卜今言無適則擇立長謂貴鈞而立長也王不得立愛之法年鈞則令羣臣羣吏萬民而詢之有司以序進而問大衆之口非君所能掩是王不得立愛之法也禮有詢立君卜立君是有卜也示義在此距之言謬失春秋與禮之義矣按鄭氏此箴殊屬勉强左右媵與姪娣貴賤灼然豈復有貴鈞之事卽一人而孿生自有立雙生子之法旣無貴鈞卽無長鈞同時而生仍以貴論更何須卜故劉氏逢祿箴膏肓評云文家質家敘媵立子之法雖雙生猶別其先後鄭有長鈞貴鈞之疑知未能升何氏之堂矣周官亦出劉歆何氏所不信不足以難也若楚共王之卜寵子五人豈禮也哉詩召南小星疏云妾之貴者夫人姪娣也

卽喪服所謂貴臣貴妾也左氏皆言以夫人之姪娣爲繼室明其貴也何氏以二媵爲貴與禮不合故韓奕箋云獨言娣舉其貴者是姪娣貴於媵之義按喪服之貴妾自是士禮不得引以證諸侯何者大夫於庶母無服不得反爲貴妾總且大夫絶總也韓奕詩述韓姞所從自應止云諸娣不得遠及二媵不足以見貴姪娣而賤二媵也左氏繼室兩見一聲子一晉少姜衰世之事均不足据況諸侯絶旁期而左氏言晉平公爲少姜服縗經是何訓乎且何氏多道春秋之制所以爲後王法者不必盡皆當時典禮也孔氏之說愼矣○注質家至立姪○禮記曲禮云士不名家相長妾疏引熊氏說云士有一妻二妾言長妾者當爲娣也故鄭注昏禮云娣尊姪卑蓋皆据質家言之也曲禮又云公侯有夫人有世婦有妻疏以爲有世婦者謂夫人之姪娣故公羊云夫人無子立姪娣子也質家先立姪之子文家先立娣之子左氏亦夫人姪娣貴於二媵也則此世婦者謂夫人姪娣也有妻者謂二媵及姪娣也按正義所引公羊說全與何義乖何氏明云適夫人無子立二媵子彼乃云公羊云適夫人無子立適姪娣子顯與違矣夫一國往娶二國媵之所以示尊崇和好則降於適一等足矣復令其降之適姪娣之下豈人情哉通義云何氏說立姪而尊尊者尊兄以及其子也然士昏禮婦徹于房中媵御餕雖無娣媵先注曰娣尊姪卑若或無娣猶先媵客之也詩曰韓侯取妻諸娣從之鄭箋以爲媵必姪娣從之獨言娣者舉其貴者依此二文皆周人之法文家先姪容失其實按詩禮或於姪娣科舉其一適舉娣言之耳○注適子至立孫○繁露三代改制云主天法質而王其道佚陽親親而多質愛故立嗣子子篤母弟主地法文而王其道進陰尊尊而多禮文故立嗣子孫篤世子又云商質者主天夏文者主地春秋者主人主天法商而王其道佚陽親親而多仁樸故立嗣子子篤母弟

主地法夏而王其道進陰尊尊而多義節故立嗣與孫篤世子又云主天法質而王其道佚陽親親而多質愛故立嗣予子篤母弟
按主天上脫春秋二字也故成十五年疏引異義公羊說云質家立世子弟文家立世子子而春秋從質故得立其弟若然禮記檀
弓曰仲子舍其孫而立其子子游問諸孔子孔子曰立孫者蓋据當時周禮言也北齊書刁柔傳時議者以為立五等爵邑承襲者
無適子立適孫無適孫立適子弟無適子弟立適子孫弟柔以為無適孫應立適會孫不應立適子弟議曰柔按禮立適以長故謂
長子為適子適子死以適子之子為適孫死則會元亦然然則適子之名本為傳重故喪服曰庶子不為長子三年不繼祖與禰也
禮記公儀仲子之喪檀弓曰何居我未之前聞也仲子舍其孫而立其弟何也子服伯子曰仲子亦猶行古之道也昔者文王舍伯
邑考而立武王發微子舍其孫腯而立衍仲子亦猶行古之道也鄭注曰仲子為親者諱耳立衍非也文王之立武王權也微子適
子死立其弟衍殷禮也子游問諸孔子孔子曰否立孫注曰据周禮然則商以適子死立適子之母弟周以適子死立適子之子為
適孫故春秋公羊之義適子有孫而死質家親親先立弟文家尊尊先立孫喪服云為父後者為出母無服小記云祖父卒而後為
祖母後者三年為出母無服喪者不祭故也為祖母三年者大宗傳重故也今議以適子孫死而立適子母弟適子母弟者則為父
後矣適子母弟本非承適以無適故得為父後則適孫之弟理亦得為父後則是父卒然後為祖後者三年既得為祖服斬而不得
為傳重者未之聞也若用商家親親之義本不應適子死而立適孫若從周家尊尊之文豈宜舍其孫而立其弟或文或質愚用惑
焉孔叢子雜訓云子思曰殷人質而尊其尊故立弟周人文而視其親故立子文質不同其禮則異文王舍適立次權也又云唯聖

立聖其文王乎不及文王者則各賢其所愛不殊於適何以限之亦即防愛愉意也按明乎文王從權之故則明祖立孫之舉爲物古不化所以啓靖難之禍然文王猶殷之諸侯舍孫立子其猶殷制與史記梁孝王世家袁盎等曰周道太子死立適孫殷道太子死立其弟白虎通封公侯云繼世諸侯無子又無弟但有諸父庶兄當誰與與庶兄推親之序也以僖公得繼閔公也蓋繼世諸侯當立子無子立弟無弟立庶兄當指質家言之春秋之義也○注其雙至愛爭○方言三陳楚之間凡人嘼乳而雙產謂之釐孳秦晉之間謂之健子自關而東趙魏之間謂之孿生西京雜記霍將軍妻一產二子疑所爲兄弟或曰前生爲兄後生爲弟或曰居上者宜爲兄居下者宜爲弟居下者前生今宜以前生爲弟霍光曰昔殷王祖甲一產二子曰嚚曰良以卯日生嚚以巳日生良則以嚚爲兄以良爲弟若以在上者爲兄嚚亦當爲弟昔許釐莊公一產二女曰妖曰茂楚大夫唐勒一產二子一男一女男曰貞夫女曰瓊華皆以先生爲長近代鄭昌時文長蒨並生二男滕公一生二女李黎生一男一女並以前生爲長霍氏亦以前生爲兄焉是据見與据本意二語前漢猶有致疑彼時文質道喪故無有正之者焉後世則一以前生爲兄矣

桓何以貴注据俱公子也母貴也注据桓母右媵疏据桓母右媵○既云貴宜右媵何以意言之也母貴則子何以貴注据俱言公子子以母貴注以母秩次立也疏魏志注引典略載公孫瓚表袁紹罪狀曰春秋之義子以母貴紹母親爲婢使紹實微賤不可以爲人後以義不宜乃據豐隆之重任忝行王爵損辱袁宗紹罪九也又見本傳按春秋之義自謂子之貴賤以母爲序故注云以母秩次當立不必如瓚所云也母以子

貴注禮妾子立則母得爲夫人夫人成風是也疏漢書哀帝紀詔曰春秋母以子貴又孝景王皇后傳大行奏事文曰子以母貴母以子貴後漢書梁竦傳張酺曰春秋之義母以子貴又郅惲傳春秋之義母以子貴皆本此爲說也○注禮妾至是也○文四年冬夫人風氏薨五年三月葬我小君成風是也通典引異義妾母之子爲君得尊其母爲夫人否春秋公羊說妾子立爲君母得稱夫人故上堂稱妾屈於適下堂稱夫人尊行國家父母者子之天也子不得爵命父母則士庶起爲人君母亦不稱夫人至於妾子爲君爵其母者以妾本接事尊者也有所因也穀梁說魯僖公立妾母成風爲夫人入宗廟是子而爵母也以妾爲妻非禮也古春秋左氏說成風得立爲夫人母以子貴禮也謹按尚書舜爲天子瞽瞍爲士明起於匹庶者子不得爵命父母也至於魯僖公本妾子尊母成風爲小君經無譏文公羊左氏義是也鄭駮之曰禮喪服父爲長子三年以將傳重故也衆子則爲之周明無二適也女君卒貴妾攝其事耳不得復立爲夫人魯僖公妾母爲夫人者乃緣莊公夫人哀姜有殺子般閔公之罪應貶故也近漢呂后殺戚夫人及庶子趙王不仁廢不得配食文帝更尊其母薄后非其比耶妾子立者得尊其母禮未之聞也則鄭用穀梁家說晉書禮志哀帝即位欲尊崇章皇太妃桓溫議宜稱太夫人尚書僕射江虨曰當春秋時庶子承國其母得爲夫人不審直子命母耶故當告於宗廟以先君之命命之耶竊見詔書當臨軒拜授貴人爲皇太妃今稱皇帝冊命二貴人斯則子爵母也貴人北面拜受斯則母臣子也天尊地卑名位定矣母貴子賤人倫序矣雖欲加崇貴人而實卑之欲顯明國典而實廢之且人主舉動史必書之如當載之方策以示後世毋乃不順乎通典七十二引庾蔚之謂公羊母以子貴者明妾貴

賤若無適子則妾之子爲先立又子既得立則母隨之貴豈謂可與適同耶成風稱夫人非禮之正解詁箋云不書卽位君臣父子夫婦兄弟之道立矣經曰禘于太廟用致夫人穀梁子曰用者不宜用者也致者不宜致者也言夫人而不以氏姓非夫人也立妾之辭也非正也夫人之我可不夫人之乎夫人卒葬之我可不夫人卒葬之乎一則以宗廟臨之而後貶焉一則以外之弗夫人而見正焉經曰僖公成風穀梁子曰秦人弗夫人也卽外之弗夫人而見正焉經曰惠公仲子穀梁子曰母以子氏仲子者何惠公之母孝公之妾也經曰考仲子之宮穀梁子曰禮庶子爲君爲其母築宮使公子主其祭也於子祭於孫止仲子者惠公之母隱孫而修之非隱也經曰秋七月壬申弋氏卒辛巳葬定弋卽哀之未成君而見正焉春秋之辨名如此禮宗子雖七十無無主婦謂大夫得再娶也天子諸侯不再娶有宗廟之事以貴者攝之故禮有攝女君然而曰君之母非夫人則羣臣無服邦人稱之曰君之母稱諸異邦曰寡君之母大夫以下妾有貴賤服有升降而已以明辨也所謂不得與民變革者也漢世妃匹不正建儲立后皆以愛憎墮其禮防因秦稱號且配廟食公羊經師欲行其說之則於傳文子以母貴下增之曰母以子貴夫子既可以貴其母何必云子以母貴乎且是子尊得加於父母也舜不王瞍禹不王鯀正也商追元王周追太王王皆以義起非古也不勝其敝矣春秋正其詞曰齊侯送姜氏曰紀季姜歸于京師傳曰葬從死者祭從生者古志也公羊經師曲學阿世而猶存正誼以示其說之不得已故其羼入之傳灼然其爲說亦必以適母在卽稱夫人紆繡其辭又以士庶爲人君母亦不得稱夫人子不得爵命父母自破其例其意微而顯也莊公夫人受誅不廟食可也成風廟食不可也於事成風之立又不緣廟食也黜呂立薄昉於東漢非孝文也太史公書稱孝

文太后崩母以子氏知董生春秋之義師法不廢而今董生書猶以文質異法解之其爲俗師竄改無疑矣今按劉說非是喪服經曰公妾大夫之妾爲其子傳曰何以期也妾不得體君爲其子得遂也注此言二妾不得從于女君尊降其子也女君與君一體唯爲長子三年其餘以尊降之與妾子同也然則女君與君一體故服制一與君同妾不得體君得爲其子遂正母以子貴之誼一所以齊衰三月章父卒則爲母庶子爲後當得伸其私恩萬氏斯大儀禮商云齊衰三年首言父卒則爲母下卽繼母慈母因知妾子之爲其母當與此同經不言者包於父卒則爲母中也惠氏士奇春秋說云易象陰係于陽春秋母係于子故母以子氏其名正矣鼎之爻辭曰得妾以其子无咎此之謂也淩氏廷堪禮經釋例云齊衰期章父在爲母此言適母也父在則服齊衰期大功九月章大夫之庶子爲母注大夫之庶子則父在也爲母謂妾子也緦麻三月章庶子爲後者爲其母此言庶子爲後爲其所生母也父在服緦又大功九月章公之庶昆弟爲母注公之庶昆弟則父卒也此言諸侯庶子不爲父後者父卒亦爲所生母大功若爲後之庶子父卒爲母並得伸三年也何以知之慈母如母慈母亦父妾也非其所生尙爲之三年所生母得三年明矣按儀禮喪服章明有庶子爲父後者爲其母緦然則周法庶子爲後者無論天子至士皆服緦未必盡伸三年之服春秋時容或有行重服者故禮記服問曰君之母非夫人則羣臣無服唯近臣及僕驂乘從服唯君所服服也注妾先臣所不服也禮庶子爲後爲其母緦言唯君所服伸君也春秋之義有以小君服之者時若小君在則益不可是鄭不以春秋之事爲正也然傳於下天王使宰咺來歸惠公仲子之賵曰何以不稱夫人桓未君也於定十五年姒氏卒下曰何以不稱夫人哀未君也於葬定姒曰定姒何以書葬未踰年之君也有子

則廟廟則書葬又下二年夫人子氏薨傳夫人子氏者何隱公之母也何以不書葬成公意也宣八年夫人熊氏薨傳宣公之母也注熊氏楚女宣公即傳公妾子皆無譏文蓋不獨成風然也又禮記雜記云妾祔於妾祖姑無妾祖姑則亦祔其昭穆之妾疏引庾蔚之云妾祖姑無廟爲壇祭之崔靈恩云於廟中爲壇祭之又喪服小記云慈母與妾母不世祭也即穀梁家所云禮庶子爲君爲其母築宮使公子主其祭於子祭於孫止是也是則妾子爲君雖不得尊其母如適然必仍妾舊稱使爲子者不得伸其私恩亦非所以推孝錫類則異義所載公羊說上堂稱妾屈於適下堂稱夫人尊行國家亦未嘗不仁至義盡也故繁露三代改制云主天法質而王妾以子貴主地法文而王妾不以子稱貴春秋改文從質所以母以子貴必公羊經師所傳劉氏反謂其俗師竄改而牽涉穀梁之說是自亂其家法矣

公羊義疏一

南菁書院
句容陳立卓人著

隱元年三月盡五月

三月公及邾婁儀父盟于眛 疏 釋文婁力俱反邾人語聲後曰婁故曰邾婁禮記同左氏穀梁無婁字顧氏炎武唐韻正鄒古音則俱反公羊傳邾婁即鄒字以一字爲二字孟子題詞邾國在孟子時改曰鄒趙氏坦春秋異文箋云謹案列國方言有語聲在後者邾婁是也有語聲在前者句吳於越是也即人名亦然吳子壽夢寺人惠牆伊戾是也公羊多齊言故邾作邾婁杜云邾今魯國鄒縣是也說文邑部鄒魯縣古邾婁國帝顓頊之後所封段氏玉裁說文注云魯國騶二志同周時或云鄒或云邾婁者語言緩急之殊也周時作鄒漢時作騶古今字之異也左穀作邾公羊作邾婁邾婁之合聲爲鄒孟子國語作鄒三者鄒爲正邾則省文漢時縣名作騶如韓敕碑陰騶韋仲卿足證鄭語曰曹姓鄒莒韋云陸終第五子曰安爲曹姓封於鄒杜譜云邾曹姓顓頊之後有六終產六子其第五子曰安邾即安之後也周武王時封其苗裔俠爲附庸居邾前志曰騶故邾國曹姓二十九世爲楚所滅按左傳顓頊有子曰黎爲祝融祝融之後八姓妘曹其二也然則上云鄒祝融之後妘姓所封此云帝顓頊之後互文錯見也今山東兗州府鄒縣東南二十六里有古邾城趙氏岐曰鄒本春秋時邾子之國至孟子時改曰鄒此未知其始本名鄒也周氏廣業孟子出處時地考云鄒有二皆顓帝後所封國一早著於幽王之世國語史伯謂鄭桓公曰當成周者東有齊魯曹宋滕

許郰莒又曰黎爲高辛氏火正命曰祝融其後以姓存者妘姓鄅檜路偪陽曹姓鄒莒皆爲采衛此鄒入春秋不復見唯晏子載景公爲鄒之長塗晏子諫爲息疑爲齊所滅漢志濟南郡有鄒平梁鄒二縣水經注謂鄒平古侯國舜後姚姓蓋卽今濟南府鄒平縣地也其一卽邾大戴記顓頊子老童產重黎及吳回吳回產陸終陸終六子其子曰安是爲曹姓曹姓者邾鄒縣北嶧山是也漢志屬魯國今爲兖州府鄒縣其改邾爲鄒齊乘謂始文公但遷繹在魯文公十三年而終春秋不聞有鄒至戰國更無邾名故趙氏以爲至孟子時改也藝文類聚引劉蒼騶山記云騶山古之嶧陽魯穆公改爲騶徐鉉說說文亦云魯穆公改邾爲鄒改名不應出魯或謂鄒穆公爲魯穆公耳按邾婁之合音爲鄒不關更改段說是也趙氏孟子題詞云國近魯後爲魯所幷哀公七年左傳云魯擊柝聞于邾故春秋時會盟征伐之事魯與邾特多焉昧本毛本監本唐石經作昧釋文昧亡結反則作昧从末是也左氏作蔑校勘記段云說文眛从目未聲與从目未聲之字有別昧與蔑古音同石經考文提要亦云宋景德本鄂州本泮宮書本皆作昧杜云蔑姑蔑魯地魯國卞縣南有姑城釋例土地名魯地蔑姑蔑二名魯國卞縣南有姑蔑城顧氏棟高春秋大事表云在今兖州府泗水縣東北四十五里定二十年費人攻公仲尼命申句須樂頎下伐之費人北國人追之敗諸姑蔑卽此水經注泗水篇泗水出魯卞縣北山南有姑蔑城春秋隱元年公及邾儀父盟于蔑是也惠氏棟左傳補注蔑本姑蔑定十二年傳費人北國人追之敗諸姑蔑是也隱公名息姑而當時史官爲之諱猶定公名宋哀十四傳宗人釁夏曰孝惠取于商不云宋也古人舍故諱新故哀爲定諱定不爲隱諱汲郡古文云魯隱公及邾莊公盟于姑蔑魏史不爲魯諱則此經爲魯諱明矣

及者何與也【注】若曰與邾婁盟也【疏】爾雅釋詁云及與也詩谷風及爾顛覆及爾同死氓及爾偕老箋並云及與也會及暨皆與也【注】都解經上會及暨也【疏】爾雅釋詁逮及暨與也說文舁部與黨與也禮檀弓論語鄭注並云與及也書堯典汝羲暨和傳暨與也左傳宣七年凡師出與謀曰及不與謀曰會是會及義近故皆有與義也○注都解至暨也○都猶言總也曹丕與吳質書頃撰遺文都爲一集是也民人所聚曰都故都有總義曷爲或言會或言及或言暨【疏】舊疏云或言會者即下六年公會齊侯盟于艾之徒是也或言暨者昭七年暨齊平定十年宋公之弟長暨仲佗石彄出奔陳是也或言及此經是也會猶最也【注】最聚也直自若平時聚會無他深淺意也最之爲言聚若今聚民爲投最【疏】注最聚也○玉篇最聚也小爾雅釋詁最叢也又要也史記周勃世家索隱最都凡也王氏念孫廣雅疏證云說文䝿最也公羊會猶冣也何注冣聚也漢武紀毋䝿聚如淳注䝿最也會最聚並同義王氏引之經義述聞云釋文最字無音家大人曰正文及注最字皆當作冣音才句反冣與聚聲義皆同故曰冣之爲言聚也說文冣積也从冖取取亦聲徐鍇曰古以爲聚物之聚世人多見冣少見冣故書傳冣字皆譌作最禮記樂記會以聚衆鄭注聚或作冣今已譌作最管子禁藏篇冬收五藏冣萬物地數篇民擧所冣粟以避重泉之戍尹注皆云冣聚也莊子德充符篇物何爲冣之哉司馬彪注曰冣聚也荀子彊國篇執拘則冣韓詩外傳作執拘則聚趙策顏冣史記廉頗藺相如傳作顏聚史記殷本紀大冣樂戲于沙丘徐廣曰冣一作聚周紀則固有聚以收齊徐廣曰聚一作冣

鵩鳥賦憂喜聚門兮李善曰或作冣亦聚也小爾雅冣聚叢也今本冣皆譌作最此傳釋文不爲冣字作音則唐初已誤爲最不始於開成石經矣胡氏承珙小爾雅義證云最當从說文作冣說文冣積也最犯取也本二義後人多混冣爲最冣字遂廢蓋冣本有聚義故叢亦通作冣史記功臣年表蓼侯孔藂索隱引家語作最是也此最亦當作冣文選西征賦注引字林云蕞聚貌蕞與冣同○注直自至意也○深淺意者謂如及爲我欲之有汲汲義是爲深暨爲不得已是爲淺下注所云善重惡深善輕惡淺是也會無此二義故直若平時聚會也○注若今至投最○此以漢語況之也

及猶汲汲也 疏 通義云及之爲言恐弗及也汲汲者急辭說文又部及建也从又从人詩摽有梅序男女得以及時也即汲汲逮時之義故彼疏引此傳文解之也廣雅釋言及連也荀子儒效篇注及繼也繼與逮皆有汲汲之意

暨猶暨暨也 疏 爾雅釋言云暨不及也經義述聞云傳注皆訓暨爲及未有訓爲不及者不字蓋涉下文意不遜也而衍釋詁曰逮及暨與也此釋言曰逮及也此曰暨及也皆是轉相爲訓傳注訓暨爲及即本之爾雅加一不字則義不可通郭曰公羊傳曰及我欲之暨不得已暨不得已是不得及此又曲說之不可通者按及與暨散文通對文異此暨與及對若即訓及何深淺之分故傳云暨與暨正是不得已之義不得已所以不汲汲故爾雅云不及也郭注甚明王氏何反以爲曲說耶通義云暨暨者重難之辭玉藻曰戎容暨暨說文旦部暨日頗見也段注云頗頭偏也頭偏則不能全見其面故謂事之略然者曰頗日頗見者見而不全之也釋言曰暨不及也是其引申之義乑部曰臮者衆與詞也引唐書臮臯陶按書禹貢暨魚朔南暨史記夏本紀及漢書地理志作臮是臮正字也臮之段借多作洎莊子寓言篇後仕三千鍾不洎文選東

京賦于胥斯洎是也又作塈儀禮士喪禮注引喪大記塗不塈于棺釋文劉本作塈是也蓋塈塈猶幾幾雅訓所謂不及也及

我欲之暨不得已也【注】我者謂魯也內魯故言我舉及暨者明當隨意善惡而原之欲之者善重惡深不得已者善輕惡淺所以原心定罪【疏】通義云左傳謂公攝位而欲求好于邾則是盟我欲之故從及文也又宣七年左傳云凡師出與謀曰及則亦

我欲之義也穀梁傳及者何內爲志焉爾故上注云若曰公與邾婁盟也暨不得已與及我欲之相對爲義也郝氏懿行爾雅義疏

云釋詁曰及暨與也是暨卽及矣又言不及者郭引公羊傳釋云暨不得已是不得及矣文選赭白馬賦及文賦注並引爾雅作暨

及也或及上脫不字抑或所引卽釋詁文蓋暨之一字包及與不及兩義也穀梁昭七年傳以外及內曰暨對及爲我欲是亦不得

已之義也○注我者至言我○漢書蕭望之傳聖王之制施德行禮先京師而後諸夏說苑指武云春秋先京師而後諸侯春秋假

魯爲京師故內魯言我也繁露奉本云當此之時魯無鄙疆諸侯之伐哀者皆言我明所見之世魯愈微而春秋之化愈廣哀八年

之吳伐我十年之齊國書帥師伐我皆不言西鄙北鄙以見化及天下不言鄙疆明魯之王化所及遠也舊疏云此通內外皆然但

傳据內言之故言我謂魯也○○注舉及至原之○此對會之無他深淺言也○注欲之至惡深○○舊疏云善重者卽此公及邾婁儀

父盟于眛是也以其汲汲於善事惡深者哀十二年公會晉侯及吳子于黃池是也以其汲汲於惡事○注不得至惡淺○舊疏云及

善輕則暨齊平是也惡淺者宋公之弟辰暨仲佗石彄是也○注所以原心定罪○淩先生曙公羊問答云問何以云原心定罪也

曰桓寬曰春秋治獄論心定罪志善而違於法者免志惡而合於法者誅漢書霍諝傳曰春秋之義原情定過赦事誅意故許止雖弑君而不罪趙盾以縱賊而見書此仲尼所以垂王法而漢世所宜遵前修也按漢書王嘉傳云聖王斷獄必先原心定罪探意立情又辥宣傳春秋之義原心定罪後漢書應劭傳若乃小大以情原心定罪此爲求生非謂代死可以生也繁露正貫云論罪源深淺定法誅然後絕屬之分別矣鹽鐵論詔聖云春秋原罪繁露精華云春秋之聽獄也必本其事而原其志志邪者不待成首惡者罪特重本直者其論輕是故逢丑父當斮而轅濤塗不宜執魯季子追慶父而吳季子釋闔廬此四者罪同異論其本殊也俱欺三軍而或死或不死俱弑君或誅或不誅聽訟折獄可無審耶即原心定罪之義也

儀父者何邾婁之君也

注以言公及不諱知爲君也

疏左傳疏引杜氏世族譜邾曹姓顓頊之後有六終其第五子曰安周武王封其苗裔俠爲附庸居邾自安至儀父十二世始見春秋陳氏樹華春秋內傳考證云漢書鄒陽傳引作義父師古曰義讀爲儀○注以言至君也○舊疏云凡春秋公與外大夫盟皆諱不言公故○莊二十二年及齊高傒盟于防傳公則曷爲不言公諱與大夫盟也之屬今此不沒公故知是君矣其莊九年書公及齊大夫盟于蔇者彼傳云公曷爲與大夫盟齊無君也然則何以不名諱與大夫盟也使若衆然注鄰國之臣猶吾臣也是也

何以名

注據齊侯以祿父爲名

疏校勘記云鄂本以下同唐石經作何以不名按此設爲問答之詞此問何以名故下答之曰非名也字也若作何以不名則與下曷爲稱字意複此下字也一句爲贅矣注云據齊侯以祿父爲名故疑儀父亦名則何休本無不字唐石經當衍洪氏頤煊讀書叢錄云唐石經

名上有不字按何注据齊侯以祿父爲名疏云是言齊侯以祿父爲名故疑邾婁君亦以儀父爲名注疏本皆無不字○注据齊至爲名○桓十四年齊侯祿父卒是也字也注以當褒知爲字疏注以當褒知爲字○舊疏云春秋以隱新受命而王儀父慕之故知當褒也穀梁傳儀字也父猶傅也男子之美稱也莊二十五年陳侯使女叔來聘左傳嘉之故不名禮記郊特牲曰冠而字之敬其名也是字爲褒也曷爲稱字注据諸侯當稱爵疏舊疏云六年夏公會齊侯盟于艾之屬是也褒之也注以宿與微者盟書卒知與公盟當褒之有土嘉之曰褒無土建國曰封稱字所以爲褒之者儀父本在春秋前失爵在名例爾疏注以宿至褒之○下云及宋人盟于宿傳孰及之內之微者也又八年辛亥宿男卒注宿本小國不當卒所以卒而日者春秋王魯以隱公爲始受命王宿男先與隱公交接故卒褒之也以所傳聞之世微國之卒本不合書宿男今變例書卒見恩爲其與我微者盟故與微者盟功薄故不名不書葬從小國例今邾婁儀父與公盟故當褒也○注有土至曰封○舊疏云有土嘉之曰褒者謂加爵與字郎儀父滕侯之屬是也無土建國曰封者郎封邢衛之屬是也通義云褒者天子有慶於諸侯加地進律之名禮有褒衣是也春秋假天子之事設七等之科所善者進其號所惡者降其秩君子雖有其德苟無其位諸侯大夫之功罪非匹夫所得而議焉是故以文王之法臨之而黜陟焉孟子曰詩亡然後春秋作詩有美刺春秋有褒貶其義一也然則封者實事褒者春秋予奪之稱亦以有有土嘉之之例故春秋郎假以進退當時焉○注稱字至例爾○莊十年傳名不

若字字不若子子者爵也失爵則稱名進之故稱字僖二十九年春介葛盧來傳介葛盧者何夷狄之君也注介者國也葛盧者名也進稱名者能慕中國朝賢君明當扶勉以禮義明中國失爵者稱名夷狄稱人僖三十年介人侵蕭是也進之乃同乎中國無爵者稱名也邾婁所以失爵者春秋前周室猶未大衰政令尚行於諸侯邾婁或有過失被黜如孟子告子下所云一不朝則貶其爵禮記王制所云宗廟有不順者爲不孝不孝者君絀以爵是也穀梁傳邾之上古微未爵命于周左傳云未王命故不書爵皆與何氏異

曷爲褒之注据功不見疏注据功不見○釋文見賢徧反儀父未有功顯著故据以難爲其與公盟也注爲其始與公盟盟者殺生歃血詛命相誓以盟約束也傳不足言託始者儀父比宿滕薛最在前嫌獨爲儀父發始下三國意不見故顧之疏注爲其始與公盟○通義云春秋內魯與內接者託始于此隱公之賢讓邾婁之君能親賢慕義講信修睦於法當褒也左疏引賈服云儀父嘉隱公有至孝謙讓之義而與結好故貴而字之善其慕義說讓亦取公羊爲說舊疏引春秋說云褒儀父善趣聖是也○注盟者至一束也○說文囧部盟周禮曰國有疑則盟諸侯再相與會十二歲一盟北面詔天之司愼司命盟殺牲歃血朱槃玉敦以立牛耳禮記曲禮云約信曰誓涖牲曰盟周禮玉府云若合諸侯則其珠槃玉敦注合諸侯者必割牛耳取其血歃之以盟朱槃以盛牛耳尸盟者執之玉敦歃血玉器又戎右云盟則以玉敦辟盟遂役之贊牛耳桃茢又秋官序官司盟注盟以約辭告神殺牲歃血著其信也又司盟云掌盟載之法凡邦國有疑會同則掌其盟約之載及其禮

儀北面詔明神既盟則貳之注載盟辭也盟者書其辭於策殺牲取血坎其牲加書於上而埋之謂之載書有疑不協也明神神之明察者謂日月山川也覲禮加方明于壇上所以依之也又云盟萬民之犯命者詛其不信者亦如之注盟詛者欲相與共惡之也犯命犯君教令也不信違約者也詩何人斯疏云鄭駁異義云詩說及鄭伯使卒及行所出皆謂詛爾小於盟也周禮戎右職云若盟則以玉敦辟盟遂役之贊牛耳桃茢哀十七年左傳孟武伯問於高柴曰諸侯盟誰執牛耳然則盟者人君用牛伯姬盟孔悝用豭下人君牲是盟用牛也此謂大事正禮所當用者耳若臨時假用其禮者不必有牲左傳孟任割臂以盟莊公華元入楚師登子反之牀子反懼而與之盟皆無牲也左疏云凡天子之盟諸侯十二歲於方岳之下故傳云再會而盟以顯昭明若王不巡守及諸侯有事朝王郎時見曰會殷見曰同亦爲盟禮其盟之法按覲禮爲壇十二尋深四尺加方明于其上方明者木也方四尺設六玉上圭下璧南方璋西方琥北方璜東方圭朝諸侯于壇訖乃加方明于壇而視之列諸侯于庭玉府供珠槃玉敦戎右以玉敦辟盟贊牛耳桃茢司盟北面詔告於明神諸侯以次歃血鄭注覲禮云王之盟其神主日王官之伯盟其神主月諸侯之盟其神主山川是盟禮之略也諸侯盟亦有壇柯之盟公羊傳稱曹子以手劍刼桓公于壇上是也其盟神無定襄十一年傳稱司慎司盟名山名川羣神羣祀先王先公七姓十二國之祖是也其盟用牛牲哀十七年諸侯盟誰執牛耳是也其殺牛必取血及耳以手執玉敦之血進之於口定八年涉佗捘衛侯之手及腕又襄九年與大國盟口血未乾是也既盟之後牲及餘血幷盟載之書加於牲上坎而埋之僖二十五年宵坎血加書是也春秋之世不由天子之命諸侯自相與盟則大國制其言小國尸其事官雖小異禮則大同故

釋例曰盟者殺牲載書大國制其言小國尸其事珠槃玉敦以奉流血而同歃是其事也按荀子大略云盟詛不及三王下二年注云凡書會者惡其虛內務特外好也會無美詞盟則可知詳下注○注傳不至顧之○校勘記云言字當誤衍下注云傳不足託始可證毛本下作于舊疏云此傳應言爲其始與公盟今不具其文言始者若言始與公盟卽恐下三國不是始是以顧之不得具其文按託始者言隱公實非受命王但託之以爲始耳

與公盟者眾矣曷爲獨褒乎此注据戎齊侯莒人皆與公盟傳不足託始故復据眾也

疏○注据戎至公盟○下二年秋公及戎盟于唐六年夏公會齊侯盟于艾八年秋公及莒人盟于包來是也○注傳不至眾也○上傳若云始與公盟其義自明傳既不言託始於儀父則褒義不見故復据眾盟以難褒也

因其可褒者而褒之注春秋王魯託隱公以爲始受命王因儀父先與隱公盟可假以見褒賞之法故云爾

疏風俗通過譽十反皆云春秋之義因其可褒而褒之用公羊義也○注春秋至云爾○繁露王道云諸侯來朝者得褒邾婁儀父稱字滕薛稱侯荊稱人介葛盧得名內出言如諸侯來曰朝大夫來曰聘王道之意也是皆託王於魯故別外內以立王道褒賞之法託隱公爲春秋之始受命王儀父先與盟故假以爲賞有功漢書師丹傳云夫褒有德賞元功先聖之制百王不易之道也繁露三代改制云春秋作新王之事變周之制當正黑統而殷周爲王者之後絀夏改號禹謂之帝錄其後以小國故曰絀夏存周以春秋當新王不以杞侯弗同王者之後也稱子又稱伯何見殊之小國也皆言王魯之義也惠氏棟九經古義云論語吾

其爲東周乎何晏注云與周道於東方故曰東周此與公羊黜周王魯之說合宋本註作記校勘記云閩監本同誤也鄂本作註當據正

此其爲可襃奈何漸進也注漸者物事之端先見之辭去惡就善曰進譬若隱公受命而王諸侯有倡始先歸之者當進而封之以率其後不言先者亦爲所襃者法明當積漸深知聖德灼然之後乃往不可造次陷於不義疏繁露觀德云隕石于宋五六鷁退飛或徐或察皆以先接於我者序之其於會盟朝聘之禮亦猶是諸侯與盟者眾矣而儀父獨漸進鄭僖公方來會我而道殺春秋致其意謂之如會通義云繁露曰氏不若人人不若名名不若字凡四等命曰附庸字者方三十里名者方二十里人氏者方十五里邾婁于桓之篇稱人傳曰夷狄之於此稱字傳曰襃之進退相較明儀父本在名等春秋字之若加封使從三十里國也然非有所因則襃文爲空設其後儀父至莊公之世實得王命爲諸侯故因其有將進之漸而襃之若曰荀以文王之法治諸夏所封有親賢睦鄰如儀父者其可也邾婁之進自緣他事因而襃之於此則春秋之新義春秋皆假事以託義者也得其義則事可略也按左傳但云貴之不言何事見貴若如彼傳云公攝位而欲求好於邾則當貴魯矣儀父邾子何貴之有杜預范甯皆以繼好息民結信於魯爲說春秋會盟皆有和好之義何獨於儀父貴之孔疏謂朝事大國則附庸常道結好非附庸所能真稚語也○注漸者至之辭○文選謝靈運游南亭詩注引廣雅漸稍也易序卦傳漸者進也史記越世家漸九川徐廣曰漸者引進通達之義也皆與物事之端先見之辭意近舊疏云物事

之端猶言物事之首先見之辭見讀如見其二子之見若公子陽生闖然之類是也俞氏樾公羊平議云如何說以漸進為倡始先歸則止是褒其始與公盟耳凡始與公盟者皆得褒之非所謂因其可褒而褒之也又曰明當積漸深知聖德則弁與前說岐矣今按公羊家有七等之說州不若國國不若氏氏不若人人不若名名不若字字不若子邾婁儀父本當在書名之等進而書字所謂漸進也若邾婁本當書字進而書子則其進也太驟矣非漸進之義也故與公盟者雖衆而獨褒邾婁儀父者取其適在書名之等也斯謂因其可褒而褒之矣○注去惡至曰進○文選東京賦因進距衰辭注進善也禮記樂記禮減而進注進謂自勉強也國語晉語夫事君者量力而進注進進取也自勉進取皆有就善之意就善曰進因謂進為善矣劉氏逢祿論語述何說論語有與其進也不與其退也云春秋列國進乎禮義者與之退則因而貶之亦此義也○注譬若至其後○何云譬若卽傳文託始之義也春秋託王於魯原非以隱公為王故何云譬若猶斯義也後漢書李固傳云春秋褒儀父以開義路貶無駭以閉利門夫義路開則利門閉利門開則義路閉也開義路卽何氏進而封之以率其後義也○注不言至不義○此明傳文言漸進不言先之義也當積漸深知聖德灼然之後乃往卽漸進之意也繁露觀德云故受命而海內順之猶衆星之共北辰流水之宗滄海也又云至德以受命豪英高明之人輻輳歸之謂聖德灼然之後者也云造次陷於不義者桓十五年邾婁人牟人葛人來朝傳皆何以稱人夷狄之也注桓公行惡而三人俱朝事之三人為衆衆足責故夷狄之又桓七年云穀伯綏來朝鄧侯吾離來朝注不日者失地之君朝惡人輕也穀鄧失地之君故不深責其朝惡人非謂穀鄧宜朝也是皆陷於不義者也造次者論語里仁云造次必於是亦謂急遽之意

昧

者何地期也【注】會盟戰皆錄地其所期處重期也凡書盟者惡之也爲其約誓大甚朋黨深背之生患禍重胥命於蒲善近正是也君大夫盟例日惡不信也此月者隱推讓以立邾婁慕義而來相親信故爲小信辭也大信者時柯之盟是也魯稱公者臣子心所欲尊號其君父公者五等之爵最尊王者探臣子心欲尊其君父使得稱公故春秋以臣子書葬者皆稱公于者於也凡以事定地者加于例以地定事者不加于例【疏】通義云兩君相見所期之地也於此發傳後言于某者從可知也穀梁傳昧地名也通義又云孫覺曰隱之出皆不致隱志讓乎桓不敢當正君之禮聖人本其意而略之也按桓二年公至自唐注云致者君子疾賢者失其所不肖者反以相親榮故與隱相違也明前隱與戎盟雖不信猶可安也今桓與戎盟雖信猶可危也然則隱之不書至正以隱爲賢君無可危故也孫氏之言猶泥於杜預春秋者魯史記之名一語○注會盟至期也○釋文出其處二字校勘記陸本蓋作會盟戰皆錄其處重期也盧文弨曰據注當作期處此其字譌會錄地者下二年公會戎于潛之屬是也盟錄地者此之屬是也戰錄地者桓十七年及齊師戰于奚之屬是也重期故會盟有大信時小信月不信日戰有詐戰偏戰之異也○注凡書至禍重○詩巧言云君子屢盟亂是用長傳凡國有疑會同則用盟而相要也箋云盟之所以數者由世衰亂多相

背違時見曰會殷見曰同非此時而盟謂之數按下二年傳注於
會已惡其虛內特外則惡盟爲尤深通義云大道既隱降而有詛
誓周公致治太平猶設司盟之官春秋撥亂世約信故盟者春秋
所不惡惡其渝盟者渝盟例日按盟會者春秋之所惡故桓三年
傳曰古者不盟穀梁傳曰相命而信諭謹言而退又曰盟詛不及
三王也司盟之官見之周禮何氏所不取舊疏云此言與公盟而
得褒何言惡者直善其慕新王之義而得褒豈善其盟乎是也注
云朋黨深背之生患禍重則視會之虛內務特外好爲甚矣○注
胥命至是也○桓三年齊侯衞侯胥命于蒲傳胥命者何相命也
何言乎相命近正也此其爲近正奈何古者不盟結言而退穀梁
傳以是爲近古也左傳云不盟無褒辭則左氏並惡不知胥命之
善矣○注君大至信也○但舊疏云君大夫盟日皆是惡不信下二
年秋八月庚辰公及戎盟于唐文八年冬十月壬午公子遂會晉
趙盾盟于衡雍之屬是也○注此月至辭也○舊疏云儀父見褒
不爲大信者下七年公伐邾婁是其背信也功不足錄但假以託
爲小善故爲小信辭按穀梁傳不日其盟渝也彼以日爲信以不
日爲變盟與此以時爲信月爲小信日爲不信者異三傳各有義
例不必强同也此以蔑盟本不信例今書日徒以慕新王而見予
故仍許以小信亦春秋之示法也○注大信至是也○莊十二年
冬公會齊侯盟于柯傳曰桓公之信著乎天下自柯之盟始也又
云桓之盟不日其會不致信之也是也○注魯稱至稱公○白虎
通號篇云伯子男臣子於其國中褒其君爲公王者臣子獨不得
褒其君謂之爲帝何以爲諸侯有會聚之事相朝聘之道或稱公
而尊或稱伯子男而卑爲交接之時不私其臣子之義心俱欲尊
其君父故皆令臣子得稱其君爲公也帝王異時無會同之義故
無爲同也何以知諸侯得稱公春秋曰葬齊桓公齊侯也尙書曰

公曰嗟秦伯也詩云單公維私單子也春秋曰葬許穆公許男也禮大射經曰公則射獲大射者諸侯之禮也伯子男皆在也又爵篇云公者加尊二王之後侯者百里之正爵按臣子尊其君父故春秋於侯伯子男之葬皆稱公王者探臣子之心故也故桓十四年葬齊僖公桓十年葬曹桓公之屬是也而桓十七年書葬蔡桓侯者彼注云稱侯者奪臣子辭有賢弟不能用反疾害之書立獻舞國幾幷乎纖荆故賢季抑桓緣葬者臣子之事蔡桓侯有惡故奪臣子亏稱也○注于賢者於也○說文亏部亏於也象氣之舒亏从丂从一一者其氣平之也詩崧高于邑于謝箋云于於也又采蘩云于沼于沚傳于於也爾雅釋詁于於也經書亦有倒用者詩崧高四國于蕃四方于宣言蕃于四國宣于四方也廣雅釋詁於于加也輾轉相訓○注凡以至于例○校勘記云舊解云先約其事加于先在其地不加于此注亦當作加于不加于二例當爲衍文疏中十行本及閩本二于字下無例字加監本毛本有例字非古也以事定地者舊疏云先約其事乃期于某處作盟會者加于僖二十八年夏五月盟于踐土之屬是也以地定事者舊疏云言先在其地乃定盟會之事者不加于即莊十九年公子結媵陳人之婦于鄄遂及齊侯宋公盟襄三年公會單子晉侯以下同盟于雞澤陳侯使袁僑如會叔孫豹及諸侯之大夫及陳袁僑盟之屬是也

夏五月鄭伯克段于鄢【疏】杜云鄭在滎陽宛陵縣西南宛乃菀之省文菀陵城在開封府新鄭縣東北三十八里鄭國都在縣西北左疏引杜譜云鄭姬姓周厲王子宣王母弟桓公友之後也宣王封友於鄭今京兆鄭縣是也及幽王無道友遷民於虢檜虢檜之君分其地遂國焉今河南新鄭縣是也陸淳三傳經文差繆略云克公羊作剋按唐石經公羊作克克剋音義

同爾雅釋詁剋勝也廣韻二十五德克能也勝也剋殺也急也鄢者大事表云杜注今潁川鄢陵縣成十六年晉楚戰于鄢陵即此在今河南開封府鄢陵縣西南四十里漢書地理志傿下云應劭曰鄭伯克段于傿是也則又作傿寰宇記云鄢城在宋州柘城縣北二十九里漢縣屬陳留鄭克段之地疑遠陳氏樹華引趙匡集傳云鄢當作鄔鄔鄭地也史記正義作鄔云舊作鄢漢書地理志作傿按舊作鄢是也昭二十八年左傳釋文在周者為戶反隱十一年王取鄔劉在鄭者音偃成十六年戰于鄢陵此鄭地當作鄢鄭語史伯曰鄢獘補丹依𩰫歷華君之土也是也地理志潁川郡有鄢陵當即此

克之者何〔注〕加之者問訓詁并問施于之為〔疏〕注加之至之為○舊疏云訓詁者即不言殺而言克是也所以不直言克者何而并言之者非直問其變殺為克并欲問其施于鄢之所為矣而不答于鄢之意者欲下乃解為當國故此處未解弟子以其不答于鄢之意故下文復云其地何以難之通義云加之者經有不克弗克諸文嫌通為克字詁訓故問克之者何明獨施於此亦通

殺之也〔疏〕書牧誓云弗御克奔鄭注克殺也亦作剋淮南說山訓云至伐大木非斧不剋注剋截截亦殺也爾雅釋詁勝肩勘劉殺克也轉相訓耳引此傳語穀梁傳克者何能也何能也能殺也注殺之

則曷為謂之克大鄭伯之惡也〔注〕以弗克納大郤缺之善知加克大鄭伯之惡也〔疏〕注以弗至惡也○文十四年晉人納捷菑于邾婁弗克納傳其言弗克納何大其弗克納也是也弗克為大善故克為大惡穀梁傳賤段而甚鄭伯也何甚乎鄭伯甚鄭伯之處心積慮成於殺也注引范甯曰段恃寵驕恣彊足

當國鄭伯不能防閑以禮教訓以道縱成其罪終致大辟處心積思志欲殺弟左傳如二君故曰克稱鄭伯譏失教也謂之鄭志惟左氏以段實未殺故彼疏引服虔云公本欲養成其惡而加誅使不得生出此鄭伯之志意也又引劉炫述義云以克爲文非其實狀故傳解之謂之鄭志與公穀殊按漢書杜鄴傳昔鄭伯隨姜氏之欲終有叔段篡國之禍詩將仲子序云刺莊公也不勝其母以害弟弟叔失道而公弗制祭伯諫而公弗聽小不忍以致大亂焉箋云段好勇而無禮公不早爲之所而使驕慢皆責鄭伯不能教弟致成篡亂夫使僅僅伐之出奔春秋母弟出者多矣何至加鄭伯以克之稱且段已謀篡鄭伯殺之固不爲過所以大其惡者爲其不早爲教戒釀成大亂實爲處心積慮欲殺其弟故也左氏說非

曷爲大鄭伯之惡注据晉侯殺其世子申生不加克以大之疏傳五年晉侯殺其世子申生彼亦惡晉侯無克文故据難之母欲立之己殺之如勿與而已矣注如即不如齊人語也加克者有嫌也段無弟文稱君甚之不明又段當國嫌鄭伯殺之無惡故變殺言克明鄭伯爲人君當如傳辭不當自己行誅殺使執政大夫當誅之克者詁爲殺亦爲能惡其能忍戾母而親殺之禮公族有罪有司讞于公公曰宥之及三宥不對走出公又使人赦之以不及反命公素服不舉而爲之變如其倫之喪無服親哭之疏左傳及莊

公即位爲之請制公曰制巖邑也虢叔死焉佗邑唯命請京使居之祭仲曰今京不度非制也公曰姜氏欲之焉辟害又曰多行不義必自斃既而大叔命西鄙北鄙貳於己公子呂曰國不堪貳君將若之何公曰無庸將自及大叔又收貳以爲己邑至於廩延公曰不義不暱厚將崩大叔完聚繕甲兵具卒乘將襲鄭夫人將啓之命子封帥車二百乘以伐京京叛大叔段段入于鄢公伐諸鄢皆母欲立之己殺之之事也言既欲殺之則不如勿與之地以保全之可矣所以大其惡也劉氏逢祿春秋考證云當與宋翔鳳校朱彝尊書謂此文稱鄭伯得之義穀梁緩追逸賊最淺公羊以勿與之地稍進左氏譏失教斯得之矣宋以爲難余曰非也春秋有殺世子母弟目君之例謂視專殺大夫爲重耳若譏失教則晉侯殺世子申生亦失教乎斯不然矣按勿與之地最得其要係疏說非何氏意俞氏樾平義云傳所謂勿與者即不親親殺之謂也蓋使執政大夫秉國法以誅之而己不與焉斯合親親之道矣何休又引禮公族有罪有司讞于公公曰宥之及三宥不對走出公又使人赦之以不及反命蓋正所以證明勿與之義非如疏所云也是也〇注如即至語也〇經義述聞云家大人曰如上當有不字而寫者脫之桓十四年傳御廩災不如勿嘗而已矣文十六傳先祖爲之己毀之不如勿居而已矣則此亦當云不如勿與而已矣不然同一齊人語何以此言如而彼皆言不如乎何注殆不可從讀書叢錄亦云桓十四年傳文十六年傳皆作不如句法相似此當如上脫不字按如即不如蓋即毋念念也不甯不甯也之例無不字亦可通古人行文不必一例也齊人語者下二年疏云胡毋生齊人故知之〇注加克至言克〇各本文作又依鄂本正惠氏士奇春秋說云段者鄭莊之母弟也非徒叔段不弟其實寤生不友故一則曰姜氏欲之再則曰夫人啓之彼尙不有於母何有於弟親親

之仁絶矣故春秋譏而書之骨肉相殘曰克公穀以爲殺之左氏以爲難之皆得克之之義是則交貶之矣故注恐段以無弟文但書鄭伯不見甚之之義又段當國宜誅疑鄭伯無貶○道故變殺言克專以惡鄭伯也有嫌者嫌書殺不明故加克文也○注明鄭至誅之○舊疏云鄭伯爲人君之法當如傳詞不與其國而已不宜忍戾其母而親殺之其誅之者自是執政大夫之事按如注意則傳文不與爲不與誅殺事○注克者至殺之○克又詁爲能者爾雅釋言文穀梁傳克者何能也何能也能殺也此傳詁義合通義云謹案鄭武公夫人愛其少子段欲立之武公弗許及莊公即位曲從母意與以京都之地有徒邑徒衆濟成其逆謀然後從而討之故傳述經意言莊公誠愛弟不如勿與之地使無所資則不生亂錄月言克者責鄭伯忍陷弟於罪以戾其母也亦涉於疏說以勿與爲勿與地穀梁傳又云于鄢遠也猶曰取之其母之懷中而殺之云爾甚之也即君戾母而親殺之義也○注禮公至哭之○此約禮記文王世子文也彼云獄成有司讞于公其死罪則曰某之罪在大辟其刑罪則曰某之罪在小辟公曰宥之有司又曰在辟公又曰宥之有司又曰在辟及三宥不對走出致刑于甸人公又使人追之曰雖然必赦之有司對曰無及也反命于公公素服不舉爲之變如其倫之喪無服親哭之鄭注成平也讞之言白也辟亦罪也宥寬也欲寬其罪出於刑也又復也對答也先者君每言宥則答之以將更寬之至于三罪定不復答走往刑之爲君之恩無已罪既正不可宥乃欲赦之三重刑殺其類也素服於凶事爲吉於吉事爲凶非喪服也君雖不服臣卿大夫死則皮弁錫衰以居往弔當事則弁經於士也蓋疑衰同姓則緦衰以弔之今無服者不往弔也倫謂親疏之比也素服亦皮弁矣不往弔爲位哭之而已君於臣使有司哭之之通典引盧注云變飲食終其月如其等之喪

也又曰公族之罪雖親不以犯有司正術也所以體百姓也刑于隱者不與國人慮兄弟也弗弔弗為服哭于異姓之廟為忝祖遠之也素服居外不聽樂私喪之也骨肉之親無絕也又曰公族其有死罪則磬于甸人其刑罪則纖剸亦告于甸人鄭注不于市朝隱之也甸人掌郊野之官纖讀為鍼鍼刺也剸割也刺割臏墨劓刖皆以刀鋸刺割人體也通典引盧注云公族諸侯同族也郊外曰甸去天子城百里內也不與國人慮兄弟故繫于甸人也周禮甸師職云王之同姓有辠則死刑焉又掌囚云凡有爵者與王同族奉而適甸師氏以待刑殺以甸師在疆場多有屋舍以為隱處就而刑之親親之義異乎刑人于市與衆棄之者也故詩東山云我東曰歸我心西悲傳公族有辟公親素服不舉樂為之變如其倫之喪也此言公族有罪君猶宜曲赦臣下執法猶素服不舉故孟子盡心瞽瞍殺人之對正郎春秋之義也

段者何鄭伯之弟也【注】殺母弟故直稱君

【疏】左傳云鄭武公娶于申曰武姜生莊公及共叔段是段為鄭伯弟也〇注殺母至稱君〇穀梁傳何以知其為弟也殺世子母弟目君以其目君知其為弟也僖五年傳云殺世子母弟直稱君者甚之也注甚之者甚惡殺親親也春秋公子貫於先君唯世子與母弟以今君錄親親也今舍國體直稱君知以親親責之然則此不曰鄭克段于鄢猶斯義也若鄭伯無罪則當如莊二十二年陳人殺其公子御寇之例明人人得而殺之所謂以國討也杜預云不稱國討而言鄭伯譏失教也不知鄭伯之罪不僅在失教也

何以不稱弟【注】据天王殺其弟年夫稱弟

【疏】注据天至稱弟〇襄三十年云天王殺其弟年夫是也彼傳云書者惡失親親也未三年不去王者方惡其思慕而殺弟不與子行也則彼以周王父服未終殺先君之子故

直書弟責之亦非年夫無罪也左氏彼傳云罪在王則與鄭伯同譏矣杜氏釋例謂佞夫稱弟不與反謀則以稱弟爲佞夫無罪自据左傳爲說也當國也注欲當國爲之君故如其意使如國君氏上鄭所以見段之逆疏通義云當敵也著其彊禦與國爲敵左傳所謂如二君是也經例當國者繫國此已書鄭伯於上故不復繫鄭直言段也杜云以君討臣而用二君之例者段強大儁傑據大都以耦國所謂得儁曰克也○注欲當至之逆○校勘記云毛本欲作弟按下注云俱欲當國四年衛州吁弒其君完傳曷爲以國氏當國也段欲當國爲君故削去弟稱而氏上鄭以見其逆也氏上鄭宜如衛州吁齊無知稱鄭段經無鄭文而曰氏上鄭者正以承上鄭伯明伯與段共此鄭矣所謂如二君也杜云段不弟故不言弟明鄭伯雖失教而段亦凶逆穀梁傳段弟也而弗謂弟公子也而弗謂公子貶之也段失子弟之道矣杜氏釋例曰兄而害弟者稱弟以章兄罪弟又害兄則去弟以罪弟身統論其義兄弟二人交相殺害如有曲直存弟則示兄曲也鄭伯既失教若依例存弟則嫌善段故特去弟兩見其義是也其地何注据齊人殺無知不地疏据齊至不地○即莊九年齊人殺無知是也無知不地故据以難當國也齊人殺無知何以不地注据俱欲當國也疏上傳言問克段于鄢何以書地以當國答之此傳以無知亦當國而經不書地故又据以爲難按莊八年齊無知傳注俱無當國之文此傳云据俱欲當國明齊無知亦如衛州吁之以國氏矣凡不見者以此求之也在內也在內雖當國不地也注其不當國而見殺者當以殺大夫書無取於

地也其當國者殺於國內禍已絕故亦不地疏通義云在內謂國都之內統于國故可無更地也知在外非謂出境者鄭亦鄭地然則下四年殺州吁于濮濮亦不必陳地矣○注其不至地也○凡春秋所書某殺其大夫某不地者皆是○注其當至不地○謂如齊無知之屬是也左傳謂雍廩所殺明在內也不當國雖在外亦不地也注明當國者在外乃地爾爲其將交連鄰國復爲內難故錄其地明當急誅之不當國雖在外禍輕故不地也月者責臣子不以時討與殺州吁同例不從討賊辭者主惡以失親親故書之

疏注明當至地爾○舊疏云下四年九月衛人殺州吁于濮及此是也○注爲其至誅之○昭二十年冬十月宋華亥向甯華定出奔陳注月者危三大夫同時出奔將爲國家患次年入于宋南里以畔又成十八年楚子鄭伯伐宋宋魚石復入于彭城襄元年仲孫蔑會晉欒黶以下圍宋彭城傳云魚石走之楚楚爲之伐宋取彭城以封魚石是皆大夫有罪外出交連鄰國復爲內難之事但彼均未受誅故未別當國與否亦無地可錄也所以諸侯爲宋誅春秋善之而昭二十年特書月以危之也○注不當至地也○宋舊疏云昭四年秋七月楚子云云伐吳執齊慶封殺之昭八年夏楚人執陳行人于徵師殺之皆是也按昭四年傳云其言執齊慶封何爲齊誅也其爲齊誅奈何慶封走之吳吳封之于防雖在外然非齊自誅不得引爲此例昭八年殺于徵師亦非例于徵師陳大夫傳注未見其有罪與否又楚人所殺其爲不當國雖在外禍輕無文以言之且宣十一年疏云正以昭八年夏楚人執陳行人

于徼師殺之言執非討賊之文既非討賊更不得援爲例矣○注此月者至同例○下四年九月衛人殺州吁于濮注云討賊例時此月者久之也穀梁傳范注云殺有徒衆攻之爲害必深故謹而月之文彼四年云殺祝吁于濮傳云其月謹之也范注討賊例時也衛人不能即討祝吁致令出入自恣故謹其時月所在以著臣子之緩慢其實二經同書月均爲責臣子緩慢不以時討州吁以二月弒君九月被誅已歷三時故范云謹其緩慢此經文無歷時之事月不知段之繕甲兵具卒乘自封京時已然應在春秋前已歷有年所臣子不能以時誅尤爲緩慢范因經無明文改爲段有徒衆爲害必深爲解何其泥耶齊無知雖復歷年時月未久故但書時也宣十一年冬十月楚人殺陳夏徵舒彼陳之臣子力不能討外藉楚子討之而亦書月者昭四年注云月者善義兵則彼月亦宜同也○注不從至書之○舊疏云若作討賊辭當稱人以討如齊人殺無知今不如此者主爲惡鄭伯失親親而書故目鄭伯而不稱人也後漢書楊震傳昔鄭嚴公從母氏之欲恣驕弟之情幾至亡國然後加討春秋貶之以爲失教漢書宣帝紀元康二年詔曰蓋聞象有罪舜封之骨肉之親粲而不殊故書鄭伯克段以惡失親親也主書者下三年日有食之傳何以書注諸言何以書者問主書劉氏逢祿公羊釋例云春秋之爲道一屢遷而其義必有所專主其爲文周流空貫不言之眇皆在深察一言之發衆例具舊蓋此經主爲惡失親親書故雖與殺州吁殺無知情事相同而書法各異不以討賊詞一律焉

公羊義疏三　南菁書院

句容陳立卓人著

隱元年七月盡十二月

秋七月天王使宰咺來歸惠公仲子之賵疏通義云董仲舒曰古之造文者三畫而連其中謂之王三者天地人也而參通之者王也王曰天王其義如此按繁露深察名號云深察王號之大意有五科皇科方科匡科黃科往科合此五科以一言謂之王王者皇也王者方也王者匡也王者黃也王者往也是故王意不普大皇則道不能正直而方道不能正直而方則德不能匡運周偏德不能匡運周偏則美不能黃美不能黃則四方不能往四方不能往則不全於王是王者天子之正號曰天王者義具下注孔疏云天王周平王也譜云周黃帝之苗裔姬姓后稷之後也后稷封於邰及夏之衰稷子不窋失官竄於西戎至太王為狄所逼去邠居岐文王受命武王克商而王天下幽王為犬戎所殺平王遷都王城今河南縣是也平王四十九年魯隱之元年也

宰者何官也注以周公加宰知為官也疏杜注宰官也周禮目錄云宰者官也宰冢聲義通爾雅釋詁冢官也亦通采書堯典若予采釋文引馬注云采官也漢書司馬相如傳展采錯事文穎注采官也是也○注以周至官也○僖九年公會宰周公已下丁葵丘是也孔疏周禮天官太宰卿一人小宰中大夫二人宰夫下大夫四人未知宰咺是何宰

按此傳下云宰士也則咺是天子之士傳以宰爲官則宰者官之
別稱不必拘於周官太宰小宰等也與宰周公之宰實異而名同
咺者何名也注別何之者以有宰周公本嫌宰爲官疏杜云咺名也范云咺
名左傳云故名故知是名○注別何至爲官○舊疏云所以不言
宰咺者何而別何之者正以周公加宰爲周公身上官故別何之
令相違按僖九年傳云宰周公者何天子之爲政者也蓋周公以
三公領太宰故宰爲周公身上官因連宰言之僖三十年天王使
宰周公來聘亦兼宰言之此咺是士爲宰下之屬宰非咺之官故
不得連宰問假若云宰咺者何嫌宰爲咺官如宰周公矣蓋當時
咺實爲宰屬故亦得統之宰宰稱宰矣曷爲以官氏注据石尚疏注据石尚○定十四年天王使石尚來歸
脤是也舊疏云石尚亦是士而不以官錄之故以爲難也宰士也注天子上士以名氏通中士
以官錄下士略稱人疏通義云言宰屬之士故繫宰非以官氏也周官冢宰之屬有上士八人中士十有六
人旅下士三十有二人晉聘周之辭曰歸時事於宰旅然則下士
稱宰旅中士上士稱士也春秋凡王之下士稱王人中士錄名咺
是也上士加氏石尚是也下大夫以字書家父叔服渠伯糾是也
中大夫以伯仲書祭伯南季仍叔是也上大夫以子書尹子單子
劉子是也三公稱公周公祭公虞公是也自公卿達于士唯宰之屬
必書蓋治官最尊不當役以聘弔之事故繫官譏之與按太宰之
屬何必不與聘事毛氏奇齡春秋傳云此宰是宰夫故稱名公羊
所謂宰者士也上士以名通是也若其所使賵則宰夫職曰凡邦
之弔事掌其器幣財用鄭注弔事天子弔諸侯之事幣者所用而賻
也則既掌弔事宜充弔使是也鹽鐵論刺議云春秋士不載文而

書咺者以爲宰士也似正以咺爲宰士故特書其官與他屬之士僅以名通者别不聞有譏辭焉孔說非○注天子至稱人○舊疏云天子上士以名氏通者卽石尙來歸脤是也中士以官錄者言以所繫之官錄之卽此是也下士略稱人卽僖八年春公會王人以下盟于洮是也按繁露爵國云春秋曰宰周公傳曰天子三公祭伯來傳曰天子大夫宰渠伯糾傳曰下大夫石尙傳曰天子之士也王人傳曰微者謂下士也凡五等則大夫士皆二等董子蓋本襄十一年傳古者上卿下卿上士下士也與何氏異

惠公者何隱之考也【注】生稱父死稱考入廟稱禰【疏】○注生稱父死稱考義云郭景純注爾雅云禮記曰生曰父母死曰考妣今世學者從之按尙書曰大傷厥考心事厥考厥長聽祖考之彝訓如喪考妣公羊傳曰惠公者何隱之考也仲子者何桓之母也倉頡篇曰考妣延年明此非生死之異稱矣按禮記曲禮云生曰父曰母曰妻死曰考曰妣曰嬪何氏本曲禮爲說也鄭注考成也言其德之成也周書謚法解大慮行節曰考○注入廟稱禰○舊疏云卽襄十二年左傳同族于禰廟是也書高宗肜日典祀無豐于昵釋文引馬注昵考也謂禰廟也蓋四親廟惟父廟爲近故稱之爲昵說文日部暱近也或作昵玉篇日部昵親近也爾亦有近義古或卽作爾俗加示作禰耳舊疏引舊說云禰字示傍爾言雖可入廟是神示猶自最近于己故曰禰是亦取義於近也

仲子者何桓之母也【注】以無謚也仲字子姓婦人以姓配字不忘本也因示不適同姓生稱母死稱妣【疏】穀梁傳云仲子者何惠公之母孝公之妾也彼疏引鄭釋廢疾云若仲子是桓公之母桓未爲君則是惠公之妾天王何以賵之則惠公

之母亦仲子也鄭意以孝公惠公之妾皆號仲子也按穀梁以文九年秦人來歸僖公成風之襚成風僖公之母文與此同故以仲子爲惠公之母然惠公既爲君矣自必尊其母爲夫人如成風之例何爲仍稱仲子范甯謂仲子乃孝公時卒故不稱諡殊屬無理楊疏又引文九年傳秦人弗夫人也此不稱夫人理亦當然夫卽以秦人弗以成風爲夫人自秦人之見何爲天王亦同之天王不以爲夫人可弗賵也卽弗夫人亦自有諡進退失據故劉氏逢祿廢疾申何云隱爲桓立故以桓母之喪告赴于王春秋因之以成公意爾而劉氏左氏春秋攷證又云經云惠公仲子云考仲子之宮皆惠公之母穀梁說是也魯世家云息長爲取於宋之女至而好惠公奪而自妻生子允登宋女爲夫人以允爲太子又年表桓公母宋武公女生手文爲魯夫人亦不云仲子蓋史公所見舊文如此按年表所載本之左氏左傳明云仲子生而有文在手何得以史記不云仲子卽據爲仲子非桓母之證既說公羊而又牽涉穀梁殊不可解通義云仲子卒在春秋前傳不舉死號與考文者禮入廟稱妣比諸父也仲子屈于孟子不得配惠公之廟故還繫桓言母所以正名定分是也○注以無諡也○白虎通諡篇夫人無諡者何無爵故無諡或曰夫人有諡夫人一國之母修閨門之人則羣下亦化之故設諡以彰其善惡春秋曰葬宋共姬傳曰稱諡何賢也傳曰哀姜者何莊公夫人也則公羊說以夫人有諡仲子無諡知非嫡也白虎通所載後一說則公羊說通典引劉向五經通議云婦人以隨從爲義夫貴于朝妻榮于室故德蒙夫之諡或曰文王之妃曰文母宋共公妻共姬是也又云或曰夫人有諡夫人一國之母修閨門之內則下化之故設諡以章其善惡皆與公羊說同妾子爲君母得稱夫人自應有諡今不稱諡故知爲桓母以桓未爲君也僖公母成風稱諡是其比矣通典引服云聲子之

謚非禮也蓋以夫人有謚爲非者古春秋說也○注仲子仲字至同姓○禮記曲禮云男女異長蓋宋武公長女曰孟子仲次故稱仲也杜云子宋姓左疏引禮緯云庶長稱孟則孟子亦庶長女與以姓配字者白虎通姓名云人所以有姓者何所以崇恩愛厚親親遠禽獸別婚姻也故禮記世別類使生相愛死相哀同姓不得相娶皆爲重人倫也又禮記經曰女子十五許嫁笄禮之稱字婦人以姓配字何明不娶同姓也故春秋曰伯姬歸于宋姬者姓也左傳疏引鄭駁異義云元之聞也婦人歸宗女子雖適人家猶繫姓明不得與父兄爲異族禮記大傳云繫之以姓而弗別綴之以食而弗殊百世而昏姻不通者周道然也御覽引外傳曰夏殷五世之後則通昏姻而不通婚姻者周道然也故婦人以姓配字則無適同姓之理范注云婦人以姓配字明不忘本示不適同姓本此爲說○與注生稱母死稱妣○詳禮記曲禮舊疏云問考與妣是死稱父與母是生稱惠公仲子之卒俱在春秋前何故此傳惠公言隱之考舉死名仲子言桓之母舉生名乎答曰禮家母死言妣者比于父之義也故鄭彼注云妣之言媲媲于考也仲子是妾桓未爲君其母不得稱夫人卑不得比于父故還以母言之按不若孔氏不得配惠公之廟尤爲明切

何以不稱夫人

注此難生時之稱也据秦人來歸僖公成風之襚成風稱謚今仲子無謚知生時不稱夫人

疏注此難至夫人○此据成風生時稱夫人難仲子也成風生稱夫人故薨稱宜有謚仲子子桓未爲君猶惠公之妾故無謚亦不得稱夫人也白虎通謚篇云八妾所以無謚何亦以卑賤無所能豫猶士卑小不得有謚也通典引五經通義亦云妾無謚亦以卑賤無所能與猶士卑小不得謚也文九年秦人來歸僖公成風之襚成風亦妾

而得稱謚明僖已爲君故稱夫人與仲子殊也桓未君也疏通義云時隱桓之母並稱夫人禮無二嫡之義春秋絕正之故据隱現爲君其母稱夫人桓未爲君則其母不稱夫人蓋諸侯不再娶仲子之爲夫人本非正也按仲子本非夫人隱雖爲桓立當時未必卽遽尊仲子爲夫人也賵者何喪事有賵賵者蓋以馬以乘馬束帛注此道周制也以馬者謂士不備四也禮既夕曰公賵元纁束帛兩馬是也乘馬者謂大夫以上備四也禮大夫以上至天子皆乘四馬所以通四方也天子馬曰龍高七尺以上諸侯曰馬高六尺以上卿大夫士曰駒高五尺以上束帛謂元三纁二一元三法天纁二法地因取足以共事疏禮既夕注云賵所以助主人送葬也廣雅釋詁云賵送也是賵爲喪事所有也通義云兩言之者賵者或特以馬或加以束帛士喪禮曰公賵元纁束馬兩大夫以上則束帛四馬也季康子賵於宋致詞曰有不腆先人之產馬是其特以馬者雜記諸侯相賵以乘黃大輅則亦得有車按說苑修文云喪事有賵者者蓋以乘馬束帛本此何氏意謂以馬者士禮以乘馬束帛者大夫禮也○注此道周制也○以別乎車馬曰賵又有賵賻襚爲春秋制也正以既夕禮周公所作士禮彼有公賵元纁束馬兩文故知爲周制然則周初之制賵但有馬而無車與穀梁傳亦云乘馬曰賵亦据周制○注以馬至是也○校勘記云浦云經無帛字按當以儀禮爲正何氏或以意加帛耳士雖二馬亦有束帛不必如孔氏所云也兩馬者士制禮疏引庾

蔚之云賵馬欲以共駕魂車也士常駕兩馬若戎事則乘駟馬舊疏引書大傳曰士乘飾車馬兩馬是也吳氏廷華儀禮章句云馬以助葬束帛以將命者故第曰賵也是也禮記雜記曰上介賵執圭將命曰寡君使某賵相者入告反命曰孤某須矣陳乘黃大路于中庭此諸侯相賵之制天子賵諸侯亦如是也○注乘馬至方也○穀梁注四馬曰乘書顧命皆布乘黃朱論語公冶長篇有馬十乘皆謂四馬也詩疏引五經異義天子駕數易京孟春秋公羊說天子駕六毛詩說天子至大夫同駕四士駕二詩云四騵彭彭武王所乘龍旂承祀六轡耳耳魯僖所乘四牡騑騑周道倭遲大夫所乘謹案禮王度記曰天子駕六諸侯與卿同駕四大夫駕三士駕二庶人駕一說與易春秋同鄭駮曰元之聞也周禮校人掌王馬之政凡頒良馬而養乘之乘馬一師四圉四馬爲乘此一圉者養一馬而一師監之也尚書顧命諸侯入應門皆布乘黃朱言獻四黃馬朱鬣也既實周天子駕六校人則何不以馬與圉以六爲數顧命諸侯何以不獻六馬王度記曰大夫駕三經傳無此言是自古無駕三之制也是則鄭氏主天子以下駕四之說何氏此注謂大夫以上皆駕四與鄭氏同與異義所載公羊說異故舊疏問曰異義公羊說引易經云時乘六龍以馭天也知天子駕六與此異何答曰彼謹案亦從公羊說即引王度記曰天子駕六龍諸侯與卿駕四大夫駕三以合之鄭駮云易時乘六龍謂陰陽六爻上下耳豈故爲禮制王度記云今天子駕六者自是漢法與古異大夫駕三者於經無以言之也然則彼公羊說者自是章句家意不與何氏合何氏此處不依漢禮者蓋時有損益也按舊疏亦未了異義所載與何氏異或嚴顏師傳之殊不必強而比之也詩疏引王肅云古者一轅之車駕三馬則五轡其大夫皆一轅車夏后氏駕兩謂之麗殷益以一騑謂之驂周人又益一騑謂之駟本從

一驂而來亦謂之驂經言驂則三馬之名王基駮曰商頌云約軧
錯衡八鸞鎗鎗是則殷駕四不駕三也說苑修文云天子乘馬六
匹諸侯四匹大夫三匹元士二匹下士一匹說苑多雜采諸家爲
說何氏所不取通四方者古人以四立制多取四方爲義如天子
之門四達四矢爲乘皆是也○注天子至以上○爾雅釋畜馬八
尺爲駴郭注周禮曰馬八尺以上爲駴按周禮庾人駴作龍龍駴
古音通也說文馬部駥字下云馬八尺曰龍禮記月令駕倉龍注
馬八尺以上曰龍儀禮覲禮天子乘龍鄭注文選東京賦龍輅充
庭薛注乘鸞輅而駕蒼龍注後漢書馮衍傳班彪傳馬融傳注並
云馬八尺曰龍蓋八尺七尺以上通有龍名庾人又云七尺以上
曰騋注引爾雅騋牝驪牝元此不及騋說文騋下云馬八尺爲龍
七尺爲騋用周禮也庾人又云六尺以上爲馬說文馬部驕下云
馬高六尺爲驕引詩我馬惟驕許於龍騋俱本周禮蓋以驕當彼
之馬也詩漢廣云言秣其駒傳云六尺以上爲馬五尺以上爲駒
並與此同又株林云乘我乘駒箋云馬六尺以下爲駒六尺以下
卽五尺以上也天子馬曰龍者舊疏引月令駕倉龍是諸侯曰馬
魯頌曰魯侯戾止其馬蹻蹻是也卿大夫曰駒詩皎皎白駒是也
案馬駒對文異散則通詩四牡騑騑嘽嘽駱馬則不必諸侯言秣
其駒亦不必大夫也○注束帛至共事○說苑修文云天子束帛
五匹元三纁二各五十尺諸侯元三纁二各三十尺大夫元一纁
二各三十尺元士元一纁一各二丈下士綵縵各一匹布帛各一
匹按儀禮昏禮元纁束帛注束帛十端也引周禮純帛不過五兩
周禮媒氏注云五兩十端也必言兩者欲其配合之名禮記雜記
納幣一束束五兩兩五尋然則每端二丈彼疏云古者二端相向
卷之共爲一兩五兩故十八端也又按雜記注云十箇爲束貴成數
兩兩者合其卷是爲五兩八尺曰尋五兩五尋則每卷二丈合之

則四十丈今謂之匹猶匹偶之云敝彼疏云一束謂十箇兩箇合爲一卷是束五兩也昏禮如此則喪禮之束帛一意亦當然周禮染人云夏元纁注元纁天地之色以爲祭服疏云天地之色元黃而云纁者土無正位託位南方火火色赤赤與黃共爲纁也考王制疏引鄭氏易注如此則賈公彥本之鄭也說文糸部纁淺絳也爾雅釋器一染謂之縓再染謂之赬三染謂之纁纁蓋赤而有黃者當是由白而黃而赤兼西中南三方之色備乎陰而得中取法於地者也沈氏彤儀禮小疏云天之正色蒼而元地之正色黃而纁聖人法天地以制衣裳而別其色故禮服之重者莫不上元而下纁也昏禮記云皮帛必可制重昏禮使制爲盛服以聘禮記云幣美則沒禮凡失之華靡失之濫惡皆不可制喪事從殺故云取足以共事而已皆禮注云執束帛以致命故喪事亦然

車馬曰賵貨財曰賻衣被曰襚【注】此者春秋制也賵猶覆也賻猶助也皆助生送死之禮襚猶遺也遺是助死之禮知生者賵賻知死者贈襚【疏】穀梁傳賵者何也乘馬曰賵衣衾曰襚貝玉曰含錢財曰賻荀子大略說苑修文白虎通崩薨皆略同說苑修文云曰輿馬束帛貨財衣被其數若何曰天子之賵乘馬六匹乘車諸侯四匹乘輿大夫參輿元士下士不用輿天子文繡衣各一襲到地諸侯覆跗到踝士到髀位尊德厚及親者賻賵唅襚貧富有差二三四五之數取之天地而制奇偶度人情而制節文謂之有因禮之大宗也衣被之數則禮記喪大記云小斂一君錦衾大夫縞衾士緇衾皆一衣十有九稱大斂二衾君大夫士一也君衣百稱大夫五十稱士三十稱又雜記云子羔之襲也繭衣裳與稅衣纁袡爲一素端一皮弁一爵弁一元冕一又云公襲卷衣一元端一朝

服一素積一纁裳一爵弁二元冕一襲衣一注云士襲三稱子羔襲五稱今公襲九稱則諸侯七稱天子十二稱與是也御覽引說
題詞云與馬曰賵貨財曰賻玩好曰贈衣被曰襚何氏或卽本春秋緯爲說惟無贈耳○注此者春秋制也○荀子大略篇注引作
此皆春秋之制也校勘記云按疏本作此者亦無之字舊疏云上陳周制訖下乃言賵賻襚此三者是春秋之內事故云此者春秋
制也公羊釋例云正朔必三而改春秋損文而用忠文質必再而復春秋變文而從質按桓三年注云明春秋之道亦通于三王非
主假周以爲漢制正以春秋典禮多與周官及各禮殊或因或革孔子所定爲一代之制此類是也按繁露三代改制云商質者主
天夏文者主地春秋者主人所謂春秋制也○注賵猶覆也○廣雅釋詁云賵覆也白虎通崩薨云賵者覆也古微書說題詞云賵
之爲言覆也左疏引服虔注云賵覆也天王所以覆被臣子賵覆雙聲也說文無見新附錢氏大昕潛研堂答問云問喪禮有賵見
於禮經春秋其來舊矣說文不收此字何也曰按如服氏注取覆冒爲義則文不當從貝竊意古經文當爲賵書武王惟冒許叔重
引作賵此古文以賵爲冒之譌徐鼎臣於貝部增賵賻諸字未達叔重之旨也鈕氏樹玉說文新附考云賵疑作冒○注賻猶助也
○說題詞又云賻之爲言助也禮記檀弓使子貢說驂而賻之注賻助喪用也儀禮既夕云若賻注賻之言補也助也廣雅釋詁賻
助也白虎通崩薨云賻者助也一作傅周禮小行人則令賻補之注故書賻作傅是也潛研堂答問云問賻字亦說文所未收不識
古文何從曰周禮小行人若國札喪則令賻補之注故書賻爲傅故書者古文也傅者附也助也許君從古文故不取賻字先鄭云
謂賻喪家助其不足也○注皆助至之禮○廣雅釋詁云賻送也荀子大略說苑修文並云賻賵所以佐生也按禮記少儀云賵馬

入廟門賻馬與其幣大白兵車不入廟門注賵馬入廟門者以其
主於死者賻馬以下不入廟門以其主於生人也是賵仍以送死
爲主下故疏云賵實生死兩施也既夕禮專言知生自對贈言之
耳○注襚猶至之禮○春秋說題辭又云襚遺也儀禮士喪禮君
使人襚注襚之爲言遺也白虎通崩薨云襚之爲言遺也說文衣
部襚衣死人也禮記少儀云歒者曰襚謂以衣送歒者死曰襚也
若然詩碩人說于農郊箋云說當作襚禮春秋之襚讀皆宜同衣
服曰襚今俗語然彼禮春秋正据此及士喪等禮則襚似非專指
死者蓋以衣服遺人謂之襚襚遺疊韻爲訓雖吉服猶然後人因
送死者之衣亦有襚名遂以襚專屬之凶事矣吳氏夌雲經說云按
襚當讀爲稅稅之爲言挩也死者之衣被不復解挩而稅取解挩
爲襚名者不忍死其人之意也說文稅贈終者衣被曰稅蓋卽据此
爲說是公羊自有作稅稅之本可知襚衣死人也春秋傳曰楚使公
親襚之是則贈之爲稅衣之爲襚也二字又别此借襚爲稅稅聲
近襚也○注知生至贈襚○校勘記云諸本同誤也穀梁疏引此
作知死者賵襚當据以訂正疏云何氏注知生知死皆爲賵矣可
證臧氏庸拜經日記云儀禮既夕禮知死者贈知生者賻据公羊
注疏本作知生者賵今本作賻係淺人所改也按舊疏云問曰案
既夕禮云知死者贈知生者賻鄭注云各主於所知以此言之賵
專施於生者何答曰賻專施於生襚專施於死賵實生死兩施故
何氏注知生知死皆言賵而既夕禮專言知生者對贈言之故也
然則舊疏所見儀禮本宜如臧氏所云作知生者賵今疏本已誤
沿儀禮今本矣既夕禮公賵注賵所以佐主人送葬者疏曰兩少
傳皆云車馬曰賵施於生及死者故云助主人送葬是以下注云
賵奠於生死兩施是也按彼下云兄弟賵奠可也注兄弟有服親
者可賵且奠許其厚也賵奠於生死兩施疏曰以下經云知死者

贈知生者賻注云各主於所知此賵莫不偏言所主明於生死兩施也說題詞亦止云知生則賻知死則贈不云賵所也皆可爲何氏贈實生死兩施之證鄭注少儀云賵主於死者專明入廟門之故蓋贈以玩好荀子楊注謂爲明器之屬明器自專施死者賻以貨財貨財則專施生者惟賵奠雖主於死者而馬羊亦以佐生人送死之用故得兩施周禮宰夫注凡喪始死弔而含襚葬而賵贈其閒加恩厚則有賻焉賻用幣亦用馬故少儀有賻馬也荀子大略云賻賵所以左生贈襚所以送死白虎通知死者則贈襚所以助生送死追恩重終副至意也賻賵所以相佐給不足也故弔詞曰知生則賻賵說苑知生者賻賵知死者贈襚贈襚所以送死賻賵所以佐生後人因以改公羊注耳穀梁隱三年傳云歸死者曰賵歸生者曰賻又以賵專施於死亦非春秋止見賵賻襚故何氏專釋此三者不得述及贈也士喪上篇有襚下篇有賵有奠有賻有贈此經所不見注故不及也○舊疏引旣夕云所知則賵而不奠鄭注云奠施於死者爲多故不奠以此言之明奠於死者爲多知賵生死等矣是也

桓未君則諸侯曷爲來賵之

注 据非禮

疏 此天王也而傳言諸侯者明天子諸侯皆不得也又春秋假王于魯故等以諸侯該之○注据非禮○舊疏云桓未爲君其母猶妾故諸侯賵之爲非禮

隱爲桓立故以桓母之喪告于諸侯

注 經言王者賵赴告王者可知故傳但言諸侯

疏 白虎通崩薨篇諸侯喪赴告鄰國何緣鄰國欲有禮也春秋傳曰桓母喪告於諸侯桓母賤尙告於諸侯諸侯諸侯薨告鄰國明矣又云諸侯夫人薨告天子者不敢自慶政事亦欲知之當有禮也春秋曰天王使宰咺來歸惠公仲子之賵譏不及事仲子者魯君之貴妾也何況於諸侯乎禮記疏引

異義諸侯夫人喪公羊說卿弔君自送葬左氏說士弔士會葬文襄之霸士弔大夫會葬謹案公羊說同盟諸侯薨君會葬其夫人薨君又會葬是其不違國政而常在路鄭駁之云按禮君與夫人尊同故聘禮卿聘君因聘夫人凶時會弔主於相哀閔略於相尊敬故可降一等士弔大夫會葬禮之正也禮記雜記云父母妻長子死曰君之臣某之某死注此臣於其家喪所主者明夫人之喪亦告天子故注云經言王者賵則赴告王者可知也注又云傳但言諸侯明亦告鄰國故文九年有秦人來歸僖公成風之襚也舊疏云諸侯之賵及事則在春秋之前故不書矣雜記又曰君訃於他國之君曰寡君不祿敢告於執事夫人曰寡小君不祿此則赴告鄰國之禮也

然則何言爾成公意也

注 尊貴桓母以赴告天子諸侯彰桓當立得事之宜故善而書仲子所以起其意成其賢

疏 王氏引之經傳釋詞云爾猶焉也二年傳曰何譏爾三年傳曰何危爾僖二年傳曰則中國曷爲獨言齊宋至爾爾字並與焉同義按穀梁傳五年傳傳云何尊焉又曰何重焉是其證〇注尊貴至其賢〇春秋賢隱之讓故善其以仲子喪赴告天子諸侯桓母貴不以己長尊貴賤之序是爲得事之宜

其言來何

注 据歸含且賵不言來

疏 注据歸至言來〇文五年王使榮叔歸含且賵是也釋文作歸唅云本又作含下同校勘記按唅非也依說文當作琀〇

不及事也

注 比於去來爲不及事時以葬事畢無所復施故云爾去來所以爲及事者若已在於內者

疏 繁露王道云天王使宰咺來歸惠公仲子之賵刺不及事也穀梁傳其志不及事也雜記疏引何氏

曰平王新有幽王之亂遷于成周欲崇禮於諸侯原情免之若無
事而晚者去求以譏之榮叔是也劉氏逢祿難曰据太史公書平
王即位至此已四十九年不得云新有幽王之亂原情免之且秦
人來歸僖公成風之襚在成風薨後五年亦言來傳例與公羊正
相反鄭君曲爲之解非也通義云文公元年二月天王使叔服來
會葬夏四月丁巳葬我君僖公是其及事亦有來文而此發傳者
蓋仲子之卒經既不見刺不及事之意未明適與成風含賵可以
兩事相比特爲異詞以起之自餘奔喪會葬之事當文各有卒葬
時日其不及事者既不假言來乃見其及事者更不以言來爲嫌
矣荀子大略云送死不及尸柩弔生不及悲哀非禮也說苑修文
云賵死不及尸柩弔生不及悲哀非禮也故古者吉行五十里奔
喪百里賵贈及事之謂時時禮之大者也春秋曰天王使宰咺來
歸惠公仲子之賵亦引以見其非時也○注比於至內者○文四
年冬十一月夫人風氏薨五年傳王使榮叔歸含且賵不言來是
爲及事故此比於去來爲不及事也第彼賵及而含未及不言來
者彼注云不從含晚言來明不當含也則含者鄰國之禮若晚則
須書來矣禮既夕記國君賵禮賓賵奠賻贈及代哭爲燎之事皆
在葬前一日承還柩車設祖奠之後明爲葬事所須今惠公仲子
已葬始行賵禮故云葬事畢無所復施也舊疏云公羊之例若其
奔喪會葬不問來之早晚及事不及事皆言來矣故文元年春天
王使叔服來會葬夏四月葬我君僖公是其及事言來也文五年
三月葬我小君成風下乃言王使召伯來會葬注云去天者不及
事是不及事亦言來矣故文元年傳其言來會葬何會葬禮也彼
注云但解會葬者明言來者常文不爲早晚施也定十五年邾婁
子來奔喪傳其言來奔喪者奔喪非禮也彼注云但解奔喪者明

言來者常文不爲早晚施也明奔喪會葬之例不問早晚悉言來矣若其含賵襚則及事不言來不及事則言來文九年書來歸僖公成風之襚亦是不及事言來何氏不注以其可知省文故也以奔喪會葬所以通哀序志必有所費容其事故稽留不必責其及時其含賵襚之等皆死者所須若其來晚則無及於事故須作文見其早晚矣云去來若己在於內者杜云來者自外之文故不言來爲若己在於內矣

其言惠公仲子何　注　据歸含且賵不言主名　疏　据歸含至主名○文五年書王使榮叔歸含且賵不言成風也

兼之兼之非禮也　注　禮不賵妾既善而賵之當各使一使所以異尊卑也言之賵者起兩賵也　疏　注禮不賵妾○穀梁傳曰禮賵人之母則可賵人之妾則不可以禮記雜記所記赴禮止君與夫人人適子餘皆不赴則妾死天子諸侯無從賵之也○注既善至卑也○禮記雜記云弔者即位于門西東面其介在其東南北面西上西於門又雜記云含者執璧將命曰寡君使某含又云襚者曰寡君使某襚上介賵執圭將命曰寡君使某賵然則一人之賵含襚弔且必分遣使者不相兼攝況君與夫人兩事又仲子雖隱所尊究惠公之妾尊卑殊更宜各使故也○注言之至賵也○舊疏云以此言之則文九年秦人來歸僖公成風之襚言之襚者亦起兩襚矣

何以不言及仲子　注　据及者別公夫人尊卑文也仲子卽卑稱也　疏　据及至文也○舊疏云卽僖十一年夏公及夫人姜氏會齊侯于陽穀是也○注仲子卽卑稱也○通義云及者分別尊卑之詞夫人與公一體嫌竟可敵公故加公以絕之仲子不稱夫人不嫌得敵公故不假絕也

仲子微也　注

比夫人微故不得並及公也月者爲內恩錄之也諸侯不月比於王者輕會葬皆同例言天王者時吳楚上僭稱王王者不能正而上自繫於天也春秋不正者因以廣是非稱使者王尊敬諸侯之意也王者據土與諸侯分職俱南面而治有不純臣之義故異姓謂之伯舅叔舅同姓謂之伯父叔父言歸者與使有之辭也天地所生非一家之有有無當相通所傳聞之世外小惡不書書者來接內也春秋王魯以魯爲天下化首明親來被王化漸漬禮義者在可備責之域故從內小惡舉也主書者從不及事也【疏】注比夫至公也○此道僖十一年書及義也夫人須加及仲子比夫人微本不得並及公故不必言及也○注月者至之也○舊疏云此文及文五年春王正月王使榮叔歸含且賵皆是內恩錄之穀梁注云賵例時書月以謹其晚則秦人歸僖公成風之襚又何以不月以責其晚乎○注諸侯至者輕○舊疏云即文九年冬秦人來歸僖公成風之襚是也此月彼不月明王者諸侯之異然則公羊之例恩錄重者月輕者時矣○注會葬皆同例○舊疏云若王使人來則書月爲內恩錄之故文五年春三月王使召伯來會葬文元年二月天王使叔服來會葬皆是也若諸侯使人來會葬即不月者以爲比王者輕春秋偶爾無之其襄三十一年冬十月滕子來會葬定

十五年九月滕子來會葬皆書月者彼是諸侯身來會葬非使人仍自不妨也則鄉解王與諸侯者皆是使人非身自來也而舊云襄三十一年月者爲下癸酉葬襄公出之會葬不蒙月定十五年月者爲下葬定公出之會葬亦不蒙上月者非也按舊疏所駁舊說是也天子無親身賵襚會葬之理此經明言天王使則何氏自据使人例推及諸侯矣○注言天至稱王○史記吳世家云壽夢立而吳始益大稱王壽夢王諸樊王餘眛王僚王闔廬王夫差又楚世家云三十七年楚熊通怒曰吾先君鬻熊文王師也早終成王舉我先公乃以子男田令居楚蠻夷皆率服而王不加位我自尊耳乃自立爲武王是吳楚僭稱王事也說文人部僭假也下五年穀梁傳下犯上謂之僭隱公時吳尚未僭稱王据孔子作春秋時言之也○注王者至天也○穀梁疏引賈逵云圻內稱王諸夏稱天王禮記疏引異義許慎謹案春秋左氏云施於夷狄稱天子施於京師稱王又引崔靈恩云夷狄不識王化無有歸往之義故不稱王臨之也不言皇者夷狄不識尊極之義理皇號尊大也夷狄唯知畏天故舉天子威之按成八年天子使召伯來錫公命魯非夷狄不宜稱天子莊元年王使榮叔來錫公命魯稱非京師無緣稱王許崔之說並不可通獨斷上云天王諸夏之所稱天下之所歸往故稱天王與賈侍中說同時吳楚僭王故稱天以臨諸夏所以別諸僭王也○注春秋至是非○舊疏云若正稱之當直言王今兼亦言天見其非正矣按此所謂據事直書而義自見者也○注稱使至意也○舊疏云成二年傳云君不行使乎大夫由尊卑不敵故也今天子於諸侯亦尊卑不敵所以言使者天子見諸侯與己分職俱南面而治有不純臣之義故尊敬之稱使也按稱使者公羊春秋之義公羊家以諸侯與大夫別尊卑故絕其使文天子諸侯雖亦不敵因有不純臣之義故有使文也○注王者至之義

○詩疏引異義公羊說諸侯不純臣左氏說諸侯者天子蕃衞純
臣謹案禮王者所不純臣者謂彼人為臣皆非己德所及易曰利
建侯侯者王所親建純臣也駮曰元之聞也賓者敵主人之稱而
禮諸侯見天子稱之曰賓不純臣諸侯之明文矣是鄭用公羊說
白虎通王者不臣云王者不純臣諸侯何尊重之以其列土傳子
孫世世稱君南面而治朝則迎之於著覲則待之于阼階升階自
西階為庭燎設九賓享禮而後歸是異於衆臣也按儀禮喪服斬
衰章有為臣為君復有諸侯為天子明諸侯於天子不純臣恐人疑
服制有殊故特著其與臣為君同斬衰明天子待諸侯雖不純臣
而諸侯於天子固一如臣職也舊疏云其異者卽不居殯宮是也
故詩臣工云嗟嗟臣工箋云臣謂諸侯也諸侯來朝天子有不純
臣之義於其將歸故於廟中正君臣之禮亦用公羊義也繁露諸
侯云古之聖人見天意之厚於人也故南面而君天下必以兼利
之為其遠者目不能見其隱者耳不能聞於是千里之外割地分
民而建國立君使為天子視所不見聽所不聞朝夕召而問之也
是與諸侯分職南面而治之義也○注故異至叔父○禮記曲禮
云天子同姓謂之伯父異姓謂之伯舅注稱之以父與舅親親之
詞也僖二十八年左傳王曰叔父又昭九年左傳云伯父惠公歸
自秦而誘以來又云在伯父猶衣服之有冠冕是同姓諸侯或稱
伯或稱叔也若詩閟宮云王曰叔父則直以本親命之書文侯之
命曰父義和不稱伯叔則又親親之詞也曲禮又云九州之長入
天子之國曰牧天子同姓謂之叔父異姓謂之叔舅注牧尊於大
國之君而謂之叔父辟二伯也則又似州牧稱叔父叔舅方伯則
伯叔兼稱矣然晉惠未嘗為牧伯而亦稱伯者蓋當時諸侯通稱
故曲禮天子同姓謂之叔父正義引一本作天下同姓也又引崔
氏云覲禮大國之君同姓謂之伯父異姓謂之伯舅此小者同姓

謂之叔父異姓謂之叔舅義或然也按覲禮以國之大小分伯叔較勝於曲禮蓋周初封建五等以功德大小爲差非比後世由於兼幷晉在周初不得爲大國後雖强大猶稱叔父則沿周初舊稱也僖九年左傳賜齊侯胙曰使孔賜伯舅胙則齊本大國故也詩伐木云以速諸父傳天子謂同姓諸侯諸侯謂同姓大夫皆曰父異姓皆曰舅疏云禮記注云稱之以父與舅親親之詞大覲禮說天子呼諸侯之義曰同姓大國曰伯父異姓曰伯舅同姓小國曰叔父異姓曰叔舅是天子稱諸侯也左傳隱公謂臧僖伯曰叔父有憾於寡人鄭厲公謂原繁曰願與伯父圖之禮記衞孔悝之鼎銘曰公曰叔舅是諸侯稱大夫父舅之文也諸侯則國有大小之殊大夫唯以長幼爲異故服虔注左傳云諸侯稱同姓大夫長曰伯父少曰叔父是也然則諸侯謂異姓大夫長者亦當爲伯舅但經傳無其事耳公羊傳曰王者之後稱公大國稱侯小者稱伯子男左傳在禮卿不會公侯會伯子男可也分五等爲二皆以公侯爲上等伯子男爲下等明大邦謂公侯小邦謂伯子男也其餘牧伯則異曲禮云五官之長曰伯是職方天子同姓謂之伯父異姓謂之伯舅東西二伯是也又曰九州之長入天子之國曰牧天子同姓謂之叔父異姓謂之叔舅注云牧尊於大國之君而謂之叔父避二伯也亦以此爲尊禮或損之而益謂此類也言由避二伯故稱叔因以別異大邦之君亦以損其稱而更益其尊故云損之而益也齊大公爲王官之伯左傳云王使劉定公命齊侯曰昔伯舅太公佑我先王是稱太公爲伯舅也及齊桓公與霸襄王又以二伯之禮命之僖公九年王使宰孔賜齊侯胙曰使孔賜伯舅胙是也周公亦是分陝之伯而魯頌云王曰叔父者以其寶成王叔父以本親言之也其晉文亦有伯公而王策命詞曰王曰叔父者齊桓晉文雖俱有伯功天子賜命皆本其祖太公受二伯命故還以

二伯禮賜桓公唐叔本受州牧之命還以州牧之禮命文公故唐叔文公但稱叔父左傳周籍談曰叔父唐叔是唐叔亦受州牧之禮而稱叔父也僖二十四年傳王出適鄭使來告難曰敢告叔父謂魯爲叔父成二年左傳王告鞏叔曰今叔父克遂有功於齊謂晉爲叔父也昭七年王使追命衛襄公曰叔父陟恪在我先王之左右是謂衛爲叔父也是晉與魯衛王皆呼之爲叔父昭九年王使詹桓伯辭於晉曰伯父惠公歸自秦又謂晉爲伯父由此觀之魯衛爲大國而稱叔父晉則伯叔俱稱不同者魯雖周公之後周公位冢宰爲東伯而周公不之國故事繫伯禽左傳曰燮父禽父王孫牟並事康王三國俱以令德作王卿明兼州牧矣燮父唐叔之子王孫牟康叔之子康叔稱叔父是爲州牧尚書酒誥命康叔之詞曰明大命于妹邦鄭云康叔爲連屬之監則康叔後或爲州牧燮與王孫牟或各繼其父爲州牧也伯禽作費誓專征徐戎爲方伯可知三國並爲大國王室之親又皆二伯之後尊而異之所以皆稱叔父也晉或稱伯父者以晉既大國世作盟主故變稱伯父耳尚書文侯之命王曰父義和平王得文侯夾輔之勳尤親之而直稱父也天子稱王朝公卿則無文蓋有爵者依諸侯之例無爵者亦應以長幼稱伯父叔父大夫以下位卑其稱父舅以否無文以言之也○注言歸至辭也○舊疏云春秋大例先是己物乃言歸卽歸讙及闡之屬是也今此賵之車馬先非魯物而言歸者與魯有之辭是也杜云歸者不反之辭○注所傳至內也○小惡謂不及事又兼之也舊疏云春秋之義所傳聞之世外小惡不書此小惡未合書見而著之者由接內故也○注春秋至舉也○春秋託王于魯假若隱公爲受命王故爲天下化首凡來接內者皆如親被王化宜漸漬禮義如上之褒儀父是也春秋責備賢者故雖小惡必書爲其在可責備之域故也其非接內者則在無足責

之例故小惡不示譏文也○注主書至事也○校勘記云宋監本同毛本脫從字

九月及宋人盟于宿疏左疏引杜譜云宋子姓其先契佐唐虞爲司徒封於商成湯受命王有天下及紂無道爲周武王滅之封其子武庚紹殷後武庚作亂周公誅之更封紂兄微子啓爲宋公都商丘今梁國睢陽縣是也宿者大事表云杜注宿東平無鹽縣在今山東泰安府東平州東二十里一統志無鹽故城在東平州東二十里春秋宿國孰及之內之微者也注內者謂魯也微者謂士也不名者略微也大者正小者治近者說遠者來是以春秋上刺王公下譏卿大夫而逮士庶人宋稱人者亦微者也魯不稱人者自內之辭也宿不出主名者主國主名與可知故省文明宿當自首其榮辱也微者盟例時不能專正故責略之此月者隱公賢君雖使微者有可采取故錄也疏莊二十二年秋七月丙申及齊高傒盟于防文二年三月乙巳及晉處父盟彼皆公故此別之曰內之微者也彼二文沒公之義當文自解無庸逆說○注內者謂魯也○此通解全書之例成十五年傳春秋內其國而外諸夏故凡言內者皆魯也說苑指武云內治未得不可以正外○注微者至微也○穀梁傳及者何內卑者也注卑者謂非卿大夫也舊疏云公羊之例大夫悉見名氏與卿同今此不見名氏故知士也禮記王制云其有中士下士者數各居其上之三分注云凡非命士亦無出會之事春秋傳謂士爲微又云

謂其爲介若特行而并會故也疏言謂其爲介者若聘禮士介四人是也若特行則隱元年及宋人盟于宿是也凡非命士則祭法
庶士是也按周禮典命注天子上士三命中士再命下士一命其公侯伯之士一命則俱當爲上士矣襄十一年傳古者上卿下卿
上士下士○注大者至庶人○繁露爵國云大功德者受大爵土小功德者受小爵土大材者執大官位小材者受小官位如其能
宣治之至也又奉本云禮者繼天地體陰陽而愼主客序尊卑貴賤大小之位而差內外遠近新舊之級者也又正貫云立義定尊
卑之序而後君臣之職明矣又十指云親近來遠同民所欲一指也又云親近來遠同民所欲則仁恩達也又盟會要云親近以來
遠因其國而容天下名倫等物不失其理又王道云孔子明得失差貴賤反王道之本譏天王以致太平刺惡譏微不遺大小又愈
序云仲尼之作春秋也上探正天端王公之位下明得失引史記理往事正是非序王公所以內外微者書爲小者治故也小國宿
得亦及所以來遠以說近也上刺王公下及士庶所以奉天而法古也史記自序是非二百四十二年之中以爲天下儀表貶天子
退諸侯封大夫以達王事而已矣所以遊夏莫贊也○注宋稱至者也○校勘記宋本同閩監毛本脫者字穀梁傳云宋人外卑者
也杜云客主無名皆微者也○注魯不至辭也○左傳疏云直言及者他國可言某人魯史不得自言魯人直言及彼是魯及可知
其微人與他國會而直言會與此同也○注宿不至辱也○惠氏士奇春秋說云春秋會盟以國地以國者國主必與盟則盟不序
隱元年及宋人盟于宿不序宿人僖十九年陳人蔡人楚人鄭人盟于齊不序齊人是也按桓十四年公會鄭伯于曹則曹與盟桓
二年蔡侯鄭伯會于鄧鄧亦與盟可知自首其榮辱者舊疏云理是則主人先榮理非則主人先辱按春秋以隱爲始受命王宿男

先與隱公交接故卒褒之卽首其榮也又〇凡書盟者惡其納誓朋黨生患禍卽首其辱也〇注微者至略之〇舊疏云春秋之例若尊者之盟大信時小信月不信日見其責也若微者不問信與不信皆時悉作信文略之卽僖十九年冬會陳人蔡人楚人鄭人盟于齊之屬是也穀梁傳卑者之盟不日注凡非卿大夫信之與不例不日〇注此月至錄也〇此解書月義爲取其能慕賢故詳之若以小信予之也桓十一年春正月齊人衞人鄭人盟于惡曹注月者桓公行惡諸侯所當誅屬上三國來戰于郎今復使微者盟故爲魯桓危錄之僖二十九年夏六月公會王人以下盟于狄泉注晉文年老志衰不能自致故諸侯亦使微者會之月者惡伯功之廢於是義各有主也

冬十有二月祭伯來

祭伯者何天子之大夫也【注】以無所繫言來也【疏】繁露爵國云春秋曰宰周公傳曰天子三公祭伯來傳曰天子大夫宰渠伯糾傳曰下大夫石尚傳曰天子之士也王人傳曰微者謂下士也凡五等則凡曰大夫皆上大夫也然何氏以咺爲中士則天子之士宜三等矣又有尹子單子劉子稱子宜在上大夫上蓋公也卿也上大夫也下大夫也上士也中士也下士也凡七等其春秋之制與〇注以無至來也〇舊疏云外諸侯臣來聘宜繫國稱使卽文四年秋衞侯使甯兪來聘之屬是也若直來亦有所繫如閔元年齊仲孫來之屬是若外諸侯之臣來奔當繫國言來奔文十四年宋子哀來奔襄二十八年齊慶封來奔之屬是今無所繫直言來故宜是天子大夫也

何以不稱使【注】据凡伯稱使【疏】

據凡伯稱使○卽下七年天王使凡伯來聘是也奔也注奔者走也以不稱使而無事知
其奔疏注奔者走也○桓十六年衞侯朔出奔齊傳越在岱陰齊注越猶走也○注以不至其奔○舊疏下二年武氏子來
求賻文九年毛伯來求金並無使文而有事也上文天子使宰咺文元年天王使叔服皆是有事有使也今此無事復無使故知其
奔奔則曷爲不言奔注據齊慶封來言奔疏注據齊至言奔○襄二十八年齊慶封來
奔是也王者無外言奔則有外之辭也注言奔則與外大夫來奔同
文故去奔明王者以天下爲家無絶義主書者以罪舉內外皆書
者重乖離之禍也當春秋時廢選舉之務置不肖於位輒退絶之
以生過失至於君臣忿爭出奔國家之所以昏亂社稷之所以危
士故皆錄之錄所奔者爲受義者明當受賢者不當受惡人也祭
者采邑也伯者字也天子上大夫字尊尊之義也月者爲下卒也
嘗案下例當蒙上月日不也奔例時一月二事月當在上十言有
二者起十復有二非十中之二疏注言奔至絶義○外大夫來奔宋子哀齊慶封之屬是也舊疏
云問王者以天下爲家無絶義故不言奔何故襄三十年王子瑕奔晉昭二十六年尹氏召伯毛伯以王子朝奔楚成十二年周公

出奔晉皆言奔乎答曰春秋進退無義若來奔魯者見王者以天下爲家無絕義故不言奔若奔別國即見春秋黜周者與外諸侯同例故言奔矣既以魯爲王而不專黜周者欲專黜周則非遜順之義按王朝之臣出奔他國若不著明知爲何國不明言則奔又將何辭春秋本假魯爲王遇有天子事仍多曲筆正爲尊王示義故即於祭伯來奔見其無絕亦爲尊者諱之意也不必書之重辭之複也○注主書至罪舉○舊疏云一則罪祭伯之去主一則罪魯受叛人故曰以罪舉按此爲凡出奔者著義也○注內外至禍也○舊疏云內書者閔二年公子慶父出奔莒是也外書者昭二十年宋華亥向甯華定出奔陳之屬是也○注當春至錄之○繁露天地之行云量能授官賢愚有差所以相承也鹽鐵論除狹云夫傳主德開臣途在於選賢而器使之中論爵祿云自時厥後文武之教衰黜陟之道廢諸侯恣大夫世位爵人不以德祿人不以功姦邪得願仁賢失志於是則以富貴相詬病矣明春秋時人不問賢不肖予之位祿也繁露精華云是故任非其人而國不傾者自古至今未嘗聞也故吾按春秋而觀成敗乃切悁悁於前世之興亡也漢書劉向傳至于平王末年魯隱之始即位也周大夫祭伯乖離不和出奔於魯而春秋爲諱不言其來奔傷其禍殃自此始也按穀梁以爲來朝劉向習穀梁其上封事則取公羊說也○注錄所至人也○通義云王臣奔他國者皆不言出以示無外之義若來奔本無出文故并去奔以別之魯受天子逋逃臣亦爲有惡不言奔者蓋兼諱也則凡錄所奔者爲受者示義明當受賢者不受惡人故莊十二年左傳石祁子曰天下之惡一也失于宋而保于我保之何補莊二十七年鄭瞻自齊逃來傳曰佞人來矣佞人來矣注蓋痛魯知而受之又襄二十七年豹及諸侯之大夫盟于宋傳曷爲殆諸侯爲衛石惡在是也二十八年書石惡奔晉皆受惡人

事也○注祭者采邑也○禮記禮運云大夫有采以處其子孫左
氏僖二十四年傳凡蔣邢茅胙祭周公之允也說文邑部鄒周邑
也段氏玉裁注云春秋經左傳國語史記逸周書竹書紀年凡云
祭伯祭公謀父字皆作祭惟穆天子傳云鄒父注鄒父書鄒公謀父
也鄒者本字祭者段借韋注國語云祭圻內之國周公之後也爲
王卿士謀父字也是則鄒本西都圻內邑名至東周時隱元年祭
伯來莊二十三年祭叔來聘尙仍其西都之舊稱許云周邑糸諸河
南河內之閒其諸東都亦有鄒與抑如鄭之仍舊稱與齊氏召南
經傳考證云按杜注不注祭國所在羅泌路史云周圻內管城東
北有古祭城按杜氏釋例云祭城在河南上有廢倉周公後所封
也見史記正義又成四年左傳晉代鄭取氾祭注氾祭鄭地名成
皐縣東有氾水史記高祖紀以取敖倉正義曰括地志敖倉在鄭
州滎陽縣西今鄭州東北有祭城據此則祭地當在今滎陽氾水
之閒於春秋爲鄭地其爲鄭所兼幷與蓋祭本封國在西都圻內
平王東遷因隨從食采於東圻也廣韻以祭爲周大夫邑名周公
第五子祭伯其後以爲氏○注伯者至義也○桓四年注云上大
夫不名祭伯是也按禮記檀弓云幼名冠字五十以伯仲此伯乃
五十後伯仲之稱南季仍叔之屬若字如家父叔服乃下大夫之
稱此云伯字者儀禮冠禮云字辭曰伯某甫仲叔季唯其所當蓋
當二十冠時稱字如曰伯某甫年至五十轉尊則又舍其某字而
直以伯仲別之則伯仲等加於初字時故亦得謂之字也禮記祭
義云周人貴爵而上齒故稱字以明尊尊也舊疏云知伯非爵者
桓八年經云祭公來遂逆王后于祭公是其爵明伯其字也○注
月者爲下卒也○閔二年注云內大夫奔例無罪者日有罪者月
外大夫奔例皆時春秋內魯故祭伯比外大夫宜時故云月者爲
下卒也○注常案至上月○校勘記云當閩監毛本同鄂本當作

堂誤按下二年注作常案下一例當蒙上月解云祭伯來之下已有此注則此亦應作常舊疏云一月當有數事重者皆蒙月若上事輕下事重輕者不蒙月重者自蒙月若上事重下事輕則重者蒙月輕者不蒙月故言當案下例當蒙上月矣義或然也○亦注日不一也○舊疏云謂一日有數事卽不得上下相蒙故桓十二年冬十一月丙戌公會鄭伯盟于武父丙戌衞侯晉卒彼注云不蒙上日者春秋獨晉書立記卒耳當蒙上日與不嫌異於篡例故復出日明同是也○注奔例至在上○成十二年春周公出奔晉是也舊疏引舊云春秋王魯是以王臣來奔魯者悉與外諸侯之臣來奔同書時故與襄二十八年冬齊慶封來奔同矣若王臣奔他國悉書月是以王子瑕毛召之徒悉皆書月按襄三十年夏五月甲午宋災伯姬卒天王殺其弟年夫王子瑕奔晉彼注云外災例時此日者爲伯姬卒日既書日不得不月則彼月不必爲王子瑕矣又昭二十六年冬十月天王入于成周尹氏召伯毛伯以王子朝奔楚彼注云月者爲天下喜錄王者反正位則尹氏等出奔亦不必蒙上月矣是皆一月二事但襄三十年昭二十六年月本爲上事發其卽爲下事發者亦當書月於上此是也○注十十言至之二○校勘記十復闔監毛本同誤十上作下鄂本作十當据正

公子益師卒

何以不日注据臧孫辰書日疏注据臧孫辰書日○文十年春王三月辛卯臧孫辰卒是也舊疏云問下五年十二月辛巳公子彄卒亦書日所以不據之而遠據文十年何答曰下五年注云日者隱公賢君宜有恩禮於大夫益師始見法無駭有罪俠又未命故獨得於此日以義言之正由在傳聞世非常書日之限故不據之所聞世大夫日卒者非一正据辰

者以是所傳聞之始故也遠也 注 孔子所不見 疏 通義云立乎定哀以指隱桓祖之所逮聞也故言遠也左氏說公不與小斂故不書日九月甲申公孫敖卒於齊公豈得小斂乎穀梁說大夫日卒正隱如何以書日二傳皆失之穀梁疏引麋信云益師不能防微杜漸使桓弒隱若益師能以正道輔隱則君無推國之意桓無篡弒之情按穀梁不以隱讓爲正故麋氏如彼說見益師之不日卒爲惡也彼疏又引何君廢疾云公羊以爲日與不日爲遠近異若穀梁云惡而不日則公子牙及季孫意如何以書日鄭釋之曰公子牙莊公弟不書弟則惡明矣故不假去日季孫意如則定公所不惡故書日劉氏逢祿難曰春秋之義遠則殺其恩惡則略其恩何氏之例詳而不亂如無駭之不日有疾始滅之文叔孫得臣之不日有與聞乎弒之文春秋不以疑詞眩人而愛有差等故張三世之義公羊獨得之公子牙之爲莊公弟固也然經無起文也意如以爲定所不惡似也仲遂之貶得臣之不日豈宣所惡與益師爲隱所惡又何說乎春秋以時君之美惡爲美惡何以理嫌疑明是非乎〇注孔子所不見〇繁露奉本云隱桓親春秋之先人也益師卒而不日哀十四年傳祖之所逮聞也故云孔子所不見

所見異辭所聞異辭所傳聞異辭 注 所見者謂昭定哀己與父時事也所聞者謂文宣成襄王父時事也所傳聞者謂隱桓莊閔僖高祖曾祖時事也異辭者見恩有厚薄義有淺深時恩衰義缺將以理人倫序人類因制治亂之法故於所見之世恩己與父之臣尤深大夫卒有罪無

罪皆日錄之丙申季孫隱如卒是也於所聞之世王父之臣恩少
殺大夫卒無罪者日錄有罪者不日略之叔孫得臣卒是也於所
傳聞之世高祖曾祖之臣恩淺大夫卒有罪無罪皆不日略之也
公子益師無駭卒是也於所傳聞之世見治起於衰亂之中用心
尚麤觕故內其國而外諸夏先詳內而後治外錄大略小內小惡
書外小惡不書大國有大夫小國略稱人內離會書外離會不書
是也於所聞之世見治升平內諸夏而外夷狄書外離會小國有
大夫宣十一年秋晉侯會狄於攢函襄二十三年邾婁鼻我來奔
是也至所見之世著治大平夷狄進至於爵天下遠近小大若一
用心尤深而詳故崇仁義譏二名晉魏曼多仲孫何忌是也所以
三世者禮為父母三年為祖父母期為曾祖父母齊衰三月立愛
自親始故春秋據哀錄隱上治祖禰所以二百四十二年者取法
十二公天數備足著治法式又因周道始壞絕於惠隱之際主所

以卒大夫者明君當隱痛之也君敬臣則臣自重君愛臣則臣自盡公子者氏也益師者名也諸侯之子稱公子公子之子稱公孫

疏注所見至事也○舊疏云知昭定哀爲所見文宣成襄爲所聞隱桓莊閔僖爲所傳聞者春秋緯文也繁露奉本云今春秋緣魯以言王義殺隱桓以爲遠祖宗定哀以爲考妣舉其始終言之也通義云春秋分十二公而爲三世舊說所傳聞之世世隱桓莊閔僖也所聞之世文宣成襄也所見之世昭定哀也顏安樂以爲襄公二十三年邾婁鼻我來奔傳云邾婁無大夫此何以書以近書也又昭二十七年邾婁快來奔傳云邾婁無大夫此何以書以近書也二文不異宜同一世故斷自孔子生後即爲所見之世廣森從之所以三世異詞者見恩有淺深義有隆殺所見之世据襄爲限成宣文僖四廟之所逮也所聞之世宜據僖爲限閔莊桓隱亦四廟之所逮也親疏之節蓋取諸此按文九年疏引演孔圖云文宣成襄所聞之世也又繁露楚莊王云春秋分十二世以爲三等有見有聞有傳聞有見三世有聞四世有傳聞五世故昭定哀君子之所見也襄成文宣君子之所聞也僖閔莊桓隱君子之所傳聞也所見六十一年所聞八十五年所傳聞九十六年皆與何氏說合序舊疏引鄭氏云九者陽數之極九九八十一是人命終矣故孝經援神契云春秋三世以九九八十一爲限然則隱元年盡僖十八年爲一世自僖十九年盡襄十二年又爲一世自襄十三年盡哀十四年又爲一世所以不悉八十一年者見人命參差不可一齊之義按襄十三年孔子未生不得爲所見世孝經說未可從顏氏以從生以後理不得謂之所聞然孔子於襄末始生尚無知識亦不得遽爲所見邾婁鼻我邾婁快雖同以近書之傳舊疏

云一自是治近升平書一自是治近太平書不相干涉是也又云援神契橫說更作一理非正解春秋之物故何氏自以春秋說爲正○注異辭至淺深○校勘記云鄂本作淺深當据以正諸本皆誤倒繁露楚莊王云於所見微其辭於所聞痛其禍於傳聞殺其恩與情俱也是故逐季氏而言又雩微其辭也子赤殺弗忍言日痛其禍也子般殺而書乙未殺其恩也屈伸之志詳略之文皆應之吾觀其近近而遠遠親親而疏疏也亦知其貴貴而賤賤重重而輕輕也有知其厚厚而薄薄善善而惡惡也又知其陽陽而陰陰白白而黑黑也百物皆有合偶偶之合之仇之匹之善矣此卽恩有厚薄義有淺深意也序疏又引何氏文謚例云三科九旨者新周故宋以春秋當新王此一科三旨也又云所見異辭所聞異辭所傳聞異辭二科六旨也又內其國而外諸夏內諸夏而外夷狄是三科九旨也又引宋氏注春秋說三科者一曰張三世二曰存三統三曰異外內九旨者一曰時二曰月三曰日四曰王五曰天王六曰天子七曰譏八曰貶九曰絕時與日月詳略之旨也王與天王天子是錄遠近親疏之旨譏與貶絕則輕重之旨也以何氏所云專目三科別敘九旨之異○注時恩衰義缺○舊疏云當時子弑父父殺子爲恩衰臣弑君君殺臣爲義缺故喪服四制云爲父斬衰三年以恩制爲君斬衰三年以義制是也按繁露王道云周衰天子微弱諸侯力政大夫專國士專邑不能行度制法文之禮諸侯背叛莫修貢聘奉獻天子臣弑其君子弑其父孽殺其宗不能統理更相伐銼以廣地以強相脅不能制屬強奄弱衆暴寡富使貧并兼無已臣下上僭不能禁止漢書劉向傳周室卑微二百四十二年之閒弑君三十六亡國五十二諸侯奔走不得保其社稷者不可勝數皆恩衰義缺事不必專限父子君臣也○注將以至之法○繁露王道云孔子明得失差貴賤反王道之本又

愈序云故引史記理往事正是非又曰孔子明得失見成敗疾時
世之不仁失王道之體故因行事加吾王心焉假其位號以正人
倫因其成敗以明順逆太史公自序曰我欲載之空言不如見之
行事之深切著明哀十四年傳撥亂世反諸正莫近於春秋繁露
重政云春秋明得失差貴賤本之天王所失天下者使諸侯得以
大亂之說而後引而反之又會盟之要云名倫等物不失其理所以
爲治亂之法也○注故於至是也○定五年六月丙申季孫隱如
卒是也隱如逐君故爲有罪其無罪書日者昭二十五年十月戊
辰叔孫舍卒昭二十九年四月庚子叔倪卒是也孔子親仕定哀
故以定哀爲己昭公爲父並爲所見世其臣爲是父與己之臣故特
恩錄之○注於所聞至是也○宣五年九月叔孫得臣卒是也彼
注云不日者知公子遂欲弑君爲人臣知賊而不言明當誅是也
其無罪日者襄五年十有二月辛未季孫行父卒襄十九年八月
丙辰仲孫蔑卒是也文十四年公孫敖亦有罪而卒日者彼注云
已絕卒之者爲後齊魯歸其喪有恥故爲內諱使若尚爲大夫
然則敖卒書日正春秋盈乎諱從無罪者例故也校勘記云鄂本
畧作略是也段玉裁云古人多作略田在旁○注於所傳至是也
○此略即下八年冬十有二月無駭卒是也其莊三十二年秋七月
癸巳公子牙卒僖十六年三月壬申公子季友卒秋七月甲子公
孫慈卒並所傳聞世而書日者牙卒下注云書日者錄季子之過
惡也季友卒注云日者僖公賢君宜有恩禮於大夫公孫慈卒下
注云一年喪骨肉三人故日痛之是也○注於所至麤觕○哀十
四年傳撥亂世反諸正莫近於春秋亂謂隱桓春秋之初由衰亂
而升平平而大平所謂反諸正此春秋之義也麤觕釋文作麤觕閩
本監本毛本同校勘記段曰說文無觕字蓋觕字轉寫之誤本義
角長皃段借爲粗糙字按說文角部觕下段注云此字見於經史

者皆謂為觕公羊傳觕者曰侵何注觕麤也又隱元年注用心尚麤觕漢藝文志庶得麤觕者以麤觕連文則觕非麤字也麤觕若今人言粗糙雙聲字也觕从廾聲古讀如倉轉寫譌為觕其音讀才古反又或讀七奴反矣按麤觕蓋卽麤粗管子水地篇非特知於麤粗也察於微眇繁露兪序云始於麤粗終於精微論衡正說云略正題目麤粗之說以照篇中微眇之文故說文觕讀若麤觕淮南記論訓風氣陰陽麤觕者也蓺文志庶得麤觕皆謂麤粗也粗曹憲音在戶反與觕之讀才古戶者正同晏子春秋問篇緩密不能麤直論衡量知篇夫竹本麤直之物也直與粗音義正同○注故內麤至是也○說苑指武云內治未得不可以正外本惠未襲不可以制末是以春秋先京師而後諸夏成十五年春秋內其國而外諸夏言自近者始也注明當先正京師後正諸夏繁露王道云親近以來遠故未有不先近而致遠者也所傳聞世治衰亂故先自內魯始也云先詳內而後治外者繁露天道施云近者詳遠者略莊氏存與春秋正詞曰春秋詳內略外詳尊略卑詳重略輕詳近略遠繁露兪序云聖王之道莫美於恕故予言春秋詳己而略人因其國而容天下二年公會戎子潛注云春秋王魯明當先自詳正躬自厚而薄責於人故略外也云錄大略小者舊疏云謂錄大國卒葬小國卒葬不錄是也云內小惡書外小惡不書者隱十年傳春秋錄內而略外於外大惡書小惡不書於內大惡諱小惡書注內小惡書外小惡不書者內有小惡適可治諸夏大惡未可治諸夏小惡明當先自正然後正人云大國有大夫小國略稱人者莊二十四年曹羈出奔陳傳曹無大夫此何以書賢也莊二十七年莒慶來逆叔姬傳莒無大夫此何書譏爾大夫越竟逆女非禮也是小國無大夫書之見非常也云內離會書外離會不書者舊疏云內離會者卽下二年春公會戎于潛桓元年春公會鄭伯

于垂是也外離會不書者桓十五年齊侯鄭伯如紀傳外相如不書此何以書離不言會也襄二十三年注亦云所傳聞世外見治始起
外諸夏錄大略小大國有大夫小國略稱人○注於所至升平○舊疏云升進也稍稍上進至於太平矣按升者登也漸登於平也
○注內諸至是也○內諸夏而外夷狄亦見成十五年傳繁露竹林云春秋之於偏戰也猶其於諸夏也引之魯則謂之外引之夷
狄則謂之內故在傳聞世則諸夏為外所傳聞世則責之同內也書外離會即晉侯會狄于攢函也彼注云離不言會言會者見所
聞世治近升平內諸夏而詳錄之殊夷狄也故舊疏謂其一經而當二義矣又襄二十三年傳邾婁無大夫此何以書以近書也注
以奔無他義知以治近升平書也所聞之世內諸夏治小如大廉廉近升平故小國有大夫治之漸也校勘記云劓鄂本作鄭後仍
作鼻此从刀譌閩本監本毛本作鼻按作鼻是也劓鄭皆非襄二十三年可證○注至所至太平○襄二十三年注云獨舉一國者
時幾實未有大夫治亂不失其實故取足張法而已然則所見昭定哀世亦非太平但春秋著治太平於此世也故文宣成襄之世
亦非實升平春秋之義治之升平爾○注夷狄至是也○繁露俞序云孔子曰吾因行事加吾王心也假其位號以正人倫因其成
敗以明逆順故其所善則桓文行之而遂其所惡則亂國行之終以敗敵始言大惡弒君亡國終言赦小過是亦始于麤糲終于精
微教化流行德澤大洽天下之人人有士君子之行而少過矣亦譏二名之意也舊疏云夷狄進至于爵哀四年晉人執戎曼子赤
歸于楚十三年公會晉侯及吳子于黃池是也又云哀十三年晉魏多帥師侵衞傳此晉魏曼多也曷為謂之晉魏多譏二名二名
非禮也哀六年仲孫忌圍運傳此仲孫何忌也曷為謂之仲孫忌譏二名二名非禮也彼注云春秋定哀之閒文致大平欲見王者

治定無所復譏唯二名故譏之此春秋之制也是也○校勘記鄂本曼作萬按作曼是也萬者聲之誤○注禮爲至三月○並見禮喪服篇喪服斬衰章云父傳曰爲父何斬衰也父至尊也齊衰三年章父卒則爲母是爲父母三年也又不杖期章祖父母傳曰何以期也至尊也又齊衰三月章曾祖父母傳曰何以服齊衰三月也小功者兄弟之服也不敢以兄弟之服服至尊也是爲祖父母期爲曾祖父母齊衰三月也按上注云高祖曾祖之臣此止及曾祖者曾者祖重也由曾而上皆曾祖也則高祖亦宜齊衰三月先儒又謂經之所不言則不服者非也鄭氏喪服注云曾祖高祖皆有小功之差則曾孫元孫爲之服同也重其衰麻尊尊也滅其日月恩殺也是也○注立愛自親始○禮記祭義文彼云子曰立愛自親始教民睦也立敬自長始教民順也教以慈睦而民貴有親教以敬長而民貴用命孝以事親順以聽命錯諸天下無所不行○注故春至祖禰○禮記大傳云上治祖禰尊尊也注治猶正也疏上主尊敬故云尊尊○注所以至法式○舊疏云舊本皆作式言取十二公者法象天數欲著治民之法法式也若作戒字言著治亂之法著治國之戒矣天道十二紀一星周故十二公爲取象天數也○注又因至之際○范甯穀梁傳注序云幽王以暴虐見禍平王以微弱東遷征伐不由天子之命號令出自權臣之門故兩觀表而臣禮亡朱干設而君權喪下陵上替僭逼理極天下蕩蕩王道盡矣平王四十九年入春秋於魯正值惠隱之世也楊疏云不託始於惠公者平王之初仍賴晉鄭至於末年陵替尤甚隱公與平王相接故因茲以託始也按据哀錄隱又適十二公與天數合也○注主所至自盡○禮記雜記云卿大夫疾君問之無算士壹問之君於卿大夫比葬不食肉比卒哭不舉樂爲士比殯不舉樂又喪大記君於大夫世婦大斂焉爲之賜則小斂焉於士既殯而往

為之賜大斂焉君於大夫疾三問之在殯三往焉士疾壹問在殯壹往焉明君於大夫卒當隱痛之故有恩惠焉荀子大略云君於大夫三問其疾三臨其喪於士一問一臨諸侯非問疾弔喪不之臣之家漢書賈山傳文王好仁則仁興得士而敬士則士用用之有禮義故不致其愛敬則不能盡其心不能盡其心則不能盡其力不能盡其力則不能成其功故古之賢君於其臣也尊其爵祿而親之疾則臨視之無數死則往弔哭之臨其小斂大斂已棺塗而後為之服錫衰麻絰而三臨其喪未斂不飲酒食肉未葬不舉樂當宗廟之祭而死為之廢祭故古之君人者於其臣也可謂盡禮矣服法服端容貌正顏色然後見之故臣下莫敢不竭力盡死以報其上功德立於後世而令聞不忘也又王嘉傳聖王之於大臣在輿為下御坐則起疾病視之無數死則臨弔之廢宗廟之祭新書階級云遇之有禮故羣臣自憙厲以廉恥故人務節行上設廉恥禮義以遇其臣而羣臣不以節行而報其上者即非人類也則臣自重自盡之義也○注公子至公孫○儀禮喪服傳文大功章君為姑姊妹女子子嫁於國君者傳曰諸侯之子稱公子公子不得禰先君公子之子稱公孫公孫不得祖諸侯此自卑別於尊者也諸侯之子適適相承其支庶則稱公子支庶之子則稱公孫孫以王父字為氏不得禰先君祖諸侯鄭注檀弓云庶子言公卑遠之也禮記郊特牲云諸侯不敢祖天子大夫不敢祖諸侯不敢祖者謂不立天子諸侯之廟故喪服注云不得禰不得祖者不得立其廟而祭之也喪服小記云別子為祖注諸侯之庶子別為後世祖別子自孫以下則以別子之字為氏如孟叔季之屬故公子公孫則但以公子公孫為氏也

公羊義疏四

南菁書院

句容陳立卓人著

隱二年春
盡是年

二年春公會戎于潛注凡書會者惡其虛內務恃外好也古者諸侯非朝時不得踰竟所傳聞之世外離會不書書內離會者春秋王魯明當先自詳正躬自厚而薄責於人故略外也王者不治夷狄錄戎者來者勿拒去者勿追東方曰夷南方曰蠻西方曰戎北方曰狄朝聘會盟例皆時疏杜云陳留濟陽縣東南有戎城潛魯地大事表戎在今山東曹州府之曹縣與河南蘭陽縣接界潛蓋近戎之地當在今曹州府西南境水經注濟水篇濟瀆自濟陽故城南東逕戎城春秋公會戎于潛是差繆略云公羊潛作岑按唐石經亦作潛潛岑音近爾雅釋器椮謂之涔釋文涔郭岑潛二音詩周頌潛篇郎作潛字山海經西山經大射之山涔水出焉郭音潛按管子小匡云桓公曰吾欲南伐何主管仲對曰以魯為主反其侵地常潛常為居常與許之常潛郎此也然究未詳於今為何縣地毛氏奇齡春秋毛氏傳云戎者徐戎也費誓淮夷徐戎並與注徐戎在魯東故書序徐戎並與東郊不開此是內夷雜處中國故得與中國通往來之禮○注凡書至好也○曲禮下云諸侯相見於隙地曰會定十四年注云古者諸侯

將朝天子必先會閒隙之地然則凡會者爲朝天子此無故而會故書以惡之○注古者至踰竟○書大傳圻者天子之竟也諸侯曰竟天子游不出封圻不告祖廟諸侯非朝聘不出竟新書齊桓公之始霸也翟人伐燕桓公爲燕北伐翟乃至于孤竹反而使燕君復召公之職桓公歸燕君送桓公入齊地百六十里桓公問于管仲曰禮諸侯相送固出竟乎管仲曰非天子不出竟桓公曰然則燕君畏而失禮也寡君恐後世以寡人爲存燕而欺之也乃下車而令燕君還車乃劃燕君所至而與之遂溝以爲竟而後去是不得踰竟事也釋文竟今本多作境字按竟境古今字○注所傳至外也○二國相會謂之離會離兩也二國私相會合同惡相濟不使人知惡之特甚也略外而詳內所以責魯以正人也躬自厚而薄責於人論語衛靈公文引以證先自詳正義也後漢書陳蕃傳春秋於魯小惡必書宜先自整飭後以及人繁露仁義法云春秋以仁治人義治我躬自厚而薄責於外此之謂也且論己見之而人不察曰君子攻其惡不攻人之惡不攻人之惡非仁之寬與自攻其惡非義之全與此之謂仁造人義造我何以異乎故自稱其惡謂之情稱人之惡謂之賊求諸己謂之厚求諸人謂之薄自責以備謂之明責人以備謂之惑又云義之法在正我不在正人我不自正雖能正人弗與爲義又云義云者非謂正人謂我雖有亂世枉上莫不欲正人奚謂義昔者楚靈王討陳蔡之賊齊桓公執袁濤塗之罪非不能正人也然而春秋弗予不得爲義者我不正也闔廬能正楚蔡之難矣而春秋奪之義詞以其身不正也潞子之於諸侯無所能正春秋予之有義其身正也趨而利也故曰義在正我不在正人此其法也又兪序云故世子曰功及子孫光輝百世聖王之道莫美於恕故予先言春秋詳己而略人因其國而容天下中論修本云孔子之制春秋也詳內而略外急己而寬

人故於魯也小惡必書於衆國也大惡始筆○注王者至勿追○白虎通禮樂云何以名爲夷蠻曰聖人本不治外國非爲制名也
因其國名而言之耳通義云戎狄皆略不別君臣舉其號而已所謂國不若氏也後漢書應劭傳說鮮卑云鮮卑皆在漢北犬羊爲
羣無君長之帥廬落之居而天性貪暴不拘性義故數犯障塞且無甯歲唯至互市乃來苟欲中國珍貨非爲畏威懷德計獲事足
旋踵爲害是以朝家外而不內蓋爲此也前漢匈奴傳蕭望之曰戎狄荒忽言其來服荒忽無常時宜待以客禮讓而不臣是王者
不治夷狄也舊疏云當所傳聞之世王者草創不暇治夷狄即先書晉滅下陽末書楚滅穀鄧是也而此經錄戎來者勿拒故也孟
子盡心下云夫子之設科也往者不追來者不拒注言其去者不追呼來者亦不逆拒荀子法行云君子正身以俟欲來者不拒去
者不止論語子張云其不可者拒之漢石經皇侃義疏本作距拒距通也論語述而篇不保其往也集解鄭曰徃猶去也管子七臣
七主篇注追猶召也國策齊策故專兵一志以逆秦注逆猶拒也詩大雅皇矣敢距大邦疏敢拒逆我大國也則來者勿拒謂來者
勿逆之去者勿追去即謂不來者則不必徼逐之王者務德不勤遠義也○注東方至曰狄○舊疏云下曲禮及王制皆有此文白
虎通禮樂云東方爲九夷南方爲八蠻西方爲六戎北方爲五狄故曾子問曰九夷八蠻六戎五狄此百姓之難治者也按此統舉
四夷名爾非謂此爲西方戎也○注朝聘至皆時○舊疏云朝書時者文十五年夏曹伯來朝昭十七年春小邾婁子來朝是也聘
書時者文四年秋衞侯使甯俞來聘文六年夏季孫行父如陳是也會書時者莊十三年春齊侯宋人以下會于北杏十四年冬單
伯會齊侯宋公以下于鄄是也盟書時者莊十三年冬公會齊侯盟于柯是也通義云會例時有所危乃月錄之

夏五月莒人入向【疏】漢書地理志沛郡向下云故國春秋曰莒人入向姜姓炎帝後左傳疏引世本云莒己姓向姜姓譜云莒嬴姓少昊之後周武王封茲與于莒初都計後徙莒今城陽莒縣是也世本自紀公以下為己姓不知誰賜之姓者十一世茲丕公方見春秋共公以後微弱不復見四世為楚滅向則不能知其終始杜云譙國龍亢縣東南有向城莒國今城陽莒縣是也水經注陰溝水篇北肥水又東南逕向縣故城南地理志曰故向國也世本曰許州向申姜姓也炎帝後京相璠曰向沛國縣今并屬譙國龍亢也顧氏炎武杜解補正云于欽齊乘言今沂州西南一百里有向城鎮桓十六年城向宣四年伐莒取向襄二十年盟于向杜氏于宣四年解曰向莒邑東海承縣東南有向城疑遠也方輿紀要春秋向之名四見杜預解為二地承縣在今嶧縣境內龍亢今鳳陽府懷遠縣寰宇記在莒州說皆未確惟沂州之向城近之蓋向先為國後并于莒而或屬莒或屬魯以攝乎大國也然莒亦小國去沂州尙遠知向國非沂州之向城鎮也寰宇記在密州莒縣南七十五里當從之然則地志謂在沛郡杜因謂在譙國龍亢者則尤遠矣

入者何得而不居也【注】入者以兵入也已得其國而不居故云爾凡書兵者正不得也外內淺深皆舉之者因重兵害衆兵動則怨結構禍更相報償伏尸流血無已時諸侯擅興兵不為大惡者保伍連帥本有用兵征伐之道魯入杞不諱是也入例時傷害多則

月

疏通義云得而不居者克勝都邑入弗取而有也左傳文十五年云獲大城焉曰入之莊十年傳入不言圍注得而不居曰入用此文也然則宣四年伐莒取向彼向爲莒邑者或後此又爲莒所幷也○注入者至云爾○正以侵伐戰圍入雖不言帥皆是用兵之文故云以兵入也毛氏奇齡毛氏傳云有入而取其地者與滅同閔二年狄入衛哀八年宋公入曹是也有入而不取其地者後十年宋人衛人入鄭桓二年我入杞是也此入向不知取地與否据左傳與公穀皆入而不得其地然僖二十六年公會莒茲丕公甯莊子盟于向襄二十年仲孫速會莒人盟于向則又似滅其國而取其地矣按毛氏兼本左傳爲說然彼二盟安知非盟于向都向人與盟如桓二年蔡侯鄭伯會于鄧僖十九年盟于齊之例耶○注凡書至已時○擕字依鄂本補監本因重誤用里云正不得者言用兵皆書之意言於正道皆不得也云外內淺深皆舉之者侵爲至淺滅爲至深也莊十年傳觕者曰侵精者曰伐注觕猶麤也精猶精密也觕即淺精即精春秋內其國而外諸夏內諸夏而外四夷凡書兵則不問諸夏四夷與魯皆書以責也孟子盡心云春秋無義戰注春秋所載戰伐之事無應王義者也繁露竹林云是故戰攻侵伐雖數百起必一二書傷其所害重也盧注一二言次第不遺也云因重兵害衆者繁露竹林又云今戰伐之於民其爲害幾何攷意而觀指則春秋之所惡者不任德而任力驅民而殘賊之其所好者設而勿用仁義以服之也此春秋之所善也夫德不足以親近而文不足以來遠而斷斷以戰伐爲之者此固春秋之所甚疾已皆非義也新序五昔衛靈公問陳孔子言俎豆賤兵而重禮也故春秋曰善爲國者不師云兵動則怨結擕禍更相報償者孟子梁惠王云抑王興甲兵危士臣擕怨於諸侯蓋與兵則擕怨不至伏尸流血無已時不止也○注諸侯至之道○云

諸侯擅興兵不爲大惡者繁露竹林云問者曰其書戰伐甚謹而惡戰伐無詞何也曰會同之事大者主小戰伐之事後者主先苟不惡何爲使起之者居下是其惡戰伐之辭已是其不爲大惡也云保伍連帥本有用兵征伐之道者禮記王制云五國以爲屬屬有長十國以爲連連有帥三十國以爲卒卒有正二百一十國以爲州州有伯則州內有無道者其長帥正伯得征伐之也按王制又云諸侯賜弓矢然後征漢書毋將隆傳古者諸侯方伯得專征伐乃賜斧鉞而保伍連帥得有征伐之道者若已賜弓矢則小惡亦無矣○注魯人至是也○舊疏云卽僖二十七年秋公子遂帥師入杞是也○注入例至則月○舊疏云卽成十七年秋吳入州來定五年夏於越入吳是也傷害多則月者此文及僖三十三年春王三月秦人入滑是也僖二十七年秋八月乙巳公子遂入杞書日者彼注云日者杞屬修禮朝魯雖無禮君子躬自厚而薄責於人不當入之故錄責之

無駭帥師入極 疏 漢書古今人表作亡駭穀梁作無侅下八年無駭卒周駭侅音義近說文馬部駭驚也人部侅奇侅非常也非常亦有驚義差謬略云帥公羊作率通義云公羊率師之字如此見五年傳今本率帥雜見沿寫誤也依說文解字帥本巾帨之帨當作率爲正按今石經公羊亦作帥其誤久矣率亦段借字說文辵部𨓆先道也段氏玉裁注𨓆經典段率字爲之周禮燕射帥射夫以弓矢舞注故書帥爲率鄭司農云率當爲帥大鄭以漢人帥領字通用帥與周時用率不同故也此所謂古今字毛詩率時農夫韓詩作帥時許引周禮率都建旗鄭周禮皆作帥都聘禮注古文帥皆作率是也又說文行部衛將衛也此其正字率者捕鳥畢帥者佩巾皆段借也極者杜云附庸小國左疏引賈云極戎邑晉書地道記高平國湖陸縣西有極亭穀梁云極國也大

事表云今兗州府魚臺縣西有極亭方與紀要亦云在兗州府魚臺縣西按公羊以爲疾始滅穀梁以爲滅同姓則是以入爲滅先儒以入與滅不同考極自此後不見經而魚臺縣近魯棠地則極爲魯有可知第此入與上入向之入異入向爲得而不居此則諱滅爲入蓋實滅也沒滅文言入耳

無駭者何展無駭也何以不氏注据公子遂帥師入杞氏公子也疏下八年左傳云無駭卒羽父請氏與族公命以字爲展氏通義云然則無駭生未有氏得發此難者春秋据哀錄隱非史官書現時事之比本可以追氏之若公子彄之孫方爲騶氏而國語謂之騶彄公子遂之孫方爲仲氏而經言仲遂卒于垂故知此不追氏者即貶義也○注据公至子也○傳二十七年公子遂帥師入杞是也○貶注貶猶損也疏注貶猶損也○廣雅釋言貶損也文選封禪文不可貶也注貶損也後漢書安帝紀注貶引謂貶損引過也通義云貶者黜也春秋託天子之事故有貶法大夫貶去氏者言宜奪其卿位諸侯貶稱人者若曰宜降爲小國也曷爲貶注据公子遂俱用兵入杞不貶也疏注据公至貶也○舊疏云欲決隱八年庚寅我入邴非用兵故也疾始滅也注以下終其身不氏知貶疾始滅非但起入爲滅疏注以下至爲滅○舊疏云即下八年無駭卒傳曰何以不氏疾始滅也故終其身不氏然則若直欲起入爲滅止應此經貶之而已不應終身貶之故知并欲起其疾始滅也通義云疾猶惡也按論語泰伯人而不仁疾之已甚亦謂惡之已甚也始滅昉於此乎注昉適也

齊人語据傳言撥亂世疏注昉適至人語○玉篇日部昉適也一切經音義引三蒼云適始也列子黃帝云衆昉同疑注昉始也說文日部昉明也日方明故有始義是昉適始展轉相訓故注云適也惠氏棟公羊古義云五年傳云始僭諸公昉于此乎蔡邕石經公羊昉作放鄭注考工云旊讀如放於此乎之放是漢時公羊昉皆作放也校勘記昉唐石經諸本同隸釋載漢熹平石經公羊殘碑昉作放又鄭氏詩譜序考工記注皆言放於此乎本公羊傳文是蔡鄭所据本皆作放當以放爲正昉俗字下同又云古多作放後人作昉作倣作仿皆俗字也公羊傳寫作昉俗字耳惠棟乃疑嚴氏春秋作放顏氏春秋作昉何用顏其說誤也云齊人語者舊疏云胡毋生齊人故知之俞氏樾云昉乃俗字當從漢石經作放說詳阮氏校勘記惟何休訓昉爲適以爲齊人語其實未然今按放之言極也禮記祭義云推而放諸東海而準推而放諸南海而準推而放諸西海而準推而放諸北海而準推而放諸猶言推而極諸也鄭注放猶至也至即極也儀禮聘禮記義之至也鄭注曰至極也是至與極義同也僖二十八年傳文公逐衛侯而立叔武使人兄弟相疑放乎殺母弟者文公爲之也放亦極也放乎殺母弟者乃推極其後而言之也始滅放於此乎乃推極於此而止矣故曰始滅放於此乎何解未得其義宣六年傳佗然從乎趙盾而入放於堂下而立十二年傳勝乎皇門放乎路衢凡言放乎者並至極之義也若訓爲適則不可以爲達詁矣按僖二十八年宣五年傳之放可以訓至訓極此則當仍何訓爲是○注据傳言撥亂世○舊疏云哀十四年傳君子曷爲爲春秋撥亂世反諸正莫近於春秋既言作春秋明亂世明知相滅非一此經爲疾始滅故据而難之

前此矣注前此者在春秋前謂宋滅郜是也疏

注前此至是也○舊疏桓二年取郜大鼎于宋傳云此取之宋其謂之郜鼎何器從名注器從本主名名之宋始以不義取之故謂之郜鼎然則宋滅郜在春秋前故十年公敗宋師辛未取郜郜傳二十年郜子來朝傳郜子者何失地之君也是也前此則曷爲始乎此託始焉爾注焉爾猶於是也疏注焉爾猶於是○宣六年傳則無人門焉者注焉者於也玉篇焉是也是焉字容有於是之訓故禮記月令天子焉始乘舟謂於是始乘舟也國語晉語焉始爲會謂於是始爲會也禮記三年問故先王焉爲之立制謂於是爲之立制也又云焉使倍之謂於是始倍之也此云託始焉爾謂託始於是爾注爾字疑衍孟子梁惠王篇盡心焉耳矣注焉耳者懇至之辭亦謂盡心於是耳矣也曷爲託始焉爾注据戰伐不言託始疏注据戰至託始○舊疏隱二年鄭人伐衛桓十年齊侯衛侯鄭伯來戰于郎傳皆不言託始故難之春秋之始也注春秋託王者始起所當誅也言疾始滅者諸滅復見不復貶皆從此取法所以省文也疏莊七年傳不修春秋曰雨星不及地尺而復君子修之曰星霣如雨此傳春秋謂君子所修春秋也通義云君子所修春秋滅國於是始是也昭十二年傳春秋之信史也其序則齊桓晉文其會則主會者爲之其詞則某有罪焉爾又舊疏引孝經說云孔子曰孝經屬參春秋屬商微似之語獨傳子夏此孔子所作之春秋也子夏傳與公羊氏五傳乃至胡毋子都董仲舒傳之竹帛推演其義卽此春秋之始諸精義也蓋隱桓以下爲春秋之隱桓非魯國之隱桓聖人以託之空言不如見之行事故假魯以張治本非隱眞爲受命王也杜預范甯不識七十子微言大義以孔

子之春秋韋泥於魯之春秋以故動輒荆棘則不但不知讀春秋並不知讀孟子矣○注春秋至誅也○孟子滕文公篇孔子懼作
春秋春秋天子之事也即託王者於春秋之義也春秋之始即王者之始也云起所當誅者繁露王道云誅犯始者省刑絶惡疾始
也又云無駭滅極不能誅諸侯得以大亂纂弒無已明無駭滅國魯不能誅故春秋之王者誅之也○注言疾至文也○舊疏即定
四年蔡公孫歸姓帥師滅沈定六年鄭游吉帥師滅許之屬是也莊氏存與春秋正詞云若喪不三年不勝譏則自閔公始書吉禘
于莊公妾母為夫人不勝譏則自成風始猶此滅國不勝譏故於無駭張義也此滅也其言入何注据齊
師滅譚不言入疏注据齊至言入○舊疏在莊十年○內大惡諱也注明魯臣子當
為君父諱滅例月不復出月者與上同月當案下例當蒙上月日
不疏繁露滅國上云隱代桓立所謂僅存爾使無駭帥師滅極內無諫臣外無諸侯之救是其為大惡也通義云使伐圍入都
無諱文獨滅諱惡者諸侯有得專征伐之道不得專滅國覆人之社絶人之世令誠有外內亂為獸行者當以九伐之法正之非可
擅土地以自廣李固曰春秋褒儀父以開義路貶無駭以閉利門君子惡兵以利動故取邑為小惡滅國為大惡也趙匡難此傳云
滅而言入實入者將如何書之廣森以為實入將書展無駭率師矣內諱弒言薨與實薨者同詞則諱滅言入即與實入者同詞亦
何不可況貶去氏者正起其非實入乎○注明魯至父諱○所謂為尊者諱也孔子雖據魯以為後世制法於內事多所諱明為魯
臣子也○注滅例月○舊疏莊十年冬十月齊師滅譚莊十三年夏六月齊人滅遂是也○注不復至日不○鄂本同閩監毛本日

不誤日下舊疏標起訖亦誤作日下與上同月者即蒙上莒人入向之夏五月也常案下例當蒙上月日不者舊疏元年祭伯來之下已有此注而復言之者正以彼月為下公子益師卒其祭伯來奔不蒙月今此夏五月二事皆蒙之嫌其異故重發之然則彼祭伯來事輕公子益師卒事重此則二事俱重也

秋八月庚辰公及戎盟于唐注後不相犯日者為後背隱而善桓能自復為唐之盟疏杜云八月無庚辰庚辰七月九日也日月必有誤包氏慎言公羊曆譜云八月書庚辰月之九日閏分歲七通之於十二月為八十四元年巳積有百五十六至此年十一月共積二百三十三分除二百二十八分成月仍餘五分十一月後宜置閏長曆閏十二月而八月無庚辰斥為七月九日于殷曆不合杜又云高平方與縣北有武唐亭大事表云在今兗州府魚臺縣東十二里唐與棠通即隱公觀魚處方輿紀要武唐亭在魚臺縣東北十二里按戎在今之曹州府曹縣地與魚臺等處近以疏引左氏之義以極是戎國都極亦在魚臺縣地然極已滅矣無緣復與盟況上下皆與戎會盟不得無駭復帥師入之左氏義恐非〇注後不至之盟〇舊疏春秋之例不信者日故後不相犯日者言為後背隱而善桓能自復為唐之盟者即桓二年秋九月公及戎盟于唐是也按注意當謂為後背隱而善桓為句桓為隱賊戎與隱會盟相繼不能聲罪致討復與和好結盟故春秋以不信責之書日也能自復為唐之盟自指戎言舊疏引舊解以為戎能自復是也舊疏謂善桓能自復春秋方責戎之不信何為於此有善桓詞與

九月紀履緰來逆女疏左疏引世族譜紀姜姓侯爵莊四年齊滅之杜云紀國在東莞劇縣大事表紀在今青州府之壽光縣山東通志紀本在東海贛榆縣後遷劇亦稱紀城有臺高九尺俗曰紀臺城旁有劇南城青州府志紀臺城在壽光縣東南三十里履緰左氏作裂繻裂履一聲之轉春秋異文箋繻緰古今字說文玉篇無緰字校勘記唐石經諸本同釋文履緰音須惠棟云緰讀爲投說文緰貲布也古緰與繻同音

紀履緰者何紀大夫也注以逆女不稱使知爲大夫疏注以逆至大夫〇舊疏正以桓三年公子翬如齊逆女皆是大夫爲君逆女而文皆不言使今此不言使故知是大夫也又云或者使爲爵字誤按逆女不稱爵意謂不稱紀侯故知爲大夫耳若但不稱使無以別其爲大夫宋公使公孫壽來納幣是稱使者亦大夫矣通義云推褒猶稱且字知履緰蓋下大夫名見者以接內也紀侯爵當從大國例凡大國之下大夫與小國之卿同非接內不錄其名氏唯大國之上大夫然後書名氏若褒之則以伯仲書禮五十不稱且字所以示法未五十不得命爲卿也按穀梁亦云以國氏者爲其來交接於我故君子進之也惟紀雖侯爵實由嫁女天子增爵稱侯此時猶不得爲大國也何以不稱使注据宋公使公孫壽來納幣稱使疏注据宋至稱使〇見成八年夏婚禮不稱主人注爲養廉遠恥也疏繁露玉英云春秋有經禮有變禮爲如安性平心者經禮也於性雖不安於心雖不平於道無以易之此變禮也是故昏禮不稱主人經禮也詞窮無稱稱王人變禮也〇注爲養廉遠恥也〇白虎通嫁娶篇男不自專娶女不自專嫁必

由父母須媒妁何遠恥防淫泆也然則曷稱稱諸父兄師友宋公使公孫壽來納
幣則其稱主人何辭窮也辭窮者何無母也注禮有母母當命諸
父兄師友稱諸父兄師友以行宋公無母莫使命之辭窮故自命
之自命之則不得不稱使疏注禮有至以行○儀禮士昏記宗子無父母命之親皆沒己躬命之注命
之命使者母命之在春秋紀裂繻來逆女是也張氏爾岐鄭注句讀云此請期以上五禮皆命使者行故言使命所出必自其父若
無父者則母命之母命之者亦但命子之父兄師友使之命使不得稱母命以通使也盛氏世佐儀禮集編云母命之者母使子之
諸父兄命五禮之使者親迎則使命其子昏詞皆稱母所使出命者之名也雖有諸父諸兄必待母命而後爲之尊大宗也又云昏
禮當使同姓主之公羊傳云稱諸父兄師友說苑載大夫士昏辭亦曰某之父某之師友師友異姓而與父兄並稱恐未安按稱諸
師友或禮之變故說苑亦詳載其辭蓋穀梁家亦有是語也沈氏彤儀禮小疏云士冠禮若孤子則父兄戒宿冠之日主人紒而迎
賓拜揖讓立于序端皆如冠主禮于阼階注云父兄諸父諸兄冠主冠者親父若宗兄也是諸父諸兄但可以戒宿而不可以爲冠
主推之昏禮亦但可稱諸父諸兄以命使而不可以諸父諸兄主昏蓋旁尊而不得加諸正嫡也○注宋公至稱使○白虎通嫁娶
篇人君及宗子無父母自定娶者卑不主尊賤不主貴故自定之也昏禮經曰親皆沒己躬命之詩云文定厥祥親迎于渭昏禮注
躬猶親也親命之謂宋公使公孫壽來納幣是也則文王亦係自定娶蓋魯詩家說也故繁露玉英云詞窮無稱稱主人變禮也是

也孔氏左傳疏云公羊言無母者稱諸父兄師友宋公不稱父兄者諸侯臣其父兄故不得稱也昏禮記曰宗子無父母命之親皆沒己躬命之以宗子之尊尚不稱父兄況諸侯乎其稱父兄師友謂大夫以下非宗子耳昏禮記云支子則稱其宗弟稱其兄是也通義云廣森謂雜記國君取夫人曰請君之玉女與寡人共有敝邑事宗廟社稷此即躬命之稱主人之詞按何意亦止謂有母者宜尊母命以行婦人無外事故以母命命父兄師友以達耳無母則宜自定娶如雜記所云故此云莫使命之辭窮故自命之自命之則不得不稱使似不必大夫以下始稱父兄師友也

然則紀有母乎曰有注以不稱使知有母疏昏禮記注宗子者嫡長子也命之命使者母命之在春秋紀裂繻來逆女是也有則何以不稱母注据非主人何不稱母通使文疏据非至使文○意以婚禮不稱主人爲養廉遠恥既有母則與主人自命異似可稱矣故据以問母不通也注禮婦人無外事但得命諸父兄師友稱諸父兄師友以行耳母命不得達故不得稱母通使文所以遠別也疏繁露陽尊陰卑云故數日者據晝而不據夜數歲者據陽而不據陰不得達之義是故春秋之於昏禮也達宋公而不達紀侯之母紀侯之母宜稱而不達宋公不宜稱而達陽而不達陰以天道制之也漢書杜鄴傳故禮明三從之義雖有文母之德猶繫於子春秋不書紀侯之母陰義殺也注引此傳曰婚禮不稱主人主人謂壻也不稱母母不通也○注婦人無外事○通義婦人無外事但得命使於國中耳不得通於四方文不可曰紀侯之母使履緰來故直不稱使也杞伯姬來求婦得以母通

者彼內女錄親親繁露玉英云婦人無出境之事經禮也母爲子娶婦變禮也無出境事卽謂此婦人無外事也爲子娶婦卽杞伯姬求婦事也儀禮疏引服氏左注云不稱主人母命不通故不稱使婦人無外事是與公羊說同也而說苑修文篇云親迎禮奈何諸侯以屨二兩加琮大夫庶人以屨二兩加束脩二曰某國寡小君使寡人奉不腆之琮不珍之屨禮夫人貞女似婦人得與外事有母命之禮矣子政習穀梁或穀梁家說

外逆女不書此何以書注据伯姬歸于宋不書逆人疏注据伯至逆人○舊疏在成九年春○譏注譏猶譴也疏注譏猶譴也○廣雅釋言譏譴也○舊疏引宋氏注春秋說九旨者一曰時二曰月三曰日四曰王五曰天王六曰天子七曰譏八曰貶九曰絕譏較貶絕爲輕所謂輕重之旨也

何譏爾疏通義云爾猶是也言何所譏於是事也問貶曰曷爲貶問譏則曰何譏爾者貶不必爲本事多罪在于彼而文見於此者故主問其所爲譏則皆爲本事故不問曷爲矣

譏始不親迎也注禮所以必親迎者所以示男先女也於廟者告本也夏后氏逆於庭殷人逆於堂周人逆於戶疏漢書外戚傳故易基乾坤詩首關雎書美釐降春秋譏不親迎夫婦之際人道之大倫也穀梁伯姬歸于紀傳曰逆之道微無足道焉爾注言君不親迎而大夫來逆故曰微也是亦譏不親迎義也齊風詩序著刺時也時不親迎也箋云時不親迎故陳親迎之禮以刺之蓋不親迎已久彼固在春秋前也○注禮所至女也○白虎通五行云娶妻親迎何法法日入陽下陰也又嫁娶篇天子下至士必親迎授綏者以陽下陰也欲得其歡心示親之也必親迎御輪三周下車曲顧者防淫

洪也詩云文定厥祥親迎于渭造舟爲梁不顯其光荀子大略云易之咸見夫婦夫婦之道不可不正也君臣父子之本也咸感也以高下下以男下女柔上而剛下聘士之義親迎之道重始也禮記坊記云壻親迎見于舅姑舅姑承子以授壻恐事之違也又郊特牲云男子親迎男先於女剛柔之義也天先乎地君先乎臣其義一也禮昏禮云賓升北面奠鴈再拜稽首降出婦從降自西階主人不降送壻御婦車授綏注壻御者親而下之又云壻乘其車先俟于門外注壻車在大門外乘之先者道之也男率女女從男夫婦剛柔之義自此始也皆男先女之義也按親迎之說不同禮記疏引五經異義禮戴說天子親迎春秋公羊說自天子至庶人皆親迎左氏說天子至尊無敵故無親迎之禮諸侯有故若疾病則使上大夫迎上卿臨之許氏謹按高祖時皇太子納妃叔孫通制禮以爲天子無親迎從左氏義鄭駁之云太姒之家在渭之涘文王親迎于渭即天子親迎明文也禮記冕而親迎繼先聖之後以爲天地宗廟社稷主非天子則誰乎是鄭氏從公羊義也穀梁桓八年注引春秋左氏說曰王者至尊無敵無親迎之禮祭公逆王后未至京師而稱后知天子不行而禮成也鄭君釋之曰天子雖尊其於后猶夫婦夫婦判合禮同一體所謂無敵豈施此哉蓋亦用異義弁駁異義文禮記疏引詩說云文王親迎于渭紂尙南面文王猶爲西伯又左氏桓八年疏云文王之迎太姒身爲公子迎在殷世未可据此以爲天子禮孔子對哀公自論魯國之法魯周公之後得郊祀天地故以先聖天地爲言耳其意非說天子禮也按桓八年祭公來遂逆王后于紀傳祭公者何天子之三公也何氏云婚禮成于五先納采問名問吉納徵請期然後親迎時王者遣祭公來使魯爲媒可則因用魯往迎之不復成禮疾王者不重妃匹迎天下之母若迎婢妾故譏之則但譏其六禮不重其事

耳無譏不親迎文又襄十五年劉夏逆王后于齊傳劉夏者何天子之大夫也何氏云禮逆王后當使三公故貶去大夫明非禮則何氏亦不以天子當親迎與異義所載公羊說異也通義云以詩考之文王親迎于渭韓侯迎止于蹶之里諸侯親迎更有明文齊風著篇刺時不親迎首章充耳以素言士之服次章以青卿大夫之服末章黃者君服明國君不親迎合有譏也故莊廿四年公如齊逆女杜注左傳云禮也若然士昏禮有若不親迎之禮者沈氏彤儀禮小疏云下云婦入三月然後壻見固俟婦之廟見而後壻見婦之父母也則不親迎之爲無父者明矣敖繼公儀禮集說云記曰父醮子而命之迎昏義之曰子承命以迎是親迎必受父之命也若無父則子無所承命故其禮不可行此蓋統宗子支子而言萬氏斯大儀禮商則專指宗子謂支子無父而有宗子之命則得親迎彤謂先王之禮敬宗收族支子旣稱其宗以命使者則宗子自必代其父而主其昏謂支子得承宗子之命而親迎是也敖說未盡顧支子而無宗子以命之則亦不得親迎諸父諸兄不可命宗子其可以命支子乎按昏禮記之若不親迎自謂有故或疾病者爾敖萬說均謬沈氏從之傎矣臧氏世佐云敖氏創爲無父者不親迎之說據昭元年左傳楚公子圍娶婦事曰圍布几筵告於莊共之廟而來則無父者告於廟而後迎禮也豈以無所承命而廢鬼神陰陽之大典乎隱二年經書紀裂繻來逆女公羊傳曰譏始不親迎也莊二十四年公如齊逆女杜云禮也詩曰韓侯迎止于蹶之里冕而親迎孔子以告哀公是諸侯之迎且不以無父廢也況大夫以下乎敖氏之云其爲臆說無疑矣○注於廟者告本也○禮昏禮云主人揖入賓執雁從至于廟門揖入三揖至于階三讓主人升西面賓升北面奠雁再拜稽首降出婦從降自西階主人不降送壻御婦車白虎通嫁娶篇遣女于禰廟者重先人之遺

體不敢自專故告禰也穀梁傳禮送女父不下堂母不出祭門諸母兄弟不出闕門注祭門廟門也闕兩觀也知在廟明矣禮記曲禮云齊戒以告鬼神注昏禮凡受女之禮皆於廟爲神席以告鬼神謂此也昏禮言納采禮云主人筵于戶西注筵爲神布席也戶西者尊處將以先祖之遺體許人故受其禮於禰廟也卽告本之義也按昏禮納采納吉問名納徵請期五禮婦家俱告廟行事而壻家未嘗一告廟白虎通嫁娶云娶妻不先告廟者示不必安也蓋必婦入三月祭行告廟矣而孔穎達謂女家每事告廟則男氏將行六禮必皆告廟不徒卜而已陳祥道禮書謂既納采問名然後歸卜於禰既卜然後納吉卜當在告廟之日遂引卜郊受命于祖廟作龜于禰宮注云受命退乃卜以爲卜昏之禮亦如之又下八年左傳先配而後祖杜解云禮逆婦必先告祖廟而後行鄭忽先逆婦而後告廟故曰先配而後祖疏引鄭司農以配爲同牢食先食而後祭祖無敬神之心故曰誣其祖孔氏詆鄭以而從杜其實告廟而後行與夫祭祖而後同牢古禮皆無其文鄭公子忽自是諸侯以上禮必三月後始告廟成昏忽先配後祖故曰誣其祖與士禮不同也卜必於廟與告廟自殊不必牽合或又引楚公子圍告于莊共之廟爲證然楚圍篡弑已成不可爲訓大夫不敢祖諸侯圍大夫也郎合告廟豈得告莊共廟乎當以班氏說爲正○注夏后至於戶○舊疏引書傳云夏后氏逆於廟庭殷人逆於堂周人逆於戶繁露三代改制質文云三正以黑統昏禮逆于庭正白統者昏禮逆于堂正赤統者昏禮逆于戶並何氏所本也說文辵部逆迎也關東曰逆關西曰迎通典嘉三云遂皇始有夫婦之道伏羲制嫁娶以儷皮爲禮五帝馭時娶必告父母夏后氏親迎于庭殷于堂周制限男女之歲定婚姻之時親迎于戶注引何休曰後代衛文而迎于戶示其親按白虎通嫁娶篇引昏禮經曰賓升北

面奠雁再拜稽首降出婦從房中降自西階壻御婦車授綏較今昏禮多房中二字蓋此時奠雁在房戶之外當楣北面也吳氏廷華儀禮章句云婦從者奠雁時已出堂矣變女言婦已受摯而從之也蓋奠雁時女從房中出堂與壻相見也始不親迎昉於此乎前此矣注以惠公妃匹不正不嫌無前也疏注以惠至前也〇舊疏云問曰七缺之義如何答曰七缺者惠公妃匹不正隱桓之禍生是爲夫之道缺也史記魯世家初惠公適夫人無子公賤妾聲子生子息息長爲娶于宋宋女至而好惠公奪而自妻之生子允登宋女爲夫人以允爲太子允即桓公息即隱公是妃匹不正隱桓禍生事也宋女至而奪之其不行親迎明甚故不嫌無前也齊風著詩作於哀公之世序言刺不親迎皆在春秋前也前此

則曷爲始乎此託始焉爾注焉爾猶於是也疏注焉爾至是也〇爾字亦係衍文傳十五年左傳晉於是乎作爰田又晉於是乎作州兵國語晉語作焉作轅田焉作州兵戰國策君何患焉史記周本紀作君何患於是是焉即於是也惠氏棟周禮古義云行夫居於其國則掌行人之勞辱事焉使則介之注焉使謂大小行人焉故書曰夷使鄭司農曰夷使使於四夷元謂夷發聲按此夷使猶於使也晉語焉作爰田焉作州兵淮南子天子焉始乘舟禮記故先王焉爲之立制又云焉使倍之公羊傳託始焉爾又云吾將焉致乎魯國皆訓焉爲於篆文焉於相似故於亦作焉按焉即於是不必以於訓焉以爾訓是分屬也曷爲託始焉爾注據納幣不託始疏注據納幣不託始〇即莊二十三年公如齊納幣不言託始春秋之始也注春秋正夫婦之始也夫婦正則父子親

父子親則君臣和君臣和則天下治故夫婦者人道之始王教之端內逆女常書外逆女但疾始不常書者明當先自正躬自厚而薄責於人故略外也疏注春秋正夫婦之始也○何意謂此譏紀侯不親迎爲春秋之正夫婦之始也○注夫婦至之端○易序卦傳有男女然後有夫婦有夫婦然後有父子有父子然後有君臣有君臣然後有上下有上下然後禮義有所錯禮記哀公問夫婦別父子親君臣嚴三者正則庶物從之矣又郊特牲男女有別然後父子親父子親然後義生義生是夫婦爲人道之始王教之端也漢書匡衡傳妃匹之際生民之始萬物之原又外戚傳夫婦之際人道之大倫也後漢書荀爽傳臣聞有夫婦然後有父子有父子然後有君臣有君臣然後有上下有上下然後有禮義禮義備則人知所厝矣夫婦人倫之始王化之端故文王作易上經首乾坤下經首咸恆又云且詩初篇實首關雎禮始冠婚先正夫婦天地六經其旨一揆○注內逆至書者○舊疏內逆女常書即桓三年公子翬宣元年公子遂成十五年叔孫僑如之屬是也按春秋內逆女凡五見翬逆女爲內逆女之始莊公爲親迎示法文公逆婦姜略之示其賤宣公遂逆女譏喪娶成公僑如逆女譏其晚襄公以下不書蓋皆從同故成十四年注凡娶早晚皆不譏者從履緰一譏而已亦謂不再譏不親迎也外逆女如杞伯姬宋蕩伯姬之來一求婦齊高固來逆子叔姬使鄫子來朝之類書各有爲不常書也○注明當至外也○校勘記云諸本同浦鏜云成十四年疏引此注作先自詳正與上公會戎于潛注同當据補按四年疏內引此亦無詳字

女曷爲或稱女或稱婦或稱夫人女在其國稱

女注未離父母之辭紀履緰來逆女是也疏注未離至是也○桓八年傳女在其國稱女文四年傳娶于大夫者略之也注女者父母詞蓋父母雖歿兄弟亦統之父母也在塗稱婦注在塗見夫服從之辭公子結媵陳人之婦是也疏注在塗至是也○見莊十九年通義云女子重出已在塗則義成為婦故禮親迎女在塗聞女之父母死反而奔喪為其父母期從既嫁之服按禮昏禮自親迎之前女次純衣纁袡女從者皆稱女至降出婦從以下皆稱婦亦禮經正名之義也蓋是時壻女二人為禮所謂執贄以相見夫婦之義從此始矣婦服也故云服從之詞舊疏傳二十五年宣元年傳皆云其稱婦者有姑之辭也者兼二義故也按傳注皆望文生義公子結媵陳人之婦對夫之詞故以在塗言之蕩伯姬來逆婦對姑立文故以有姑言之宣元年文四年稱婦姜並以有姑詞稱之者以非公親迎故也入國稱夫人注入國則尊尊有臣子之辭夫人姜氏入是也紀無大夫書紀履緰者重婚禮也月者不親迎例月重錄之親迎例時疏注入國至是也○見莊二十四年秋按彼注云夫人至大夫皆郊迎明日大夫宗婦皆見周道尊尊故從臣子詞稱夫人也舊疏解上稱婦云其至國猶稱婦者對姑生稱其實凡書婦者皆緣有姑生稱仍係未至國之詞若婦至國則宜稱夫人不係姑之存歿也沈氏彤儀禮小疏云然則大夫士之昏禮可以類推此經婦從女未在塗也而稱婦蓋奠雁之時賓迎主授女既從賓則婦而非女由此始矣且降自西階亦即在塗故稱婦而不稱女也入夫家無改稱者婦士妻之本稱也曲禮曰天子之妃曰后諸侯曰夫人

大夫曰孺人士曰婦人○注紀無至禮也○閔元年注所傳聞之世大夫國有大夫小國略稱人紀時尚未爲侯爵於春秋時不得稱大國故宜從小國例無大夫稱人也爲重婚禮又以接我故進而有大大夫故穀梁注履綸以名繫國著其奉國重命來爲君逆得接公行禮故以國氏重之亦此義也○注月者至錄之○舊疏云例月即此及桓三年秋七月公子暈宣元年正月公子遂之屬是也重錄之者親迎例月不親迎重而書月時略而月詳所謂詳略之旨也○注親迎例時○舊疏云即莊二十四年夏公如齊逆女莊二十七年冬莒慶來逆叔姬之屬是也其文四年夏逆婦姜于齊不親迎亦書時者爲其娶于大夫而略之成十四年秋叔孫僑如逆女不親迎亦書時爲其晚娶非重繼嗣之義而略之也通義云大夫爲君逆女例月大夫自逆例時非何義也

冬十月伯姬歸于紀 疏 禮記曲禮云男女異長鄭注各自爲伯仲季孔疏春秋隱公二年伯姬歸于紀隱七年叔姬歸于紀是也白虎通姓名云男女異長各自有伯仲法陰陽各自有終始也春秋傳曰伯姬者何內女稱也

伯姬者何

內女也 注 以無所繫也不稱公子者婦人外成不得獨繫父母 疏 注以無所繫也○何意謂不繫何國之女故知爲內女也○注不稱至父母○舊疏云正以莊元年傳云羣公子之舍則已卑矣明有得稱公子之道故注者決之按莊三十二年左傳雩講於梁氏女公子觀之蓋當時有是稱然別之以女知不得稱公子固與男子殊也婦人內夫家外父母家故云婦人外成也

其言歸何 注 据去父母國也婦人謂嫁

曰歸 注 婦人生以父母爲家嫁以夫爲家故謂嫁曰歸明有二歸

之道書者父母恩錄之也禮男之將取三日不舉樂思嗣親也女之將嫁三夜不息燭思相離也內女歸例月恩錄之

疏 校勘記毛本謂誤爲按毛詩傳本作歸人謂嫁歸釋文本有曰字謂依公羊傳文唐石經公羊婦人以下損缺以每行十字計之不當有曰字若有曰字則此行十一字矣恐因注衍也按陸德明時已有有曰之本矣後人或依無曰者或依有曰者故不同耳詩周南葛覃篇言告師氏言告言歸傳婦人謂嫁曰歸疏云定本歸上無曰字蓋毛傳文古故其語如此鄭箋人則有曰字見江有汜南山箋廣雅釋詁歸往也爾雅釋詁嫁往也孟子滕文公下往之女家鄭謂歸之女家也以夫家爲家故曰歸也○注婦人至之道○禮記郊特牲云婦人從人者也幼從父兄嫁從夫夫死從子穀梁傳亦曰從人者也婦人在家制於父既嫁制於夫夫死從長子婦人不專行必有從也公羊問答云喪服傳婦人雖在外必曰歸宗曰小宗故服期也据此有二歸矣然天子諸侯夫人父母卒不得歸宗以人君絕宗許穆夫人所以有載馳之詠也此指歸甯而言若大戴記婦有三不去有所取無所歸不去婦人被出之後亦有歸宗之義莊二十七年傳大歸曰來歸注大歸者廢棄來歸也文十八年經夫人姜氏歸于齊是歸也詩燕燕云之子于歸傳歸歸宗也是嫁曰歸歸亦曰歸明有二歸矣故云有二歸之道也蓋婦人雖出嫁在外而不能保無被出之時故於本族必有所主吳氏紱□□□□云歸宗雖或然之事而必有可歸之宗此見婦人在夫家恆凜凜有不克終之戒焉舊疏云即伯姬歸于紀宣十六年秋郯伯姬來歸之屬是也○注書者父母恩錄之○穀梁傳伯姬歸于紀此其如專行之辭何也曰非專行也吾伯姬歸于紀故志之也此明詳內女略外

女之義正以從父母恩錄之故也○注禮男至離也○白虎通嫁
娶云禮曰嫁女之家三日不絕火思相離也娶婦之家三日不舉
樂思嗣親也感親之衰老代至也禮記曾子問曰孔子曰嫁女之
家三夜不息燭思相離也注親骨肉也又云取婦之家三日不舉
樂思嗣親也注重世變也韓詩外傳云嫁女之家三夜不息燭思
相離也取婦之家三日不舉樂思嗣親也禮記郊特牲云昏禮不
賀人之序也亦思嗣親之義也○注內女歸例月恩錄之○舊疏
云即此文冬十月隱七年三月叔姬歸于紀成九年二月伯姬歸
于宋之屬是也恩錄之
即上父母恩錄之義也

紀子伯莒子盟于密【疏】左傳作子帛墨子修城門云一帛尉注帛同伯史記伍子胥傳伯嚭論衡作帛喜文選注作帛丕知伯帛同也杜云密莒邑城陽東北淳于縣東北有密鄉一統志密鄉故城在萊州府昌邑縣東有十五里即此密大事表今萊州府昌邑縣東南十五里有密鄉故城疑此時之莒尙都介根

紀子伯者何無聞焉爾【注】言無聞者春秋有改周受命之制孔子
畏時遠害又知秦將燔詩書其說口授相傳至漢公羊高及弟子
胡毋生等乃始記於竹帛故有所失也【疏】水經注淮水篇游水又東北逕紀鄣故城南故
紀子帛之國則酈元以帛爲紀子名矣未知何据劉氏逢祿左氏
考證云古文伯或作白白或作帛鐘鼎石鼓文可證者多矣以子
帛爲裂繻之字則杜臆說也果爾臣先于君其亢莫甚而稱字以
褒之乎且經稱字或曰父或曰伯仲叔季紀子伯及宋子哀皆闕

詞安可附會乎又解詁箋云著紀之本爵則桓三年之紀侯爲加爵明矣春秋無虛加之詞也存伯者闕疑也闕疑所以傳信傳意如此解詁失之按何意謂春秋無聞之文皆由孔子口授○弟子未著竹帛之故劉氏必謂爲孔子所闕未知何所見云然也○注春秋至之制○舊疏引春秋說云伏羲作八卦某合而演其文演而出其神作春秋以改亂制又云某攬史記援引古圖推集天變爲漢帝制法陳敘圖錄又引解疑論云聖人不空生受命而制作所以生斯民覺後生也又引閔因敘云昔孔子受端門之命制春秋之義使子夏等十四人求周史記得百二十國寶書九月經立感精符考異郵說題詞具有其文又引春秋說云某水精治法爲赤制功又云黑龍生爲赤必告云象使知命又云經十有四年春西狩獲麟赤受命倉失權周滅火起薪采得麟又云文謚例云新周故宋以春秋當新王此一科三旨也是皆言孔子改周之文受端門之命立制以授漢事也蓋見時衰政失恐堯舜文武之道絕又見麟獲之異故順天命制春秋以授劉氏所謂知我者其惟春秋罪我者其惟春秋也○注孔子至相傳○監本秦誤奏哀十四年注引演孔圖云得麟之後天下血書魯端門曰趨作法孔聖沒周姬亡彗東出秦正起胡破術書紀散孔不絕子夏明日往視之血書飛爲赤烏化爲白書署曰演孔圖中有作圖制法之狀史記秦本紀云秦皇爲無道周人以舊典非之乃用李斯之謀欲以愚黔首於是燔詩書云又哀十四年傳祖之所逮聞也注猶曰我但記先人所聞辟制作之害定元年傳定哀多微詞主人習其讀而聞其傳則未知己之有罪焉爾是畏時遠害又知秦將燔詩書事也故序舊疏云孔子至聖卻觀無窮知秦無道將必燔書故春秋之說口授子夏度秦至漢乃著竹帛也漢書藝文志云有所褒諱貶損不可書見口授弟子弟子退而異言又云春秋所貶損大人當世

君臣有威權勢力其事實皆形於傳是以隱其書而不宣所以免時難也及末世口說流行故有公羊穀梁鄒夾之傳史記十二諸侯年表七十子之徒口受其傳指爲有所譏刺褒諱挹損之文詞不可以書見也所以口授相傳也按禮記疏引釋廢疾云四時皆田夏殷之禮詩云之子于苗選徒囂囂夏田明矣孔子雖有聖德不敢顯然改先王之法以教授于世若其所欲改其陰書于緯藏之以傳後世穀梁四時田者近孔子故也公羊正當六國之亡讖緯見讀而傳爲三時田也鄭氏蓋亦以孔子避時遠害陰志於緯而公羊家適已見讀故多與緯文合故也○注至漢至失也○舊疏引戴宏序云子夏傳于公羊高高傳於子平平傳與其子地地傳與其子敢敢傳與其子壽至漢景帝時壽乃共弟子齊人胡毋生子都著于竹帛與董仲舒皆見於圖讖蓋口授相傳則不能無所遺失無師傳者不敢妄臆故傳家直以爲無聞慎之詞也

十有二月乙卯夫人子氏薨【疏】依曆十二月書乙卯月之十七日釋名釋親屬云諸侯之妃曰夫人夫扶也扶助其君也

夫人子氏者何隱公之母也【注】以不書葬【疏】注以不書葬○此既書夫人則下宜書葬經不見葬文舊疏云隱公欲表己讓故屈卑其母不成夫人之禮是以見其不書葬知其是隱公母也穀梁傳以此爲隱之妻卒而不書葬夫人之義從君者也劉氏逢祿據以說公羊非何義按左傳哀二十四年云孝惠取于商隱亦取于宋未知所據何以

不書葬【注】据姒氏書葬【疏】注据姒氏書葬○卽定十五年九月辛巳葬定姒是也按定姒妾母以哀公得

終爲君猶得書葬今隱公已成君其母不書葬且彼傳云有子則廟廟則書葬則隱母尤宜書葬矣故据而難之成公意也何成乎公之意注据己去即位疏注据己去即位○即上元年之不書即位也彼云公何以不言即位成公意也以己去即位讓桓之意已明子將不終爲君故母亦不終爲夫人也注時隱公卑屈其母不以夫人禮葬之以妾禮葬之以卑下桓母無終爲君之心得事之宜故善而不書葬所以起其意而成其賢子者姓也夫人以姓配號義與仲子同書薨者爲隱公恩錄痛之也日者恩錄之公夫人皆同例也疏注時隱至葬之○鄂本卑屈作屈卑禮記雜記主妻之喪則自祔至於練祥皆使其子主之其殯祭不於正室疏引崔氏云謂女君死攝女君也雖攝女君猶下正嫡故殯之與祭不得在正室禮喪服注諸侯之妾貴者視卿賤者視大夫皆三月而葬然則隱蓋從攝女君之禮葬其母矣按喪服緦麻三月章庶子爲父後者爲其母鄭注服問云禮庶子爲父後者爲其母緦隱公既即位應依庶子爲後之服即不卑屈其母亦但能於葬禮從夫人耳其服制仍不得一如適母也○注以卑至其賢○通義禮適死媵得升于適聲子繼室故惠公時本稱夫人及隱爲桓立不欲其母加於仲子乃不敢以小君禮葬之蓋薨而後殺其禮是以傳言不終爲君矣按左傳云繼室以聲子生隱公繼室非夫人故昭二年齊侯請繼室于晉謂少姜也及少姜卒而下云今妾寵之喪可證然則聲子在惠公時不得稱夫人徒以母以子貴隱成君後宜推尊

加稱今隱不欲加於桓母故不以小君禮葬耳又解詁箋云穀梁子曰夫人薨不地夫人者隱之妻也卒而不書葬夫人之義從君者也斯爲得之葬生者之事也春秋不書葬有三例君弒賊不討不書葬罪臣子盡誅之也簒不明殺無罪皆不書葬罪君也如隱之母不書葬則罪在隱矣安得云成公意也且桓母不稱夫人隱母尤不得稱夫人也按劉說非是君不書葬一以責臣子一以責君不得施之夫人所謂春秋無達例也隱不成其爲君所以不成其母爲夫人特以自遂其讓耳亦不至坐之以罪桓尚未爲君隱世不得逆稱爲夫人同一妾母不得稱夫人耳何以桓母不稱夫人隱母卽不得稱夫人與且以穀梁駁公羊未免自亂其家法矣〇注子者至子同〇見上元年彼注云婦人以姓配字不忘本因示不適同姓此子猶是也彼以子配仲故云以姓配字此以子氏配夫人故云以姓配號也〇注書薨至之也〇書薨兼二義一爲隱公恩錄之又以隱公不終爲君遭桓之弒故痛之也〇注日者至例也〇卽下十一年書壬辰公薨是也凡日者詳不日者略故爲恩錄之也

鄭人伐衛【注】書者與入向同侵伐圍入例皆時【疏】〇注書者與入向同〇卽上注云凡書兵者正不得也外內深淺皆舉之者因重兵害衆是也通義云伐例時雖在月下不蒙上月後放此〇注侵伐至皆時〇侵伐書時者卽僖二十八年春晉侯侵曹晉侯伐衛是也入例時見上圍例時僖二十三年春齊侯伐宋圍緡是也舊疏云入例時者已說於上而注言此者正以文承日月之下故須解之

公羊義疏五

南菁書院

句容陳立卓人著

隱三年盡是年

三年春王二月注二月三月皆有王者二月殷之正月也三月夏之正月也王者存二王之後使統其正朔服其服色行其禮樂所以尊先聖通三統師法之義恭讓之禮於是可得而觀之疏注二月至月也

○後漢書章帝紀詔曰春秋于春每月書王者重三正慎三微也又魯恭傳孝章皇帝深惟古人之道助三正之微定律著令左傳疏引服虔注亦云孔子作春秋於春每月書王以統三王之正漢書律曆志云於春三月每月書王元之三月統也則左氏家亦有是說服氏即本之劉歆也漢書劉向傳注應劭曰二王之後與己爲三統也孟康曰天地人之始也白虎通三正云正朔有三何本天有三統謂三微之月也明王者當奉順而成之故受命各統一正也敬始重本也春秋正詞云日月星辰之行始於日至陰陽風雨之氣徵於丑仲王政民事之序揆於寅正三正並行而不悖尚矣夏書曰怠棄三正子丑非正正其諸後儒之惑與沈氏彤左傳小疏云考古圖載晉姜鼎銘曰維王九月博古圖載周仲偁父鼎銘曰維王五月敔敦銘曰維王十月是每月皆書王也此惟春三月書王餘月可以例推必兼書王二月王三月者明改商正二月夏正三月也此春秋文外之意蓋周公舊典則然按當時文誥或有每

月書王之體而春秋止書二月三月者則春秋之義所以爲通三統張法王者也舊疏二月有王即此三月有王定元年春王三月是
也○注王者至觀之○白虎通三正云王者所以存二王之後何也所以尊先王通天下之三統也明天下非一家之有敬謹謙讓
之至也故封之百里使得服其正色用其禮樂永事其先祖論語曰夏禮吾能言之杞不足徵也殷禮吾能言之宋不足徵也春秋
傳曰王者存二王之後使得服其正色行其禮樂詩曰厥作祼將常服黼冔言微子服殷之服助祭于周也周頌曰有客有客亦白
其馬此微子朝周也禮記疏引異義公羊說存二王之後所以通大三統之義古春秋左氏說周家封建二王之後以爲上公封黃
帝堯舜之後謂之三恪謹案治魯詩韋元成治易施讎等說引外傳曰三王之樂可得聞觀乎知王者所封三代而已與左氏說同
鄭駮之曰所存二王之後者命使郊天以天子之禮樂祭其先祖受命之王自行其正朔服色恪者敬也敬其先聖而封其後與諸
侯無殊異何得比夏殷之後郊特牲云猶尊賢也尊賢不過二代即師法之義恭讓之禮也詩商頌譜云孔子錄詩之時則得五篇
而已乃列之以備三頌著爲後王之義監二代之成功法莫大於是矣疏王者存二王之後所以通大三統夏之篇章既已泯棄唯
有商頌而已孔子既錄魯頌同之二王之後乃復取商頌列之以備三恪著爲後王之義使後人監視三代之成法其法莫大於是
言聖人之有深意也漢書劉向傳王者必通三統明天命所受者博非獨一姓也向習穀梁說是亦與公羊同繁露三代改制云下
存二王之後以大國使服其服行其禮樂稱客而朝故同時稱帝者五稱王者三所以昭五端通三統也又云然而三代改正必以
三統天下曰三統五端化四方之本也其謂統三正者曰正者正也統致其氣萬物皆應而正統正其餘皆正凡歲之要在正月也

法正之道正本而末應正內而外應故君子曰武王其似正月矣此公羊先師之義也漢書梅福傳匡衡議以為王者存二王後所以尊其先王而通三統也傳又云故武王克殷未下車存五帝之後封殷于宋紹夏于杞明著三統示不獨有也論語為政云殷因於夏禮所損益可知也周因於殷禮所損益可知也又季氏篇周監於二代郁郁乎文哉又衞靈公篇行夏之時乘殷之輅服周之冕書召誥云相古先民有夏天迪從子保面稽天若今時既墜厥命今相有殷天迪格保面稽天若今時既墜厥命亦皆以師法謙讓也通義云王者謂文王也而又以為通三王之正者正朔三而改文質再而復先王治天下之大法雖文王不是廢周公制官禮周之孟春謂之正月夏之孟春謂之正歲則存三統者猶文王之意也繼周而王者當反寅正故顏淵問為邦子曰行夏之時將作春秋以為後王法顧不可更魯曆之日月但可託其意於此書王二月者若曰是文王所因地布教之月後有以地統為正者宜取為正也書王三月者若曰是文王取敬授人時之月後有以人統王者宜取為正也然不曰王春正月而曰春王正月者正以三正不共春施王於春上則存三統之義不顯

己巳日有食之疏漢書劉向傳引有日有蝕之左傳釋文本或作蝕食蝕通漢書五行志穀梁傳言日不言朔食晦公羊傳日食二日也包氏慎言云据曆為三月之朔日公羊傳例書日不言朔者或二日食或晦日食何休公羊注以此為二日小二月則己巳為三月二日非二月之二日也穀梁傳例言日不言朔食晦大正月二月則己巳為二月晦於傳例亦合劉歆以為正月二日徐邈注穀梁又以為正月晦日經繫之于二月杜氏長曆以為二月朔均與殷曆不合經三月有庚戌据曆二月之十二日四

月之十三日皆庚戌三月無庚戌也元史曆志姜岌校春秋日食云是歲二月己亥朔無己巳似失一閏按依曆正月小己巳朔二月大戊戌朔三月當戊辰朔則己巳正二日與公羊例合但不當在二月耳

何以書【注】諸言何以書者問主書【疏】注諸言至主書○舊疏云今此直言何以書上無所据則是問主書故如此解釋例云董生有言春秋辨是非故長於治人文成數萬其指數千萬物之散聚皆在春秋又曰春秋無達辭從變從義而一以奉人以是知春秋之為道屢遷而其義必有所專主其為文周流空貫不言之眇皆在深察一言之發衆例具舉此春秋主書之義也故上元年天王使宰咺來歸惠公仲子之賵注主書者不及事也又祭伯來注主書者以罪舉鄭伯克段于鄢注主惡以失親親故書之又公子益師卒注主所以卒大夫明君當隱痛之皆主書之例也春秋正詞云春秋書天人內外之事有主書以立教也然後多連而博貫之則王道備矣

記異也【注】異者非常可怪先事而至者是後衛州吁弒其君完諸侯初僭魯隱係獲公子翬進諂謀【疏】注異者至是○白虎通災變云異言之怪也先發感動之也又引援神契云行有點缺氣逆干天情感變出以戒人也漢書翼奉傳云臣聞人氣內逆則感動天地天變見於星氣日蝕地變見於奇物震動詩疏引鄭駁異義引詩云彼月而食則維其常此日而食于何不臧則非常為異明謂此為非常為春秋示義也按日食可以推算而得而何氏注及漢五行志所載董仲舒劉向等說等俱以為災異者漢書孔光傳云日有食之變見三朝之會上天聰明苟無其事變不虛生明天與人相應也故十月之交疏云日月之食於算

可推而知則是數自當然而云爲異者人君位貴居尊恐其志移心易聖人服之靈神作爲鑒戒耳夫以昭昭大明照於下士忽爾殲亡俾晝作夜其爲怪異莫斯之甚故有伐鼓用幣之儀貶膳去樂之數皆所以重天變警人君者也而天道深遠有時而驗或亦人之禍舛偶與相逢故聖人得因其變常假爲勸戒使知達之主識先聖之深情中下之主信妖祥以自懼但神道可以助教而不可以爲教神之則惑衆去之則害宜故其言若有若無其事若信若不信以期於大通而已繁露二端云不分二端之所從起未可與論災異也小大微著之分也夫求微細於無端之處誠知小之將爲大微之將爲著也春秋五者俱正而化大行然書日蝕星霣有蜮山崩地震夏大雨水冬大雨雪隕霜不殺草自正月不雨至於秋七月有鸜鵒來巢春秋異之以此見悖亂之徵是小者不得大微者不得著雖其本末亦一端孔子以此效之吾所以貴微重始是也因惡夫推災異之象於前然後圖安危禍亂於後者非春秋之所甚貴也然而春秋舉之以爲一端者亦欲其省天譴而畏天威之內動於心志外見於事情修身審己明善心以反道者也豈非貴微重始愼終推效者哉○注後衞至詔謀○衞州吁弑君在四年春諸侯初僭下五年初獻六羽傳譏始僭諸公也魯隱係獲下六年鄭人來渝平傳狐壤之戰隱公獲焉是也公子翬進詔謀下四年翬帥師伐鄭傳公子翬詔乎隱公是也按漢書五行志引劉向董仲舒以爲其後戎執天子之使鄭獲魯隱滅戴衞魯宋咸弑君又引京房易傳推隱三年之食貫中央上下竟而黑臣弑君從中成之形也後衞州吁弑君而立五行志所推事變與何注大同小異皆陰陽之象以意言也志又云左氏劉歆以爲正月二日燕越之分野也劉所据者夏正夏正正月周三月與殷曆合又云凡日有所躔而有變則分野之國失政者受之人君能修政以御厥

罰則災消而福至不能則災息而禍生故經書災而不記其政蓋吉凶無常隨行而成禍福也弒其釋文作殺其云申志反下殺其君同

日食則曷爲或日或不日或言朔或不言朔

疏舊疏云或日者即此是也或不日者莊十八年三月日有食之是也或言朔者桓三年秋七月壬辰朔日有食之是也按或不言朔亦此是也

曰某月某日朔日有食之者食正朔也

注桓三年秋七月壬辰朔日有食之是也此象君行外彊內虛是故日月之行無遲疾食不失正朔也

疏經義述聞云謹案正當也廣韻正當也食正朔也者日之食當月之朔也正之言貞也廣雅云貞當也下文其或日或不日或失之前或失之後失之前者朔在前也失之後者朔在後也皆謂日食不與朔相當則此食正朔謂不前不後當朔而食明矣古人多謂當爲正言食當月朔也而解者曰食不失正朔也則於正上增不失字矣按王氏之說較注訓直捷從之〇注桓三至朔也〇舊疏云外彊謂外有威嚴其民臣望而畏之內虛者虛心以受物正得爲君之道故食不失正朔按桓三年注下云是後楚滅穀鄧上僭稱王仍爲異者彼明天人感應之故此明日食之理義各有主不相妨也緣日月食皆其常聖人特假天道以設教耳

其或日或不日或失之前或失之後

疏通義云古曆用平朔或有大月之晦日已合辰有承小月之後而合辰於二日者故日食不恆在朔也

失之前者朔在前也

注謂二日食己巳日有食之是也此象君行暴急外見畏故日行疾月行遲過朔乃食

失正朔於前也【疏】注謂二至是也○臧氏琳經義雜記云五行志隱公三年二月己巳日有食之公羊傳曰食二日此西漢儒說公羊之言傳無此文何注謂二日食是也劉子駿言左氏以為二日與公羊說同惟杜云今釋例以長曆推經傳明此食是二月朔也不書朔史失之與古義不合穀梁傳謂言日不言朔食晦日也亦與公羊殊通義云据宣十年四月丙辰日有食之下有己巳齊侯元卒則丙辰非晦明矣穀梁為短按楊疏引徐邈說穀梁以晦為前月之晦並宣十年及十七年六月癸卯皆是蓋穀梁經師有此說也○注此象至行遲○日者君象故以日行之遲疾喻君之暴急懦弱也失之後者朔在後也【注】謂晦日食莊公十八年三月日有食之是也此象君行儒弱見陵故日行遲月行疾未至朔而食失正朔於後也不言月食之者其形不可得而覩也故疑言日有食之孔子曰多聞闕疑慎言其餘則寡尤不傳天下異者從王錄內可知也【疏】○注謂晦至是也漢書五行志嚴公十八年三月日有食之公羊傳曰食晦蓋亦公羊先師說故何氏從之通義云五行志曰凡春秋日食三十六穀梁以為朔二十六晦七夜二二日一公羊以為朔二十七二日七晦二蓋穀梁所謂夜者公羊曰晦穀梁所謂晦者公羊曰二日穀梁所謂二日者在桓十七年公羊併入朔數唯文元年二月癸亥今公羊經有朔字則當為朔二十八二日六晦二與漢志稍異○注此象君行儒弱○諸本儒作懦校勘記云儒當偄之譌此偄弱正字也說文人部偄弱也可證釋文懦乃亂反又乃臥反据音知本从耎今亦

訛从需〇注不言至食之〇校勘記鄂本月食下有之字是也之字謂日也無之字則疑說春秋不記月食矣又云言日鄂本作言曰是也不敢正言月食日故疑言之日有食之而已監本形作刑誤按說文月部有不宜有也春秋傳日月有食之从月段氏玉裁注云日下之月衍字也此引經釋不宜有之恉亦即釋从月之意也日不當見食也而有食之者孰食之月食之也月食之故字从月詩十月之交云日有食之箋云八月朔日日月交會而日食陰侵陽臣侵君之象明日為君陽月為臣陰今日而食故書以示義也錢氏大昕潛研堂答問云問說文有不宜有也引春秋傳日月有食之為證按春秋書日食不書月食有字从月不从日叔重乃似未讀春秋者何故曰漢儒說春秋以為有者不宜有之詞如有蜚有蜮有鸛鵒來巢有星孛入于北斗之類皆是日有食之月食之也不言月食而曰有食之者扶陽抑陰之義亦見其不宜有也說文有从月以月食日為不宜有正與春秋義合許氏引經往往以己意足成其義如圛升雲半有半無本解洪範曰圛之文而後人乃以圛圛升雲為句以為逸書竊意此文當云春秋傳曰日有食之月食之後人妄有改竄遂失其旨耳春秋不書月食三尺童子知之以為五經無雙之大儒而復不省憶必不然矣阮氏元揅經室集云日有食之四字自是唐虞以前恆語有字从月說文曰日有食之不宜有也此自是唐虞以來相傳之故訓不然堯典內有字何以造从月哉造字之後直至周詩始見日有食之之句而孔子春秋內凡日有食之皆用古法書之也〇注孔子至寡尤〇論語為政文穀梁傳其不言食之者知其不可知知也亦即闕疑寡尤之意〇注不傳至知也〇校勘記鄂本錄內作內錄按舊疏亦云彼不從王內錄者當据以訂正以梁山沙鹿皆非魯竟故傳謂為天下記異日食魯亦同之故從王魯錄也

三月庚戌天王崩注平王也疏注平王也○据曆三月無庚戌當爲四月之十四日史記周本紀於是諸侯共立故幽王太子宜臼是爲平王四十九年魯隱公卽位五十一年平王崩凡葬皆顯其謚此無葬文故云平王也

何以不書葬注据書葬桓王疏注据書葬桓王○莊三年五月葬桓王是也

天子記崩不記葬必其時也注至尊無所屈也疏通義云天子有記葬者則如文九年所云按彼云不及時書過時書我有往者則書是也說苑修文篇引此傳說之云必其時奈何天子七日而殯七月而葬諸侯五日而殯五月而葬大夫三日而殯三月而葬士庶人二日而殯二月而葬皆何以然曰禮不豫凶事死而後治凶服衣裳修飾棺槨作穿窆宅兆然後喪文成外親畢至葬墳集孝子忠臣之恩厚備盡矣○注至尊無所屈○儀禮喪服斬衰章諸侯爲天子傳曰天子至尊也禮記曲禮云君天下曰天子通典引馬融注云天下所尊故曰至尊此與君父傳皆曰至尊皆無所屈也無所屈明葬時同軌宜畢至也

諸侯記卒記葬有天子存注存在疏注存在○孟子告子云雖存乎人者注存在也爾雅釋訓存存存在也釋詁注存存卽在也

不得必其時也注設有王后崩當越紼而奔喪不得必其時故恩錄之疏通義云文王之法諸侯請謚於天子乃得葬又或有故當越紼而從王事故云爾○注設有至錄之○舊疏云不言天子崩者舉輕以明重也白虎通崩薨篇王者崩諸侯悉奔喪何臣子悲哀慟怛莫不欲覲君父之棺柩盡悲哀者也此云王后者謂王與后也舊謂不言天子崩者舉輕以明重者非也白虎通喪服云諸侯有親喪聞天子崩奔喪

者何屈己親親猶尊尊之義也春秋傳曰天子記崩不記葬者必其時葬也諸侯記葬不必有時諸侯爲有天子喪當奔不得必其時葬也通典引異義公羊說天王喪赴者至諸侯雖有父母之喪越紼而行大鴻臚眭生說諸侯踰年卽位乃奔喪春秋之義未踰年君死不成以人君禮言王者未加其禮諸侯亦不得供其禮於王者相報也謹案禮不得以私廢公以卑廢尊如禮不得奔喪今以私喪廢奔天子之喪非也又人臣之義不得計校天子未加禮於我亦報之不加禮也眭生之說非也鄭駁之云孝經資于事父以事君亦能爲人子乃能爲人臣也服問嗣子不爲天子服此則嫌欲速不一於父也喪服四制云門內之制恩掩義門外之制義掩恩此言在父則爲父在君則爲君也春秋莊三十二年子般卒時父未葬也子者繫於父之稱也言卒不言薨未成君也未成君猶繫於父則當從門內之制恩掩義禮者在於所處此何以私廢公以卑廢尊與眭生說同然則白虎通許叔重並主公羊說通典引五經通義云凡奔喪近者先聞先還遠者後聞後還諸侯未葬嗣子聞天子崩不奔喪王者制禮緣人心爲之節文孝子之心不忍去棺柩故不使奔也劉向習穀梁以嗣子在喪不奔喪蓋眭生說所本也故定元年穀梁傳曰周人有喪魯人有喪周人弔魯人不弔周人曰固吾臣也使人可也魯人曰吾君也親者也使大夫則不可也故周人弔魯人不弔明既不可使大夫又不能親奔故無弔禮也而公羊以爲嗣子在喪有奔喪之禮者以己之親亦天子之臣蓋亦不以父命辭王父命之意因有不得必其時之事故書葬以錄恩也

曷爲或言崩或言薨疏或言崩此云是也或言薨下十一年書公薨是也天子曰崩注大毀壞之辭疏注大毀壞之辭○御覽引說題詞云天子曰崩崩之爲言殞也白虎通崩薨篇天子曰崩

大尊像崩之爲言𡽾然伏僵天下撫擊失神明黎庶殞涕海內悲涼卽大毀壞之義也御覽又引說題詞云天子曰崩崩之爲言殰也殰字譌白虎通𡽾字不見字書釋當爲隕故爲毀壞詞穀梁傳高曰崩厚曰崩尊曰崩天子之崩以尊也其崩之何也以其在民上故崩之禮記曲禮天子死曰崩注自上顛壞曰崩疏譬若天形墜壞然則四海必覩古者王者登假也則率土咸知故曰崩

諸侯曰薨【注】小毀壞之辭【疏】注小毀壞之辭○釋名釋喪制云薨壞之聲也白虎通諸侯曰薨國失陽薨之爲言奄也奄奄然亡也諸侯一國所繫比於天子爲小故云小毀壞說題詞云諸侯稱薨薨薨之爲言奄然而亡曲禮云諸侯曰薨注薨顛壞之聲疏薨者崩之徐聲也正小毀壞之義

大夫曰卒【注】卒猶終也【疏】注卒猶終也○白虎通云大夫曰卒卒之爲言終於國也說題詞大夫曰卒精耀終絕卒之爲言絕於邦也說文作猝見歺部作卒者叚借字也曲禮云大夫曰卒注卒終也

士曰不祿【注】不祿無祿也皆所以別尊卑也葬不別者從恩殺略也書崩者爲天下恩痛王者也記諸侯卒葬者王者亦當加之以恩禮故爲恩錄【疏】唐石經士曰不祿缺○注不祿無祿也○曲禮士曰不祿注不祿不終其祿疏云上祿以代耕而今遂死是不終其祿釋名云士曰不祿不復食祿也說題詞云士曰不祿爲身消名章也○注皆所至卑也○白虎通云天子稱崩何別尊卑異死生也曲禮注皆所以別尊卑也通義云鄭康成曰異死名者爲人褻其無知若猶不同然也○注葬不至略也○禮記檀弓云葬者藏也欲人之弗得見也由死至葬日漸遠哀漸殺因無異稱故云從恩殺錄也○注書崩至者也○白

虎通喪服云諸侯爲天子斬衰三年何普天之下莫非王土率土之賓莫非人臣臣之於君猶子之於父明至尊臣子之義也又崩薨篇天子崩遣使赴諸侯七月之閒諸侯有在京師親供臣子之事者有號泣悲哀奔走道路者有居其國痛哭思慕竭盡所供以助喪事者是天下恩痛之義也○注記諸至恩錄○白虎通崩薨云臣死亦赴告於君何此君哀痛於臣子也欲聞之加賻贈之禮故下八年傳云卒赴而葬不告注赴天子也緣天子哀傷欲其知之又臣子疾痛不能不具以告也周禮宰夫之職凡邦之弔事掌其戒令與其幣器財用凡所共者注弔事弔諸侯諸臣幣所用賻也器所致明器也又大宗伯云以喪禮哀死亡注哀謂親者服焉

疏者含襚承上邦國言知亦據諸侯言也

夏四月辛卯尹氏卒【疏】四月無辛卯曆爲五月之二十五日尹氏左氏作君氏荀子大略云堯學于君疇注君疇漢書古今人表作尹壽君尹易混三傳岐誤故說不同也昭二十二年左傳王入于尹杜注尹氏邑大事表云今山西汾州有尹吉甫墓郇古尹城則與王入于尹無涉

尹氏者何天子之大夫也【注】以尹氏立王子朝也【疏】注以尹至朝也○在昭二十三年

其稱尹氏何【注】据宰渠氏官劉卷卒名【疏】注据宰至卒名○見桓四年夏及定四年秋

貶曷爲貶【注】据俱卒也【疏】注据俱卒也○舊疏云据劉卷言之

譏世卿【注】世卿者父死子繼也貶去名言氏者起其世也若曰世世尹氏也【疏】注世

卿至繼也○荀子經國云有天下者之世也注世謂繼也國語吳語吳國猶世韋注世繼世也周語昔我先世后稷史記注引唐固云父子相繼曰世國策秦策所世監門子高注父死子繼曰世國語晉語世及武子韋注父子爲世○注貶去至氏也○氏者校勘記云宋本閩監毛本同誤也鄂本者作言當據正曲禮疏引干寶周禮注云凡言氏者世其官也漢書劉向傳是後尹氏世卿而專恣

世卿非禮也

注 禮公卿大夫士皆選賢而用之卿大夫任重職大不當世爲其秉政久恩德廣大小人居之必奪君之威權故尹氏世立王子朝齊崔氏世弑其君光君子疾其末則正其本見譏於卒者亦不可造次無故驅逐必因其過卒絕之明君案見勞授賞則衆譽不能進無功案見惡行誅則衆讒不能退無罪

疏 繁露王道云觀乎世卿知移權之敗漢書魏相傳相因許伯奏事云春秋譏世卿惡宋三世爲大夫及魯季孫之顓權皆危亂後漢書樂恢傳夫政在大夫孔子所疾世卿持祿春秋以戒聖人懇惻不虛言也白虎通封公侯云諸侯世位大夫不世安法以諸侯南面之君體陽而行陽道不絕大夫人臣北面體陰而行陰道有絕以男生內嚮有留家之義女生外嚮有從夫之義此陽不絕陰有絕之効也詩疏引異義公羊穀梁說卿大夫世位則權幷一姓故經譏周尹氏齊崔氏也左氏說卿大夫得世祿不得世位父爲大夫故子得食其故采而有賢才則復升父故位故傳曰官有世功則有官族謹案易爻位三爲三公二爲卿大夫訟六三曰食舊德謂食父故

祿也尚書世選爾勞予不絕爾善論語曰興滅國繼絕世國謂諸
侯世世謂卿大夫詩云凡周之士不顯亦世孟子文王之治岐也仕
者世祿知周世世祿也三傳之說大皆同公穀譏世卿非禮自
謂不得世位耳卽孟子告子篇所云仕爲世官趙注仕爲大臣不
得世及之意也其有功德者仍得世祿則左氏家所說禮記禮運
所云大夫有采以處其子孫是也若然詩小雅序云刺絕功臣者
蓋果有大功亦得世位故書盤庚云世選爾勞詩疏引鄭箴膏肓
云公卿之世立大功德先王之命有所不絕也是也○注禮公至
用之○繁露精華云以所任賢謂之主尊國安所任非其人謂之
主卑國危萬世必然無所疑也又十指云論賢才之義別所長之
能則百官序矣又立元神云天積衆精以自剛聖人積衆賢以自
強說苑君道云王者何以選賢夫王者得賢才以自輔然後治也
雖有堯舜之明而股肱不備則主恩不流化澤不行故明君在上
愼於擇士務於求賢設四佐以自輔有英俊以治官尊其爵而重
其祿賢者進以顯榮罷者退而勞力是以主無遺憂下無邪慝百
官能治臣下樂職恩流羣生潤澤草木又建本云近臣必選大夫
不兼官執民柄者不在一族可謂不權勢矣漢書王吉傳吉言舜
湯不用三公九卿之世而舉皋陶伊尹不仁者遠今俗吏得任子
弟率多驕驁不通古今至於積功治人無益於民此伐檀所爲作
也宜明選求賢除任子之令卽此譏世卿義也○注卿大至威權
○白虎通封公侯云大夫不世位何股肱之臣任事者也爲其專
權傾覆國家又慮子孫庸不任輔政妨塞賢路故不世位故春秋
公羊傳曰譏世卿世卿非禮也荀子君子云以族論罪以世舉賢
雖欲無亂得乎哉詩百川沸騰山冢崒崩高岸爲谷深谷爲陵此
之謂也通義云周之命官或曰人或曰師或以掌司典職冠所事
唯世其職乃曰氏然三百六十之屬以氏名者財四十有四而其

位貴者不過中大夫則知卿之義不得世也古者有世祿無世卿世祿故故舊不遺不世卿故選之不失賢○注故尹至其本○昭二

十三年尹氏立王子朝注貶言尹氏者著世卿之權是也崔氏世者宣十年齊崔氏出奔衛崔氏者何齊大夫也其稱崔氏何貶曷

爲貶譏世卿又襄二十五年齊崔杼弒其君光是也弒君不書氏示貶者弒君之賊書名所以絕之也潛研堂答問云尹氏立王子

朝在昭公之世而書尹氏卒於隱之策崔杼弒君在襄之世而書崔氏奔衛於宣之策此卿不得世之之義也漢書張敞傳臣聞公子

季友有功於魯大夫趙衰有功於晉大夫田完有功於齊皆疇其官邑延及子孫終後田氏篡齊趙氏分晉季氏顓魯故仲尼作春

秋迹盛衰譏世卿最甚云疾其末則正其本者繁露度制云凡百亂之源皆出嫌疑纖微以漸寖稍長至於大聖人章其疑者別其

微者絕其纖者不得嫌以蚤防之聖人之道衆隄防之類也又正貴云故志得失之所從生而後差貴賤之所始矣又十指云見事

變之所至者一指也因其所以至者而治之一指也見事變之所至者則得失審矣因其所以至而治之則事之本正矣王子朝弒

君事變之所至也豫譏之隱宣之經則治之義也故論語學而曰君子務本繁露重政所譏云不及本所從來而承之不能遂其功是

也○注見譏至絕之○過毛本監本同宋本鄂本元本作遇舊疏云過卽崔氏出奔衛尹氏立王子朝是也卒卽此文是也則舊疏

本自作過按過專謂崔氏出奔衛卒卽此也若尹氏立王子朝當文已絕無庸逆說也所以必因過卒絕之者亦所謂因行事而加

吾王心焉義也○注明君至無罪○惠氏棟云荀子多用案字案者考也漢書賈誼傳案之當今之務是也孟子梁惠王篇國人皆

曰賢然後察之見賢焉然後用之趙注謂選其臣防比周之譽鄉愿之徒論語曰衆好之必察焉又云國人皆曰不可然後察之見

不可爲然後去之注衆惡之必察焉惡直醜正實繁有徒防其朋黨以毀忠正譖夫論忠賢云書稱天工人其代之王者法天而建
官故明主不敢以私授忠臣不敢以虛受繁露天地之行云降霜露所以生殺也爲人君者取象於天也故任賢使能觀聽四方所
以爲明也量能授官賢愚有差所以相承也引賢自近以備股肱所以爲剛也考事實功次序殿最所以成世也有功者進無功者
退所以賞罰也新序君道云太公曰其君以譽爲功以毀爲罪有功者不賞有罪者不罰多黨者進少黨者退是以羣臣比周而蔽
賢百吏羣黨而多姦忠臣以誹死於無罪邪臣以譽賞於無功其國見於危亡王曰善哉左傳云賞不僭而刑不濫亦此意舊疏引
舊云言不能退無罪者謂不能退使無罪非其說是外大夫不卒此何以卒注据原仲不卒
疏注据原仲不卒○莊二十七年公子友如陳葬原仲經不書原仲之卒是也外大夫卒見於經者三此及文三年王子虎定四
年劉卷當文有解無膚逆說天王崩諸侯之主也注時天王崩魯隱往奔喪尹
氏主儐贊諸侯與隱交接而卒恩隆於王者則加禮錄之故爲隱
恩錄痛之日者恩錄之明當有恩禮疏穀梁傳外大夫不卒此何以卒於天子之崩爲魯主
也故隱而卒之注隱猶痛也周禮大行人職曰若有大喪則詔相諸侯之禮然則尹氏時在職而詔魯人之弔者鄭周禮注云詔相
左右教告之也疏諸侯爲天子斬其有哭位周旋擗踊進退皆有禮法須有助而告教之也是也通義云蓋王喪主訝喪賓者以其
新與接有赴弔之禮故得錄卒知非主爲譏世卿書者魯史本有其卒但舊文書名今更之曰尹氏則君子所託新義焉耳凡治春

秋者當以此義求之○注時天至奔喪○舊疏云魯隱奔喪不書者蓋以得其常故也若遣大夫往則書之文九年二月叔孫得臣如京師辛丑葬襄王是也彼傳云我有往者則書注謂使大夫往也惡文公不自往故書葬以起大夫會之是也○注恩隆至錄之○舊疏云言隱公恩隆於王者則加禮錄其儐贊之人也按尹氏儐贊隱公卽爲恩隆於王者也舊疏非○注日者至恩禮○上元年公子益師卒注故於所見之世恩已與父之臣尤深大夫卒有罪無罪皆日錄之又云主所以卒大夫者明君當隱痛之也蓋尹氏新與魯接恩隆王者卽當恩錄之故書日比內大夫著王者當有恩禮卽賵賻之屬非所謂恩隆王者則加禮加其儐贊之人也蓋春秋託王於魯也

秋武氏子來求賻【疏】校勘記云唐石經原刻脫子後刮磨改補故此行十一字

武氏子者何天子之大夫也其稱武氏子何【注】据宰渠氏官仍叔不稱氏尹氏不稱子【疏】注据宰至稱子○宰渠氏官見桓四年仍叔不稱氏見桓五年尹氏見上譏何譏爾父卒子未命也【注】時雖世大夫緣孝子之心不忍便當父位故順古先試一年乃命於宗廟武氏子父新死未命而便爲大夫薄父子之恩故稱氏言子見未命以譏之【疏】穀梁傳武氏子者何也天子之大夫也天子之大夫其稱武氏子何也未畢喪孤未爵使之非正也亦此父卒子未命之意也范云時平王之喪在殯因先王之喪在殯故嗣

子不得命大夫也○注時雖至父位○詩小雅裳裳者華序云刺
絕功臣之世書盤庚世選爾勞蓋不世世位者春秋之法當時王朝
列國自世大夫也故詩疏引鄭箴膏肓云公卿之世立大功德先
王之命有所不絕仍據當時實事言也白虎通爵篇云世子三年
喪畢上受爵命於天子何明臣無自爵之義繁露觀德云臣子三
年不敢當雖當之必稱先君必稱先人不敢貪至尊也是則先君
新死嗣子不受爵命有二義一則不忍當父位一則臣無自爵也
諸侯大夫士一也惠氏士奇禮說云武氏子仍叔之子皆門子也
門子未爵命故周禮無官然代父從政聘問列國儼然大夫矣故
鄭伯盟于戲六卿及門子皆從子孔爲載書大夫與門子弗順入
參謀議出列會盟位亞六卿勢傾執政豈非族大寵多使然與周
書皇門篇其有大門宗子茂揚肅德以助厥辟勤王國王家則先
王之所以育門子與門子所以效忠於王室濟濟一時之盛可想
見矣燕義有諸子官康成謂門子將代父當門庶子猶諸子副代
父者諸子職云國之存遊倅遊者貴遊倅者副倅然則門子爲正
國子副之蓋卿之側室大夫之貳宗與○注故順至宗廟○通義
云時雖世大夫亦俟三年喪畢乃即先君廟而命之禮記祭統云
古者明君爵有德而祿有功必賜爵祿於太廟示不敢專也又周
禮大宗伯云王命諸侯則儐注王將出命假祖廟立依前南鄉此
則不因嘗祭之日者也其祭統在一酳尸之後○注武氏至畿之
○通義云武氏子未沒父喪未受命爲大夫稱子者猶繫於父之
詞也居喪之禮升降不由阼階出入不當門隧三年之中恆若父
存故義繫於父也古者臣有大喪君三年不呼其門父卒未命而
見使使之者與有失焉故成四年鄭伐許注時樂成君位親自伐
許故如其意以著其惡與此書武氏子同義繁露竹林說鄭伐許
云先王之制有大喪者三年不呼其門順其志之不在事也奈何

其父卒未踰年卽以喪舉兵也今鄭伯既無子恩又不熱計是以生不得稱子去其義也通義又云仍叔之子字其父此不字其父者別乎父在也不加之者彼言仍叔子則嫌是一人曰武氏子則無嫌也春秋之稱言也無所苟而已矣

何以不稱使

注 據南季稱使 疏 注據南季稱使○下九年天王使南季來聘是也

當喪未君也

注 當喪謂天子也未君者未三年也未可居君位稱使也故絕正其義與

毛伯同 疏 穀梁傳其不言使何也無君也范注桓王在喪未卽位故曰無君左傳云王未葬也杜云平王喪在殯新王未得行其爵命聽於冢宰故傳曰王未葬釋其所以稱父族又不稱使也彼疏引蘇氏云文九年毛伯來求金傳曰不書王命未葬也此傳直云王未葬不同者毛伯直釋不稱使故云不書王命此武氏子非但不稱使又稱父族二事皆由未葬故直云王未葬也按二經書法相似義無二致卽左傳所云亦無定例蘇氏強爲分解非也○注當喪至伯同○當喪謂桓王也未君爲未三年者文九年毛伯來求金傳云何以不稱使當喪未君也踰年矣何以謂之未君卽位矣而未稱王也未稱王何以知其卽位以諸侯之踰年卽位亦知天子之踰年卽位也以天子三年然後稱王亦知諸侯於其封內稱子也緣臣民之心不可一日無君緣終始之義一年不二君不可曠年無君緣孝子之心則三年不忍當也是未君者未三年也春秋說云求賻求金皆不稱使或曰未葬或曰未三年二說孰是曰天子諒陰三年不言王言謂之命諒陰不言焉得爵命大夫及遣使諸侯哉既葬除喪杜預之說悖矣白虎通爵篇吉冕服受銅稱王以接諸侯明已繼體爲君也釋冕藏銅反喪服明未稱王以統事也然則未三年臣下君之已不忍自君卽不得稱

使故絕使之稱以正君臣父子之義武氏子來求賻何以書注不但言何以書者嫌以主覆問上所以說二事不問求賻疏注不但至求賻○校勘記云浦云定二年疏引此注無二以字哀三年疏引此注無上以字按二以字皆衍文當据定二年疏刪正舊疏云上二事者卽父卒子未命當喪未君也嫌仍問二事也譏何譏爾喪事無求求賻非禮也注主為求賻書也禮本為有財者制有則送之無則致哀而已不當求求則皇皇傷孝子之心疏繁露玉英云夫處位動風化者徒言利之名爾猶惡之況求利乎故天王使人求賻求金皆為大惡而書穀梁傳求之者非正也注喪事無求而有賵賻○注禮本至之心○孟子公孫丑篇不得不可以為悅無財不可以為悅趙注悅者孝子之欲厚送親得之則悅也王制所禁不得用之不可以悅心也無財以供則度而用之喪事不外求不可稱貸而為悅也則何氏不當求之意也翟氏灝四書考異云檀弓子思與柳若論喪禮曰吾聞有其禮無其財君子弗行焉有其禮無其財無其時君子弗行也孟子所言乃卽受之於子思者蓋通于下注云爾者嫌天子財多不當求下財少可求故明皆不當求之疏舊疏云蓋詁為皆若似蓋云歸哉之類或者不受於師故疑之盧校云若下疑脫襄五年傳云蓋舅出也九字彼疏亦引此文段云蓋詁為皆句絕若似蓋云歸哉之類者小雅蓋云歸哉箋云蓋猶皆也此以雙聲為詁訓也上下皆不當求故謂之皆襄公與鄭世子巫皆是一舅妹妹之子故亦曰皆而同用蓋字盧文弨云此有脫非也然則蓋通

於下者謂皆通於下明皆不可求故注云嫌天子財多不當求下財少可求也周禮宰夫云凡邦之弔事掌其戒令注凡喪始死弔而含襚葬而賵贈其閒加恩厚則有賻焉春秋譏武氏子來求賻彼謂天子加禮諸侯之事注引春秋文明諸侯亦不當求也舊又引或者一說則以蓋爲疑詞似不如前一說直捷也通義云言爲臣下者亦通有譏也穀梁曰周雖不求魯不可以不歸魯雖不歸周不可以求之求之爲言得不得未可知之詞也交譏之是也涉穀梁爲說非何氏義蓋通言上下不當求故顏路請子之車孔子不與亦因不合求故抑之也

八月庚辰宋公和卒【注】不言薨者春秋王魯死當有王文聖人之爲文辭孫順不可言崩故貶外言卒所以褒內也宋稱公者殷後也王者封二王後地方百里爵稱公客待之而不臣也詩云有客宿宿有客信信是也【疏】史記宋史家宣公卒弟和立是爲穆公九年八月庚辰穆公卒按八月無庚辰曆爲七月之十五日九月之十六日通義云終春秋錄卒葬者凡十有四國宋陳蔡衞晉齊爲大國鄭曹雖伯爵而尊同雖亦從大國之例此八國者皆卒日葬月其略之者有所貶也其不書葬者或以罪絕或以諱殁或以弒而賊未討故各有義也小國之例恒始略末錄進之以漸故邾婁始見於莊十六年克卒不日至廿八年丁未邾婁子瑣卒日卒不葬自是以爲常昭元年以後乃日卒時葬滕始見於隱公之篇月卒不葬成公以後日卒不葬昭公以後日卒時葬杞始見於僖公之篇月卒不葬襄公以後日卒時葬秦始見於

文公之篇時卒不葬昭公以後時卒時葬三國皆至哀公乃日卒月葬許當僖公之世新臣始見時卒時葬文公以後卒日卒時葬至鄭滅許成再立國乃復時卒時葬薛在莊公之篇月卒不葬昭公以後時卒時葬唯獻公錄日焉書卒不書葬者三國吳也楚也莒也吳楚之不葬黜其僭也莒之不葬其君無謚也○注不言至內也○范云天子曰崩諸侯曰薨大夫曰卒周之制也春秋所稱曲存魯史之義內稱公而書薨所以自尊其君則不得不略外諸侯書卒以自異也此本公羊爲說而又未知盡從蓋春秋王魯理合如王稱崩聖人畏時遠害不敢逕改故貶外言卒起與魯異也越絶書云卒者闔廬死也天子稱崩諸侯稱薨大夫稱卒士稱不祿闔廬諸侯也不稱薨而稱卒者何也當此之時上無明天子下無賢方伯諸侯力政強者爲君南夷與北夷交爭中國不絶如綫矣臣弑君子弑父天下莫敢禁止於是孔子修春秋方据魯以王故諸侯死皆稱卒不稱薨避魯之謚也雜記疏引異義今春秋公羊說諸侯曰薨赴于鄰國亦當稱薨經書諸侯言卒者春秋之文王魯故稱卒以下魯也古春秋左氏說諸侯薨赴於鄰國稱名則書名稱卒卒者終也取其終身又以尊不出其國許君謹案士虞禮曰尸服卒者之上服不分別尊卑皆同言卒卒者終也是終歿之詞也鄭駮之云按雜記上云君薨赴於他國之君曰寡君不祿曲禮下曰壽考曰卒短折曰不祿今君薨而云不祿者言臣子於其君父雖有考終眉壽猶若其短折然若君薨而赴者曰卒卒是壽終矣斯無哀惜之心非臣子之詞鄰國來赴書以卒者言無所老幼皆終成人之志所以相尊敬則何氏此注正與異義所載公羊說合通典引石渠禮議云聞人通漢問曰記曰君赴於他國之君曰不祿夫人曰寡小君不祿大夫死或言卒死皆不能明戴聖對曰君死未葬曰不祿既葬曰薨又問尸服卒者之上服士曰不

祿言卒何也聖又曰夫尸者所以象神也其言卒而言不祿者通貴賤尸之義也聞人通漢對曰尸象神也故服其服士曰不祿者諱詞也孝子諱死曰卒按雜記君赴於他國之君曰寡君不祿敢告於執事夫人曰寡小君不祿鄭注君夫人不稱薨告他國謙也此鄭說君夫人稱不祿謙退同士之義又注曲禮諸侯曰薨云史書策詞然皆不可通之春秋書卒之義春秋書外曰卒自係尊內卑外與赴告及史冊所稱無涉不得据以相難褎鄂本作褎○注宋稱至臣也○白虎通王者不臣云不臣二王之後者尊先王通天下之三統也詩曰有客有客亦白其馬謂微子朝周也尙書曰虞賓在位謂丹朱也禮疏引鉤命決云不臣二王之後者謂觀其法度故尊其子孫也僖二十四年左傳云宋先代之後也於周爲客詩商頌譜云問者曰列國政衰則變風作宋何獨無乎曰有之乃不錄之王者之後時王所客也巡守述職不陳其詩亦示無貶黜之義也繁露三代改制云存湯之後於宋以方百里爵稱公皆使服其服行其禮樂稱先王客而朝又下五年傳天子三公稱公王者之後稱公是也○注詩云至是也○詩周頌有客篇文也毛詩序云有客微子來見祖廟也

冬十有二月齊侯鄭伯盟于石門疏杜云石門齊地或曰濟北盧縣故城西南濟水之門京相璠土地名石門齊地今濟北盧縣故城西南六十里有故石門去水三百步蓋水瀆流移故側岸也水經濟水又北過臨邑縣東注水有石門以石爲之故濟水之門引左傳云鄭車僨濟卽於此通典以漢臨邑故城在盧縣東今茌平縣境是其地也於漢亦屬濟北

癸未葬宋繆公疏包氏愼言云按十二月無癸未曆爲十一月之二十日庚辰爲宋繆公之卒日癸未爲宋繆公之葬

日公羊傳例諸侯以五月葬者不書日其書日者非過時即不及時繆公葬當五月之時而書日傳云當時而日危不得葬也十一
月之去七月亦五月疑經傳寫誤七月爲八月十一月爲十二月若自非誤則四年之二月又不得戊申今從曆排次之其不合者
姑缺焉繆左氏作穆後放此史記魯世家太公召公乃繆卜徐廣曰古書穆字多作繆孟子公孫丑篇昔者魯繆公音義繆音穆萬
章篇以要泰繆繆公音義同禮記檀弓云繆公召縣子而問焉又大傳云序以昭繆注繆讀曰穆是古音通用也又史記鄭世家漢書
古今人表皆作繆公陳樹華云凡諡法穆者史記漢多作繆蓋古字段借也

葬者曷爲或日或不日不及時而日渴葬也注不及時不及五月也禮天子七月而葬同軌畢至諸侯五月而葬同盟至大夫三月而葬同位至士踰月外姻至孔子曰禮葬於北方北首三代之達禮也之幽之故也渴喻急也乙未葬齊孝公是也疏注不及至五月也○諸侯五月月而葬是其正故不及五月爲不及時即下注所引葬齊孝公是也僖二十七年六月庚寅齊侯昭卒八月乙未葬齊孝公甫三月也○注禮天至姻至○舊疏云皆隱元年左傳文按白虎通崩薨篇天子七月而葬諸侯五月而葬何尊卑有差也天子七月而葬同軌必至諸侯五月而葬同會必至所以慎終重喪也說苑修文云故天子七月而葬同軌畢至諸侯五月而葬同會畢至大夫三月而葬同朝畢至士庶人二月而葬外姻畢至劉向班固何君皆不習左氏恐古禮有是語故依用焉王制注云尊者疏卑者速故

有七月五月三月踰月之殊爲同軌畢至者左傳疏引鄭元服虔皆以軌爲車轍也禮記中庸云車同軌明王者天下必令車同軌同軌畢至海內皆至也同盟至謂同盟會者故亦曰同會至禮記曲禮云諸侯相見於隙地曰會又云涖牲曰盟古者將朝天子必先會於隙地故或有會盟之事也同位者謂同在列位故亦曰同朝也王制疏云大夫三月者除死月爲三月士三月者數死月爲三月是踰越一月故士言踰月也左疏引何氏膏肓云禮士三月葬今云踰月左氏爲短鄭康成云人君殯數來日葬數往月大夫殯葬皆數來日來月士殯葬皆數往日往月士之三月大夫之踰月也又引蘇寬說以古禮大夫以上殯葬皆數來日來月士殯葬數往日往月何氏此注既分三月踰月自宜亦如鄭蘇之意而作膏肓又据王制駮左氏或膏肓書成在先作注時未及更正與外姻謂母妻之黨爾雅釋親所云婚兄弟姻兄弟是也○注孔子至故也○舊疏云檀弓下篇文云孔子曰之下無禮字則何氏引有矣各本皆脫今据疏文補白虎通崩薨云所以於北方何就陰也引檀弓曰葬於北方北首三代之達禮也孔子卒以所受魯君之瓚玉葬魯城北按國君葬禮儀禮未詳其散見禮經傳記者禮記雜記升正柩執紼五百人四紼皆銜枚司馬執鐸左八人右八人匠人執羽葆御柩此朝祖奠之禮也喪大記飾棺君龍帷三池振容黼荒火三列黻三列素錦褚加僞荒纁紐六齊五采五貝黼翣二黻翣二畫翣二皆戴圭魚躍拂池君纁戴六纁披六禮器諸侯五月而葬三重六翣此飾棺之禮也雜記遣車視牢具鄭注諸侯亦大牢包七个禮器諸侯三重注天子葬五重者抗木與茵也檀弓國君七个遣車五乘此陳明器之禮也周禮喪祝及祖飾棺遂御小喪亦如之禮記曾子問諸侯之喪斬衰者奠此祖奠之禮也大祝作六辭以通上下六曰誄會子問諸侯相諡此諡誄之禮

也司士作六軍之士執披鄭司農云披扶持棺險者也諸侯旁八翣大記君葬用輴四綍二碑御棺用羽葆此柩行之禮也冢人共喪之窆器注下棺豐碑之屬喪大記君封以衡君命毋譁以鼓封冢人凡諸侯葬於墓者爲之蹕均其禁此窆之禮也見李氏貽德左傳賈服注輯述○注渴喻急也○釋名釋喪制云日月未滿而葬曰渴謂欲速葬無恩也廣韻十四泰引公羊傳云不及時而葬曰愒愒急也若蓋切則所据公羊作愒潛研堂答問云說文㵣即渴葬之渴按說文弦部㵣不成遂急戾也从弦省曷聲讀若瘞彼云不成遂猶言不成就也因之急戾是謂㵣汪氏中經義知新錄云釋名日月未滿而葬曰渴馬援傳裁買城西數畝地藁葬而已藁葬即渴葬藁渴語之轉漢書注以藁爲草非也**不及時而不日慢葬也**注慢葬不能以禮葬也八月葬蔡宣公是也疏注慢葬至葬也○校勘記云鄂本閩本監本毛本皆作慢薄疏標起訖同按解云言但自慢薄不依禮恐因此誤葬爲薄按以薄釋慢猶以急釋渴宋本非也釋名釋喪制云過時而不葬曰慢謂傲慢不念早安神也取義與此殊○注八月葬蔡宣公○毛本蔡誤祭葬蔡宣公事見下八年彼夏六月己亥蔡侯考父卒八月卽葬是不待五月故爲慢薄不以禮也**過時而日隱之也**注隱痛也痛賢君不得以時葬丁亥葬齊桓公是也疏注隱痛也○詩柏舟如有隱憂傳隱痛也穀梁莊四年傳故隱而葬之注隱痛也禮記檀弓下哀戚之至隱也鄭注隱痛也穀梁上尹氏卒傳爲曾主故隱而卒之范注隱猶痛也上元年公子益師卒注明君當隱痛之也○注痛賢至是也○見僖十八年齊桓公於僖十七年冬十二月乙亥卒至十八年秋八月丁亥日始葬痛賢君不得以時葬故過

時而日也過時而不日謂之不能葬也【注】解緩不能以時葬夏四月葬衞桓公是也【疏】注解緩至是也○說文心部懈怠也解段借字詩烝民云夙夜匪解揚雄元后誄作夙夜匪懈解緩猶怠緩也葬衞桓公事見下五年衞桓公於四年二月戊申爲州吁弒至五年四月葬是爲懈緩故不日也通義云慢葬不能葬皆謂無故而不用葬時之正者不日者從失禮略也渴葬有故而報葬者也禮卜葬先遠日故日之以志其遠近也過時而葬日者痛其遭遇禍變至於此日而後得葬是以日之也若然衞桓公亦係遭變過時而不日者衞桓既不如齊桓之賢州吁於九月已討十二月立晉國本已定直至四月始行先君葬事故責其解慢也

當時而不日正也【注】六月葬陳惠公是也【疏】注六月至是也○定四年二月癸巳陳侯吳卒六月葬陳惠公是也

當時而日危不得葬也【疏】舊疏云卽此年宋公和卒十二月癸未葬宋繆公注不言者以下有問可知也穀梁傳曰葬故也危不得葬也范云日者憂危最甚不得備禮葬也繁露玉英云非其位而卽之雖受之先君春秋危之宋繆公是也通義云水火兵寇危之小者也適嗣不定國有爭禍危之大者也三朝記曰立子設如宗社宗社先示威威明顯見辨爵集德是以母弟官子咸有臣志若宣公繆公世濟其讓後猶有爭況乃私愛亂適以開覬覦者乎易戒履霜堅冰至疾其末者貴正其本是以宋有馮之弒而危之於繆公之卒齊有無知之弒而危之於僖公之卒晉文公妃匹不正後有公子雍之難衞襄公既歿乃議廢輒立元是二君者春秋亦皆危之人君尊本重統卒葬者君位之終始春秋於是示大經大法俗儒橫謂葬不葬非褒貶日不日無義例君子之修春秋垂教云乎豈曰記事

云乎此當時何危爾宣公謂繆公曰以吾愛與夷則不若愛女以爲社稷宗廟主則與夷不若女盡終爲君矣 注 與夷者宣公之子繆公者宣公之弟 疏 史記宋世家宣公病讓其弟和曰父死子繼兄終弟及天下通義也我其立和和亦三讓而受之經義述聞云解曰若如也言吾愛與夷則不止如女而已言其甚也謹案傳意是謂與夷雖我所甚愛而不可以爲社稷宗廟主今乃愛與夷不如愛汝則是愛之不甚非其語意也今按與夷字女字當是上下互譌尋文究理蓋本作以吾愛女則不若愛與夷寫者錯亂耳作疏者不能釐正乃云不止如女以曲成其意按傳云不若未嘗言不止若也且上下兩言不若皆謂不如何獨於上不若解爲不止若乎蓋所見已是誤本故強爲之說而終不可通也盡者爾雅釋訓云曷盡也郭注盡何不也言何不終爲君也與論語云盍各言爾志之盍同○注與夷至之弟○宋世家云宣公有太子與夷又云宣公卒弟和立是爲穆公宣公死繆公立繆公逐其二子莊公馮與左師勃 注 左師官勃名也 疏 宋世家穆公九年病召大司馬孔父謂曰先君宣公舍太子與夷而立我我不敢忘我死必立與夷也孔父曰羣臣皆欲立公子馮穆公曰毋立馮吾不可以負宣公於是穆公使馮出居鄭左傳所載亦大同皆不見左師勃蓋莊公弟也○注左師至名也○通義云宋之六卿曰右師左師司馬司徒司城司寇勃爲左師蓋在莊公之世傳據其後稱之曰爾爲吾子生毋相見死毋相哭 注 所以遠絕之 疏 注所以遠絕之○杜注使公子馮出居于鄭云辟殤公也與夷復曰

【注】復報【疏】注復報○儀禮聘禮復見之以其摯注復報也周禮大司馬凡遠近惸獨老幼之欲有復於上注復猶報也又宰夫諸臣之復注復之言報也先君之所爲不與臣國而納國乎君者以君可以爲社稷宗廟主也【疏】經傳釋詞爲猶以也僖十年穀梁傳里克所爲弒者趙策所爲見將軍者皆言所以也楚世家秦之所爲重王者魯仲連傳秦之所爲急趙秦策趙策並作所以故此所爲不與臣國亦謂所以不與臣國也納猶致也禮記曲禮納女于天子注納女致女也納國卽下文之致國也今君逐君之二子而將致國乎與夷此非先君之意也且使子而可逐則先君其逐臣矣【疏】且猶若也呂覽知士篇且靖郭君聽辨而爲之也必無今日之患矣齊策且作若是此云且使子而可逐卽若使子而可逐也呂覽去尤篇且組則不然謂若組則不然也燕策且尊所附之國重使必使王重矣且字亦與若同義繆公曰先君之不爾逐可知矣【注】爾女也可知者欲使我反國【疏】注爾女至反國○詩雄雉百爾君子箋爾汝也故書湯誓爾無不信殷本紀作汝無不信也言宣公本欲我反國於與夷故不逐與夷吾立乎此攝也【注】暫攝行君事不得傳與子也謙辭【疏】隱元年杜注云假攝君政疏攝訓持也隱以桓公幼少且攝持國政待其年長通義云按史記繆公在位九年與夷立十年乃弒猶號殤公禮殤自年十九以下然則宣卒繆嗣時與夷甫生耳緣繆公本意俟與夷長乃復辟若成王幼周公攝阼然也故注云暫攝行君事也謙辭者穆公實已爲君行卽位禮猶自謂攝故云謙辭

終致國乎與夷莊公馮弒與夷【注】馮與督共弒殤公在桓二年危之於此者死乃反國非至賢之君不能不爭也【疏】校勘記云馮諸本同唐石經缺

釋文作馮殺音試今本亦改作弒宋世家云華督使人宣言國中曰殤公卽位十年耳而十一戰民苦不堪皆孔父爲之我且殺孔父以甯民華督攻殺孔父殤公怒遂弒殤公而迎穆公子馮於鄭而立之是爲莊公通義云督弒與夷乃迎莊公而傳稱馮弒者馮在鄭鄭比欲納之反又不討賊蓋知乎弒者也潛夫論曰春秋之義責知誅率繁露玉英云經曰宋督弒其君與夷傳言莊公馮殺之不可及於經何也曰非不可及其及之端眇不足以類鉤之故難知也傳曰臧孫許與晉郤克同時而聘乎齊按經無有豈不微哉不書其往而有避今此傳言莊公馮而於經不書亦以有避也是以不書聘乎齊避所羞也不書莊公馮殺避所善也是故讓者春秋之所善宣公不與其子而與其弟其弟亦不與子而反之兄子雖不中法皆有讓高不可棄也故君子爲之諱不居正之謂避其後也亂移之宋督以存善志此亦春秋之義善無遺也○若直書其篡則宣穆之高滅而善之無所見矣○注馮與至爭也○鄭本爭作事誤馮督共弒殤公卽桓二年宋督弒其君與夷是也於此危之亦疾其末必正其本之義舊疏云至賢之君謂受國者正以與夷不賢故終見篡按注意非至賢之君云云自謂馮不賢耳言穆公若早與與夷以正君位不致被禍今死乃反國繼嗣不明而馮又非賢故不能不爭也舊疏非是桓二年注不得爲讓者死乃反之非所以全其讓意也亦此義

故君子大居正【注】明修法守正最計之要者【疏】漢書袁盎傳云殷道親親立弟周道尊尊立子殷道質質者法

天親其所親故立弟周道文文者法地尊者敬也敬其本始故立長子周道太子死立適殷道太子死立其弟帝曰於公何如皆對曰方今漢家法周周之道不得立弟當立子故春秋所以非宋公死不立子而與弟弟受國死乃反之與兄之子弟之子爭之以爲我當代父後郎刺殺兄子以故國亂禍不絶故春秋曰君子大居正宋之禍宣公爲之也以爲刺殺兄子亦約此傳馮弑與夷之義通義云立適以長適子死則立適孫所以正體於上傳重於下是故周人世殷人及春秋雖有變文從質而此不從殷者撥亂世因時之宜後漢書注引東觀記和帝詔曰禮重適庶之序春秋之義大居正太子國之儲嗣可不重與而左傳以宋宣公爲知人劉氏逢祿左傳考證云鄭倍之詞且子遭人弑安能享國以此爲義豈大居正之君子所言此故與公羊爲難以殷禮有兄終弟及之道實非義命也欲破危不得葬之例耳宋世家亦引此文而論贊仍引公羊義正之朱子亦以公羊爲君子大義而斥此論之妄卓哉是言○注明修至要者○宋本修作脩繁露玉英云難者曰爲賢者諱皆言之爲宣穆諱獨弗言何也曰不成乎賢也其爲善不法不可取亦不可棄棄之則棄善志也取之則害王法明非王法所貴故不正君子弗予也宋之禍宣公爲之也

注言死而讓開爭原也繆公亦死而讓得爲功者反正也外小惡不書錄渴隱者明諸侯卒王者當加恩意憂勞其國所以哀死閔患也

疏宋世家太史公曰春秋譏宋之亂自宣公廢太子而立弟國以不甯者十世又梁孝王世家袁盎等以宋宣公不立正生禍禍亂後五世不絶小不忍害大義狀報太后皆本公羊爲說○注繆公至正也○通義云不責繆公者善反正也假令穆公

遂立馮與夷或弑馮則墮其父之讓成其子之惡雖與夷賢終無禍猶爲私其子故君子以繆公之讓爲義以宣之讓爲失正桓二年注云不舉馮弑爲重者繆公殷子而反國得正故爲之諱也亦以繆爲功義也○弑注外小至患也○子渴慢隱及不能葬皆是小惡而並書於傳聞之世明王者當哀死閔患也舊疏云哀死者卽慢之屬是也閔患者隱之是也穀梁注引徐邈曰文元年傳曰葬曰會言有天子諸侯之使共赴會葬事故凡書葬皆據我而言葬彼所以不稱宋葬繆公而言葬宋繆公者弔會之事賵襚之命此常事無所書故但記卒記葬錄魯恩義之所及則哀其喪而恤其終亦可知矣徐氏雖不必從公羊王魯之說蓋魯於各國本有恩禮故春秋卽本其事爲王者示法焉

南菁書院

句容陳立卓人著

隱四年盡五年秋

四年春王二月莒人伐杞取牟婁

牟婁者何杞之邑也注以上有伐杞疏杜云杞國本都陳留縣推尋事跡桓六年淳于公亡國杞似并之遷都淳于僖十四年又遷緣陵襄二十九年晉人城杞之淳于杞又遷都淳于疏引世族譜云杞姒姓夏之苗裔武王克殷求禹之後得東樓公封之於杞今陳留雍丘縣是也九世及成公遷緣陵文公居淳于成公始見春秋滑公六年獲麟之歲也齊氏召南考證云孔疏雍丘與淳于雖郡別而境連也按雍丘漢晉俱屬陳留今開封之杞縣也淳于漢屬北海晉屬東莞今青州府安丘縣之淳于故城也二地相去千有餘里不知孔疏何以謂郡別而境連沈氏欽韓左傳補正云杜以杞即都淳于然州公亡國後僖十四年杞爲淮夷所病遷緣陵始在齊東竟淮夷在徐方若杞先都淳于無由爲淮夷所病疑杞此時尙在雍丘此莒人伐杞杞乃紀之誤孔疏謂雍丘淳于郡別而境連此尤孟浪不知方員者矣杜又云牟婁杞邑城陽諸縣東北有婁鄉大事表云自隱四年後地屬莒昭五年莒牟夷以牟婁來奔魯今青州府諸城縣東北有婁鄉城與安丘接境一統志牟婁城在青州府壽光縣東北二十里婁鄉城在諸城縣西南四十里按杞此時尙未遷都緣陵仍在雍丘史記索隱引宋忠曰杞今陳留雍丘縣是也去牟婁絕遠則牟

婁不得爲杞邑沈氏謂杞爲紀之誤未爲無見外取邑不書此何以書注据楚子伐宋取
彭城不書疏注据楚至不書○襄元年傳曰魚石走之楚楚爲之伐宋取彭城以封魚石是也下六年宋人取長葛外
取邑亦書者爲久也亦以深疾之也疾始取邑也注外小惡不書以外見疾始著取
邑以自廣大比於貪利差爲重故先治之也內取邑常書外但疾
始不常書者義與上逆女同不傳託始者前此有滅不嫌無取邑
當託始明故省文也取邑例時疏此亦春秋之始也穀梁傳曰諸侯相伐取地於是始故謹而志
之也范注春秋之始疏云外取邑不志今志之者爲入春秋以來取地之始故志之是也○注外小至之也○隱元年注所傳聞世
外小惡不書今責外取邑故決之穀梁傳曰言伐言取所惡也注既伐其國又取其土明伐不以罪而貪其利兩書取伐以彰其惡
蓋比之尋常小惡差重故治之也○注內取至女同○下十年取郜取防傳二十二年取須句襄十二年取詩之屬是內取邑常書
也外但以疾始書與逆女同例即上二年注云內逆女常書外逆女不書但疾始不常書者明當先自正故略外也是也○注不傳
至文也○十行本疏中標注作傳不託始者校勘記云此誤倒當据以訂正閩本監本毛本亦倒作不傳又云按依疏云何故不發
傳然則不傳者言不發傳也謂此應有託始之傳而竟不發此傳也十行本作傳不非也按以宋滅郜已在春秋前故知不嫌無取
邑事也舊疏云凡不託始之義有四一則見其經而不託始即上二年注云据戰伐不言託始納幣不託始之屬是也二則其大惡

不可託始下五年初獻六羽傳云始僭諸公昉於此乎前此矣前此則曷爲始乎此僭諸公猶可言僭天子不可言彼注云傳云爾者解不託始也三則省文不假託始即此是也四則無可託始即桓七年焚咸丘注云傳不託始者前此未有無所託也是也○注取邑例時○舊疏云即下六年秋宋人取長葛之屬是也通義云范武子曰伐國及取邑例時此月者蓋爲下戊申衛君完卒日起也凡例宜時而書月者皆緣下事當日故也日必繼于月故不得不書月事實在先故不得後錄也他皆放此舊疏亦云取牟婁雖在月下不蒙上月也

戊申衛州吁弒其君完疏二月書戊申月之十六日州吁穀梁作祝吁下同說文吅部喌呼雞重言之从吅州聲讀若祝又桓五年城祝丘類聚引洪範五行傳作與州丘之役祝州一聲之轉弒其校勘記云唐石經諸本同釋文本作殺其音申志反今本亦改作弒按傳文或言殺君經文無不言弒其君者殺曰殺者書其事也弒者正其罪也差繆略云殺君公羊皆作弒君按唐石經公穀皆作弒左氏釋文弒本又作殺同音試穀梁釋文弒音試舊作殺按當作弒爲正段氏玉裁經韻樓集云凡春秋傳於弒君或云殺者述其事也春秋經必曰弒者正其名也弒其君殺其君也弒之言試也殺於六書从殳杀聲弒於六書从殺省式聲杀在脂部式在之部脂之者古音之大判彼此不相借也故殺與弒音義迥殊漢公羊經傳段弒爲試斷無段殺爲弒也凡三經三傳之用殺爲弒者皆譌字也凡經傳弒既譌殺作音家從而爲辭曰音試曰申志反者皆不合乎正誤之法殺之不得音試猶弒之不得音殺也漢人之注經正其誤字曰當爲弒果譌殺則當正之曰殺當爲弒不當曰申志反而已凡傳中記事記言曰殺

某君者時時有之非必譏字也惟其述經爲訓則必依經曰弒無有作殺者如左氏傳書曰弒其君弒其君之子是也經文於殺諸侯必曰弒二百四十二年凡書弒二十有六春秋正名之書也周公之典曰弒放弒其君則殘之正其名曰弒定其罪曰殘殘者掌戮所謂膊焚辜肆也惟其名正而後其罪定書弒者聖人所以殘之也自漢之後經籍譌舛殺而譌弒者且有之弒而譌殺者尤多矣陸德明爲釋文絕無裁斷之識但於隱四年衞州吁弒其君完發凡曰弒本又作殺同音試凡弒君之例皆放此不重音此何等大事而謂聖人垂教之書本無一定之字可以蒙混書之待讀者之定其字乎

曷爲以國氏【注】据齊公子商人弒其君舍氏公子【疏】注据齊至公子○文十四年秋齊公子商人弒其君舍是也商人以庶弒嫡自立與州吁事近故据以難舊疏云商人所以得稱公子者以商人次正當立其罪差輕按弒君之賊不得因次正末減蓋商人之凶逆遜于州吁左傳云州吁有寵而好兵強橫可知

當國也【注】與段同義日者從外赴辭以賊聞例【疏】注與段同義○即上元年鄭伯克段于鄢是也彼傳云段者何鄭伯之弟也何以不稱弟當國也注欲當國爲之君故如其意使如國君氏上鄭所以見段之逆此州吁上衞亦以州吁之凶逆也通義云隱桓莊之篇外弒君者四州吁無知皆不言公子督不言公孫南宮萬不氏蓋弒君之賊王法所誅大夫去氏者絕其位也去公子公孫者絕其屬也入所聞之世亂臣賊子比踵而立已從託始見法罪同可知故里克以後不復枚貶穀梁於州吁云嫌也弒而代之也於公子商人云不以嫌代嫌也似未得其說而强說之按史記注引賈逵說左氏云弒君取國故以國言之不稱

公子然商人亦弒君取國者何不曰齊商人弒其君舍乎其說亦非○注日者至聞例○舊疏云謂其君被弒此君之臣即以其日赴於天子諸侯望其早來救己是以春秋悉皆書日故曰日者從外赴辭也言以賊聞例者言以弒君賊聞于天子諸侯例日如此故下八年傳卒何以日而葬不日卒赴何氏云赴天子也義亦通乎此然公羊之例合書則書而言從外赴辭者不合書則不書其合書者皆從外赴緣卒日不得輒改也其諸侯相殺同例若子弒父則不日文元年注夷狄子弒父忍言其日襄三十年注中國子弒父不忍言其日亦略外之意也

夏公及宋公遇于清 疏 杜云清衛邑濟北東阿縣有清亭路史引嚴彭祖春秋圖云清有二一在鄆隱四年遇于清者一在濮宣十二年晉宋盟于清丘者土地名東阿縣東北四十里有故清亭即春秋所謂清者也水經注濟水自魚山而北逕清亭東京相璠曰東阿東北四十里有故清亭濟水通得清之目焉亦水色清深用兼厥稱矣是故燕王曰吾聞齊有清濟濁河以爲國即此水也大事表在今山東泰安府東阿縣東北又云鄭箋詩云衛自河以東夾於濟水正義濟自河北而南入于河又出而東楚丘在其閒西有河東有濟故曰夾于濟水齊所與分地蓋齊衛分境之濟也又清水亦謂之清故清河縣有清亭

遇者何不期也一君出一君要之也 注 古者有遇禮爲朝天子若朝罷朝卒相遇于塗近者爲主遠者爲賓稱先君以相接所以崇禮讓絕慢易也當春秋時出入無度禍亂姦宄多在不虞無故卒

然相要小人將以生心故重而書之所以防禍原也言及者起公
要之明非常遇也地者重錄之遇例時疏下八年穀梁傳云不期而會曰遇周禮大宗伯
職冬見曰遇後鄭注遇偶也欲其若不期而俱至○注古者至易
也○王制疏引異義朝名公羊說諸侯四時朝見天子及相聘皆
曰朝以朝時行禮卒而相逢於路曰遇古周禮說春曰朝夏曰宗
秋曰覲冬曰遇許慎案禮有覲經詩曰韓侯入覲書曰江漢朝宗
于海知有朝覲宗遇之禮從古周禮說鄭駁之云此皆有似不爲
古昔案覲禮曰諸侯前朝皆受舍于朝朝通名是鄭用公羊義按
昭二十五年齊侯唁公于野井傳云以人爲菑以幦爲席以鞍爲
几以遇禮相見是遇禮之僅存者然則遇禮視朝禮易略可知曲
禮諸侯未及期相見曰遇承上天子當依而立諸侯北面而見天
子曰覲天子當宁而立諸公東面諸侯西面曰朝而言明遇禮與
朝覲殊鄭注謂春朝受摯於朝受享於廟秋覲一受之於廟夏宗
依春冬遇依秋蓋亦差次周官之文取其陰陽相同以意言之耳
禮經唯覲禮尚存遇唯見之公羊朝則白虎通諸侯不臣云朝則
迎之于著覲則待之阼階不同又曲禮所云其宗則無文以言
矣公羊以四時朝見皆曰朝者書堯典羣后四朝禮記王制五年
一朝又春秋凡諸侯相於皆曰朝是朝爲統名外此則遇較朝爲
略者也杜云遇者草次之期二國各簡其禮若道路相逢遇也孔
疏曲禮未及期相遇指此類也周禮冬見曰遇與此別劉賈以遇
者用冬遇之禮故杜難之釋例曰周禮春曰朝夏曰宗秋曰覲冬
曰遇此四時之名今者春秋不皆同之於禮冬見天子當是百官
備物之時而云遇禮簡易經書季姬及鄫子遇于防此婦呼共朝
豈當復用見天子之禮要之春秋之遇自非周禮之遇依公羊家

說自有遇禮亦非魯宋所行之遇禮也云朝罷卒相遇於塗者校勘記云解云即朝天子罷朝行之時相遇于塗按于當作於卒當作猝惠棟云朝罷朝詳見周禮注疏按王制疏引鄭志答孫皓云唐虞之禮五載一巡守夏殷之時天子蓋六年一巡守諸侯閒而朝天子其不朝者朝罷朝五年再朝如鄭此言則夏殷天子六年一巡守其閒諸侯分爲五部每年一部來朝天子朝罷還國其不朝者朝罷朝諸侯至後年不朝者往朝天子而還前年朝者今既不朝又朝罷朝諸侯是再相朝也故下七年注云古者諸侯朝罷朝聘也近者爲主遠者爲賓以別乎朝聘正禮本國爲主外至爲賓則此宜魯爲主宋爲賓矣禮經聘禮覲禮皆于廟故聘禮曰不腆先君之祧既拚以俟矣覲禮注受舍於朝受次於文王廟門之外莊四年傳云古者諸侯必有會聚之事相朝聘之道號辭必稱先君以相接遇在於塗雖無廟行禮其稱謂要自無殊皆所以崇禮讓絕慢易者也○注當春至原也○桓六年春正月寔來傳慢之也易爲慢之化我也注行過無禮謂之化諸侯相過至竟必假塗入都必朝所以崇禮讓絕慢易戒不虞明此非當朝罷朝之時魯與宋卒然相要恐生禍亂故書以譏之與譏寔來同義○注言及至遇也○通義云清地在鄭衞之界上詩所賦清人者也時宋公將會諸侯伐鄭公往要與相見故言及及我欲之也凡內書遇者三皆公要之若公爲諸侯所要則當如鄭伯會公于斐矣穀梁傳曰及者內爲志焉爾遇者志相得范云今曰內爲志非不期也按彼傳內爲志與公羊合志相得與公羊異魯隱有內難不知防汲汲與外諸侯遇宋亦有公子馮之禍而不知愼春秋兩責之故注特明其非常遇也若公不見要則桓十年公會衞侯于桃丘弗遇是也○注地者重錄之○隱元年注會盟戰皆錄地其所期處者重期也此不期而遇無期可重亦書地所以重其事所以防禍原

故也○注遇例時○舊疏云卽隱八年春宋公衛侯遇于垂莊三十年冬公及齊侯遇于魯濟及此之屬皆是僖十四年夏六月季姬及鄫子遇于防書月者彼注云甚惡內是也

宋公陳侯蔡人衛人伐鄭 疏 史記衛世家州吁立爲衛君爲鄭伯弟段欲伐鄭請宋陳蔡俱三國皆許州吁又宋世家殤公元年衛公子州吁自立欲得諸侯使告于宋曰馮在鄭必爲亂可與我伐之宋許之與伐鄭至東門而還卽此事也惟公羊以鄭段已死異

秋翬帥師會宋公陳侯蔡人衛人伐鄭 疏 通義云再列宋公云云者直言翬帥師會伐鄭則嫌與齊人陳人曹人伐宋夏單伯會伐宋文同彼不及事此及事須別異之也翬史記魯世家作揮左傳言羽父請以師會之公弗許固請而行其彊可知

翬者何公子翬也 注 以入桓稱公子 疏 注以入桓稱公子○卽桓三年秋公子翬如齊逆女是也 何以不稱公子貶曷爲貶 注 据叔老會鄭伯伐許不貶 疏 注据叔至不貶○襄十六年叔老會鄭伯晉荀偃衛甯殖宋人伐許是也 與弒公也 注 弒者殺也臣殺君之辭以終隱之篇貶知與弒公也 疏 穀梁傳翬者何公子翬也其不稱公子何也貶之也何爲貶之也與于弒公故貶也○注弒者至之辭○釋名釋喪制云下殺上曰弒弒伺也伺閒而後得施也左氏宣十八年傳凡自虐其君曰

弒白虎通誅伐篇弒者試也欲言臣子殺其君父不敢卒候閒伺事可稍稍弒之說文殺部弒臣殺君也易曰臣弒其君注以殺詁弒雙聲爲訓也○注以終至公也○下十年夏翬帥師會齊人鄭人伐宋傳曷爲貶隱之罪人也故終隱之篇貶也是也通義云外弒君者書名氏內諱不言弒弒君之賊無所見故翬遂皆託貶文以起之又云春秋大夫不氏之例有四一曰貶無駭翬山等是也二曰未命柔俠履緰等是也三曰小國夷國之大夫慶快遂椒等是也四曰一事而再見者卒名然宋華元出奔晉宋華元自晉歸于宋晉人執我叔孫舍叔孫舍至自晉猶有再見而再氏者錄氏爲善斯去氏爲貶益昭矣錢氏大昕答問云凡纂弒之事必有其漸聖人隨事爲之杜其漸隱之弒也于翬帥師戒之子般之弒也于公子慶父帥師伐於餘丘戒之此大夫不得專兵柄之義也

其與弒公奈何疏通義云諸問事狀者曰奈何按奈何如何也書召誥曰曷其奈何弗敬亦或但謂之奈淮南兵略訓唯無形者無可奈也卽無可奈何也公子翬諂乎隱公注諂猶佞也疏注諂猶佞也○荀子修身云以不善先人者謂之諂楊注諂之言陷也謂以佞言陷之繁露王道云觀乎公子翬知臣窺君之意謂隱公曰百姓安子諸侯說子盍終爲君矣疏公羊問荅云詩子之湯兮箋云子刺幽公也正義引此傳以爲諸侯之臣亦呼君曰子通義云子稱君者古人語質詩曰無庶予子憎經傳釋詞云矣猶乎也易師象傳吉又何咎矣詩中谷有摧云何嗟及矣六月侯誰在矣是也魯世家公子揮諂謂隱公曰百姓便君君其遂之吾請爲君殺子允君以我爲相徐廣曰允一作軌卽桓公也與十一年左傳羽父請殺桓公將以求太宰合較此傳爲詳隱曰吾否注否不也疏校勘

記唐石經鄂本同閩本監本毛本作隱公曰否非○注否不也○易象上傳大人否亨虞注否不也廣雅釋詁否不也孟子萬章上○否不然也注否不也不如是也魯世家云隱公曰有先君命爲允少故攝代然則隱奉父命攝位故其讓允爲春秋所許 吾 吾

使脩塗裘吾將老焉注塗裘者邑名也將老焉者將辟桓居之以自終也故南面之君勢不可復爲臣故云爾不以成公意者隱本爲桓守國國邑皆桓之有不當取以自爲也疏魯世家又云今允長矣吾方營菟裘之地而老焉以授子允政左傳亦作菟裘云使營菟裘吾將老焉是也○注塗裘者邑名○杜云菟裘在泰山梁父縣南史記注引服虔云菟裘魯邑也營菟裘以作宮室欲居之以終老焉路史引嚴彭祖春秋盟會圖云菟裘兗之泗水縣大事表云在今兗州府泗水縣西北而水經注汶水篇亦云淄水出太山梁父縣東西南流逕菟裘城北春秋公謂羽父曰吾將歸老焉故郡國志曰梁父有菟裘聚○注將老至終也○左傳公曰爲其少故也吾將授之矣杜云不欲復居魯朝故別居外邑釋文將辟音避今本多卽作避字○注故南至云爾○白虎通王者不臣云王者臣不得爲諸侯臣以其尊當與諸侯同蓋謂王朝之臣與諸侯敵體勢不得爲之臣則○本國南面之君勢不得復爲臣明矣故隱公欲營外邑以辟位也○注不以至爲也○此決傳文不言營塗裘何以營不書成公意也之義也今按注意似迂隱雖攝位業行卽位之禮土地人民皆其所有雖代桓立桓會在臣子之科則隱卽取邑以自老亦無不當豈必退居臣位聽桓之錫邑以居且不書營塗裘亦無以見成公意也

公子翬恐若其言聞乎桓

疏經傳釋詞云若猶或也儀禮士昏禮記曰若衣若笄襄十一年左傳曰若子若弟又曰君若能以玉帛綏晉此傳曰公子翬恐若其言聞乎桓按若猶此也謂恐此其言聞于桓也莊四年傳則襄公得爲若行乎謂此行也定四年傳則若時可矣謂此時也論語公冶長篇君子哉若人謂此人也是也故魯世家揮懼子允聞而反誅之是懼其言聞之桓也

於是謂桓曰吾爲子口隱矣注口猶口語相發動也疏注口猶至動也○校勘記云按下口字卽說文訂字之省說文訂扣也如求婦先訂叕之經義述聞云注意蓋讀口爲叩叩發動也謂以己之言發動隱公之言也論語子罕篇我叩其兩端孔曰發事之終始兩端以語之釋文叩音口發動也是其證學記曰善待問者如撞鐘叩之以小者則小鳴叩之以大者則大鳴叩亦發動之意與此相近

隱曰吾不反也疏魯世家云揮乃反譖隱公於子允曰隱公欲遂立去子子其圖之

桓曰然則奈何曰請作難注難兵難也疏注難兵難也○列子說符云民果作難釋文難一作亂則作難猶言作亂故注以爲兵難也

弒隱公注謚者傳家所加疏魯世家云揮曰請爲子殺隱公子允許諾是也中論智行云魯隱公懷讓心而不知佞僞終以致殺○注謚者傳家所加○通義云生而舉謚順記事者之詞若左傳述石碏曰陳桓公方有寵于王史記述周公曰我成王之叔父古人文義猶疏鉤每有如此舊疏云死謚周道也今始請弒已言隱公者公羊子從後加之也

於鍾巫之祭焉弒隱公也注鍾者地名也巫者事鬼神禱解以治病請福者也男曰覡女曰巫傳道此者以起

淫祀之無福【疏】左傳亦云十一月公祭鍾巫齊于社圃館于寪氏壬辰羽父使賊弑公于寪氏立桓公魯世家略同○注鍾者地名○史記注引賈逵云鍾巫祭名也按左傳謂公與鄭人戰于狐壤止焉鄭人因諸尹氏賂尹氏而禱於其主鍾巫是則鍾宜鄭地矣御覽引韓詩章句云鄭俗三月上巳之晨溱洧水上招魂續魄祓除不祥春官男巫有掌望祀望衍授號旁招以茅之事女巫有掌歲時祓除不祥之事則招魂者男巫祓除者女巫也鄭人家主巫祭蓋風俗使然與淮南精神訓鄭之神巫是也○注巫者至者也○周禮男巫春招弭以除疾病注招招福也弭讀爲敉敉安也安凶禍也士喪禮巫止于廟門外注巫掌招弭以除疾病史記封禪書伊陟贊巫咸索隱以巫咸爲巫覡然楚詞亦以巫咸主神則巫之與久矣漢書郊祀志巫社巫祠師古曰皆古巫之神也又巫保巫先注巫保神名巫先巫之最先者也○注男曰覡女曰巫○舊疏云楚語文按楚語觀射父曰古者民神不雜民之精爽不攜貳者而又能齊肅中正其知能上下比義其聖能光遠宣服其明能光照之其聽能聽徹之如是則明神降之在男曰覡在女曰巫是使處制神之處次又云九黎亂德民神雜糅不可方物夫人作享家爲巫史蓋巫能降神神物憑之鍾巫尹氏所主郎所謂家爲巫史者也周禮冢人疏云男子陽有兩稱名巫名覡女子陰也不變直名巫無覡稱呂覽侈樂云作爲巫音高注男曰覡女曰巫後漢書張衡傳注在男曰覡說文巫部覡能齊肅事神明者也在男曰覡在女曰巫又云巫祝也女能事無形以舞降神者也段注此析言之耳統言則周禮男亦曰巫女非不可曰覡也詩譜曰陳大姬無子好巫覡禱祈鬼神歌舞之樂民俗化而爲之廣雅釋詁覡巫也蓋對文則異散則通也故漢書郊祀志云在男曰覡在女曰巫注巫覡亦通稱耳是也賈公彥謂男有二稱女止

稱巫蓋以周官有男女巫之職故爲是說耳淮南子注亦曰神在女曰巫○注傳道至無福○禮記曲禮云非其所祭而祭之名曰淫祀淫祀無福周書命訓解福莫大於行義禍莫大於淫祭風俗通怪神云禮又曰淫祀無福是以隱公將祭鍾巫遇賊蔿氏此注明傳文不但言隱公被弒并極言其弒之所在爲其祭鍾巫故以起淫祀之禍也

九月衞人殺州吁于濮

疏杜云濮陳地水名又哀二十七年杜注云濮自陳留酸棗縣傍河東北經濟陰至高平鉅野縣入濟按衞世家云石碏乃因桓公母家于陳詳爲善州吁至鄭郊石碏與陳侯共謀使右宰醜進食因殺州吁于濮則濮宜在陳境故彼注引賈逵服虔左傳注並云濮陳地也大事表云在今陳州北境郎渠水按水經渠水篇渠水又東南逕長社縣故城西北南濮北濮二水出焉是水首受渠水川渠雙引俱東注有洧與之過枝流脈亂互得通稱長社今長葛縣在許州屬而說文水部云濮出濮陽南入鉅野鉅野魯地又水經注瓠子河出東郡濮陽縣北河東至濟陽句陰爲新溝又東北過廩丘爲濮水廩丘爲今之范縣去長葛絕遠非一水明甚且陳無濮水也郎哀廿七年左傳齊成子救鄭及濮自齊至鄭亦不由陳竟則濮非陳水可知索隱云濮水首受河又受汴汴亦受河東北至鉅野入濟則濮在曹衞之閒賈言陳地非也据地理志陳留封丘縣濮水受濟當言陳留水按水經注濮水一出封丘縣者首受濟別出酸棗縣者首受河顧氏祖禹方輿紀要謂在大名府開州南六十里者與說文所云出濮陽合濮陽今開州也通義云濮衞地昔衞靈公將之晉會于濮水之上蓋近今淇縣也錄于濮者與鄘同義土地名濮水故道在濮陽南按世家則州吁殺于陳不得于衞之濮要之陳地自有濮水故春秋昭九年遷城父人于陳以夷濮西田益之京

相璠曰以夷之濮西田益也杜預亦言以夷田在濮水西者與城父人服虔曰濮水名卽此與衛之濮自二源焉京相璠曰濮水故道在濮陽南猶以濮爲衛地

其稱人何注据晉殺大夫里克俱弑君賊不稱人疏注据晉至稱人○僖十年晉殺其大夫里克是也彼傳云曷爲不以討賊之辭言之惠公之大夫也討賊之辭也注討者除也明國中人人得討之所以廣忠孝之路書者善之也討賊例時此月者久之也疏穀梁傳稱人以殺殺有罪也繁露王道云衛人殺州吁齊人殺無知明君臣之義守國之正也春秋說云春秋討賊皆稱人衛州吁弑君之賊執之者陳人泣之者衛人而主之者石碏焉君子謂衛有人焉穀梁謂于濮者譏失賊非也州吁弑桓公而代之爲君石碏力不能討欲假手于陳以討之故使告于陳陳而陳人執之如譏失賊則當書陳人殺衛州吁如蔡人殺陳佗而後可也不稱陳人而稱衛人謂之失賊可乎書于濮者言陳亦欲殺之也按惠氏此辨甚是左傳莊十二年所謂天下之惡一也卽此意也○注討者至之也○孟子告子下天子討而不伐趙注討者上討下也禮記王制云畔者君討皆有除義穀梁注有弑君之罪者則舉國人皆欲殺之白虎通誅伐云討者何謂也討者除也欲言臣當掃除弑君之賊也春秋曰衛人殺州吁于濮傳曰其稱人何討賊之詞也又云王者諸侯之子篡弑其君而立臣下得誅之者廣討賊之義也是也○注討賊至之也○舊疏云討賊例時者莊九年春齊人殺無知是也桓六年秋八月蔡人殺陳佗亦書月者與此同也穀梁傳曰其月謹之也范云討賊例時衛

人不能即討祝吁致令出入自恣故謹其時月所在以著臣子之緩慢按春秋書月危之之義亦即穀梁謹之之義謹而危之也州吁已自立爲君尤非鄭段可比幸石碏手定大難討除國賊故春秋書人明人人所欲甘心焉責其久者爲討賊者張義所謂責備賢者者也

冬十有二月衛人立晉

晉者何公子晉也注以下有衛侯晉卒又言立疏左傳逆公子晉于邢冬十二月宣公即位衛世家云迎桓公弟晉於邢而立之是爲宣公是爲公子晉也通義云莊公之子桓公之弟不言公子者王子朝不成爲君晉成爲君故別之也非貴宜爲君者故又不得言子晉○注以下至言立○衛侯晉卒見桓十二年冬以下有衛侯晉卒知此立晉爲公公子諸侯之子稱公子也又立者簒文知非適子故稱公子公公子不得禰先君喪服傳所謂自卑而別於尊者也立者何立者不宜立也注諸侯立不言立此獨言立明不宜立之辭疏通義云春秋以立子爲正立弟爲不正已於葬宋穆公危見之但穆公之立在春秋前故復以立晉見法後若晉人立黑臀不書者亦託始之詞穀梁傳云立者不宜立者也注嗣子有常位故不言立其稱人何注据尹氏立王子朝也疏注据尹至朝也○在昭二十三年秋衆立之之辭也注晉得衆國中人人欲立之疏左傳書曰衛人立晉衆也繁露王道云衛人立晉美得衆也又玉英云非其位而即之雖受之先君春秋危之宋穆公是

也非其位不受之先君而卽之春秋危之吳王僚是也雖然苟能行善得衆春秋弗危衞侯晉以正書葬是也俱不宜立而宋穆公受之先君而危衞宣弗受先君而不危以此得衆心之爲大安也穀梁傳亦云衞人者衆詞也按爾雅釋言云師人也又釋詁云師衆也史記鄒陽傳人無不按劍相眄者漢書人作衆是人卽衆故書衞人爲衆詞也 然則孰立之石碏立之 疏 而衞世家云石碏與陳侯共謀殺州吁于濮而迎桓公弟晉於邢而立之是石碏立之也校勘記云碏唐石經諸本同隸釋載漢石經公羊殘碑碏作踖惠氏棟公羊古義云說文無碏字當从石經作踖潛夫論石氏衞公族史記注引賈逵云石碏衞上卿杜云衞大夫 石碏立之則其稱人何 注 據尹氏立王子朝不稱人 疏 注據尹至稱人○昭二十三年注云明罪在尹氏明尹氏立之非衆所欲立故不稱人也 衆之所欲立也衆雖欲立之其立之非也 注 凡立君爲衆衆皆欲立之嫌得立無惡故使稱人見衆言立也明下無廢上之義聽衆立之篡也不刺嗣子失位者時未當喪與主得權重也月者大國篡例月小國時立納入皆爲篡公卒日葬月達於春秋爲大國例主書從受位也 疏 穀梁傳云晉之名惡也其稱人以立之何也得衆也得衆則是賢也賢則其曰不宜立何也也春秋與正而不與賢也注雍曰正謂適長也夫多賢不可以多君無賢不可以無君立君非以尚賢所以明有統也建儲非以私親所以定名分名分定則賢無亂長之階而自賢之禍塞矣君

無變奪之由而私愛之道滅矣此即公羊立適以長不以賢之義皆所以防愛爭雍之此論尤爲明通○注凡立至簒也○校勘記云聽衆立之簒也諸本同鄂本作聽衆立之爲立簒也當据以補正按下注云立納入皆爲簒也解云立爲簒此衛人立晉是也衛宣爲衆所立嫌立無惡然下無廢上之義則亦不得立上衛宣聽衆立之則不能無惡故書人以善其得衆書立以見其簒美刺不相掩也繁露玉英云春秋之法君立不宜立不書大夫立則書書之者弗予大夫之得立不宜立者也不書予君之得立之也君之立不宜立者非也既立之大夫奉之是也荀息曼姑之所得爲義也通義云次當立正也非次當立而受之天子命之先君乃可言也君子以石碏爲專矣得乎民者宜爲君晉因民之所欲立之不辭讓而即之雖非義之高者未爲大惡也其咎在衛人之立之也碏有討賊功又順與志定君安國鮮復責其不當立晉者春秋別嫌明微每施於此按春秋張義之書非記事之史以衛晉事而論桓公有子無子不可知州吁既誅國不可絕立晉本無可議然未受之天子命之先君得國於臣下之手恐開後世權臣廢立之漸故書立以戒之明雖得衆者猶不免於簒其不得衆者可知矣春秋正詞曰春秋不書多於書以所不書知所書以所書知所不書治亂必表其微所謂禮禁未然之前也凡所書者有所表也是故春秋中無空文○注不刺至重也○舊疏云刺桓嗣子失位即不書晉之立故襄十四年衛侯衎出奔齊襄二十六年傳云曷爲不言剽之立不言剽之立者以惡衛侯也彼注云欲起衛侯失衆出奔故不書剽立剽立無惡則衛侯惡明矣然則晉書立見惡則桓嗣無惡可知緣桓公被弒州吁自立嗣子之得全與否且不可知其不當喪典主得權重明甚故春秋矜而不刺也○注大國簒例月○舊疏云即此及莊六年夏六月衛侯朔入于衛哀六年秋七月齊

陽生入于齊之屬是也而莊九年夏齊小白入于齊不月者彼注云移惡于魯也○注小國時○舊疏云即僖二十五年秋楚人圍陳納頓子于頓昭元年莒去疾自齊入于莒之屬是也○注立納入皆爲篡○舊疏云立爲篡者此及昭二十三年尹氏立王子朝是也納爲篡者納頓子于頓及文十三年晉人納捷菑之屬是也入爲篡者小白陽生之屬是也○注卒日至國例○舊疏云隱八年夏六月己亥蔡侯考父卒秋八月葬蔡宣公是也按注錄此者正以桓十二年冬十一月丙戌衛侯晉卒十三年三月葬衛宣公從大國卒月葬月例無譏文見其得衆宜立也於立譏之亦所謂實與而文不與者也○注主書從受位也○舊疏云謂主惡晉之從立矣按晉得民心宜立猶以從受位主書其立亦責備賢者之義也繁露玉英云明乎經變之事然後知輕重之分可與適權矣此類是也

五年春公觀魚于棠【疏】左氏作矢魚傳云遂往陳魚而觀之與公穀觀魚同義史記世家作觀漁于棠彼注引賈逵左氏注云棠魯地陳漁而觀之漢書五行志亦作漁皆段借字也孔疏陳魚者獸獵之類謂使捕魚之人陳設取魚之備觀其取魚以爲戲樂非謂既取得魚而陳列之也

何以書譏何譏爾遠也【疏】左傳書曰公矢魚于棠非禮也且言遠地也

公曷爲遠而觀魚【注】据浚洙也【疏】注据浚洙也○見莊九年傳曰洙者何水也注云洙在魯北齊所由來舊疏云然則近國北自有洙水何故遠至棠地而觀魚乎故難之

登來之也【注】登讀言得來得來之者齊人語

也齊人名求得爲得來來作登來者其言大而急由口授也疏注登讀至

授也○校勘記云按此當作登讀爲得也來當誤衍古義云禮大學云一人貪戾注戾之言利也春秋傳曰登戾之正義云以來爲戾與公羊本不同下傳云百金之魚公張之則登戾之說信矣按古來讀如釐故與戾音相近潛研堂答問云說文訓德爲升未詳其義又曰古文德與得通公羊傳登來之也齊人語以得爲登與升同義說文彳部德升也段注升當爲登辵部遷登也此當同之與德訓登者公羊傳登來之也何曰登讀言得齊人名求得爲得來唐人詩千水千山得得來得得即德也登德雙聲按爾雅釋詁來至也呂覽不侵篇注來猶致也戾來同訓詩魯侯戾止傳戾來也登來之猶言得致之也通義云登來之者猶言得之也齊魯之閒無入聲呼得聲如登來之合鄭司農注大學引春秋傳曰登戾之即此文也來古音狸狸又轉爲戾故易曰震索索中未得也雖凶元咎畏鄰戒也九章曰諒聽不明而蔽壅兮使讒諂而日得自前世之嫉賢兮謂蕙若共不可佩彼得字以登戾反讀之正協韻則何氏謂其言大而急信矣由口授者舊疏云高語之時猶言得來之至著竹帛乃作登字

百金之魚公張之注解言登來之意也百金猶百萬也古者以金重一斤若今萬錢矣張謂張罔罟障谷之屬也疏注百金至錢矣○公羊古義云食貨志曰漢與更令民鑄莢錢黃金一斤如淳曰時以錢爲貨黃金一斤直萬錢食貨志又云米至石萬錢馬至匹百金薛瓚曰秦以一溢爲一金漢以一斤爲一金一斤爲萬錢則百金爲百萬錢矣何注與如薛二說皆合而司馬貞索隱取瓚注而非如說蓋未之考也又云顏遊秦漢書注云一金萬錢

見平準書注戰國策云公孫閈使人操十金而往卜於市高誘曰二十金為一金又云趙王封蘇秦為武安君黃金萬溢高誘注曰萬溢萬金也二十兩為一溢按此即臣瓚所謂秦以一溢為一金也按食貨志言莽制黃金一斤直錢萬蓋後漢或仍其舊故何以今法解之也史記陸賈列傳正義漢制一金直千貫劉氏寶楠云漢世金不如此之貴疑千是十誤且與錢萬之說相合通義云食貨志黃金一斤直錢萬故王莽傳曰故事聘皇后黃金二萬斤為錢二萬萬何邵公以百金當百萬錢實漢法也然魚價貴不至此本緣黃金方一寸重一斤謂之一金或可凡物以斤計者亦通言金百金之魚蓋大魚重百斤者與○注張謂至屬也○校勘記云閩本監本毛本同鄂本冈作網釋文障作鄣周禮冥氏掌設弧張注弧張罿罦之屬所以扃絹禽獸義與此同障谷見僖三年傳云桓公曰無障谷是也通義云張者張弓矢以射也淮南時則訓曰季冬命漁師始漁天子親往射魚左氏經作矢魚朱文公据左傳言則君不射是以弓矢射之如漢武親射蛟江中之類非何義也兪氏平義云傳文但言張不言張罔罟何解非也詩韓奕孔修且張毛傳張大也桓六年左傳隨張杜注張自侈大也百金之魚公張之蓋言棠有百金之魚故公侈大之也上文曰公曷為遠而觀魚登來之也下文曰登來之者美大之詞也然則此文言公之正所謂美大之也若以為張罔罟則與上下文不屬矣亦未諦當

登來之者何注弟子未解其言大小緩急故復問之美大之辭也

注其言大而急者美大多得利之辭也實譏張魚而言觀譏遠者恥公去南面之位下與百姓爭利匹夫無異故諱使若以遠觀為

譏也諸諱主書者從實也觀例時從行賤略之

疏 通義云公自美大其能得百金之魚也按美大雙字詞論語爲政云孝乎惟孝包注孝乎惟孝美大孝之詞也語意同○注實譏至譏也○繁露玉英云公觀魚于棠何惡也凡人之性莫不善義然而不能義者利敗之也故君子終日言不及利欲以勿言愧之而已愧之以塞其源也夫處位動風化者徒言利之名爾猶惡之況求利乎故天王使人求賻求金皆爲大惡而書今直使人也親自求之是爲甚惡譏何故言觀魚猶言觀社也皆諱大惡之詞也是實譏張魚而諱之言觀若以遠觀爲譏也穀梁傳云禮尊不親小事卑不尸大功魚卑者之事也公觀之非正也漢書董仲舒傳故受祿之家食祿而已不與民爭業然後利可均布而民可家足此上天之理而亦太古之道天子之所立法以爲治大夫之所當循以爲行者也後漢朱暉傳云王制天子不言有無諸侯不言多少食祿之家不與百姓爭利韓詩外傳四天子不言多少諸侯不言利害大夫不言得喪士不言通財貨不爲賈道故駟馬之家不時雞豚之息伐冰之家不圖牛羊之入千乘之君不通貨財家卿不修幣施大夫不爲場圃委積之臣不貪市井之利是以貧窮有所歡而孤寡有所措其手足也繁露度制云孔子曰君子不盡利以遺民詩云彼有遺秉此有不歛穧伊寡婦之利故君子仕則不稼田則不漁食時不力珍大夫不坐羊士不坐犬詩曰采葑采菲無以下體德音莫違及爾同死以此防民民猶忘義而爭利以亡其身天下不重與有角不得有上齒故已有大者不得有小者天數也夫已有大者又兼小者天不能足之況人乎故明聖者象天所爲爲制度使諸有大奉祿亦皆不得兼小利與民爭利業乃天理也史記循吏傳公儀休以高第爲魯相奉法循理使食祿者不得與下民爭利受大者不得取小又

云食茹而美拔其園葵而棄之見其家織布好而疾出其家婦燔其機云云欲令農士工女安所讎其貨乎董仲舒傳引此云吾已食祿又奪園夫工女利乎又禮記大學云畜馬乘不察於雞豚伐冰之家不畜牛羊皆言有祿之家不得下與百姓爭利旣以南面諸侯而自等四夫故深為之諱也〇注諸諱至實也〇春秋之義為尊者諱為親者諱為賢者諱諱之正所以譏之若曰此惡也吾為之諱爾聖人文詞遜順言之者無罪聞之者足戒乃在乎是如此實譏張魚而言譏遠遠且譏之則張魚之失不待言亦如莊之譏觀社則淫之惡不貶而自見矣〇注觀例時〇莊二十三年夏公如齊觀社及此是也均非禮故從行賤略之

棠者何濟上之邑也【注】濟者四瀆之別名江河淮濟為四瀆【疏】杜云今高平方與縣北有武唐亭魯侯觀魚臺水經注菏水又東逕武棠亭北公羊以為濟上邑也城有高臺一丈許下臨水昔魯侯觀魚于棠謂此也在方與縣故城北十里經所謂菏也分濟於定陶東北東南逕乘氏縣故城南又東逕昌邑縣故城北又東逕金鄉縣故城南又東逕東緡縣故城北又東逕方與縣大事表在今魚臺縣東北十二里棠與唐古通郎二年公與戎盟之唐也亦作常詩魯頌閟宮居常與許是也毛傳謂常許魯南鄙西鄙許郎許田為南鄙常為西鄙也讀書叢錄云管子小匡篇桓公曰吾欲南伐何主管子對曰以魯為主反其侵地常潛國語魯語作棠潛左氏隱五年公觀魚于棠棠郎常也閻氏若璩四書釋地云春秋三棠邑一宋魯之界上矣魚于棠是也今魚臺縣一楚地伍奢長子尚為棠君是也今六合縣一齊邑齊棠公之妻杜注不言棠所在余謂棠萊邑也左傳補注云水經注据杜注唐與棠自為二地唐亭在魯竟內地亦非遠實宇記棠水在宋州楚丘縣北四十里從單州城武縣入界南行

五里合絕溝即此水也則不得爲濟上之邑隸釋載漢石經公羊殘碑此下直接下傳曷爲或言率師或不言率師無夏四月葬衞桓公秋衞師入盛一十二字古者經傳異本後儒省兩讀始合併之漢石經公羊有傳無經此漢以前舊式可考者校勘記云○合注濟者至四瀆○爾雅釋水云江河淮濟爲四瀆四瀆者發源注海者也風俗通引三正記曰江河淮濟爲四瀆瀆者通也所以通中國垢濁民陵居殖五穀也江者貢也珍物可貢獻河者播爲九流出龍圖也淮者均均其務也濟者齊齊其度量也

夏四月葬衞桓公疏舊疏云郎上三年傳云過時而不日謂之不能葬也注云解緩不能以時葬夏四月葬衞桓公是也桓公見弒在去年春過期乃葬故以解緩言之

秋衞師入盛疏盛唐石經諸本同左氏作郕荀子王霸篇以觀其盛者也注盛讀爲成盛郕皆从成得聲故通土地名東郡廩丘縣三十里有故郕都又岡縣西南有盛鄉城杜云東平剛父縣西南有郕鄉按廩丘在范縣岡與剛父未知是一是二泰山郡下有剛縣在甯縣與范地不相屬恐非盛地所及通義云入例月衞師入盛不月者同姓相入託始于是疾略之也盛文之昭也天子嘗命爲上卿之長衞滅王棄親入兄弟之國春秋所尤惡故今與吳入州來於越入吳同例矣按上二年注云入例時傷害多則月此書時猶正例也

曷爲或言率師或不言率師將尊師衆稱某率師注將尊者謂大夫也師衆者滿二千五百人以上也二千五百人稱師無駭率師

入極是也禮天子六師方伯二師諸侯一師【疏】注將尊至夫也○舊疏云公羊之例○大夫見名氏故云此○注師衆至是也○無駭事見上二年二千五百人爲師周禮夏官序官有此文白虎通三軍云國有三軍何所以戒非常伐無道尊宗廟重社稷安不忘危也何以言有三軍也論語曰子行三軍則誰與詩云周王于邁六師及之三軍者何法法天地人也以爲五人爲伍五伍爲兩四兩爲卒五卒爲旅五旅爲師二千五百人爲師師爲一軍六師萬五千人也傳曰一人必死十人不能當十人必死百人不能當百人必死千人不能當千人必死萬人不能當萬人必死橫行天下雖有萬人猶謙讓自以爲不足故復五千人人與何氏說同詩棫樸云六師及之箋云天子六軍萬二千五百人爲師今王與師行者殷末之制未有周禮則亦用公羊義彼疏引鄭志趙商問此箋引常武整我六師宣王之詩又出征伐之事不稱六軍而稱六師不達其意又臨碩問並引詩三處六師之文以難之周禮鄭釋之云春秋之兵雖累萬之衆皆稱師詩之六師謂六軍之師則鄭氏總言三文六師皆云六軍是鄭又持疑未定也其實萬二千五百人爲軍之說自是周禮其以師爲軍是春秋今文家說或夏殷之制不可通之周禮也馮氏景解春集與閻百詩書云國語伶州鳩與景王論武王曰王以黃鍾之下宮布戎於牧之野故謂之厲所以厲六師也先生曰斯時武王僅有三軍六師未備謂爲追書者之常景按大雅周王于邁六師及之周王文王也亦未有六軍故鄭箋曰二千五百人爲師觀義疏最明夫以六師言則一萬五千人以六軍言則七萬五千人是師少而軍多也又易師卦注云多以軍爲名次以師爲名少以旅爲名師者舉中之言此軍師名實確有別者蓋詩人之作或以後事言之或論當時之實若此詩六師及之及之是据當時實

事不得云追書者之事文王既有六師則武王大巡六師又何疑之有是以師爲軍說尤明確上二年莒人入向杜注云將卑師少稱人孔疏師者衆也雖復五軍三軍悉皆以師爲名取其衆義也故經不書軍也釋例曰春秋不書軍旅壹皆曰師從衆稱也經之大例君自將者言君不言師卿將者滿師則師將並書不滿則空舉將名大夫將者滿師則稱師不滿則稱人所以然者定四年傳曰君行師從卿行旅從則君行必有師卿行必有旅君將不言帥師卿將不言帥旅以其可知故也卿行不合師從今乃帥領一師若不言師則師文不見卿尊自合書名師文又須別見故師將並舉言某帥師也其師少者卿自須見唯舉將名不須言帥師言衆少不足錄也大夫爵位卑下名氏不合見經但所帥滿師師自須見故言師不言將也若不滿師者一旅之衆例所不書大夫位卑又名不當見則空舉其將謂之爲人人卽大夫身也其將尊師少及將卑師衆若其序列則將卑師衆在上襄二年晉師宋師衛甯殖侵鄭是也釋例曰大夫將滿師稱師不滿稱人而已卿將滿師則兩書不滿則直書名氏君將不言帥師卿將不言帥旅此史策記注之常是杜孔並用公羊義也○注禮天子至一師○疑禮緯文也宜爲方伯三師諸侯二師白虎通三軍篇引穀梁傳曰天子有六軍上國三軍次國二軍下國一軍今穀梁有脫文也公羊昭五年傳舍中軍者復古也魯於春秋不得爲方伯而以二軍爲復古知次國二軍矣此注雖不言一師從可知也白虎通又云諸侯所以一軍者諸侯藩屏之臣也任兵革之重距一方之難故得有一軍也此正班氏申言小國諸侯一軍之義班氏多用公羊兼採穀梁家說則今本有譌脫可知三略云聖王御世度得失而爲之制故諸侯二師方伯三師天子六師古者一二皆積畫不無譌易也但何氏以師爲二千五百人與諸家異古周禮以師旅卒伍之師

爲二千五百人其六師三師二師之師當古軍制萬二千五百人故魯二軍得二萬五千人魯頌後言其盛故曰公徒三萬則五倍于師矣鄭氏荅臨碩謂古春秋億萬之衆皆稱師似亦不專指二千五百人之數均與何氏微異

將尊師少稱將【注】師少者不滿二千五百人也衛孫良夫伐廧咎如是也【疏】注衛孫至是也○見成三年校勘記云廧鄂本以下同按成三年經作將咎如左氏作廧此誤宋本廧字剜改蓋本作將按此蓋誤涉左氏文也舊疏云不言卻克者科舉以言之

將卑師衆稱師【注】將卑者謂士也衛師入盛是也【疏】注將卑至是也○卽此是也孔疏以將卑爲大夫將尊爲卿與此異公羊以大夫屬將尊士屬將卑襄十一年傳云古者上卿下卿上士下士下卿蓋卽大夫也司徒司空上卿各一下卿各二司馬上下卿各一上士相上卿下士相下卿此何氏義也正合三卿五大夫之數

將卑師少稱人【注】鄭人伐衛是也【疏】注鄭人伐衛是也○見上二年冬

君將不言率師書其重者也【注】分別之者責元率因錄功惡有小大敘徐從王伐鄭是也【疏】通義云公伐邾婁是也繁露王道云君將不言率師重君之義又奉本云君將不言臣臣不言師按疑衍一臣字謂君自將不舉其臣事統於尊也亦不言師卽謂不言率師君爲重故○注分別至小大○校勘記云元率宋本作元帥閩本監本毛本並作率舊疏云責元帥者凡書兵者是正不得故責之也因錄功惡有小大者卽將尊師衆而有功小將卑師少而有功大將卑師少而無功爲惡小將尊一師衆而無功爲惡大也按繁露竹林云戰攻侵伐雖數百起必一二師

書傳其害所重也又云會同之事大者主小戰伐之事後者主先苟不惡何爲使起之者居下是其惡戰伐之辭已故春秋凡書將者皆責元帥爲其重兵害衆構怨結禍更相報償故也而又錄功惡之大小者孟子所謂彼善於此者也故士匄不伐喪而春秋大之子反內專政而外擅名而春秋予其平功惡不相掩而大小自見者也○注救徐至是也○傳十五年春公孫敖率師及諸侯之大夫救徐彼注云言次者刺諸侯緩於人恩既約救徐而生事止次不自往遣大夫往卒不能解也是其將尊師衆無功故爲惡大也桓五年秋蔡人衛人陳人從王伐鄭傳其言從王伐鄭何從王正也彼注云美其得正義也故以從王征伐錄之蓋起時天子微弱諸侯背叛莫肯從王者征伐以善三國之君獨能尊天子死節稱人者刺王者也天下之君海內之主當秉綱撮要而親自用兵故見其微弱僅能從微者不能從諸侯猶莒稱人則從不疑也知實諸侯者以美得正然則從王伐鄭實三國之君以刺王者故稱人若此注美其功大則似實微者矣不同者以經文稱三國稱人故卽依人爲解也通義云据此傳知經雖以稱人爲貶至圍入侵伐之等書人者皆將卑師少常詞非盡意義所繫大氏功罪之別多於月日詳略見之也

公羊義疏六

公羊義疏七

南菁書院

句容陳立卓人著

隱五年九月盡十二月

九月考仲子之宮

考宮者何考猶入室也始祭仲子也注考成也成仲子之宮廟而祭之所以居其鬼神猶生人入宮室必有飲食之事不就惠公廟者妾母卑故雖爲夫人猶特廟而祭之禮妾廟子死則廢矣不言立者得變禮也加之者宮廟尊卑共名非配號稱之辭故加之以絕也疏校勘記云唐石經諸本同漢石經無下也字爾雅釋宮云宮謂之室室謂之宮宮室互通故以入室解考宮也○注云考成也○爾雅釋詁文穀梁傳考者何也考者成之也成之爲夫人也按何意以考爲成仲子之宮不取乎成夫人之禮也詩斯干序云斯干宣王考室也箋云考成也宣王於是築宮廟羣寢既成而釁之歌斯干之詩以樂之此之謂成室宗廟成則又祭先祖○注成仲至之事○左疏引服虔云宮廟初成祭之名爲考將納仲子之主故考成以致其五祀之神以堅之禮記雜記云成廟則釁之說文西部釁血祭也詩疏引賈逵云殺而以血塗鼓謂之釁鼓則釁者血塗之名故大戴禮諸侯釁廟篇云成廟釁之以羊君元

服立於寢門內南向祝宗人宰夫皆元服盧注廟新成而釁者尊
而神之以神事故亦同爵弁小戴君朝服者謂不與爲又云宗人
曰請命以釁某廟君曰諾遂入雍人拭羊乃行入廟門碑南北面
東上雍人舉羊升屋自中中屋南封羊血流于前乃降門以雞有
司當門北面雍人割雞屋下當門郟室割雞于室中有司亦北面
也其居室則考而不釁故雜記云路寢成則考之而不釁注云設
盛食以落之卽引檀弓晉獻文子成室諸大夫發焉是落之事是
也古人緣生以事死生人入室有飲食之事故宗廟成是亦祭以妥
其神焉其祭器成則以豭豚昭四年左傳叔孫爲孟丙作鐘饗大
夫以落之詩疏引服虔云釁以豭豚爲落是也趙氏佑溫故錄云
古人用釁之禮不一定四年左傳君以軍行祓社釁鼓文王世子
始立學者既與器用幣注與讀曰釁月令孟冬命太史釁龜筴雜
記下成廟則釁之其禮雍人舉羊升屋自中中屋南面封羊血流
于前乃降門夾室皆用雞其衈皆於屋下割雞門當門夾室中室
又云路寢成則考之而不釁釁者交神明之道也凡宗廟之器其
名者成則釁之以豭豚大戴禮亦有釁廟獨爲篇其具在周之官者
大祝天府而外春官則有肆師以歲時序其祭祀及其祈珥小祝
大師掌釁祈號祝龜人上春釁龜雞人凡祭祀面禳釁共其雞牲
夏官則大司馬若大師帥執事涖釁主及軍器小子掌珥於社稷
祈於五祀釁邦器及軍器羊人凡祈珥釁積共其羊牲圉師春除
蓐釁廄秋官則士師凡刉珥則奉犬牲犬人凡幾珥用駹可也司
約若有訟者則珥而辟藏康成注皆以祈卽刉字珥卽衈字用毛
牲者刉用羽牲者衈皆取血以釁之事釁之者神之也先鄭則釁
讀爲徽謂飾羙之也是凡器皆用釁龜玉亦釁之廟社皆用釁主
亦釁馬廄亦釁之也○注不就至祭之○漢書韋元成傳元成言
古者制禮別尊卑貴賤國君之母非適不得配食則薦於寢身殁

而已冊府元龜晉孝武追崇庶祖母宣太后議者或謂宜配食中宗臧燾議曰陽秋之義母以子貴故仲子成風咸稱夫人經言考仲子之宮若配食惠公則宮無緣別築前漢孝文孝昭太后並繫子爲號祭于園寢不配於高祖孝武之廟也後漢和帝之母曰恭懷皇后安帝祖母曰敬隱皇后順帝之母曰恭閔皇后雖不繫子爲號亦祭于陵寢不配章安二帝此則二漢雖有太后皇后之異至於並不配食義同陽秋惟光武追廢呂后故以薄后配食高廟又衞后既廢霍光追尊李夫人爲皇后配孝武廟此非母以子貴之例直以高武二廟無配故耳又漢世立寢於陵自是晉制所異謂宜遠準陽秋考宮之義近慕二漢不配之典尊號既正則罔極之情申別建寢廟則嚴禰之義顯繫子爲稱兼明母貴之所由一舉而允三議固哲王之高致也議者從之宋書禮志孝武追尊簡文太后時羣臣希旨多謂宜配食徐邈曰臣按陽秋之義母以子貴魯隱尊桓母別考仲子之宮而不配食於惠廟若乃祔葬配食則義所不可虞歊議以爲春秋之義庶母雖名同崇號而實異正適是以猶殊別宮而公子主其祀是以隱公爲桓立其母廟不配惠公可謂權衡悉合後儒責隱立宮以祭庶弟之母啓後世追尊妾母者不察之甚矣○注禮妾至廢矣○穀梁傳禮庶子爲君爲其母築宮使公子主其祭也於子祭於孫止禮記喪服小記云慈母與妾母不世祭也鄭注以其非正春秋傳曰於子祭於孫止卽穀梁說范云貴賤之序卽本鄭氏非正之義也惟穀梁以仲子爲孝公之妾隱公爲其孫故非隱爲失禮又彼傳云使公子主其祭范云公當奉宗廟故不得自主公子者長子之弟及妾之子其所論於孫止卽此之子死則廢也漢書匡衡傳告毀廟曰孝莫大於嚴父故父之所尊子不可以不承父之所異子不敢同禮公子不得爲母信爲後則於子祭於孫止尊祖嚴父之義若然喪服小記

又云妾祔於妾祖姑亡則中一以上而祔祔必以其昭穆妾母不世祭得祔諸妾祖姑者孔疏云當爲壇祔之耳義或然也其無妾祖姑者則小記所云易牲而祔於女君可也注女君適祖姑易牲而祔則凡妾下女君一等是也○注不言至禮也○舊疏云欲決成六年立武宮定元年立煬宮皆言立者以其非禮故也○注加之至絕也○亦以決武宮煬宮桓宮僖公不加之之義也以武煬等皆君於禰宮宜仲子是妾不合與宮連文又宮廟尊卑共名不合不禰宮故加之以絕見其殊乎君與適夫人也

桓未君則曷爲祭仲子【注】据無子不廟也【疏】注据無子不廟也○舊疏云即上解於孫止是也其子死乾猶尚不祭其子未君之時不祭明矣按莊三十二年傳有子則廟無子不廟注自据彼傳爲解言未踰年君無子即不廟況未爲君之妾母乎

隱爲桓立故爲桓祭其母也然則何言爾成公意也【注】尊桓之母爲立廟所以彰桓當立得事之宜故善而書之所以起其意成其賢也【疏】注尊桓至賢也○上元年傳云公將平國而反之桓曷爲反之桓桓幼而貴隱長而卑故隱爲桓立尊其母爲得事之宜也通義云仲子之葬久矣初歿惠公之喪又遭天王崩三年之中遏密八音未可盛禮與樂故至是始祭不就惠公廟者配無二適也凡此皆見春秋之初魯猶秉周禮解詁箋云穀梁得之其曰成之爲夫人斯失矣禮妾祔于妾祖姑亡則中一以上而祔祔必以其昭穆謂亡妾祖姑者易牲而祔於女君可也此士制也周爲妾媵立廟設守祧一人世世不毀以義起非常制也庶子爲君爲其母築宮使公子主其祭於子祭於孫止禮也隱不成仲子爲夫人故爲之考廟宮若成之不得爲王母乎經所

譏者正其不得立廟世祭且著其僭諸公之樂以明祖禰之廟且僭天子之樂大惡不可言也何君以爲善而書之以成其賢疏於禮矣按劉氏於仲子主穀梁之說故與何君全乖穀梁又以隱不宜讓故無賢辭以公羊不書立之例見之則考仲子之宮自非失禮元年傳於不書即位曰成公意於仲子之喪告諸侯曰成公意二年傳於不書子氏薨曰成公意又於此言成公意終始無惡文非善而何何氏墨守本經劉氏譏之傎矣

初獻六羽

初者何始也疏爾雅釋詁初始也穀梁傳初始也同六羽者何舞也注持羽而舞疏注持羽而舞○周禮舞師云教羽舞帥而舞四方之祭祀教皇舞帥而舞旱暵之事鄭注羽析白羽爲之形如帗也皇故書皇元謂皇析五采羽爲之亦如帗又樂師有帗舞有羽舞有皇舞有旄舞有干舞有人舞先鄭云帗舞者全羽羽舞者析羽皇舞者以羽冒覆頭上衣飾翡翠之羽旄舞者氂牛之尾干舞者兵舞人舞者手舞後鄭謂帗析五采繒皇雜五采羽如鳳皇色如後鄭義六舞惟羽舞皇舞持羽而舞也所持何羽義具於下初獻六羽何以書譏何譏爾譏始僭諸公也注僭齊也下倣上之辭疏注僭齊至之辭○廣雅釋詁云僭擬也漢書韓安國傳注僭擬也擬儗即齊之謂穀梁傳始僭樂矣注下犯上謂之僭本此爲義也倣釋文音戶教反校勘記云此當本作下效故爲作音繁露王道云觀乎獻六羽知上下之差差亦僭也六羽之爲僭奈何天子八佾注佾者列也八人爲

列八八六十四人法八風【疏】注佾列至八風○白虎通禮樂云八佾者何謂也佾者列也以八人爲行列八八六十四人通典引蔡邕月令章句云天子省風以作樂舞所以節八音而行八風獨斷云天子八佾八八六十四人八者象八風所以風化天下也

諸公六【注】六人爲列六六三十六人法六律【疏】注六人至六律○白虎通禮樂云諸公六六爲行何氏本此獨斷云公之樂六佾象六律也通義云舊說非也佾以八人爲列於文从八王逸招魂章句云二八二列也夫人有二列之樂故晉悼公賜魏絳女樂二八也穀梁傳尸子曰舞夏自天子至諸侯皆用八佾初獻六羽始厲樂矣其意正以初獻六羽爲每佾用六羽故言自八佾至於四佾皆八羽而成佾魯佾六羽始殺樂矣雖於此經不然然足爲佾必八人之證繁露三代改制曰法商而王舞溢員法夏而王舞溢方法質而王舞溢楕法文而王舞溢衡由此言之綴兆不必正方又不得以人數宜如佾數爲難按左疏引服虔說以用六爲六八四十八人大夫四爲四八三十二人士二爲二八十六人又月令章句云佾列人每佾八人服冕而執戚則服氏蔡氏以八人爲佾杜氏以八八六十四人六六三十六人四四十六人二二四人爲說取何氏義以舞勢宜方故也

諸侯四【注】四人爲列四四十六人法四時【疏】注四人至四時○白虎通云諸侯四四爲行獨斷云侯之樂四佾所以象四時白虎通又云天子八佾諸侯四佾何所以別尊卑樂者陽也故以陰數法八風六律四時也八風六律者天氣也助天地成萬物者也亦猶樂所以順氣變化萬民成其性命也故春秋公羊傳曰天子八佾諸公六佾諸侯四佾是班氏用今文說何氏即本班爲義也月令章句天子八佾諸侯六佾大夫四佾按白虎通又

引詩傳曰大夫士琴瑟御大夫士北面之臣非專事子民者也故但琴瑟而已則魯詩公羊春秋皆以大夫無舞也通義云四八三十二此正制也左氏言諸侯六佾大夫四者衆仲探公問羽數之意欲僭諸公特詭詞以對耳又天子之大夫視諸侯故得通言大夫四佾矣按諸侯六大夫四士二自是左氏家說不得通之公羊孔氏雖欲合之謬矣蔡氏章句或亦取左氏義耳白虎通爵篇云何以知公爲爵也春秋傳曰諸侯四佾諸公六佾約此經爲說也廣雅釋樂云天子樂八佾諸公六諸侯四與公羊同通典引月令章句引樂容曰舞天子八佾諸侯六大夫四士二說郛引章句又云問者曰子說月令多類周官左傳明古文家以天子八諸侯六大夫四士二也御覽引禮記曰天子宮懸四面舞行八佾諸侯軒懸三面舞行六佾大夫判懸二面舞行二佾蓋古逸禮語故與左氏說同

諸公者何諸侯者何天子三公稱公王者之後稱公

疏通義云顧炎武曰天子三公稱公周公召公毛公畢公蘇公是也王者之後稱公宋公是也按僖九年經云公會宰周公注宰治也三公之職號尊名也是天子三公稱公也上三年宋公和卒注云宋稱公者殷後也王者封二王後地方百里爵稱公客待之而不臣也是王者之後稱公也詩篤公劉箋云邰后稷上公之封大國之制三軍正義云后稷本二王後以有大功故封于邰明爲大國公爵公劉是其曾孫耳

其餘大國稱侯

注大國謂百里也

疏注大國謂百里也○孟子萬章云公侯皆方百里又云大國地方百里禮記王制同是公侯地同祇以王者之後特加爵爲公故白虎通爵篇云公者加尊二王之後侯者百里之正爵是也舊疏謂侯與公等者据有功言之又云其實凡平之侯正與伯等者皆非也繁露爵國云大國十六萬口而立口軍

三何以言之曰以井田准數之方里而一井一井而九百畝而立口方里八家一家百畝以食五口上農夫一耕百畝食九口次八人次七人次六人次五人多寡相補率百畝而三口方里而二十四口方里者十六得二百四十口方十里爲方百里者百得二千四百口方百里爲方百里者萬得二十四萬口法三分而除其一城池郭邑屋室閭巷街路市宮府園囿萎圈臺沼椽采得良田方一十里者六十六與方里六十六定率得十六萬口三分之則各五萬三千三百三十三口爲大國口軍此公侯制也

小國稱伯子男

注 小國謂伯七十里子男五十里

疏 云注小國至十里○王制云公侯田方百里伯七十里子男五十里鄭注此地殷所因夏爵三等之制春秋變周之文從殷之質合伯子男以爲一則殷爵三等者公侯伯也異於內謂之子周武王初定天下更立五等之爵增以子男而猶因殷之地以九州之界尙狹也周公攝政致太平斥大九州之界制禮成武王之意封王者之後爲公及有功之諸侯大者地方五百里其次侯四百里其次伯三百里其次子二百里其次男百里所因殷之諸侯亦以功黜陟之其不合者皆益之地爲百里焉是以周世有爵尊而國小爵卑而國大者唯天子圻內千里不增以祿羣臣不主爲治民按何氏此注疑有脫誤一伯七十里子男五十里自是夏殷之制春秋當以公爲一等侯爲一等伯子男爲一等當公百里侯七十里伯子男五十里故白虎通爵篇引公羊此傳下即云殷爵三等爲公侯伯也所以合子男從伯者王者受命改文從質無虛退人之義故上就伯也尙書曰侯甸男衛作國伯謂殷也春秋傳曰合伯子男以爲一爵又曰王者有改道之文無改道之實殷家所以令公居百里侯居七十里何也封賢極于百里不可空退人示優賢之義欲褒尊而上之何以知殷家侯不過七十里曰

土有三等有百里七十里五十里其地半者其數倍制地之理體也多少不相配此班氏所据公羊家說也又按繁露爵國云春秋曰會宰周公又曰公會齊侯宋公鄭伯許男滕子又曰初獻六羽傳曰天子三公稱公王者之後稱公其餘大國稱侯小者稱伯子男凡五等故周爵五等土三品文多而實少春秋三等合伯子男爲一爵土二品文少而實多凡五等宜是三等涉下五等而誤董生意以公侯百里伯七十里子男五十里爲周制其時周官未出其實周爵五等土五品也春秋殷制當公侯百里伯子男七十里矣故云土二品何氏於上大國稱侯注云大國謂百里則此注當云小國七十里與董生正合與班氏所据公羊說微異則又公羊先師之不同者俗儒習見孟子王制之文並何氏注亦改之謬矣通義云舊說此爲春秋改文從質然周爵雖五固分三等周禮曰公於上等侯伯於中等子男於下等是也但春秋時變之又以伯子男同一位故桓文之序盟會恒先宋公次諸侯次伯子男錯雜列之左傳鄭伯男也王肅曰鄭伯爵而連男言之猶公侯足句辭經書與子而國語曰命圭有命固曰與伯皆以伯子男同等故也含文嘉曰四方所瞻侯子所望大國稱侯小國稱子舉中以包之是也繁露爵國又云故伯七十里七七四十九三分除其一定得田方十里者二十八與方十里者六十六定率得十萬九千二百一十二口爲次國口軍三子男五十里五五二十五爲方十里者六十六定率得四萬口爲小國口軍三此周制也春秋合伯子男爲一等其不以七十里五十里爲春秋制審矣

天子三公者何天子之相也

注 相助也

疏 注相助也○類聚引風俗通云相者助也詩雝相維辟公傳禮記緇衣相亦惟終注並云相助也又月令命相布德和令鄭注相謂三公也相王之事也是也

天子之相則何以

三【注】据經伯有祭公周公【疏】注据經至周公○見桓八年傳九年自陝而東者周公主之自陝而西者召公主之一相處乎內【注】陝者蓋今宏農陝縣是也禮司馬主兵司徒主教司空主土春秋撥亂世以黜陟爲本故舉黜陟以所主者言之【疏】校勘記云陝唐石經諸本同毛本陝作陜與說文篆體合釋文陝失冉反一云當作郟古洽反王城郟鄏非何義又云召公唐石經諸本同釋文作邵公云又作召按作邵乃俗字呂覽孟春紀命相布德和令高誘云相三公也出爲二伯一相處乎內按書堯典云四岳史記注引鄭注云主四岳者謂之四伯伯則堯時稱岳四人殷周稱伯二人也禮記王制云八伯各以其屬屬于天子之老二人分天下以爲左右曰二伯注云老謂上公周禮曰九命作伯春秋傳曰自陝以東周公主之自陝以西召公主之禮記樂記云五成而分周公左召公右詩之下泉傳云諸侯有事二伯述職禮記曲禮云五官之長曰伯是職方注云謂爲三公者周禮九命作伯職主也是伯分主東西者引此傳語禮記疏引異義云王者已有州牧所以復設二伯何欲使絀陟也三歲一閏天道小備故二伯絀陟也何以爲二伯乎曰以三公在外稱伯東西分爲二所以稱伯何欲抑之也三公臣之最尊者也又以王命行天下爲其長故抑之也臣有所屈伯也史記燕世家云其在成王時召公爲三公自陝以西召公主之自陝以東周公主之白虎通封公侯云王者所以有二伯何分職而授政欲其亟成也春秋公羊傳曰自陝已東周公主之自陝已西召公主之不分南北何東方被聖人化日少西方被聖人化日久故分東西使聖人主其難賢人主其易也乃俱致太

平也又欲令同有陰陽寒暑之節共法度也又巡守篇傳曰周公入爲三公出作二伯中分天下出黜陟詩曰周公東征四國是皇言東征述職周公黜陟而天下皆正也又曰蔽芾甘棠勿翦勿伐召伯所茇言召公述職親說舍于野樹之下詩甘棠序云甘棠美召公也召伯之教明於南國箋云召伯食采于召作上公爲二伯說苑貴德云詩傳曰自陝以東者周公主之自陝以西者召公主之召公述職當桑蠶之時不欲變民事故不入邑中舍于甘棠之下而聽斷焉陝閒之人皆得其所故後世思而歌詠之彼所引詩傳則魯詩說也三公佐君而治二相出巡故一相處內引周召事明二公出作方伯也○注陝者至是也○漢書地理志云宏農郡陝故虢國有焦城故焦國北虢在大陽東虢在滎陽西虢在雍州公羊問答云郡國志陝縣有陝陌二伯所分据地志陝原在陝州陝縣西南二十五里分陝從原爲界集古錄陝州石柱相傳以爲周召分陝所立以別地里御覽引十道志云陝州陝郡禹貢豫州之域周爲二伯分陝之地即古虢國白虎通云封公侯云所分陝者是國中也若言面八百四十國矣毛詩譜云文王受命作邑于豐乃分岐邦周召之地爲周公旦召公奭之采地施先公之教於己所職之國則周召分采舊在岐地後得六州之地咸被其德故由陝分界也故周南所詠如江漢汝在今河南湖廣地水經注引韓詩序謂南在南郡南陽之閒謂周南也召南所載如南山則終南山也江沱則梁州之沱也在今陝西四川地則陝爲即今之陝州明矣詩譜云其得聖人之化者謂之周南得賢人之化者謂之召南皆謂由陝而南者也其陝以東之冀兗青徐豫揚陝以西之雍從可知也周承殷制分爲二伯王制所謂八州八伯又云天子之老二人曰二伯八伯者伯下之牧也夏則無文唐虞則詩崧高箋云當堯時姜氏爲四伯堯之末分爲八伯故尚書大傳云元祀巡

守四岳八伯舜之元祀有八伯明堯末置之舜因而不改焉○注禮司至主土○白虎通封公侯云司馬主兵司徒主人司空主地王者受命爲天地人之職故分職以置三公各主其一以效其功又別名記曰司徒典民司空主地司馬順天天者施生所以主兵何兵者爲民除害也所以全其生衛其養也故兵稱天寇賊猛獸皆爲謀害者所主害也論語曰天下有道則禮樂征伐自天子出司馬主兵言兵言馬者馬陽物乾之所爲行兵用焉不以傷害爲文故言馬不言兵司徒主人不言人言徒者徒者衆也重民衆司空主土不言土言空者空尙主之何況于實以徵見著書鈔引異義云今尙書夏侯歐陽說天子三公一曰司徒二曰司馬三曰司空九卿二十七大夫八十一元士凡百二十與公羊說同也異義又載古周禮說天子立三公曰太師大傅大保無官屬與王同職故曰坐而論道謂之王公又立三少以副之曰少師少傅少保是爲三孤冢宰司徒宗伯司馬司寇司空是爲六卿之屬許氏謹案周公爲傳召公爲保太公爲師無爲司徒司空文知師保傅三公官名也五帝三王不同物周之制也則許氏以今文家說爲前代制漢代今文正行故續漢志注引漢官儀云王莽時議以漢無司徒官故定三公之號曰大司馬大司徒大司空世祖即位因而不改也韓詩外傳八曰三公者何曰司空司馬司徒也司馬主天司空主土司徒主人漢書百官公卿表云或說司馬主天司徒主人司空主地論衡引書大傳云郊社不修山川不祝風雨不時霜雪不降則責之天公臣多弑主孽多亂宗五品不訓責於人公城郭不繕溝池不修水泉不降水爲民害則責之地公御覽引書大傳又云百姓不親五品不訓則責之司徒蠻夷猾夏寇賊姦宄則責之司馬溝瀆壅過水爲民害則責之司空是司馬主兵兵以順天除害故亦稱天公也按御覽引書大誓云乃告司馬司徒司空月令疏

引書傳有司馬公司徒公司空公領三卿是周初自以司馬司徒司空爲三公故書牧誓亦止有司徒司馬司空也○注春秋至言之○上傳說諸公有二一王者之後一天子三公此傳止申言天子三公不及二王之後故解之正以天子三公主黜陟春秋撥亂之書黜陟爲本故偏取以明所主焉通義云主者主其黜陟也蓋春秋因事寓戒故於僭諸公詳之繁露考功名云考績黜陟計事除廢有益者謂之公無益者謂之煩擥名責實不得虛言有功者賞有罪者罰功盛者賞顯罪多者罰重故是非不能混喜怒不能傾姦軌不能弄萬物各得其冥則百官勸職爭進其功又天地之行云考實事功次序殿最所以成世也有功者進無功者退所以賞罰也天不剛則列星亂其行主不堅則邪臣亂其官星亂則亡其天臣亂則亡其君是王者黜陟以撥亂之義也

始僭諸公昉於此乎 疏 昉唐石經諸本同漢石經昉作放

前此矣前此則曷爲始乎此僭諸公猶可言也僭天子不可言也 注 傳云爾者解不託始也前僭八佾於惠公廟大惡不可言也還從僭六羽議本所當託者非但六也故不得復傳上也加初者以爲常也獻者下奉上之辭不言六佾者言佾則干舞在其中明婦人無武事獨奏文樂羽者鴻羽也所以象文德之風化疾也夫樂本起於和順和順積於中然後榮華發於外是故八音者德之華也歌者德之言也舞者德之容

也故聽其音可以知其德察其詩可以達其意論其數可以正其容薦之宗廟足以享鬼神用之朝廷足以序羣臣立之學宮足以協萬民凡人之從上教也皆始於音音正則行正故聞宮聲則使人溫雅而廣大聞商聲則使人方正而好義聞角聲則使人惻隱而好仁聞徵聲則使人整齊而好禮聞羽聲則使人樂養而好施所以感蕩血脈流通精神存寧正性故樂從中出禮從外作也禮樂接於身望其容而民不敢慢觀其色而民不敢爭故禮樂者君子之深教也不可須臾離也君子須臾離禮則暴慢襲之須臾離樂則姦邪入之是以古者天子諸侯雅樂鐘磬未曾離於庭卿大夫御琴瑟未曾離於前所以養仁義而除淫辟也魯詩傳曰天子食日舉樂諸侯不釋縣大夫士日琴瑟王者治定制禮功成作樂未制作之時取先王之禮樂宜於今者用之堯曰大章舜曰簫韶夏曰大夏殷曰大護周曰大武各取其時民所樂者名之堯時民

樂其道章明也舜時民樂其修紹堯道也夏時民樂大其三聖相承也殷時民樂大其護己也周時民樂其伐討也蓋異號而同意異歌而同歸失禮鬼神例日此不日者嫌獨考宮以非禮書故從末言初可知

疏 包氏愼言云不可言惡大也王制曰變禮易樂者誅僭天子犯誅罪故云不可言按大戴禮本命云誣文武者罪及四世卽此變禮易樂者是也○注傳云至始也○校勘記云宋本監本同鄂本之作言其託始者卽上無駭入極紀履緰來逆女等傳是也此傳不云託始正以魯隱上僭不始於是其在先者爲僭天子又不可言故不得託始也○注前僭至羽議○校勘記云議閩本監本毛本同誤也鄂本議作譏浦云儀禮經傳通解引作譏當据正僭八佾於惠公廟何氏必有所据經籍散亡無以言之繁露王道云魯舞八佾如天子之爲是僭天子事也又云獻八佾諱八言六是從僭六羽譏爲八佾諱故也通義云前此羣公之廟已徧舞八佾今於仲子降一等猶僭諸公春秋內大惡諱僅因其可言者譏始於此然六羽猶譏八羽可知故曰易本隱以之顯春秋推見以至隱此之類也按禮記明堂位云命魯公世世祀周公以天子之禮樂又祭統云成王康王追念周公之所以勳勞者而欲尊魯故賜之以重祭外祭則郊社是也內祭則大嘗禘是也夫大嘗禘升歌清廟下而管象朱干玉戚以舞大武八佾以舞大夏此天子之樂也蓋魯祀周公本舞八佾後世因用之於羣廟耳昭二十五年傳子家駒曰八佾以舞大武明昭公時猶用八季氏之僭八佾有自來矣○注本所至上也○舊疏云由非六之故是以不得復發傳云上古已有六矣按語義未明何意謂

本所當託者是八羽非但於六今諱八議六故不復發傳如上託始之傳也無緣述及上古○注加初至常也○孔疏云初獻六羽者謂初始而獻非在後恒用知者宣十五年初稅畝杜云遂以為常故云初杜於此不解初義明不與彼同按同一初文義自無二杜於此初偶有未解不得即據為確義杜於傳文始用六佾下注云其後季氏舞八佾於庭知惟在仲子廟用六則杜明以仲子之廟恆六羽矣○注獻者至之辭○左氏莊三十一年云齊侯來獻戎捷杜注獻奉上之辭又穀梁范注獻下奉上之辭禮記少儀云若獻人注於尊者曰獻儀禮燕禮獻庶子于阼階上注凡獻皆薦也皆於人下奉上義合○注不言至文樂○祭統鄭注云朱干赤盾戚斧也此武象之舞所執也佾猶列也大夏禹樂文舞也執羽籥文武之舞皆八列互言之耳明朱干玉戚亦八列大夏亦執舞器故云互言是言佾則干舞在其中矣御覽引五經通義云王者之樂有先後者各尚其德也以文得之先文樂持羽旄而舞以武得之先武樂持朱干玉戚而舞所以增威武也是文樂象文武樂象武婦人無武事不得有武舞也解詁箋云禮諸侯不敢作天子象得賜之樂樂以象先王之功也周於姜嫄廟用樂舞以大濩則武舞矣此實公傳之誤也周官云凡小祭祀則不與舞注王元冕所祭者諸侯既不得親祭妾母若妾祖母安得奏文樂乎按妾母雖使公子主祭當不時必有違禮用樂者故春秋譏為左傳云將萬焉杜不明言萬為何舞据宣八年公羊傳則萬者干舞籥者羽舞萬羽不同而左氏直言問羽數則似以萬即羽矣彼疏引劉炫述義云羽者為文萬者為武武則左執朱干右秉玉戚文則左執籥右秉翟此傳將萬問羽即似萬羽同者以當此時萬羽俱作但將萬而問羽數非謂羽即萬也則以婦人廟亦有武舞非公羊義范云言佾干在其中明婦人無武事獨奏文樂疏引徐邈亦同范說蓋

皆本之何氏也〇注羽者至疾也〇詩疏引異義公羊說樂萬舞以鴻羽取其勁輕一舉千里詩毛傳萬以翟羽韓詩說以夷狄大爲羽謹案詩云右手秉翟爾雅說翟爲名雉屬也知翟羽舞也按所載公羊說萬字宜衍通義云翟羽文鴻羽質蓋鴻舞者殷制翟舞者周制周禮舞大濩以享先妣魯有六代之樂或意以仲子之宮比先妣廟而舞殷舞與春秋有變文從質之義亦因以示法易曰鴻漸于陸其羽可用爲儀儀猶獻也義或然也〇注夫樂至於外〇此下疑成語與禮記樂記文大同小異樂記云是故情深而文明氣盛而化神和順積中而英華發外唯樂不可以爲僞繁露楚莊王云天下未偏合和王者不虛作樂樂者盈於內而動發於外者也應其治時制禮作樂以成之成者本末質文皆以具矣御覽引元命包云王者不空作樂樂者和盈于內動發于外應其發時制禮作樂以成之宋注和盈于內鄉人邦國咸歌之發于外形四方之風也與繁露說合〇注是故至容也〇樂記云德者性之端也樂者德之華也金石絲竹樂之器也詩言其志也歌詠其聲也舞動其容也三者本於心然後樂器從之史記樂書太史公曰正聲者皆始于音音正而行正漢書景帝紀詔曰歌者所以發德也舞者所以昭功也〇注故聽至其容〇樂書云凡音由於人心天之與人有以相通如景之象形響之應聲樂記云凡音之起由人心生也人心之動物使之然也感於物而動故形於聲故聽其音可知其德也書堯典云詩言志詩周南序云詩者志之所之也在心爲志發言爲詩樂書又云寬而靜柔而正者宜歌頌廣大而靜疏達而信者宜歌大雅恭儉而好禮者宜歌小雅正直清廉而謙者宜歌風肆直而慈愛者宜歌商温良而能斷者宜歌齊是察其詩可以達其意察其所歌詩意亦可達也樂記云是故先王本之性情稽之度數又云使其聲足樂而不流使其文足論而不息

使其曲直繁瘠廉肉節奏足以感動人之善心而已矣曲直繁瘠也
廉肉節奏則數也故賓牟賈述武舞云總干而山立武王之事也
發揚蹈厲大公之志也武亂皆坐周召之治也是論其數可以正
其容也○注薦之至萬民○樂書云汲黯進曰凡王者作樂上以
承祖宗下以化兆民白帖引樂緯云受命而王爲之制樂樂其先
祖也周禮大司樂云乃分樂而序之以祭以享以祀又云乃奏夷
則歌小呂舞大濩以享先妣乃奏無射歌夾鍾舞大武享先祖又
云凡樂黃鍾爲宮大呂爲角大蔟爲徵應鍾爲羽路鼓路鼗陰羽
之管龍門之琴瑟九德之歌九磬之舞於宗廟中奏之皆享鬼神
事也其實天神地祇亦統之矣用之朝廷者周禮樂師云教樂儀
行以肆夏趨以采薺車亦如之環拜以鍾鼓爲節鄭注教樂儀教
王以樂出入於大寢朝廷之儀彼疏引書傳云天子將出撞黃鍾
之鐘是出入升降皆有樂節之也又如儀禮鄉射燕諸禮皆有樂
無非以序羣臣者也立之學官者周禮大胥云春入學舍采合舞
秋頒學合聲大司樂云以樂德教國子中和祇庸孝友以樂語教
國子興道諷誦言語以樂舞教國子舞雲門大卷大咸大磬大夏
大濩大武樂師云掌國學之政以教國子小舞鄉飲酒禮亦有升
歌間歌合樂諸節皆取和協之義樂書太史公曰下以變化黎庶
是也○注凡人至行正○樂典引河間獻王樂記古之爲樂也本
於詩今之爲詩也沿乎樂樂之典教不可復已故禮壞而樂淫樂
節則禮禮和則樂樂節則禮是以容得其正焉禮和則樂是以心
得其平焉斯須不違正樂則夷鄭之音無自入焉以此修德學道
音正而行正矣漢書董仲舒傳樂者所以變民風化民俗也其變
民也易其化民也著樂書太史公曰正教者皆始於音音正而行
正故宮動脾而和正聖商動肺而和正義角動肝而和正仁徵動
心而和正禮羽動腎而和正智故樂所以內輔正心而外異貴賤

也樂記云樂必發諸聲音形諸動靜人道也聲音動靜心術之變盡於此矣○注故聞至好施○樂書太史公曰故聞宮音使人溫
舒而廣大聞商音使人方正而好義聞角音使人惻隱而愛人聞徵音使人樂善而好施聞羽音使人整齊而好禮與此徵羽相易
按徵屬夏於樂善好施宜應從史記說郛引五經通義以爲湯作濩事云聞宮聲使人溫良而寬大聞商聲使人方廉而好義聞角
聲使人惻隱而愛人聞徵聲使人樂養而好施聞羽聲使人恭儉而好禮白虎通禮樂云聞角聲莫不惻隱而慈者聞徵聲莫不喜
養好施者聞商聲莫不剛斷而立事者聞羽聲莫不深思而遠慮者聞宮聲莫不溫潤而寬和者皆與此大同小異又五經析疑云
聞角聲莫不惻隱而哀者聞商聲無不斷割而無事者蓋本成語引之或殊也其取義亦止本仁義禮智信按五行立說○注所以
至正性○通流鄂本作流通宜據正樂記云故樂行而倫清耳目聰明血氣和平移風易俗天下皆甯樂書太史公曰故音樂者所
以動盪血脈通流精神而和正人心也董仲舒傳故聲發於和而本於性接於肌膚藏於骨髓白虎通云故樂所以蕩滌反其邪惡
也書鈔引樂緯云作樂所以防隆滿節喜盛也樂書云以爲州異國殊情習不同故博采風俗協比聲律以補短移化助流政教天
子躬於明堂臨觀而萬民咸蕩滌邪穢斟酌飽滿以飾厥性○注故樂至作也○樂記云樂由中出注和在心也又云禮自外作○注
敬在貌也又云樂由中出故靜禮自外作故文注文猶動樂書太史公曰夫禮由外入樂自內出漢書禮樂志云樂以治內而爲同
禮以修外而爲異○注禮樂至敢爭○樂記云內和而外順則民瞻其顏色而弗與爭也望其容貌而民不生易慢焉故德煇動於
內而民莫不承聽理發於外而民莫不承順○注故禮至入之○樂記云君子曰禮樂不可斯須去身致樂以治心則易直子諒之

心油然生矣又云心中斯須不和不樂而鄙詐之心入之矣外貌斯須不莊不敬而易慢之心入之矣樂書太史公曰故君子不可
須臾離禮須臾離禮則暴慢之形窮外不可須臾離樂須臾離樂則姦邪之行窮內是也○暴注是以至辟也○樂書太史公曰故樂
音者君子之所以養義也夫古者天子諸侯聽鐘磬未嘗離於庭卿大夫聽琴瑟之音未嘗離於前所以養行義而防淫泆也○注
魯詩至琴瑟○疑唐風山有蘆何不日鼓瑟傳也漢書藝文志魯人申公受詩於浮丘伯爲作詁訓是爲魯詩東漢世習之者有高
詡包咸魏應等自鄭氏箋毛而三家遂廢魯詩亡於永嘉之亂此其傳也白虎通禮樂云王者食所以有樂何樂食天下之大平富
積之饒也明天子至尊非功不食非德不飽故傳曰天子食時舉樂王者所以日四食何明有四方之物食四方之功也四方不平
四時不順有徹樂之法也所以明至尊著法戒也又云詩傳曰大夫士琴瑟御大夫士北面之臣非專事子民者也故但琴瑟而已
故禮記曲禮云大夫無故不徹縣士無故不徹琴瑟注故謂災患喪病明非災患喪病皆日琴瑟也但此以徹縣專屬諸侯爲異彼
疏引熊氏云說題辭云樂無大夫士制鄭箴膏肓從題辭之義題辭又云無樂者謂祭祀之樂然則大夫士日琴瑟者治身之樂也
故周禮小胥有大夫判縣士特縣鄉飲酒禮有工歌之樂而特牲少牢諸篇無樂也又按詩鄭風女曰雞鳴云琴瑟在御莫不靜好
傳君子無故不徹琴瑟雖特爲士言之其實縣中亦有琴瑟得包有大夫也戴禮言大夫不徹縣魯詩止諸侯以上朱氏彬經傳考
證云記與三家之詩皆七十子後者各記所聞故有殊也周禮膳夫云王日一舉又云以樂侑食禮記王制云天子日食舉樂又論
語微子述魯樂官有亞飯三飯四飯之官周禮疏引鄭注云皆舉食之樂則諸侯與天子同食日舉樂不僅不徹縣焉○鄭注王者至

作樂○樂記云王者功成作樂治定制禮其功大者其樂備其治辯者其禮具注功成治定同時耳功主於王業治主於教民明堂
位說周公曰治天下六年朝諸侯於明堂制禮作樂白虎通禮樂云樂言作禮言制何樂者陽也動作倡始故言作禮者陰也繫制
于陽故曰制樂象陽禮象陰也初學記引五經通義云功成作樂治定制禮所以禁奢侈淫邪志通中和也漢書董仲舒傳教化之
情不得雅頌之音不成故王者功成作樂樂其德也繁露楚莊王云問者曰物改而天授顯矣其必更作樂何也曰樂異乎是制爲
應天改之樂爲應人作之彼之所受命者必民之所同樂也是故大改制於初所以明天命也更作樂於終所以見天功也緣天下
之所新樂而爲之文曲且以和政且以興德王者先功成後治定故文武周公俱有樂功成即作而制禮必俟成王之世也○注治未
制至用之○白虎通禮樂云王者始起何用正民以爲且用先王之禮樂天下太平乃更制作焉書曰肇稱殷禮祀新邑此言太平
去殷禮春秋傳曰曷爲不修乎近而修乎遠同己也可因先以太平也漢書董仲舒傳王者未作樂之時乃用先王之樂宜於世者
而以深入教化於民又王吉傳王者未制禮之時引先王禮宜於今者用之又禮樂志云王者未作樂之前因先王之樂以教化百
姓說樂其俗然後改作以章功德書疏引鄭注洛誥云王者未制禮樂恆用先代之禮樂伐紂以來皆用殷禮非始成王用之也蓋
始起之時革創初定未追制作故一依前代無事變更論語堯曰篇湯告天之辭曰敢用元牡集解引孔曰殷家尚白未變夏禮故
用元牡是也○注堯曰至大武○護宋本閩本監本同毛本作濩非釋文亦作護白虎通禮樂云禮記曰堯樂曰大章舜樂曰簫招
禹樂曰大夏湯樂曰大護周樂曰大武象獨斷云堯曰咸池舜曰大韶一曰大招夏曰大夏殷曰大濩周曰大武按周禮大司樂又

有雲門大卷大咸大磬大夏大濩大武注云此周所存六代之樂
黃帝曰雲門大卷黃帝能成名萬物以明民共財言其德如雲之
所出民得以有族類大咸咸池堯樂也堯能殫均刑法以儀民言
其德無所不施史記注引庾蔚之云樂興於五帝禮成於三王樂
與王者之始禮隨世之質文故作樂自黃帝堯舜始也韶磬招通
○注各取至同歸○紹閩本監本毛本作紀依鄂本改正浦云儀
禮經傳通解作紹按以紹釋韶以同音爲訓詁也討閩本監本毛
本作紂依宋本改禮記禮器云樂也者樂其所自成注作樂者緣
民所樂於己之功舜之民樂其紹堯而作大韶湯武之民樂其護
伐而作濩武是作樂皆取其民所樂己者名之也御覽引元命包
云是故作樂者必反天下之始樂於己爲本舜之時民樂其紹堯
業故樂名韶韶者紹也禹之時民大樂其駢三聖相繼故樂名夏
夏者大也湯之時民大樂其救於患害故樂名大護護者救也
武王之時民樂其興師征伐故樂名武武者伐也四者天下所同
樂一也其所同樂之端不可一也宋注舜服繼堯之業駢讀曰頻
是卽異號同意異歌同歸之義也白虎通禮樂云堯曰大章者大
明天地人之道也舜曰簫韶者舜能繼堯之道也禹曰大夏者言
禹能順二人聖之道而行之故曰大夏也湯曰大護者言湯承衰能
護民之急也周公曰酌者言周公輔成王能斟酌文武之道而成
之也武王曰象者象太平而作樂示已太平也斟合曰大武者天下
始樂周之征伐行武故詩人歌之曰王赫斯怒爰整其旅當此之
時天下樂文王之怒以定天下故樂其武也大司樂鄭注云大磬
舜樂也言其德能紹堯之道也大夏禹樂也禹治水傅土言其德
能大中國也大濩湯樂也湯以寬治民而除其邪言其德能使天
下得其所也大武武王樂也武王伐紂以除其害言其德能成武
功惟大夏取義微殊繁露楚莊王云是故作樂者必反天下之所

始樂於己以爲本舜時民樂其昭堯之業也故韶者昭也禹之時民樂其三聖相承故夏者大也湯之時民樂其救之於患害也故護護者救也文王之時民樂其興師征伐也故武武者伐也四者天下之樂一也其所同樂之端不可一也作樂之法必反本之所樂所樂不同事樂安得不世異是故舜作韶而禹作夏湯作護而文王作武四樂殊名則各順其民始樂於己也吾見其效矣詩云文王受命有此武功既伐于崇作邑于豐樂之風也又曰王赫斯怒爰整其旅當是時紂爲無道諸侯大亂民樂文王之怒而詠歌之也周人德已洽天下反本以爲樂謂之大武言民所始樂者武也云爾故凡樂者作之於終而名之於始重本之義也然則周之大武本作於文王武王周公復有所增修耳文王爲受命之王故詩人皆推本爲說也堯樂有咸池又有大章者樂記云大章章之也注堯樂名也言堯德章明矣周禮闕之或作大卷又云咸池備矣注黃帝所作樂名也堯增修而用之咸皆也池施也言德之無所不施也周禮曰大咸然則咸池者堯所增修黃帝之樂大章則堯自作樂名也禮疏引熊安生說以大卷當大章泥於周禮大卷在咸池之上而樂記又以大章在咸池上故也不知周禮順世代爲序樂記以大章爲主以其爲堯之正樂咸池則堯所增修異代之樂故次於下也樂記又云韶繼也注韶之言紹也言舜能繼紹堯之德又云夏大也注言禹能大堯舜之德又云殷周之樂盡矣注言盡人事也周禮曰殷曰大濩周曰大武與周禮注同彼疏又引鉤命決云伏羲樂爲立基神農樂爲下謀祝融樂爲祝續又引樂緯云帝嚳曰六英顓頊曰五莖禮樂志六莖五英互異宋注云六英者爲六合之英華五莖爲五行之道立根莖亦望文生義耳樂記云五帝殊時不相沿樂先儒有數羲農等爲五帝者故亦可有樂周代已不存矣樂書云名與功偕正義曰名謂樂名

也功者揖讓干戈之功也聖王制樂之名與所建之功俱作也章明韶紹以韻爲訓夏大武伐以義爲訓護卽取本字爲義也○注失禮鬼神例日○舊疏云成六年二月辛巳立武宮之屬是也○注此不至可知○舊疏云言考宮與獻羽實同日若置日於考宮上則嫌獻羽不蒙之獨日考宮以非禮而已故從下事言初初是非禮辭則獻羽非禮可知然考宮得變禮而不置於獻羽上者嫌別日故也知初非禮者正以初稅畝同文按何氏此注云嫌獨考宮以非禮書似又以考宮亦失禮與上注得變禮義異蓋穀梁傳云庶子爲君爲其母築宮使公子主其祭也公羊以仲子爲惠妾桓母隱卽爲桓立亦不必遽爲其母廟立故仍疑其非禮與或獨爲衍字與穀梁傳曰初獻六羽始僭樂矣是亦以初爲非禮辭

邾婁人鄭人伐宋【注】邾婁小國序上者主會也【疏】注邾婁至會也○杜云邾婁主兵故序鄭上孔疏天下有道諸侯不得專行征伐以其不稟王命故以主兵爲首雖小國主兵卽序於大國之上欲見伐由其國善惡所歸故也雖大夫爲主國君從之亦序主兵者於上僖二十七年楚人陳侯蔡侯鄭伯許男圍宋左氏以楚人指子玉故如此解按孔氏此疏深得經旨穀梁注亦云邾主兵故序鄭上也伐宋而注言主會者邾婁會鄭伐宋故曰主會明邾婁當首其惡非會盟之會也

螟【疏】釋文螟蟲食苗心通義云爾雅曰食苗心螟食葉蟘食節賊食根蟊唯書螟者散文通矣京氏易傳曰棄正作淫茲謂惑厥風溫螟蟲起按左疏引舍人爾雅注云食苗心者螟言冥冥然難知也李巡曰食禾心曰螟言其姦冥冥難知也詩疏引陸璣疏云螟似子方而頭不赤郝氏懿行爾雅義疏云子方卽蚮蚄見齊民要術今食苗心小青蟲長僅半寸與禾同色尋之不見故言冥冥難

知也余族弟卿雲言又有小白蟲藏在苗心么麼難辨有此即禾葉變白色而不能放穗劣余按說文以螟爲食穀葉者誤按今南方苗將秀時有小青蟲匿於苗心大不及半寸不可見但視葉有纏絲亦謂之結蟲小謂苗葉纏結穗不能出由心達葉俱爲所食重則枯槁輕亦收成減薄是說文與爾雅無異也禮記月令仲春行夏令蟲螟爲害注云暑氣所生爲災害也與蟊異物而同類左疏引陸璣又云舊說螟螣蟊賊一種蟲也如言寇賊姦宄內外言之耳故犍爲文學曰此四種蟲皆蝗也實不同故分別釋之郭璞亦云分別蟲啖食禾所在之名耳

何以書記災也【注】災者有害於人物隨事而至者先是隱公張百金之魚設苛令急法以禁民之所致【疏】注災者至至者○災閩本監本毛本同作災宋本作灾上三年傳曰記異也注異者非常可怪先事而至者此災謂害於人物隨事而至者異大於災也詩疏引洪範五行傳曰害物曰災易復云有災眚釋文引子夏傳傷害曰災國語周語云天降災戾韋注災謂水旱蟲螟之屬三年日食之後有衞州吁公子翬諸變此因觀魚失政在先螟災在後是爲隨事而至也白虎通引潛潭巴云災之爲言傷也隨事而誅異之爲言怪也謂先發感動之也○注先是至所致○疏及閩本監本毛本作急法十行本作急治誤○隱公事見上左疏引孫炎爾雅注云螟蟘賊蟊皆政貪所致因以爲名說苑貴德云故爲人君者明貴德而賤利以道下下之爲惡尚不可止今隱公貪利而身自漁濟上而行八佾以此化於國人國人安得不解於義而縱其欲則災害起而臣下僻矣故其元年始書螟言災將起國家將亂云爾按元當作五類聚引漢含

孽曰螟應苛刻文選注引彼注云苛者切也與此苛令急法合詩疏云郭璞直以蟲食所在爲名而李巡孫炎並因託惡政則災由政起雖食所在爲名而所在之名緣政而致理爲兼通也經義雜記二云五行志云董仲舒劉向以爲時公觀魚于棠貪利之應也劉歆以爲又逆臧釐伯之諫貪利區霿以生蠃蟲之孽也案何注公羊云先是隱公張百金之魚設苛令急法所致又春公觀魚于棠傳何以書譏遠也注實譏張魚而言觀譏遠者恥公去南面之位下與百姓爭利匹夫無異與董義合杜注左傳但言蟲食苗心爲災故書當以劉說補之

冬十有二月辛巳公子彄卒注日者隱公賢君宜有恩禮於大夫益師始見法無駭有罪俠又未命也故獨得於此日疏左疏引世本云魯孝公生僖伯彄彄生哀伯達達生伯氏缾缾生文仲辰說文竹部箏讀若春秋魯公子彄取其音也按十二月無辛巳十二月小也辛巳爲十一月二十九日及六年正月初一日○注日者至大夫○上元年注云於所傳聞之世高祖曾祖之臣恩淺大夫卒有罪無罪皆不日略之也此公子彄卒日故云隱公賢君宜有恩禮於大夫也通義云前者公觀魚于棠彄諫不聽比卒公曰叔父有憾於寡人寡人弗敢忘葬之加一等故爲隱公恩痛日之因以褒爭臣按公羊不載僖伯諫觀魚事然不能無故加恩孔義或然○注益師至此日○元年十二月公子益師卒欲見三世之法故不日以見所傳聞世大夫有罪無罪皆不日也下八年冬十有二月無駭卒傳疾始滅也是有罪不日又九年三月俠卒傳俠者何吾大夫之未命者也是未命也惟彄與益師同無罪而彄當時實隱公有恩故

因日以示義毛本闔本監本俠上有据字校勘記云鄂本無据字是也舊疏中標注同十行本衍當刪正浦云元年盆師卒疏引此亦無据字

宋人伐鄭圍長葛疏杜云潁川長社縣北有長葛城京相璠土地名長社縣北有長葛鄉大事表云在今許州府長葛縣北十二里水經注洧水篇洧水又東南與龍淵水合水出長社縣西北東逕故城北鄭之長葛邑也春秋宋人伐鄭圍長葛是也後社樹暴長故曰長社又按京杜並云長社縣北有長葛鄉斯乃縣徙於南矣漢書地理志潁川郡長社注應劭曰宋人圍長葛是也其社樹暴長因名長社方輿紀要長社故城在許州長葛縣西一里

邑不言圍此其言圍何注据伐於餘丘不言圍疏通義云常辭國乃言圍又云邑而言圍者有四類長葛新城緡郊惡之言圍師及齊師圍成圍宋彭城圍戚國之言圍內邑不聽言圍圍棘之屬是也內諱取邑言圍圍洮圍台之屬是也〇注据伐至言圍〇舊解云邾莊二年夏公子慶父帥師伐於餘丘是也

彊也注至邑雖圍當言伐惡其彊而無義也必欲爲得邑故如其意言圍也所以不知鄭彊者公以楚師伐宋圍緡不言彊也疏注至邑至義也〇通義云宋彊而無義圍邊窮邑至於朞歲將爲明年取長葛見惡故張本於此穀梁傳曰伐國不言圍邑此其言圍何也久之也伐不踰時戰不逐奔誅不塡服范云無仁隱之心而有貪利之行故圍伐兼舉以明之亦惡其彊而無義也穀梁又云苞

人民毆牛馬曰侵斬樹木壞宮室曰伐彼疏引廢疾云廢焚孔子曰傷人乎不問馬今穀梁以苞人民爲輕斬樹木壞宮室爲重是理道之不通也鄭釋之云苞人民毆牛馬兵去可以歸還其爲壞宮室斬樹木則樹木不可復生宮室壞不自成爲毒害更重也劉氏逢祿難曰傳釋侵伐之例不及公羊爲長○苞人民毆牛馬斬樹木壞宮室侵伐入同有之不當以分輕重也○注人必欲至圍也○繁露玉杯云春秋之好微與其貴志也鄭伯志在滅段故如其意書克宋人志在得長葛故如其意言圍所謂逆而罪之不如徐而味之也春秋之所惡者不任德而任力故表其意以惡其彊也○注所以至彊也○傳文彊也不明故注文申言其非謂鄭彊也僖二十六年楚人伐宋圍緡傳邑不言圍此其言圍何刺道用師也注時以師與魯未至又道用之不仁之甚不言宋彊故知此非惡鄭也惟彼楚自伐宋此注言公以者因魯乞師伐齊遂道伐宋罪坐所由故言公以也或涉彼下經公以楚師伐齊取穀衍

南菁書院

句容陳立卓人著

隱六年盡七年

六年春鄭人來輸平疏唐石經宋本閩本監本毛本同左氏作渝平老子道德經考異唐傅奕定本質直若輸河上公王弼作渝古字通

輸平者何輸平猶墮成也疏公羊古義左傳作渝云更成也成猶盟也桓元年傳渝盟無享國秦晉爲盟成而不結宋及楚平傳載盟詞渝盟猶渝成也渝成猶渝平也公與鄭絕鄭來渝平隱不享國桓莊結成以隱爲詞則渝盟不得爲成盟矣詛楚文云變輸盟刺廣雅輸一更也渝與輸同輸亦訓墮故左氏謂之更成公羊謂之墮成其義一耳左傳校勘記惠棟云渝讀爲輸二傳作輸廣雅云輸更也詛楚文變輸盟刺謂變更盟刺耳渝更也平成也故經書渝平傳言更成杜氏訓渝爲變必俗儒傳寫之譌按渝輸古通用爾雅云渝變也杜氏用雅訓變亦更之義也通義云渝輸異文同義易曰成有渝越之盟詞曰渝盟無享國詛楚文曰變輸盟刺輸盟猶渝盟也輸成猶渝成也成猶平也調人凡有鬬怒者成之和難平爭謂之成平而變渝是謂墮成古文訓詁以輸爲墮左傳墮幣服虔曰墮輸也詩載輸爾載荀子成相辭展禽三絀春申道綴基畢輸其義皆爲墮按爾雅釋詁云平成也郭引穀梁傳曰平者成也又釋言渝變也注謂變易說文水部渝謂變汙詩羔裘及板箋皆云渝變也渝變即墮壞之義

故渝正字輸叚借也爾雅釋文云舍人渝作繻繻又渝之或體也按書呂刑云獄成而孚輸而孚輸與成對亦即墮義成者有司讞獄於上從而定之輸者上反其所讞者也成無弗孚輸亦無弗孚故出入皆當其情也穀梁傳輸者墮也平之爲言以道成也來輸平者不果成也與公羊義合

何言乎墮成注据翬會諸侯伐鄭後未道平也何道墮成疏通義云諸云何言乎者皆見非經所常言問何所爲而言此○注据翬至墮成○即上四年秋翬帥師會宋公以下伐鄭是也伐鄭以後經無平文故不得言墮平

敗其成也注翬伐鄭後已相與平但外平不書故云爾疏注翬伐至與平○翬伐鄭與平傳無文何氏或别有所据按漢書藝文志載有公羊外傳五十篇公羊雜記八十三篇何氏時宜見在故所引或傳所不載也○注但外至云爾○舊疏云魯與鄭平而言外平者謂伐鄭之後時公子翬外與鄭平不得公命是以不書故曰外平不書耳

曰吾成敗矣注吾魯也疏○注吾魯也舊疏云稱魯人之詞故加曰据傳文則墮平在魯曰鄭人來者兼爲內諱與

吾與鄭人未有成也注未無也此傳發者解鄭稱人爲共國辭疏校勘記云宋本閩本監本毛本同漢石經無也字唐石經未作未誤○何訓爲無明當作未一宋十行本下句亦譌作未有成○注未無也○禮記檀弓云不忍一日未有所歸也注未無也小爾雅廣詁云未無也呂覽開春云吾未有以言之高注未猶無也○注此發至國辭○舊疏云傳發此吾與鄭人未有成事者非直解鄭擅獲諸侯爲有罪而魯侯不能死難亦當絕故令鄭稱人言輸平則魯侯亦合稱人矣一箇人字兩國共有故云稱人爲共國辭段氏則

玉裁云疏云一箇人字兩國共有當是國共非共國也下注稱人共國辭者同誤按段說是也吾與鄭人則曷爲未有成注据無戰伐之文狐壤之戰隱公獲焉注時與鄭人戰於狐壤爲鄭所獲疏左傳隱十一年公之爲公子與鄭人戰于狐壤止焉杜云狐壤鄭地則左氏以狐壤之事在春秋前杜又云內諱獲故言止按左傳皆紀實無諱文依左氏則隱公尙爲公子不必諱杜注可謂贅矣然則何以不言戰注戰者內敗文也据鞌戰若獲言師敗績疏注戰者內敗文也○桓十年齊侯衛侯來戰于郎傳何以不言師敗績內不言戰言戰乃敗矣注春秋託王于魯戰者敵文也王者兵不與諸侯敵戰乃其已敗之文故不復言師敗績故戰爲內敗文也○注据鞌至敗績○鞌戰見成二年彼云季孫行父以下帥師會晉郤克以下及齊師戰于鞌齊師敗績秋七月齊侯使國佐如師傳佐獲也注佐獲者已獲而逃亡也然則彼齊君被獲故言師敗績此魯侯被獲亦宜言戰經無戰文故据以爲難焉諱獲也注若獲不言師敗績故以輸平諱也與鞌戰辟內敗文異戰例時偏戰日詐戰月不日者鄭詐之不月者正月也見隱終無奉正月之意不地者深諱也使若實輸平故不地也稱人共國辭者嫌來輸平獨惡鄭明鄭擅獲諸侯魯不能死難皆當絕之疏通義云言來者起狐壤內地內敗舉戰不舉敗公獲不舉戰其辱彌甚其諱彌深春秋多微文故戰于狐壤而

曰鄭人來輸平高克奔陳而曰鄭棄其師固不可以文句求也蓋
若但敗人則可書戰以起之今君獲而又不死位辱莫大焉故並戰
諱之所以爲獲諱故也○注君獲至諱也○繁露奉本云王痍君
獲不言師敗故成十六年傳云楚何以不稱師王痍也然則何以
不言師敗績爲君獲諱○注凡舉師敗績爲重衆今親傷人君當舉
君爲重僖十五年晉侯及秦伯戰于韓獲晉侯傳云此偏戰也何
以不言師敗績君獲不言師敗績也注舉君獲爲重也此舉外以
明內不外諸侯被獲不言師敗績舉君獲爲重內不得舉君獲故並
不書戰以見敗而以輸平諱也若然莊九年乾時之戰言我師敗
績者傳云復仇也注復仇以死敗爲榮故錄之彼有復仇之美故
敗績不諱也○注與鄭至文異○鄂本作異是也閩本監本毛本
異誤是疏中引注同當据正舉戰辟內敗文者成二年注云君獲
不言師敗績等起不去師敗績者辟內敗文也然則齊侯被獲宜
去敗績但舉君獲爲重直言戰而已又以內大夫在嫌爲魯敗故
不得但言戰所以辟內敗文此自以魯君見獲故不言戰焉是與
彼異○但注戰例至戰月○校勘記云十行本補刊偏誤偏今據宋
本閩本監本毛本訂正偏戰日者舊疏云即桓十二月丁未戰于
宋傳曰此偏戰也何以不言師敗績云云是也案僖二十二年冬
十有一月己巳朔宋公及楚人戰于泓傳偏戰者日爾此其言朔
何春秋辭繁而不殺者正也又文十一年冬十月甲午叔孫得臣
敗狄于鹹注嫌夷狄不能偏戰是偏戰日也詐戰月者舊疏云即
莊十年春王正月公敗齊師于長勺之屬是也然則僖三十三年
殽之戰日者傳云詐戰不日此何以日盡也繁露竹林云難者曰
春秋之書戰伐也有惡有善也惡詐擊而善偏戰恥伐喪而榮復
仇奈何以春秋爲無義戰而盡惡之也曰凡春秋之記災異也雖
畝有數莖猶謂之無麥苗也今天下之大三百年之久戰攻侵伐

不可勝數而復仇者有二焉是何異於無麥苗之有數亦甚哉不足以難之故謂之無義戰也以無義戰爲不可則無麥苗亦不可也以無麥苗爲可則無義戰亦可矣若春秋之於偏戰也善其偏不善其戰有以效其然也春秋愛人而戰者殺人君子奚說善殺其所愛哉故春秋之於偏戰也猶其於諸夏也引之魯則謂之外引之夷狄則謂之內比之詐戰則謂之義比之不戰則謂之不義故盟不如不盟然而有所謂善盟戰不如不戰然而有所謂善戰不義之中有義義之中有不義辭不能及皆在於指非精心達思者其孰能知之蓋詐則出其不意傷害尤多偏則結日而戰有忿不加暴之義故僖元年傳季子待之以偏戰春秋美之也○注不日者鄭詐之○明此爲詐戰也通義云穀梁傳曰來輸平者不果成也蓋自翬伐鄭後二國未有成今謀與鄭平而不果乃反致戰若所謂平莒及郯莒人不肯者故經得以輸平言之歸輸于鄭者起鄭人不肯也義或然也○注不月至之意○下十一年傳隱何以無正月注據六年輸平不月又云隱將讓乎桓故不有其正月也輸平在正月何氏必有所據若書正月則嫌隱有正與成公之意不合矣○注不地至地也○舊疏云若地宜言輸平于狐壤似若戰于之類辱莫大乎君獲故深諱之也繁露竹林云使人有廉恥者不生于大辱大辱莫甚於去南面之位而束獲爲虜也○注稱人至絕之○鄂本擅獲上有明鄭二字閩本監本毛本無脫也宜据補成二年傳佚獲也注當絕賤使與大夫敵體以起之知魯侯不死難亦當絕也僖十五年獲晉侯注云釋不書者以獲君爲惡書者以惡見獲與獲人君皆當絕是鄭與魯皆坐絕故書人以起之明魯亦人焉耳不專惡鄭之詐戰也

夏五月辛酉公會齊侯盟于艾【疏】包氏慎言云五月書辛酉五月無辛酉四月之十二日六月之十三

日也艾者杜云泰山牟縣東南有艾亭大事表云杜不言齊地當疑地在齊魯之閒在今沂州蒙陰縣西北又哀十一年及齊師戰于艾陵孔氏曰在博野縣南六十里在今泰安府泰安縣東南與此別張氏守節謂艾與艾陵爲一地者誤也大事表又云桑氏水經沂水出泰山蓋縣艾山漢蓋縣在今沂水縣西北六十里沂水與蒙陰相鄰以地勢準之亦相近齊乘云艾山在沂州西三十里寰宇記艾山一名臨樂山在沂州新泰縣東北三十里按沂州西三十里與蒙陰西北亦不連其謂新泰東北與泰安東南相近恐是艾陵也舊疏云下無相犯之處而書日者以下八年三月我入邴傳云其言我何言我者非獨我也齊亦欲之然則雖不復侵伐亦有爭邑之隙故書日也

秋七月

此無事何以書春秋雖無事首時過則書【注】首始也時四時也過歷也春以正月爲始夏以四月爲始秋以七月爲始冬以十月爲始歷一時無事則書其始月也【疏】臧氏琳經義雜記云初學記文部引劉歆七略曰春秋兩家文或具四時或不古文无事不必具四時按春秋兩家謂今文公羊穀梁是也古文謂左氏也或不當句不讀爲否不必具四時不衍字也謂公穀之經或有不具四時左氏雖無事必具也隱六年秋七月杜注云雖無事而書首月具四時以成歲皆放此是也漢書藝文志云劉何以中古文易經校施孟梁邱經或脫去无咎悔亡唯費氏經與古文同春秋之脫四時猶易之脫无咎悔亡也惟古

文無脫斯東漢以來儒者咸好古學與按今文公穀二家亦皆四時具故穀梁家范注亦云無事書首月不遺時也彼九年傳亦曰無事焉何以書不遺時也是也杜氏此注即本公羊立說劉歆此言未知何据漢書律曆志載劉歆說云於四時雖無事必書時月易四象之節也是三家於此並無異說○注首始也○爾雅釋詁首始也○注時四時也○周禮宮正以時比宮中之官府注時四時也禮記祭法云祭時也注時四時也易彖上傳應乎天而時行虞注時謂四時○注過歷也○說文辵部過度也史記外戚世家皆過栗姬索隱過謂踰之踰度皆與歷義近○注春以至月也○謂建子建卯建午建酉之月也通義云王者嚮明而治必奉順四時之正天道正於上人事正於下故春秋謹時月日以進退中失之事焉十二公之篇有無冬者無秋冬者五月或以冠夏十有二月或不冠冬方見變文以起微意常不立則變不見是故無事必具四時爲常法也其或不具者卽有所爲可知爾

首時過則何以書注据無事也春秋編年四時具然後爲年注明王者當奉順四時之正也尚書曰欽若昊天歷象日月星辰敬授民時是也有事不月者人道正則天道定矣疏釋文編必連反字林聲類皆布千反隸釋載漢石經爲年下直接傳文外取邑不書此何以書久也下闕公羊問答云何以謂之編年曰隋書李德林傳史者編年也故魯號紀年墨子吾見百國春秋史又有無事而書年者通義云諸特言春秋者皆一經之達例所以損益舊史而示新義者也周書時月解云凡四時成歲有春夏秋冬各有孟仲季○注明王至是也○堯典文也浦氏鏜云尚書作人時按作人者係唐人避諱所改經傳子史皆

引作民按書大傳考靈燿史記漢書所引皆作民凡兩漢諸儒所
引無作人者欽若史記作敬順欽訓敬若訓順也漢書魏相傳云
天地變化必由陰陽陰陽之分以日爲紀曰冬夏至則八風之序
立萬物之性成各有常職不得相干明王謹於尊天慎於養人故
立羲和之官君動靜以道奉順陰陽則日月光明風雨時節寒暑
調和臣愚以爲陰陽者王事之本羣生之命自古聖賢未有不由
之者也天子之義必純取法天地而觀於先聖書曰撫于五辰庶
績其凝漢書律歷志劉歆說曰夫歷春秋者天時也列人事而目
以天時傳曰民受天地之中以生所謂命也故列十二公二百四
十二年之事以陰陽之中制其禮故春爲陽中萬物以生秋爲陰
中萬物以成是以事舉其中禮取其和歷數以閏正天地之中以
作事厚生皆所以定命也易金火相革之卦曰湯武革命順乎天
而應乎人又曰治歷明時所以和人道也皆奉順四時之正義也
月令疏引考靈燿云主春者鳥星昏中可以種稷主夏者心星昏
中可以種黍主秋者虛星昏中可以種麥主冬者昴星昏中則入
山可以斬伐具器械王者南面而坐視四星之中者而知民之緩
急急則不賦力役故敬授民時也五行大義引曾子書疏引伏生
傳皆同〇注有事至定矣〇包氏慎言時月日褒貶說云春秋本
天以治人首書元年春王正君也君正而國定故以時月日治公
卿大夫洪範曰王省惟歲卿士惟月庶尹惟日王不知省歲則治不
知爲王卿士不知省月則無以爲卿士庶尹不知省日則無以爲
庶尹春秋以時月日進退王公卿大夫非春秋之法自古帝王相
傳之法也劉子駿爲左氏家之宗其言曰歷春秋者天時也列人
事而目以天時以陰陽之中制其禮則名書之以春秋取其以禮
制中也禮者國之命天之所爲非人之所設也子思子作中庸以
發明春秋之旨言春秋以中爲用也事背乎中則貶責加焉中庸者

元之所交會乾元統天坤元承天而交于春秋故曰時月以遠分至啓閉易之八卦也象事成敗易吉凶之效也朝聘會盟易之大業也吉凶生大業鑒古知今觀往察來爲人君者正身以正朝廷正朝廷以正百官正百官以正萬民如時之繫歲月之繫時日之繫月統之有宗會之有要則大業日新矣洪範曰日月歲時無易百穀用成乂用明俊民用章家用平康反是而不成不明不彰不平康亦如之然則時之缺月之缺日之缺非史氏之缺仲尼缺之示教也無王者王之所誅桓篡弒無王也天子不能誅反下聘之故於聘之年去秋冬二時明刑罰之弛也成十年去冬曠時祭而遠如晉藏令不行也桓十七年五月無夏夫人不知有公也昭十年十二月無冬欲倚吳而取吳孟子失所庇也僖二十八年冬下無月而有日壬申丁丑天子爲諸侯所致無月者諸侯不供職也易繫詞曰天地之道貞觀者也日月之道貞明者也四時之序天地之運貞觀也日月會合有晦有朔貞明也貞之爲言正也不正則無觀無明而乾坤幾乎息矣春秋之以時月日爲褒貶示人以正傳而已然則有事則不必月者視乎事之是否以定詳略爲褒貶天道遠人道邇天視自我民視天聽自我民聽故以天道正人仍以人道奉天天之與人昭昭也所以必奉四時之正也

冬宋人取長葛

外取邑不書此何以書久也【注】古者師出不踰時今宋更年取邑久暴師苦衆居外故書以疾之不繫鄭舉伐者明因上伐圍取也

【疏】穀梁傳云外取邑不志此何以志久之也鹽鐵論備胡云春秋動衆則書重民也宋人圍長葛譏久役也上四年莒人取杞牟

婁疾始取邑此宋人取鄭長葛譏久故同一傳也○注古者至疾之○白虎通三軍云古者師出不踰時者爲怨思也天道一時生
一時養人者天之貴物也踰時則內有怨女外有曠夫詩云昔我往矣楊柳依依今我來思雨雪霏霏春秋曰宋人取長葛傳曰外
取邑不書此何以書久也上五年穀梁傳注云宋以此冬圍之至六年冬乃取之古者師出不踰時重民之命愛民之財乃暴師經
年僅而後克無仁隱之心而有貪利之行故圍伐兼舉以明之郎取何義爲說也文選注引琴操曰騶虞者邵國之女所作也古者
君子在位役不踰時不失嘉會邵南國之大夫久於行役故作是詩御覽引禮記曰師出不踰時爲怨思也踰時則內有怨女外有
曠夫矣禮記或禮說之講鹽鐵論執務云古者行役不踰時春行秋反秋往春來寒暑未變衣服不易固已還矣今則徭役極遠盡
寒苦之地危難之處今茲往而來歲還父母延頸而西望男女怨曠而相思故一人行而鄉曲恨一人死而萬人悲詩曰念彼恭人
長此罪罟又備胡云古者無過時之師無踰時之役又引詩云昔我往矣楊柳依依今我來思雨雪霏霏故聖人憐其如此憫其久
去父母妻子暴露中野居寒苦之地又繇役篇云古者無過年之徭無踰時之役今近者數千里遠者過萬里歷一朞長子不還父
母愁憂妻子詠歎憤懣之恨發動於心慕思之積痛于骨髓此杕杜采薇之所爲作也按詩采薇云靡室靡家玁狁之故箋云古者
不踰時今薇生而行歲晚乃得歸使女無室家漢書匈奴傳引彼詩爲戲王時事故得有踰時之作焉詩何草不黃云哀我征夫箋
云古者師出不踰時所以厚民之性也彼幽王之詩故箋陳古以刺今焉○注不繫至取也○范云上有伐鄭圍長葛言長葛則鄭
邑可知故不繫之鄭左疏引服虔云長葛不繫鄭者刺不能撫有其邑望文生義無足据也

七年春王三月叔姬歸于紀【注】叔姬者伯姬之媵也至是乃歸者待年父母國也婦人八歲備數十五從嫡二十承事君子媵賤書者後爲嫡終有賢行紀侯爲齊所滅紀季以酅入于齊叔姬歸之能處隱約全竟婦道故重錄之【疏】注叔姬至媵也○舊疏云知如此注見上二年冬伯姬歸于紀自爾以來不見紀伯姬卒之文今叔姬又歸之知是其媵矣白虎通嫁娶云備姪娣從者爲其必不相嫉妬也一人有子三人共之若己生之也姪者兄之子娣者女弟叔姬伯姬娣也○注至是至國也○白虎通又云男三十而娶女二十而嫁何陽數奇陰數偶也男長女幼者何陽道舒陰道促男三十筋骨堅強任爲人父女二十肌膚充盛任爲人母合爲五十應大衍之數生萬物也又云姪娣年雖少猶從適人者明人君無再娶之義也還待年於父母之國者未任答君子也詩云姪娣從之祁祁如雲韓侯顧之爛其盈門公羊傳曰叔姬歸于紀明待年也是公羊家舊說也杜云叔姬者伯姬之娣也至是歸者待年於父母之國不與嫡俱行故書范云叔姬伯姬之娣至此歸者待年於父母之國六年乃一歸皆本何氏義也范氏引許慎云易曰歸妹愆期遲歸有時疏引一解云引易者證待年于父母國與嫡俱行也○注婦人至君子○釋文作從適云丁歷反本又作嫡舊疏以爲書大傳文穀梁注引許慎曰姪娣年十五以上能共事君子可以往二十而御易曰歸妹愆期遲歸有時詩曰韓侯取妻諸娣從之祁祁如雲娣必少於嫡知未二十而往也是與何氏義同詩召南江有汜箋云江水大汜水小然得並流似嫡媵宜俱行蓋亦謂十五以上與嫡同往者也蓋女子

十五笄而字故可以從嫡○注媵賤至賢行○舊疏云春秋之內例不書媵以其賤故今此書以其後爲嫡終有賢行也知後爲嫡者以莊二十九年冬十二月紀叔姬卒三十年八月癸亥葬紀叔姬卒葬皆書爲嫡明矣按白虎通嫁娶云嫡夫人死更立夫人者不敢以卑賤承宗廟自立其娣者尊大國也春秋傳曰叔姬歸于紀叔姬者伯姬之娣也伯姬卒叔姬升爲嫡經不譏也白虎通又云或曰嫡死不復更立明嫡無二防簒煞也祭宗廟攝而已以禮不聘爲妾明不升自是古文春秋及禮家說與今文春秋不同也○注紀侯至錄之○莊三年云紀季以酅入于齊莊四年紀侯大去其國是紀爲齊滅紀季以酅入齊事也莊十二年春王三月紀叔姬歸于酅傳其言歸于酅何隱之也何隱爾其國亡矣徒歸于叔爾惠氏士奇春秋說云叔姬者伯姬之媵也媵不稱歸詩曰江有氾之子歸不我以之子謂嫡嫡歸而以媵俱行今嫡不以媵備數故曰不我以以我者備數之詞雖待年父母之國其後歸也亦當略之而不錄又安得稱歸且媵不聘春秋傳曰聲伯之母不聘然則叔姬者紀侯之妾春秋與伯姬同稱歸者以賢而能守節也蓋紀季以酅爲齊附庸處齊襄無道之世叔姬能全竟婦道故春秋重而錄之莊三十年注云齊國滅卒者從夫人行待之以初明其能全夫人之行也左疏引賈逵云刺紀貴叔姬三傳皆無此義孔疏云魯女嫁于他國之卿皆書之夫人之娣尊與卿同其書固是常例夫魯女嫁于鄰國春秋二百四十二年僅一叔姬爲媵乎直是妄說

滕侯卒 疏 漢書地理志云沛郡公邱注云故滕國周懿王子錯叔繡所封三十一世爲齊所滅師古曰左氏傳云郜雍曹滕文之昭也系本亦云錯叔繡文王子而此志云懿王子未詳其義按漢書古今人表列叔繡於武成之世志云懿王自是錯誤左傳疏

引地志作文王可證春秋釋例土地名云沛國公邱縣東南有滕城杜注云滕國在沛郡公邱縣東南

何以不名注据蔡侯考父卒名疏○注据蔡至卒名見下八年夏微國也注小國故略不名疏桓二年云滕子來朝知滕子爵故爲微國微國則其稱侯何注据大國稱侯小者稱伯子男疏○注据大至子男上五年傳文不嫌也注滕侯卒不名下常稱子不嫌稱侯爲大國疏注滕侯至大國○下常稱子桓二年滕子來朝是也後此常稱子知實稱子爵故不嫌爲侯此稱侯者自別有義通義云所傳聞之世未卒小國獨卒滕侯宿男邾婁子薛伯是四國皆當隱之篇來接於我者其爲褒賢親內褒錄甚明說左氏者但以爲從赴且如彼傳云魯爲凡蔣邢茅胙祭臨于周公之廟是必嘗來赴矣而六國之卒壹不見於春秋何也周初滕薛皆侯時降在伯子春秋與其來朝賢君褒稱故爵但滕侯後旋事桓慕義不終不足書卒故還從其父加錄若然薛伯以伯卒滕子之父以侯卒者春秋之義許人子者必使子也自桓公以後滕遂稱子歷莊閔僖文之篇不復書卒所以深著此滕侯卒爲褒文使與大國無嫌矣

春秋貴賤不嫌同號注貴賤不嫌者通同號稱也若齊亦稱侯滕亦稱侯微者亦稱人貶亦稱人皆有起文貴賤不嫌同號是也疏注貴賤至稱也○通義云貴賤易辨不相嫌者則可以同號若大國稱侯褒亦稱侯微者稱人貶亦稱人各有起文號同實異按春秋別嫌明微嫌則別之其不嫌者當文自見故無須別也○注若齊至是也○齊稱侯者

上三年齊侯鄭伯盟于石門之屬是也舊疏云不云晉者晉爵未大故按齊始見春秋故注科舉無義例也微者稱人上元年及宋人盟于宿之屬是也貶亦稱人者僖二十一年楚人使宜申來獻捷傳楚子也貶又二十七年楚人陳侯以下圍宋傳爲執宋公貶又上六年鄭人來渝平是也皆有起文者舊疏云滕侯卒不名下恆稱子起其微也齊侯恆在宋公之上起其大也宋人盟于宿不書日亦起其微也鄭人來輸平稱人者國共辭起其貶之然則齊貴滕賤微者賤楚子貴俱無嫌義故不妨號同又若王子虎卒王子猛卒同稱王子不嫌其同也一君一臣昭昭也

美惡不嫌同辭注若繼體君亦稱即位繼弒君亦稱即位皆有起文美惡不嫌同辭是也滕微國所傳聞之世未可卒所以稱侯而卒者春秋王魯託隱公以爲始受命王滕子先朝隱公春秋褒之以禮嗣子得以其禮祭故稱侯見其義

疏通義云美惡易見不相嫌者則可以同辭若宋萬出奔陳曹羈出奔陳楚子使椒來聘吳子使札來聘之類屬辭比事美惡自明蓋春秋正百物之名理羣事之然否必其不嫌乃得同號同辭苟嫌矣析疑辨微纖芥不遺是故紀履緰來曰逆女莒慶來曰逆叔姬救邢先言次而後言救救晉先言救而後言次牟婁防茲言及鄆讙龜陰不言及王用諸侯之師曰從諸侯之師相爲用曰以善曰還不善曰復善曰歸不善曰入皆使貴賤不相假美惡不相錯難可悉數者也按此亦爲全經發凡起例故曰春秋也〇注若繼至是也〇舊疏云繼體君稱即位文成之屬是也繼弒即位桓宣是也皆有起文者前君之薨書地者起其後即位者是繼體之

君也若前君薨不地者起其後卽位非繼體之君也由是之故春秋不嫌同辭矣春秋正辭云若秦伯使術來聘吳子使札來聘矣也楚子使椒來聘惡也人皆知之故使同辭以起問者又若子般弒亦稱卒子野毀亦稱卒則皆以閔公不言卽位異之宣公亦言卽位昭公亦言卽位則以子卒不日異之春秋之文信如四時又若莊公二年王姬歸于齊齊襄也十一年王姬歸于齊齊桓也一又無惡一有惡則以單伯逆王姬築王姬之館于外見之又以後之徒言歸也而見逆與築館之爲起文辟略互相明以見使之不嫌也又若諸侯纂國亦書入天王入于成周亦書入傳曰不嫌亦其義也又若我無君不稱使齊高子來盟是也宋司馬華孫來盟亦不稱使則其主不嫌也纂不明去葬嫌也纂明者書葬不嫌也纂已明而不書葬重於纂也纂不明而書葬因其事也齊景公之纂也以書齊纂封來奔見之宋文公之纂也以書諸侯之會于扈見之齊惠公鄭襄公晉悼公皆不見纂徒以不書弒君之葬則知其不討賊而纂亦見之矣衛宣公受國于討賊之後嫌於非纂則書立以明之晉纂成公以賊復見亦嫌於應受國則去葬以明之齊惠鄭襄晉悼齊景皆晉成公比也然與不纂者同辭而書葬以起問者明其義法也又若殺大夫稱名稱國同辭矣乃如晉殺先穀衛殺孔達其事不同則孔達有起文以異之陳殺洩冶晉殺三郤其事不同則洩冶有起文以異之鄭殺申侯齊殺國佐鄭殺公孫黑其事亦不同皆無起文則去葬以明殺無罪書葬以明殺有罪亦異之又若晉殺三郤亦稱國晉殺胥童亦稱國則與君弒同月而先書以大異之又若晉侯殺其世子申生宋公殺其世子痤則不書葬以明晉侯之志乎殺以異之莊氏此論可謂深切著明讀春秋者隅反可也○注滕微至其義○禮宋本閩本監本同鄂本禮作祿按鄂本是也滕子朝隱公在下十一年彼注云稱侯者春秋託隱公以

爲始受命王滕薛先朝隱公故褒之是也劉氏逢祿箋云何君說
紀季姜義曰子尊不加於父母此云嗣子得以其祿祭互相足也
禮已孤暴貴不爲父作諡父爲士子爲大夫葬以士祭以大夫蓋
三王通義此先書滕侯卒者唯王者有先施之誼所以懷諸侯也
明子褒爲侯應以侯祿榮其親故於此書侯以張義薛不褒
其父侯者舊疏云薛侯父卒在春秋之前故無褒之文是也

夏城中丘 疏 杜云中丘在琅邪臨沂縣東北大事表云今沂州府東北三十里有中邱城故此傳云內之邑也水經注沂水篇沂水南逕中邱城西春秋隱七年城中邱是也一統志中邱城在沂州府蘭山縣東北三十一里漢志臨沂屬東海郡今爲蘭山縣地

中丘者何內之邑也城中丘何以書 注 上問中丘者何指問邑也故因言何以書嫌但問書中丘故復言城中丘何以書也 疏 注上問至書也○校勘記云宋本監本閩本毛本同定二年疏引此注上問作上言當据正下文云因言可證若作問則與指問邑也問字複矣又故因彼疏引此注作欲因亦宜据正蓋若但問何以書嫌止問中邱書之故均連城中丘問之明所問之故在城也 以重書也 注 以功重故書也當稍稍補完之至令大崩弛壞敗然後發衆城之猥苦百姓空虛國家故言城明其功重與始作城無異城邑創時 疏 鹽鐵論備胡云春秋動衆則書重民也繁露十指云舉事變見有重焉則百姓安矣通義云重用民力故得時

不得時必書然則重有二義一者重用民力二者注云功重是也○注至令至壞敗○宋本閩本監本毛本同鄂本弛作弛按釋文亦作崩弛弛俗字史記河渠書延道弛令離常流索隱河道皆弛壞漢書買山傳臣恐朝廷之解弛皆壞敗之義也師古曰弛放也是也○注猥苦百姓○漢書五行志兼受其猥師古曰猥積也又溝洫志水猥盛則放溢師古曰猥多也猥苦猶曰多苦積苦也不早修完重苦百姓故曰猥也○注故言至無異○繁露竹林云春秋之法凶年不修舊意在無苦民爾是凶年雖修舊亦譏豐年但可修舊耳不知補完至大興工作故書城以譏左傳謂譏不時經書城亦有在冬令而傳又云書時是春秋爲胥吏之書毫無意旨矣穀梁云城爲保民爲之也范云刺公不修勤德政更造城以安民夫勇夫重閉而況國乎周官有掌固司險之官掌修城郭溝涂若並城責之過矣○注城邑例時○舊疏云即下九年夏城郎襄十三年冬城防是也按此內城之例僖二年城楚邱則書月彼傳云孰城城衛也明外城不止書時矣

齊侯使其弟年來聘疏莊八年左傳僖公之母弟曰夷仲年即此錢氏大昕論春秋曰齊侯使其弟年來聘再見於春秋爲無知之弑君張本也母弟雖親不可踰其分也按左傳又云生公孫無知有寵於僖公衣服禮秩如適則夷仲年之過盛可知矣

其稱弟何注据諸侯之子稱公子疏注据諸至公子○禮喪服傳文上元年公子益師卒注云諸侯之子稱公子

母弟稱弟母兄稱兄注母弟同母弟母兄同母兄不言

同母言母弟者若謂不如爲如矣齊人語也分別同母者春秋變周之文從殷之質質家親親明當厚異於羣公子也聘者問也來聘書者皆喜內見聘事也古者諸侯朝罷朝聘爲慕賢考禮一法度尊天子不言聘公者禮聘受之於大廟孝子謙不敢以己當之歸美於先君且重賓也

疏 隸釋載漢石經稱兄下按下傳凡伯者何按春秋稱弟者此及桓三年弟年十四年弟語襄二十九年弟年夫之屬是也稱兄者昭二十年兄輒是也皆皆謂母弟母兄也春秋說云春秋凡書弟者皆母弟左氏公羊皆然趙匡駁云以爲不可以訓此非駁傳乃駁經也以兩國言之則秦后子鍼楚公子于皆秦景楚靈之弟也春秋獨書秦伯之弟鍼豈非鍼爲母弟與以一國言之則宋公子地公子辰皆景公之弟也春秋獨書宋公之弟辰則地非母弟可知魯宣及叔肸同出敬嬴衛獻與子鮮同出敬姒故肸之卒鱄之奔皆稱弟此母弟之尤章明較著者故曰非駁傳乃駁經也穀梁云諸侯之尊弟兄不得以屬通只可說禮不可與語春秋○注不言至語也○隱元年傳如勿與而已矣注如即不如齊人語也按古人文字多有此例如無念念也無甯甯也之屬是也○注分別至于也○分閩本監本毛本作公誤依宋本正釋文出分別二字陸本不誤也繁露十指云承周文而反之質則化所務立矣是變文從質之義也又三代改制云主天法商而王其道佚陽親親而多仁樸故立嗣子子篤母弟主地法夏而王其道進陰尊尊而多義節故立嗣與孫篤世子周文同夏春秋變周從殷故親親所以親厚異於羣公子

世故史記梁孝王世家曰太后謂帝曰吾聞殷道親親周道尊尊其義一也袁盎等曰殷道親親立弟周道尊尊立子殷道質質者
法天親其所親故立弟周道文文者法地尊者敬也敬其本始方今漢家法周周道不得立弟當立子是質文尊親之殊也通義云
春秋承衰周之敝文勝而離人知貴貴莫知親親開端首見鄭殺之禍將大矯其失非因人情所易親者而先示之親則其教不易
咸蓋由父言之凡有兄弟豈有同異由母言之雖愛無差等亦施由親始特撥亂之漸不得已之志耳故至所見之世且錄責小國
穀公子以廣親親之義明非專厚於同母也按孔氏此論洞穿禮經春秋可謂至論不然則喪服傳云禽獸知母而不知父則與春
秋有不可通者矣○注聘者問也○周禮大宗伯云時聘曰問類聚引白虎通云聘者問也詩采薇傳云聘問也○注來聘至事也
○文七年公會諸侯晉大夫盟于扈傳諸侯何以不序大夫何以不名公失序也公失序奈何諸侯不可使與公盟眣晉大夫使與
公盟是諸侯不與盟春秋恥而為之諱不見鄭國朝聘其恥甚矣故以內見聘為喜穀梁傳曰其弟云者以其來接於我舉其貴者
也亦以貴者來聘為喜也○注古者至天子○禮記曲禮云諸侯使大夫問於諸侯曰聘大戴禮朝事篇然後使諸侯世相朝交歲
相問殷相聘以習禮考義正刑一德以崇天子類聚引白虎通云諸侯相朝聘何為相尊敬也故諸侯朝聘天子無恙法度得無變
更所以考禮正刑一德以尊天子也禮聘禮鄭目錄云大問曰聘諸侯相於久無事使卿相問之禮小聘使大夫周禮曰凡諸侯之
邦交歲相問也殷相聘也世相朝也彼記云久無事則聘焉注謂盟會之屬凡朝聘天子兼其中即朝罷朝聘之義也禮記王制云
天子無事與諸侯相見曰朝考禮正刑壹德以尊於天子知凡朝聘皆然也漢書淮陽憲王欽傳駿論指曰禮為諸侯制相朝聘之

義蓋以考禮壹德尊事天子也鄭目錄云諸侯相於者於猶厚也見呂覽注是諸侯相厚則有聘問之禮也王制云比年一小聘三
年一大聘小聘則周禮大行人之歲相問也大聘則大行人之殷相聘也聘使卿禮記聘義云上公七介侯伯五介子男三介各下
其君二等聘禮所記是侯伯之卿故彼經云上介奉束錦士介四人皆奉玉錦束其周禮玉人所記瑑圭璋八寸璧琮八寸以覜聘
則上公之臣禮公食大夫禮俎實云倫膚也据子男之臣也其周禮司儀所載亦大國聘禮所謂諸公之臣相爲國客是也公之臣
受勞於堂侯伯之臣受勞於舍故聘禮云賓揖先入受于舍門內注不受於堂是也小聘使大夫則三介又下其卿二等也三禮札
記云周禮有天子聘諸侯之禮大行人云間問以諭諸侯之志又云歲徧存三歲徧覜五歲徧省是也有諸侯聘天子之禮大宗伯
云時聘曰問殷覜曰視大行人云時聘以結諸侯之好殷覜以除邦國之慝是也儀禮但有諸侯聘諸侯之禮而無諸侯聘天子以及
天子聘諸侯之禮蓋皆闕而不存耳考鄭本不誤十行本閩本監本毛本誤作孝○禮注不言至賓也○聘禮云至於朝主人曰不腆
先君之祧既拚以俟矣注遷主所在曰祧周禮天子七廟文武爲祧諸侯五廟則祧始祖也是亦廟也言祧者祧尊而廟親待賓客
者上尊者又云及廟門公揖入立于中庭又云几筵既設擯者出請命注有几筵者以其廟受宜依神也是皆受之於太廟也聘禮
重故也又云賓朝服問卿卿受于祖廟問卿聘賓奉其君命來故主國之卿亦受之於祖廟雖廟受而不几筵辟君也諸侯覲天子
亦於廟覲禮云諸侯前朝皆受舍于朝注受舍于朝受次於文王廟門之外曲禮云天子當依而立諸侯北面而見天子曰覲注諸
侯春見曰朝受贄于朝受享于廟秋見曰覲一受之于廟周官大行人公侯伯子男皆廟中將幣三享是朝覲聘皆於廟也必於廟

者孝子歸美先君且重貴之義白虎通云緣臣子欲知其君父無恙又當奉土地所生珍物以助祭是以皆得行聘問之禮也蓋謂諸侯聘天子也下十一年注云不言朝公者禮朝受之於太廟與聘同義

秋公伐邾婁。疏上元年注云君大夫盟例日惡不信也此月者隱推讓以立邾婁慕義而來相親信故為小信辭彼正据此以難盟蔑不書日也

冬天王使凡伯來聘。注書者喜之也古者諸侯有較德殊風異行天子聘問之當北面稱臣受之於太廟所以尊王命歸美於先君不敢以己當之。疏杜云凡國伯爵也汲郡共縣東南有凡城釋文本作汎城左傳僖二十四年云凡蔣邢茅胙祭周公之允也蓋凡亦諸侯而入為王卿士者與水經注清水篇又南經凡城東司馬彪袁山松郡國志曰共縣有汎亭周凡伯國春秋王使凡伯來聘是也杜云共縣東南有凡城今在西南按漢書地理志河內郡有共縣續漢志河內郡共縣有汎亭劉昭注凡伯邑考河內周地凡伯國卿士食采汎城方輿紀要凡城在衞輝府輝縣西南二十里○注書者喜之也○與書來聘同義○注古者至當之○惠氏棟云較讀為覺詩曰有覺德行按後漢書何敞傳注較明也又一切經音義引廣雅較見也謂德之明而可見者故曰較德受之太廟歸美先君與鄰國相聘同義禮疏引異義天子聘諸侯公羊說天子無下聘義周禮說聞問以諭諸侯之志許慎謹案禮臣疾君親問之天子有下聘之義從周禮說鄭無駮與許同据何氏此注則公羊亦以天子有下聘事矣蓋諸侯有不純臣之義

故有覲聘之禮相接則曰賓來朝則車送車迎春秋於天子聘屢書矣皆無貶辭故鄭君注大行人間問以爲王使臣於諸侯之禮也諸侯有較德殊風異行見美於天子故喜而書聘以爲榮北面稱臣受之太廟何氏宜有所見見無文以證之以理準之亦宜如是

戎伐凡伯于楚丘以歸【疏】大事表云今曹州府曹縣東南四十里爲衛之南楚丘本戎州己氏之邑隱七年戎伐凡伯于楚丘以歸又襄十年宋公享晉侯于楚丘卽此蓋宋衛二國相錯處杜云楚丘衛地在濟陰城武縣西南京相璠曰今濮陽城西南十五里有鉏丘城六國時鉏楚同音以爲楚丘地也顧氏炎武左傳杜解補正云此非僖二年所城之楚丘解曰衛地非也其曰在城武縣則是春秋時爲曹地沈氏欽韓左傳補注云杜云衛地非也此爲曹之楚丘紀要楚丘城在曹州曹縣東南四十里衛之楚丘在衛輝府滑縣東六十里水經注亦誤以成武之楚丘爲衛文公所居程公說春秋分記曰戎州己氏邑在今拱州楚邱縣戎蓋昆吾之後別在夷狄周衰入于此天王使凡伯聘魯由雒邑道楚邱至仙源遠其歸戎乃要而伐之楚丘在河南宜爲周魯往來之地以其逼近宋都故漢晉屬梁國杜預誤以此爲僖二年衛所城之邑水經注亦誤以此爲衛文公所徙居衛爲狄所滅東徙渡河野處曹邑文公徙居楚丘曹邑在今滑之白馬楚邱在澶之衛南地在河北凡伯安有踰河北道衛而南使于魯耶輿地廣記今楚丘縣有景山京岡乃後人附會名之爾欽韓案漢志云山陽郡成武縣有楚丘亭齊桓公所城遷衛于此此由展轉遂誤

凡伯者何【注】上言聘此言伐嫌其異故執不知問【疏】注上言至其異○舊疏云謂聘伐辭異嫌其非一人也

天子之大夫也【疏】詩大雅瞻卬序云凡伯刺幽王也箋云凡伯天子大夫也孔疏

禮侯伯入王朝則爲卿故板籤以凡伯爲卿士此言大夫者大夫卿之總稱也杜以爲凡伯周卿士凡國伯爵范云凡氏伯字上大夫也公羊宜與之同如元年祭伯是也

此聘也其言伐之何【注】据出聘與郊柳異不得言伐也問伐加之者辟問輕重兩舉之【疏】注据出至伐也〇昭二十三年晉人圍郊傳郊者何天子之邑也曷爲不繫於周不與伐天子也宣元年晉趙穿帥師侵柳傳柳者何天子之邑也曷爲不繫乎周不與伐天子也凡伯出聘大夫非天子邑不得言伐也繁露王道云不得執天子之大夫執天子之大夫與伐國同罪故執凡伯言伐也〇注問伐至舉之〇舊疏云桓十二年及鄭師伐宋丁未戰于宋傳云戰不言伐此其言伐何彼問輕重兩舉不言之故此言之者辟問輕重兩舉之則此專爲伐凡伯問故加之也

執之也【疏】漢書劉向傳戎執其使鹽鐵論論功云凡伯因執而使不通

執之則其言伐之何【注】据執季孫隱如不言伐【疏】注据執至言伐〇昭十三年平邱之會晉人執季孫隱如以歸是也

大之也【注】尊大王命責當死位故使與國同【疏】注尊大至國同〇大閩本監本毛本作天誤依宋本正春秋正辭云重王命以重王使伐國之罪猶且降等焉故大之焉論語子路言使於四方不辱君命可謂士矣士可殺而不可辱凡伯以天子貴臣爲戎所執忍辱偷生以故見責大之與伐國同亦如謀人軍師謀人邦邑者也穀梁注云以一人當一國皆尊尊之正義春秋之微旨是也

曷爲大之【注】据王子突繫諸人【疏】注据王至諸人〇莊六年王人子突救衛傳王人者何微者也子突者何貴也貴則其稱人何繫諸人也曷爲繫諸

人王人也彼爲子突不能救衞故諱而書人以爲王殺恥此則大夫一介耳而大之同於國舊疏云等是王臣一伸一屈故難之是也

不與夷狄之執中國也注因地不接京師故以中國正之中國者禮義之國也執者治文也君子不使無禮義制治有禮義故絶不言執正之言伐也執天子大夫而以中國正之者執中國尚不可況執天子之大夫乎所以降夷狄尊天子爲順辭疏與者許也論語先進吾與點也管子形勢解鬼神助之天地與之皆義爲許不與夷狄之執中國猶言不許夷狄之執中國也淮南泰族訓文王處酆百里皆令行禁止於天下周之衰也戎伐凡伯于楚丘以歸故得道則以百里之地令於諸侯失道則以天下之大畏於冀州彼蓋取穀梁爲說穀梁以戎爲衞衞在河內河內曰冀州故也○注因地至正之○春秋之例諸侯有罪執歸京師以京師治諸夏也故成十五年晉侯執曹伯歸之京師僖二十八年晉人執衞侯歸之于京師注明諸侯尊貴不得自相治當斷于天子也楚丘去京師遼遠且春秋內京師而外諸夏內諸夏而外夷狄是以京師當治諸夏諸夏乃治戎狄方得遠近中外之差次也○注中國至伐也○白虎通禮樂云夷者僔夷無禮義定五年注云治國有狀能與中國以中國之辭言之曰越皆以中國治夷狄以有禮義治無禮義意也執爲治文者孟子盡心上執之而已矣禮記檀弓云肆諸市朝而妻妾執皆有治義不以無禮義治有禮義故變文言伐以絶正其義繁露王道云執天子大夫與伐國同罪執凡伯言伐止亂之道也○注執天至順辭○繁露王道又云觀乎執凡伯知犯上

之法執中國且不可執天子之使犯上甚矣夷狄至降天子至尊以中國治之上尊天子下降夷狄也穀梁傳唯戎衞爲異其曰戎衞者爲其伐天子之使貶而戎之也其義大同范云昭十二年晉伐鮮虞傳曰晉狄之也今不曰衞伐凡伯乃變衞爲戎者伐中國之罪輕故稱國以狄晉執天子之使罪重故變衞以戎之亦以執天子之大夫重於執中國也傳文之微詞見義也其地何

【注】据執季孫隱如不地【疏】注据執至不地○昭十三年晉執季孫隱如但言以歸無地文也

大之也【注】順上伐文使若楚丘爲國者猶慶父伐於餘丘也不地以衞者天子大夫銜王命至尊顧在所諸侯有出入所在赴其難當與國君等也錄以歸者惡凡伯不死位以辱王命也【疏】傳兩言大之皆順上伐文一則以凡伯一人當一國以責其不死位一則以楚丘一邑當一國以衞當赴其難也○注猶慶至丘也○莊二年云公子慶父帥師伐於餘丘傳於餘丘者邾婁之邑也曷爲不繫乎邾婁國之也曷爲國之君存焉爾以君存則變邑爲國文以天子大夫所在故亦大邑文爲國也通義云實執則不地加地順伐文也○注不地至等也○范注云夫天子之使過諸侯諸侯當候在疆埸○膳宰不致餼司里授館猶懼不敬疏引國語云定王使單襄公聘于宋遂假道于陳以聘于楚陳人候不在疆膳宰不致餼司里不授館單子歸以告王曰陳侯不有大咎國必亡王曰何故對曰云云是棄先王之法制也周之秩官有之敵國賓至司里授館甸人積薪膳宰致餼廩人獻餼賓至如歸今臣承王命以過陳司事莫至是蔑先王之官也是天子使臣過竟諸侯猶宜致禮其有患難更宜赴救

故以楚邱爲國知當與國君等也解詁箋云何君明守土之義是
矣穀梁子曰戎者衞也戎衞者爲其伐天子之使故貶而戎之也
此與賈戎爲戎晉同義於經爲合按己氏之戎偪近衞地則依公
羊本義亦無不合穀梁疏引麋信云不言夷狄獨言戎者因衞有
戎邑故也是衞地有戎也○注錄以至命也○通義云言以歸者
起實執宣二年宋華元帥師○及鄭公子歸生帥師戰于大棘宋師
敗績獲宋華元注復出宋者非獨惡華元明恥辱及宋國又襄八
年鄭人侵蔡獲蔡公子燮傳侵而言獲者適得之也注將兵禦難
不明候伺雖不戰鬬當坐獲以歸明凡伯當坐誅絕不直書執亦
爲中國諱穀梁所謂以歸猶愈乎執也昭二十三年吳敗頓胡沈
蔡陳許之師于雞父胡子髡沈子楹滅獲陳夏齧傳不與夷狄之
主中國言獲何吳少進也則又以所見之世吳少進故不諱獲也

公羊義疏九

南菁書院

句容陳立卓人著

隱八年盡十一年

八年春宋公衛侯遇于垂注宋公序上者時衛侯要宋公使不虞者爲主明當戒慎之無王者遇在其閒置上則嫌爲事出置下則嫌無天法可以制月文不可施也疏杜云垂衛地濟陰句陽縣東北有垂亭大事表云今山東曹州府曹縣北三十里有句陽店是其地水經注瓠子河篇瓠瀆又東逕垂亭北春秋隱八年宋公衛侯遇于犬丘經書垂也京相璠曰今濟陰句陽縣小成陽東五里有故垂亭者也闞元曰陽城在句陽東半里許魏世家无忌謂魏王曰文臺墮垂都焚徐廣曰句陽有垂亭方輿紀要句陽城在曹州曹縣北三十里春秋正詞云有三月曷不繫諸時決不月也遇在內不月也況在外乎〇注宋公至慎之〇舊疏云會盟則以大小爲序遇則以不虞爲先何氏故一如此解是以莊三十二年夏宋公齊侯遇于梁丘齊在宋下是其一隅耳上四年傳遇者何不期也一君出一君要之也〇外諸侯相遇見要者爲主魯與遇無論內要外要皆由內及外也〇注無王至施也〇王監本毛本作主宋本閩本作王是也校勘記云按解云若言八年春王宋公衛侯遇于垂即嫌桓王亦與之遇可證本作王也按下有三月宜書春王三月惟遇事不在三月又遇例時故不得繫月於春王之下若於此經言春王宋公衛侯云云則似周

王同遇故云置上則嫌爲事出謂置王嫌爲遇事出也置王屬于三月則上不承春是無天法舊疏云天法即春是也不承春則不足以制月故云嫌無天法可以制月也春秋正詞云不月則不言春王春天時也月王月也此有三月矣曷爲不繫之王王繫之春然後以月繫之王歲之始莫先於臨天下之人而後有萬不同之事物無不繫之於王月以月承春王不可闕也不以月承春王不可以不闕也據亂而作苟非桓公之策書則不忍輒以爲無王矣愼言哉

三月鄭伯使宛來歸邴疏唐石經宋本閩本監本毛本同作邴也漢書五行志引作邴左氏作祊下同古方丙同音故周禮內史掌王之八枋之法釋文作柄云本亦作枋士冠禮面枋注今文枋爲柄急就篇邴勝箱注邴一作祊音柄又音丙惠氏棟穀梁古義云穆天子傳云戊戌天子北入于邴郭璞曰邴鄭邑左傳作祊古丙方同字是也杜云祊鄭祀泰山之邑在琅邪費縣東南水經注沂水篇洛水又東南逕費縣又東南逕祊城南春秋隱八年鄭伯請釋太山之祀而祀周公使宛歸太山之祊而易許田一統志費縣故城在今沂州府費縣西北二十里劉宋移縣理祊城即古祊邑也方輿紀要祊城今費縣治

宛者何鄭之微者也疏杜云宛鄭大夫不書氏未賜族春秋外大夫無不書氏此無氏故知微者穀梁云名宛所以貶鄭伯惡與地也易地非宛所得主貶宛無謂書歸邴亦見鄭伯之背叛矣

邴者何鄭湯沐之邑也

天子有事于泰山諸侯皆從泰山之下諸侯皆有湯沐之邑焉注有事者巡守祭天告至之禮也當沐浴絜齊以致其敬故謂之湯

沐邑也所以尊待諸侯而共其費也禮四井爲邑邑方二里東方二州四百二十國凡爲邑廣四十里袤四十二里取足舍止共槁穀而已歸邴書者甚惡鄭伯無尊事天子之心專以湯沐邑歸魯背叛當誅也錄使者重尊湯沐邑也王者所以必巡守者天下雖平自不親見猶恐遠方獨有不得其所故三年一使三公絀陟五年親自巡守巡猶循也守猶守也循行守視之辭亦不可國至人見爲煩擾故至四嶽足以知四方之政而已尚書曰歲二月東巡守至于岱宗柴望秩于山川遂覲東后協時月正日同律度量衡修五禮五玉三帛二生一死贄如五器卒乃復五月南巡守至于南嶽如岱禮八月西巡守至于西嶽如初十有一月朔巡守至于北嶽如西禮還至于嵩如初禮歸格于禰祖用特是也

疏 王制疏引異義云公羊說諸侯朝天子天子之郊皆有朝宿之邑從天子泰山之下皆有湯沐之邑左氏說諸侯有功德于王室京師有朝宿之邑泰山有湯沐之邑魯周公之後鄭宣王母弟此皆有湯沐邑其餘則否許愼謹案京師之地皆有朝宿邑周千八百諸侯京師地不能容

之不合事理之宜鄭無駁與許同按周初兩都都並建地方遼闊以四井爲邑計之似亦無不可不得以東遷後偪處伊洛間爲律
也孔疏云定四年左傳祝佗言康叔之受分物云取于有閻之土以供王職取于相土之東都以會王之東蒐有閻之土猶魯之許
田也相土之東都猶鄭之祊邑也鄭近京師無假朝宿魯近泰山無假湯沐各受其一衛以道路並遠也故兩有之然則東周之世
朝宿之邑或不能國國皆有矣湯沐邑亦得謂之朝宿史記武帝紀詔曰古者天子五載一巡守用事泰山諸侯有朝宿地是也〇
注有事至禮也〇釋文巡守本又作狩下同鄂本作巡狩禮記王制云歲二月東巡守至于岱宗柴而望祀山川鄭注柴祭天告至
也禮疏謂燔柴以祭上天而告至其祭天之後乃望祀山川所祭之天則蒼帝靈威仰也金氏榜禮箋云巡狩則方嶽之下觀其方
之羣后亦曰明堂孟子書齊宣王曰人皆謂我毀明堂左氏傳作王宮于踐土亦其類也然則方明之設即所以祭天告至與故武
帝紀云明堂圖中有一殿四面無壁以茅蓋通水圜宮垣爲複道上有樓從西南入命曰昆侖天子從之入以拜祠上帝焉孔氏廣
森經學卮言云此非如圖中明堂五室十二堂之制荀子曰築明堂於塞外以朝諸侯楊注明堂壇也謂巡守至方嶽之下令諸侯
爲宮方三百步四門壇十有二尋深四尺加方明于壇上蓋其望祀方明故以明堂言之而朝事義言方明之下公侯伯子男覲位
亦並與明堂位同漢時公玉帶上明堂圖中有一殿四面無壁近泰山明堂之遺象禮覲禮云祭天燔柴祭山丘陵升祭川沈祭地
瘞鄭注升沈必就祭者也就祭則是王巡守及諸侯之盟祭也郊特牲曰郊之祭也迎長日之至也大報天而主日也宗伯職曰以
實柴祀日月星辰則燔柴祭天謂祭日也柴爲祭日則祭地瘞者祭月也日月而云天地靈之也王制曰王巡守至于岱宗柴是王

巡守之禮其神主日也春秋傳曰晉文公爲踐土之盟而傳云山川之神是諸侯之盟其神主山川也月者太陰之精上爲天使臣道莫貴焉是王官之伯令諸侯而盟其神主月按鄭氏引郊特牲及宗伯職文證祭天之爲祭日又以柴爲祭日推之謂瘞亦祭月又引王制以諸巡守之禮其神主日似未妥協王制注以柴爲祭天告至自是正論郊特牲曰天子實四方先柴此巡守祭天之明文經傳雖不言祭地然有柴又有望則有瘞可知蔡氏德晉云舜典王制所謂柴望既祭天自未有不祭地此瘞云祭地瘞可補二經之缺則此注告至內亦宜有祭地禮矣故王制云天子將出類乎上帝宜乎社社卽祭地詩時邁序巡守告祭柴望也般巡守而祀四嶽河海也說文作柴云燒柴燎祭天也引虞書亦作柴皆是爲巡守告天地之證秦氏蕙田五禮通考云鄭氏據大宗伯以實柴祀日月星辰因謂燔柴祭日瘞祭月但周禮煙祀實柴槱燎三者自昊天上帝日月星辰司中司命風師雨師皆同之謂日月皆燔柴則可謂祭日燔柴祭月瘞則不可燔柴與瘞自是一巡守告祭天地之禮非祭日月以爲盟神不地與方明壅合爲一又云儀禮覲禮自諸侯覲于天子以下論會同之禮祭天燔柴以下謂王巡守覲諸侯之禮王巡守諸侯來覲爲壇壝宮加方明四傳擯皆與時會殷同之儀同但會同則拜日及禮日月山川丘陵四瀆而已云巡守則祭天地其禮尤大故特記之按秦氏此論尤爲分明覲禮云方明者木也注云上下四方神明之象也言上下則天地亦包在其中矣漢書律曆志引伊訓曰伊尹祀于先王誕資有牧方明竹書紀年太甲丁年大饗于太廟初祀方明與太廟一並祭自不止祭天地山神亓可知汪氏中明堂通釋云明堂有六一宗周二東都三路寢四方嶽之下五大學六魯太廟下云方嶽之下有明堂者孟子梁惠王篇夫明堂者王者之堂也史記封禪書泰山東北址

古時有明堂處其制會盟則爲壇文在司儀掌舍王所居則爲宮春秋傳王巡號守號公爲王宮於玤晉侯爲王宮於踐土猶存其
禮荀子彊國篇爲之築明堂於塞外亦斯意也是也○注當沐至王邑也○子絜鄂本同閩本監本毛本絜改潔非釋文出絜齊二字王
制云方伯爲朝天子皆有湯沐之邑於天子之縣內視元士鄭注給齊戒自絜清之用浴用湯沐用潘蓋朝宿湯沐義本相足對文
異散則通故在天子縣內者亦稱湯沐在泰山下者亦稱朝宿史記武帝詔所云是也釋文齊本多即作齋字○注所以至而已○
周禮小司徒云九夫爲井四井爲邑注四井爲邑方二里方里而井四井故縱橫各二里也白虎通封公侯云所以分陝者是國中
也若言面八百四十國矣以王制計之一州二百一十國一方四州故八百四十國也東方二州則惟四百二十國也凡爲邑廣四
十里袤四十二里者以四十里與四十二里開方計之得一千六百八十里四百二十國國各四里適可容也何氏以一方廣袤之
法計足以容即天子圻內千里八州一千六百八十國四倍之亦足容也況王制所載係開方之數言州方千里足建百里七十里
五十里之數如此耳非必當時實有此數傳稱武王克商光有天下兄弟之國十有五人姬姓之國四十人加庶姓異姓不得多至
一千八百國見之春秋者僅一百二十四國由成康至幽平即諸侯轉相吞併不得耗盡若是也共其費者謂飧牢牽積芻薪禾米
之屬凡諸侯朝天子諸侯相爲賓諸公之臣相爲賓均有王朝及主國致給此方嶽之下莫適爲主故須自有私邑方有舍止之處
稾穀之資焉校勘記云葉鈔釋文作廣卌袤卌按漢石經論語有卌字說文無之惟林部𣞤下云卌數之積也又云古二十作廿三
十作卅唐石經猶然者經音義作卌強而仕徐本蓋廣四袤四非○注歸邴至誅也○史記魯世家八年與鄭易天子之太山之邑

祊及許田君予識之注穀梁傳曰祊者鄭伯之所受命於天子而
祭太山之邑也許田乃魯之朝宿之邑天子在上諸侯不得以地
相與也包氏慎言云此所謂外大惡書也專地比于背叛土地非
諸侯有天子有也歸者罪明則受者之罪亦明矣舊疏云所傳聞
之世外小惡不書不尊事天子專地背叛惡莫大焉穀梁傳惡與
地也是也桓元年傳有天子在諸侯不得專地也○注錄使至邑與
也○舊疏云正決哀八年齊人歸讙及僤之屬不錄使者故也○
注王者至其所○白虎通巡守云道德太平恐遠近不同化幽隱
有不得所者故必親自行之謹敬重民之至也考禮義正法度同
律曆叶時月皆為民也風俗通山澤云道德太平恐遠近不同化
幽隱有不得其所者故自親行之也皆與何氏合○注故三至巡
守○舊疏云二年一使三公黜陟書傳文按路史發揮引書傳云
再紬少以地較為詳備五年親自巡守則堯典之五載一巡守也
白虎通巡守云所以不歲巡守何為大煩也過五年為大疏也三
歲一閏天道小備五歲再閏天道大備故五年一巡守三年二伯
出述職黜陟一年物有終始歲有所成方伯行國時有所生諸侯
行邑傳曰周公入為三公出為二伯中分天下出黜陟詩曰周公
東征四國是皇言東征述職周公黜陟而天下皆正也又曰蔽芾
甘棠勿翦勿伐召伯所茇言召公述職親說舍於甘棠之下也若
周制則周禮大行人云十有二歲王巡狩殷國書及王制皆言五
載一巡守則殷以前之制也周官何君所不取又春秋變周之文
故本尚書為說○注巡猶至之辭○舊疏標起訖五年至而已以
為堯典文蓋書大傳語或專指五年親自巡守語白虎通巡狩云
王者所以巡狩何巡者循也狩者牧也為天下循行守牧民也孟
子梁惠王篇巡狩者巡所守也文選注引逸禮云巡狩者何巡者
循也狩者牧也風俗通山澤云巡者循也狩者守也按巡循狩守

牧皆疊韻爲訓○注亦不至而已○儀禮覲禮云諸侯覲于天子爲宮方三百步四門壇十有二尋深四尺鄭注王巡守至于方嶽之下諸侯會之亦爲此宮以見之按書大傳云維元祀巡守四嶽八伯壇四奧故知亦爲壇爲宮也左傳王巡虢守虢公爲王宮于玤是其事也一方諸侯依王制計四百二十國故不能國至人見第覲於方嶽之下而已鄂本嶽作岳下同嶽正字風俗通山澤云嶽觕也觕考功德天子巡守觕考諸侯功德而黜陟之是也○注尙書至是也○皆堯典文舊疏引鄭注云歲二月者正歲建卯之月也巡守者行視所守也岱宗者東嶽名也柴者考績燎也望秩于山川者遍以尊卑祭之五岳視三公四瀆視諸侯其餘小者或視卿大夫或視伯子男矣秩次也東后東方之諸侯也協正時之月數及日名備有失誤者度丈尺量斗斛衡斤兩五禮公侯伯子男朝聘之禮五玉五瑞節執之曰瑞陳列曰玉也三帛所以薦玉也受瑞玉者以帛薦之帛必三者高陽之後用赤繒高辛氏之後用黑繒其餘諸侯皆用白繒周禮改之爲纁也二生一死贄者羔雁生也卿大夫所執雉死士所執也如者以物相授與之言授贄之器有五卿大夫上士中士下士也器各異飾飾未聞所用也周禮改之飾羔雁飾雉執之而已皆去器卒已也復歸也巡守禮畢乃反歸矣每歸用特牛告于文祖矣五月不言初者以其文相近八月十一月言初用者文相遠故也然則鄭本至于北嶽下亦云如初又云告于文祖則鄭本作藝藝文也與何本異釋文禰乃禮反本又作藝段氏玉裁云作藝乃淺人用古文尙書改之也何所据者今文尙書其說六宗用今說可證也白虎通巡守云巡守所以四時出何當承宗廟故不踰時也以夏之仲月者同律度當得其中也二月八月晝夜分五月十一月陰陽終尙書曰二月東巡守至于岱宗五月南巡守至于南嶽八月西巡守至于西嶽十有一月

朔巡守至于北嶽又云王者出必告廟何孝子出出辭反面事死如事生尚書曰歸格于祖禰曾子問曰王者諸侯出親告祖禰使祝徧告五嶽尊親也孔叢子巡守篇云古者天子將巡守先告于祖禰命史告羣廟及社稷圻內名山大川告者七日而徧親告用牲于史告用幣申命冢宰而後親道又云歸反舍于外次三日齋親告于祖禰用特命有司告羣廟社稷及圻內名山大川而後入聽朝然則今文作禰古文作藝藝故書釋文引馬注云藝禰也是馬氏習古文則仍用今文爲說古藝禰同部故通鄭氏訓藝爲文僞孔傳襲之皆非也白虎通又云造于禰獨見禰何辭從卑不敢留尊者之命至禰不嫌不至祖也然則出辭由禰及祖歸格由祖而禰故王制言歸假于祖禰也釋文格本又作假是也又還至嵩如初禮書無此語鄭本似亦無之段氏玉裁乂尚書撰異云五帝紀言巡守與尚書略同不言中嶽而封禪書曰尚書者舜在璇璣玉衡云云於至北嶽下云北嶽恆山也皆如岱宗之禮下有中嶽嵩高也下云接五載一巡守此獨言中嶽不與本紀同漢郊祀志亦云北嶽恆山也皆如岱宗之禮中嶽嵩高也五載一巡守全與封禪書同亦言中嶽假令尚書原文無中嶽必不敢增竄愚以爲史漢言至岱宗至南嶽至西嶽至北嶽而不言至中嶽但言中嶽嵩高也然則亦備五嶽之訓故而已風俗通謹案尚書五月南巡守至于南嶽南嶽衡山也八月西巡守至于西嶽西嶽華山也十一月北巡守至于北嶽北嶽恆山也皆如岱宗之禮中嶽嵩高也王者所居故不巡也按應氏言王者所居故不巡可證今古文尚書本皆無至于中嶽之文何邵公則補經文曰還至嵩如初禮蓋亦今文家說而較封禪郊祀爲蛇足矣論衡書虛篇舜巡守東至岱宗南至霍山西至太華北至恆山不言中嶽亦可證今文無中嶽江氏聲尚書今注音疏云何注公羊引此經此下有還至嵩如初禮六字不

知誰何妄人所增蓋名太室爲嵩崇高山始于漢武周時猶未以嵩高名山況唐虞乎按爾雅釋山說五嶽有二一河南華河西嶽河東岱河北恆江南衡此周初之五嶽別云山大而高崧即嵩高山明不在五嶽中也當時或以華爲中嶽與釋山又云泰山爲東嶽華山爲西嶽霍山爲南嶽衡山爲北嶽嵩高爲中嶽此漢以後之五嶽故郭注霍山云在衡陽湘南縣南又云今在廬江灊縣西漢武帝以衡山遼曠因讖緯皆呼霍山爲南嶽故移其神於此其土俗人皆呼爲南嶽是也唐虞之五嶽東岱西華南衡北恆其中嶽當即禹貢之太嶽在今平陽府地巡守既畢至中嶽見圻內諸侯亦屬應有之舉惟不必在嵩耳禮記疏引鄭書注又云每歸格于祖既言每歸似是嶽別一歸若嶽別一歸而後去恐一歲之終四嶽不能徧至蓋鄭意每歸者每五年巡守而歸也僞孔傳云自東嶽南巡五月至則是從東嶽而去矣鄭注王制云特特牛也祖下及禰皆一牛則從始祖下及禰皆各用一特唐虞五殷六周七矣此云循行守視固不必太平乃行故詩時邁序云巡守告祭柴望武王時未可言太平周禮大司馬云及師大合軍以行禁令以救無辜伐有罪鄭注師所謂王巡守若會同是不必太平乃巡守也皇侃疏禮記以爲未太平不巡守非也彼蓋誤以禪爲爲巡守故輿

庚寅我入祊【疏】包氏愼言云三月書庚寅月之二十二日按是年宜閏二月則三月無庚寅庚寅宜閏二月之二十六日四月之二十七日也

其言入何【注】据上書歸取邑已明無事復書入也【疏】通義云据齊人來歸運讙

龜陰田不別言入按上書來歸與齊人來歸同故注云取邑已明也難也注入者非已至之文難辭也此魯受邴與鄭同罪當誅故書入欲爲魯見重難辭疏注入者至辭也○穀梁傳入者內弗受也杜云桓元年乃卒易祊田知此入祊未肯受而有之皆難義也舊疏直就而入之非是將歸之詞○注此魯至難詞○通義云上言來歸邴者致鄭伯之意也先言歸而後言入專惡於鄭伯也明我無欲于邴宛既來請遲之又久不得已而許故退受地之日於下曰我以庚寅之日然後入也按擅易天子土地與受皆當誅退日於下書入亦府罪於鄭爲魯殺惡之意其日何注据取邑不日疏注据取邑不日○舊疏云即隱四年莒人伐杞取牟婁之屬是也難也注以歸後乃日也言時重難不可即入至此日乃入疏注以歸至乃入○此明退日於下之義通義云魯入邴卒未與許至桓公即位始更以璧假之而魯重難其事信矣然則魯時即入仍未能有以穀梁內弗受說爲信其言我何注据吳伐我以日伐故言我疏注据吳至言我○校勘記云曰閩本監本毛本同誤鄂本作吳是也當據正鄂哀八年吳伐我是也言我者非獨我也注自入邑不得言我有他人在其中乃得言我故能起其非獨我疏注自入至獨我○我者對人之辭故有他人則言我以起之也穀梁注引徐邈曰入承鄭歸邴下嫌內外文不別故著我以明之按上已明言來歸矣無爲有內外不別之嫌齊亦欲之注時齊與鄭魯比聘會者亦欲得之故以非

獨我起齊惡齊惡起則魯蒙欲邑見於惡愈矣疏注時齊至得之○舊疏云即上
三年冬齊侯鄭伯盟于石門六年夏公會齊侯盟于艾七年夏齊
侯使其弟年來聘九年冬公會齊侯于邴十年春王二月公會齊
侯鄭伯于中丘是也通義云時天子不巡守無所用湯沐邑邴在
泰山之下遠鄭而近齊故齊欲得之鄭人利魯朝宿之邑故將以
邴易許田是以不與齊與魯也義或然也○注故以至愈矣○經
言我即非獨我之詞與所見之世書我異時齊與魯鄭比聘會者
齊故不言齊齊自起二國均蒙欲邑之惡即見之於惡齊也然則
魯本以邴爲天子邑重難擅受兼齊亦欲之故經順諱文歸惡於
鄭而又起齊惡以惡內所謂隱而顯也

夏六月己亥蔡侯考父卒疏六月無己亥爲五月之六日七月之八日亦無辛亥爲五月之十八日七月之
十九日也包氏慎言云當閏四月而經六月有己亥爲一月之二日
七月有庚午爲月之三日若閏四月則一爲五月二日爲六月
三日與經不合九月又書辛卯爲月之廿五日閏四月亦爲八月
之日時曆蓋于九月後方置閏也閏之進退以中氣爲定四月不
閏則夏至已在八月七月無中氣時曆或連大六七兩月以晦日
爲夏至也故移閏於九月後上四年左傳注云蔡今汝南上蔡縣
漢書地理志汝南上蔡縣故蔡國周武王弟叔度所封左疏引杜
譜云蔡姬姓文王子叔度之後武王封之上蔡爲蔡侯作亂見誅
其子蔡仲成王復封之于蔡至平侯徙新蔡昭侯徙九江下蔡史
記管蔡世家宣侯二十八年魯隱公初立三十五年宣侯卒子桓
侯封人立惟史記以宣侯名措父與春秋異穀梁傳諸侯日卒正也

辛亥宿男卒【注】宿本小國不當卒所以卒而日之者春秋王魯以隱公爲始受命王宿男先與隱公交接故卒褒之也不名不書葬者與微者盟功薄當褒之爲小國故從小國例【疏】注宿本至之也○上元年及宋人盟于宿注宿不出主名者者主國主名與可知此與邾婁儀父滕侯卒同義上元年邾婁儀父傳云曷爲稱字褒之也曷爲褒褒之爲其與公盟也與公盟者衆矣曷爲獨褒乎此因其可褒而褒之注春秋王魯託隱公以爲始受命王因儀父先與公盟可假以見褒賞之法又七年滕侯卒注所以稱侯而卒者春秋王魯託隱公以爲始受命王滕子先朝隱公春秋褒之是也宿小國亦不當卒爲先與隱公交接故褒而卒日之劉氏逢祿解詁箋云滕侯卒不日此日者其國早滅于宋不能至所見世見正文故盡其詞以起其當與也通義云爲元年與內盟故褒錄之也稱男者滕於所聞世書卒須加侯起褒文宿自後不復見卒則此爲加錄已顯故從本爵矣○注不名至國例○決上三年宋公和卒書名書葬爲大國故也上元年及宋人盟于宿傳孰及之內之微者也是與微者也與微者盟功薄故僅褒而書卒仍從小國不書卒之例而加褒之也上七年春滕侯卒傳何以不名微國也注小國故略不名是也

秋七月庚午宋公齊侯衛侯盟于瓦屋【疏】七月無庚午爲六月八月之八日杜云瓦屋周地按一統志瓦屋頭集在大名府清豐縣東三十五里或謂盟于瓦屋即此名勝志瓦屋頭在開州西南方輿紀要瓦岡在滑縣東水經注濮渠東逕滑臺又東南逕瓦亭南當是此瓦屋杜以爲周地非也穀梁傳此其日何也諸侯之參盟於是始故謹而日之也注世

道交喪盟詛滋彰非可以經世軌訓故存日以記惡蓋春秋之始也

八月葬蔡宣公

卒何以名而葬不名卒從正【注】卒當赴告天子君前臣名故從君臣之正義言也【疏】注卒當至言也○君前臣名曲禮文也禮記雜記云凡赴於君曰君之臣某死注臣死其子使人至君所告之臣告於君自合稱名君臣之正義也通義云名者所以為識別正其世及之繫迂回不可從而葬從主人【注】至葬者有常月可知不赴告天子故自從蔡臣子辭稱公【疏】通義云傳曰葬生者之事也故從其主人辭也生有五等沒壹稱公王者探臣子之心莫不欲尊其君父故假以爵之最尊又為之作諡以易其名以甄其宮○注至葬至稱公○上三年注諸侯五月而葬是葬有常月也葬無赴告之禮故從臣子尊辭也卒

何以日而葬不日卒赴【注】赴天子也緣天子閔傷欲其知之又臣子疾痛不能不具以告【疏】注赴天至以告○上三年注云記諸侯卒葬者王者當加之以恩禮故為恩錄也禮士喪禮云乃赴于君主人西階東面命赴者拜送注赴告也臣君之股肱耳目死當有恩禮疏云檀弓父兄命赴者是大夫以上士則主人親命之尊卑禮異也是諸侯至士皆有赴君之禮也惟檀弓所記自謂主人時方昏瞀故父兄命赴告諸姻族朋友耳其赴告于君雖諸侯大夫皆必親命拜送敬也鄭賈分別大夫士均失之白虎通崩薨篇臣死亦赴告于君何此君哀痛於臣子也

欲聞之加賻賵之禮故春秋曰祭侯考父卒傳曰卒赴而葬不告是也天子閔傷者檀弓云天子之哭諸侯也爵弁紂衣注服士之祭服以哭之明爲變也是也又喪大記記大夫疾君親問之無算則諸侯有疾或亦告天子故卒不能不赴也既夕記注云赴走告也禮記雜記作訃注云或皆作赴赴至也臣死其子使人至君所告之是也

而葬不告注不告天子也發傳於葬者從正也疏注發傳至正也○舊疏云言從正者謂卒日葬不日者是卒葬之正法三年經云癸未葬宋繆公而書日即失其正也其衛桓公葬不發傳者桓公者初則見弒于州吁終有篡慢之失侵小國之略故發傳於此按穀梁傳云月葬故也亦以月葬爲正也通義云卒以日爲正者見赴喪之禮當言日也葬以不日爲正者見告葬之禮本不言日也此傳發通例蔡宣公葬不當時自爲慢葬去日矣若然葬不告日而春秋得加日錄渴隱者君子据列國之史彼自各有葬日且魯史記外事要不若內事之詳春秋則外事例日者必日皆參列國之史知之時有榦枝旬朔上下錯迕者亦雜他國之晉故爾昔子夏讀晉乘見三豕渡河子讀楚檮杌至于楚一復陳曰大哉楚王俗儒謂春秋唯見魯史又詳略去取悉無意義一依赴告何隨之乎言春秋也可謂深切著明矣漢石經此傳下接公曷爲與微者盟

九月辛卯公及莒人盟于包來疏說文邑部有郇字云地名疑即包來也左氏作浮來公羊古義云古浮包字同秦有儒生浮丘伯見漢書楚元王傳而鹽鐵論作包丘子蓋古音通也按浮包古韻同部故从孚从包字經多相通禮記投壺云若是以浮注浮或作鮑說文手部捊引取也从手孚聲抱捊或从包漢書酷吏傳枹鼓不絕蕭該音義引字林曰枹音浮是

也杜云浮來紀邑東莞縣北有邳鄉邳鄉西有公來山號曰邳來
閒大事表云今沂州府蒙陰縣西北有浮來山與莒州接界水經
注沂水篇沂水又東逕浮來之山春秋書公及莒人盟于浮來者
也即公來山也在邳鄉西故號曰邳來之閒也浮來之水注云其
水左控三川右會甘水而注于沂齊乘云浮來山在莒州西三十
里明公鼐云据水經注沂水東經蓋縣故城南又東經浮來之山
浮來水注之春秋公及莒人盟于浮來者也又曰大峴山水東南
流經邳鄉東東南注于沭詳酈氏所記則邳鄉為峴山水所經其
去峴山峴山非遠正沂水西北之竟況沂水下流不由莒地若如
齊乘言浮來在莒西去沂水甚遠水經注安得云浮來水注于沂
乎後人不識浮來所在遂以莒城西山當之
耳范云宋邑未知所据辛卯為八月之晦日

公曷為與微者盟注据與齊高傒盟諱之疏漢石經微作徵此隸之變體○注据與至諱之○莊二十二年秋及齊高傒盟于防傳公則曷為不言公諱與大夫盟是也稱人則從不疑也注從者隨從也實莒子也言莒子則嫌公行微不肖諸侯不肯隨從公盟而公反隨從之故使稱人則隨從公不疑矣隱為桓立狐壤之戰不能死難又受湯沐邑卒無廉恥令翬有緣諂為桓所疑故著其不肖僅能使微者隨從之耳蓋痛録隱所以失之又見獲受邑皆諱不明因與上相起也疏通義云疑如示民不疑之疑古者君燕大夫為賓君祭大夫為尸卿不為

尸皆爲位近則疑遠則不疑禮有所謂順而撫者其義通于春秋按穀梁云可言公及人不可言公及大夫注稱人者衆詞可言公及人若舉國之人皆盟也不可言公及大夫如以大夫敵公故也亦此義但穀梁以人爲大夫不同耳○注從者隨從也○詩既醉云從以孫子箋從隨也周禮鄉長則從而授之注從者隨也是也○注實莒至疑矣○舊疏云行微者其行卑微不肖者鄭注昏禮記云不肖不似也及者汲汲之詞又我欲之詞明書莒子嫌莒君不肯從公公汲汲與莒君盟故詭而稱人爲微者則從公不嫌矣通義云本所以及齊高傒盟及晉處父盟皆沒公者彼大國之貴卿嫌可敵公故以絕正之今既稱莒人乃是微者與公貴賤殊隔自當聽從約束非敢敵亢無所嫌疑不假沒公穀梁傳曰可言公及人不可言公及大夫正此意也繁露玉英云春秋之書事時詭其實以有避也其書人時易其名以有諱也故詭晉文得志之實以代諱避致王也詭莒子號謂之人避隱公也又觀德云包來之會莒人疑我貶而稱人彼莒人應莒子之譎言莒子則疑我故貶而稱人則從可知春秋正詞曰春秋之義不可書則避之不忍書則隱之不足書則去之不勝書則省之詞有據正則不當書者皆書其可書以見其所所不可書詞有詭正而書者皆隱其所大不忍避其所大不可而後目其所常不忍常不可也此則不可書不隱書故詭其詞以隱所不忍避所不可也董子所謂隨其委曲而後得之者也○注隱爲至失之○隱爲桓立見上元年狐壤之戰見上六年受湯沐邑見上三月暈進諂見上四年痛錄隱所以失之則莊氏所謂不忍書者也隱公賢君而有上諸事故諱而痛之也○注又見至起也○舊疏云見獲諱不明者即言輸平是也受邑諱不明者即庚寅我入邴是也言因與上相起者此經著其不肖起其事實甚惡矣蓋當時史策自必書公及莒子盟于包來春秋詭

而稱人讀春秋者探其稱人之故味其避子之旨則春秋之諱義見矣諱義見而隱之惡著矣所爲與上輸平入邴相起也

螟注先是有狐壤之戰中丘之役又受邴田煩擾之應疏注先是至之應○見上六年七年此年三月漢書五行志云八年九月螟時鄭伯以邴將易許田有食利心京房易傳曰臣安祿茲謂貪厥災蟲蟲食根德無常茲謂煩蟲食葉不絀無德蟲食本與東作爭茲謂不時蟲食節蔽惡生孽蟲食心爾雅螟爲食心蟲率皆貪酷煩擾所致也

冬十有二月無駭卒

此展無駭也何以不氏注据公子彄卒氏公子疏注据公至公子○上五年公子彄卒是也据十行本閩本監本毛本作莊誤鄂本莊作据疏中標注亦作据公子彄當据正

疾始滅也故終其身不氏注嫌上貶主起入爲滅不爲疾始故復爲疾始滅終身貶之足見上貶爲疾始滅疏此與上二年傳義相足穀梁傳或說曰故貶之也注若無侅帥師入極是○注嫌上至始滅○上二年書入不書滅爲內大惡諱亦足起入爲滅必於卒貶去無駭之氏正爲疾始故也春秋重首惡當誅託始於無駭故終其身不氏惡之深也繁露滅國上云隱代桓立所謂僅存耳使無駭帥師入極然則貶無駭亦以貶隱公府獄于無駭其亦善則稱君過則稱臣意與

九年春天王使南季來聘疏穀梁傳南氏姓也季字也顧氏炎武云南非姓二字衍也穀梁古義云白虎通

引詩傳文王十子末云南季載南采也猶祭伯毛伯之謂左傳作聃季史作冄季冄與南同音故亦作南穀梁以聘諸侯爲非正范注云周禮時聘以結諸侯之好許慎曰禮臣病君親問之天子有下聘之義傳曰聘諸侯非正簡所未詳是自破其傳也左傳本天王或作天子者誤石經宋本岳本足利本子並作王也范云南季天子之上大夫是也又祭云氏以爲姓者誤南季與伯同范又云祭非姓非是

三月癸酉大雨震電

疏御覽引元命包云陰陽合爲雷陰陽激爲電經義雜記云左傳春王三月癸酉大雨霖以震書始也凡雨自三日以往爲霖平地尺爲大雪杜注此解書霖也而經無霖字經誤正義曰傳發凡以解經若經無霖字則傳無由發故知經誤然則經當如傳言大雨霖以震不當云大雨震電是經脫霖以二字而妄加電也按公穀經並作大雨震電何注云震雷電者陽氣也有聲名曰雷無聲名曰電大雨震電陽氣大失其節穀梁注震雷也電霆也又五行志劉歆曰春分後一日始震電之時也劉向曰雷電未可以發也大雨水而雷電是陽不閉陰歷考之兩漢儒春秋傳義知經本作震電非誤左氏傳當讀大雨霖句以震書始也句劉歆云始震電之始也本此傳以霖解大雨以凡雨三日以往爲霖自解霖字傳文每有此義例杜氏誤讀作大雨霖以震句書始也句遂謂癸酉始雨日傳解經書霖經無霖字爲誤矣按三月無癸酉癸酉爲二月之十四日庚辰爲二月之二十一日周之三月夏之正月古曆驚蟄在其月則震電未爲大異惟在二月爲大異既震電矣而又大雨雪故傳云俶甚也疑經月傳寫有誤

何以書記異也何異爾不時也注震雷電者陽氣也有聲名曰雷無聲名曰電周之三月夏之正月雨當水雪雜下雷當聞於地中其雉雊電未可見而大雨震電此陽氣大失其節猶隱公久居位不反於桓失其宜也日者一日之中也凡災異一日者日歷日者月歷月者時歷時者加自文爲異發於九年者陽數可以極而不還國於桓之所致疏注震雷至氣也○易說卦傳震爲雷又云離爲火爲日爲電漢書五行志劉向以爲於易雷以二月出其卦曰豫言萬物隨雷出地皆逸豫也以八月入其卦曰歸妹言雷復歸入地則孕毓根核保藏蟄蟲避盛陰之害出地則養長華實發揚隱伏宣盛陽之德入能除害出能與利人君之象也是雷震電皆陽氣也大戴禮天圓篇陰陽之氣俱則雷交則電是也○注有聲至曰電○通義云易中孚傳曰雷有聲名曰雷有光名曰電迎陰獨起陽上薄之其電炎炎也漫漫也其雷淳淳也陰陽和合其電耀耀也其光長而雷殷殷也開元占經電引京房曰凡霆者金餘氣也金者內鏡而外冥又曰霆或中中而見此人君自以爲明也又曰霆或正直而長光明此人君行微人不知曲直又曰霆或明久而不復息者此人君譏聞內直言之事彼所謂霆則雷之無聲曰電者故穀梁謂電霆也與霹靂之霆別故易繫辭傳鼓之以雷霆衆經音義引劉瓛注電電也震爲雷離爲電孔穎達本作鼓之以雷電是霆卽電也蓋西漢舊有此說○注周之至雜下○水雪宋本同閩本監本毛本作冰雪經義雜記云

冰雹雜下漢志云冰雹雜雨下也冰字譌鄭康成注禮記李巡郭璞注爾雅俱言水雪雜下矣按漢書五行志云隱公九年三月癸酉大雨震電大雨雨水也震雷也劉歆以為三月癸酉於曆數春分後一日始震電之時也當雨雨而不當大雨大雨常雨之罰也劉向以為周三月今正月也當雨水雪雜雨雷電未可以發也與何義同惟以為春分後一日不合○注雷當至其節○校勘記云解云一本云雷當聞於雉雊誤也武億云夏小正雉震呴條正月必雷雷不必聞唯雉為必聞之何以謂之雷則雉震呴相識以雷注文蓋本此疏既牽引非倫又云一本云雷當聞於雉呴誤皆謬言也初學記引洪範五行傳云正月雷漸動而雉雊雷諸侯之象也雉亦人君之類也又南齊志引五行傳云夫雷者人君之象入則除害出則興利雷之微氣以正月出其有聲者以二月出以八月入其餘微者以九月入冬三月雷無出者若是陽不閉陰則出陟危難而害萬物也然則二月雷乃發聲八月雷始收聲斥其有聲者正月陽氣漸達雷動於微不可得聞徵之於雉雊所以正月蟄蟲始振亦緣雷陽已動故古人以驚蟄為正月中氣也按夏小正雉震呴傳雉震也者鳴也呴也者鼓其翼也正月必雷雷不必聞惟雉為必聞之何必謂之雷則震呴相識以雷洪氏震煊疏義引五行傳云正月雷微而雉雊雷通氣也惟雉為必聞之者漢書五行志云雉者聽察先聞雷聲又云雷者所以開發萌芽辟除陰害君子必於其微時驗之將以為戒令也若已發聲則人盡聞之不煩記矣故啓蟄以月驗雷雉震呴以耳驗雷先幾而作謹始慎微之道也是正月雷尙始聞於地中則震電為異明矣若依曆在二月於夏正為丑月月令季冬之月已記雉雊雞乳明冬至後一陽來復雷雖無聲氣已潛動故亦得雉雊也未可聞雷此震為電是為陽失其節故穀梁注引劉向云雷出非其時者是陽不能閉陰

陰氣縱逸而將爲害也亦與何意不甚異〇注猶隱至宜也〇漢
書五行志又云劉向以爲隱以弟桓幼代而攝立公子翬見隱居
位已久勸之遂立隱既不許翬懼而易其詞遂與桓共殺隱天見
其將然故正月大雨爲水雷電是陽不閉陰出涉危難而害萬物
天戒若曰爲君失時賊弟佞臣將作亂矣通義云中孚傳又曰雷
之始發大壯始君弱臣強從解起推是年三月癸酉猶在漸泰之
氣雷已發聲臣強之甚也蓋翬驕蹇將弑君徵也〇注日者至爲
異〇舊疏云一日者日卽此文是歷日者月卽桓八年冬十月雨
雪之屬是也歷月者時卽桓元年秋大水之屬是也歷時者加自
文爲異者卽文二年自十有二月不雨至于秋七月之屬是也然
則杜說左傳以癸酉爲始雨日蓋本劉歆常雨之說今文家所不
取〇注發於至所致〇校勘記云可字疑衍以已通補刊還作還
誤也今據閩本監本毛本訂正按列子天瑞篇一變而爲七七變
而爲九九變者究也說文九部九陽之變也乾鑿度亦云九之爲
言究也陽極於九發之九年是爲陽數已極也乾之上爻曰上九
亢龍有悔亢者上而不能下之意陽極于上動則有悔正隱不還
國於桓之象故天示之異事未至而先見也司馬遷述董子言曰
有國者不可以不知春秋前有讒賊而不見後有讒賊而不知其
此之謂與

庚辰大雨雪

何以書記異也何異爾俶甚也注俶始怒也始怒甚猶大甚也蓋
師說以爲平地七尺雪者盛陰之氣也八日之閒先示隱公以不

宜久居位而繼以盛陰之氣大怒此桓將怒而弒隱公之象

疏漢書五行志云劉向以爲雷電未可以發也既已發也則雪不當復降皆失節故謂之異初學記引元命包云陰陽凝而爲雷雪穀梁傳八日之閒再有大變陰陽錯行故謹而日之也五行志又引洪範五行傳曰貌之不恭是謂不肅厥咎狂厥罰恆雨厥極惡劉歆傳獨異曰上慢下暴則陰氣勝故其罰常雨也又曰庶徵之恆雨劉歆以爲春秋大雨劉向以爲大水三月癸酉大雨震電庚辰大雨雪大雨之水也震雷也劉歆以爲大雨常雨之罰也於始震電八日之閒而大雨雪常寒之罰也劉向以爲雷電未可以發也既已發也則雪不當復降皆失節故謂之異○注俶始至甚也○經義述聞云俶訓爲始不訓爲怒雪非雷霆之屬亦不象人之怒也郭璞注爾雅俶作引此傳俶甚也文義亦未安今按俶厚也見大雅既醉箋俶甚也厚甚也平地七尺雪厚莫甚於此矣故曰俶甚也如此之厚者世所罕見故謂之異也又云俶甚也謂厚甚也解者曰始怒則於始下增怒字矣校勘記云按此當作俶始也始甚猶大甚也二怒字皆衍文釋文俶甚尺叔反始也不云始怒也可證下文盛陰之氣大怒桓將怒而弒隱之象此因始甚之文申說之詞淺人並据此加怒字於上矣又云按前說不然始甚則不得云猶大甚按俶與埱聲義同說文土部埱气出土也一曰始也訓始既與俶同則气出土亦有甚義故方言云衝俶動也通義云俶屬也周之三月本夏之正月夏小正傳曰正月必雷雷不必聞今陽氣不以時出乃至震電則雪不當復降八日之閒陰氣又旋脅之而成雪以爲威陰屬甚也是臣有作威之象按注以始怒釋此傳之俶義非訓俶爲怒意謂始甚者始怒甚也又申之云猶大甚也大甚如詩雲漢旱既大甚之大甚也○注蓋師至七尺○浦氏鏜云

一誤七從六經正誤校按左傳云平地尺爲大雪蓋兩京師說有所受矣開元占經引考異郵云庚辰大雨雪雪深七尺何氏所謂師說與○注雪者至之象○漢書五行志云劉向以爲後八日大雨雪陰見閒隙而勝陽簒殺之既將成也公不寤後二年而殺穀梁傳注引劉向曰雷電陽也雨雪陰也昭四年左傳云春無愆陽夏無伏陰八日之閒愆伏並作故愆陽爲隱公陽極不悔之象伏陰爲桓將以臣弑君以陰犯陽之象也春秋說云吳孫亮太平二年二月甲寅大雨震雷乙卯雪大寒兩日之閒一雷一雪晉安帝義熙六年正月丙寅雷又雪幷在一日之中皆與隱同占先雷後雪者陰乘閒隙起而害陽弑逆之禍城焉隱尋見弑亮亦被廢安恭二帝皆強臣劉裕殺之

俠卒【疏】左氏經作挾卒古挾俠通漢書惠帝紀除挾書律應劭注挾藏也通作俠詩大明使不挾四方韓詩外傳作俠方言三挾斯敗也廣雅釋詁俠斯敗也是也

俠者何吾大夫之未命者也【注】以無氏而卒之也未命所以卒之者賞疑從重無氏者少略也【疏】禮記王制云大國三卿皆命于天子次國三卿二卿命于天子一卿命于其君注命于天子者天子選用之小國亦三卿一卿命于天子二卿命于其君又祭統云古者明君爵有德而祿有功必賜爵祿于太廟示不敢專也故祭之日一獻君降立于阼階之南南鄉所命北面史由君右執策命之再拜稽首受書以歸而舍奠于其廟是皆命大夫之制也穀梁傳弗大夫者隱不爵大夫也與公羊異○注以無至之也○以不書氏故知未命大夫也穀梁傳云所

俠也范注俠名也所其氏彼疏引徐邈引尹更始云所者俠之氏則所自有氏春秋以其微而略之故不氏不得如杜云所未賜族也穀梁疏引糜信云所謂斥也古人無訓所謂斥者○注未命至略也○解詁箋云禮大夫疾君問之無算士壹問之君於卿大夫比葬不食肉比卒哭不舉樂為士比殯不舉樂弔臨賵襚士喪禮備矣此託隱公賢君宜有恩禮於未命大夫矣義或然也通義云俠未命故不氏得書卒者本當從卿秩也卿而言未命者穀梁以為隱謙不自爵命大夫理或然與柔溺不卒則本下大夫例以名見据何注云無氏者少略則不取穀梁之說按書卒者見隱公賢君宜有恩禮於大夫與益師同義於益師見隱公之於命大夫於俠見隱之於未命大夫也不氏略之也著其未命也

夏城郎【疏】元年左傳云費伯帥師城郎杜注郎魯邑高平方與縣東南有郁郎亭大事表云在今兗州府魚臺縣東北九十里桓十年齊侯衛侯鄭伯來戰于郎莊十年齊師宋師次于郎蓋魯之邊邑故數受兵

秋七月【疏】穀梁傳無事焉何以書不遺時也按此傳已發於上六年秋七月下

冬公會齊侯于邴【疏】左傳穀梁皆作防古方丙聲字多通用杜云防魯地在琅邪縣東南隸釋金鄉長侯成碑君諱成字伯盛山陽防東人也其先本自邾岐周文之後封于鄭鄭共仲賜氏曰侯厥後宦多以功佐國要盟齊魯嘉會自邡因以為家則亦作邡大事表云魯有兩防此所謂東防也在今沂州府費縣東北六十里世為臧氏食邑襄二十二年臧孫紇自邾如防即此齊氏召南考證云晉時有琅邪國無琅邪縣東萊集解引此注作琅邪華縣東南是也華縣故城在今費縣此時西防尚未為魯有

此會地當東防也穀梁傳會者外爲主焉爾

十年春王二月疏左傳以此爲正月杜云傳言正月會癸丑盟釋例推經傳日月癸丑是正月二十六日知經二月誤通義云是會左傳以爲正月蓋魯之舊史如是春秋將假隱無正月以見義故特辟之也左氏得其事而不知其義公羊得其義而不詳其事每以左氏事證公羊之義乃益決公羊之可信矣

公會齊侯鄭伯于中丘注月者隱前爲鄭所獲今始與相見故危錄內明君子當犯而不校也疏注月者至錄內○爲鄭所獲見六年傳會例時此月故危之凡春秋會書月皆爲危桓元年三月公會鄭伯于垂注桓公會皆月者危之也傳元年八月公會齊侯以下于朾注月者危公會伯者而與邾婁有隙是一也惟定四年三月公會劉子以下于召陵注月而不舉重者楚以一衰之故四拘蔡昭公數年然後歸之諸侯雜然侵之會同最甚故善錄其行義兵也范云隱行自此皆月者天告雷雨之異以見篡弒之禍而不知戒懼反更數會故危之取義微異皆以月爲危詞也○注明君至校也○犯而不校論語泰伯篇文校勘記云毛本校作挍非何讀爲交接之交言前爲鄭所獲於此不當交會也按列子周穆王云憣校四時注校讀作交似作交亦通史記律書云兵者聖人所以討彊暴平亂世夷險阻救危殆自含血戴角之獸見犯則校而況於人則以校爲報若如報解當是謂隱公前爲鄭獲不校之可矣不宜復與會好故危之也要不當若作交解者爲捷舊疏云謂校接之交不謂爲報也校勘記云當作謂交接之交不爲報也似爲明爽

夏翬帥師會齊人鄭人伐宋

此公子翬也何以不稱公子【注】据楚公子嬰齊貶後復稱公子【疏】校勘記云隸釋載漢石經此公子翬也上有十年二字蓋雖不載經猶紀某公年數以相識別攷其殘碑可想見其全經體式也〇注据楚至公子〇舊疏云成二年公及楚人以下盟于蜀彼傳云此楚公子嬰齊也其稱人何得壹貶焉爾至成六年書楚公子嬰齊率師伐鄭是也通義云据桓之篇復稱公子既非終身貶何不獨於前一貶亦通

貶曷為貶隱之罪人也

故終隱之篇貶也【注】嫌上一貶可移於他事者故終隱之篇貶之明為隱貶所以起隱之罪人也【疏】注嫌上至人也〇上一貶謂四年伐鄭不書公子也嫌上為伐鄭事貶故終貶於隱之篇其為隱之罪人著矣翬之弒君既不可直書於桓無罪又不宜貶於桓世故終隱之篇貶見為隱貶於桓世稱公子見其同惡相濟所謂不待貶黜而自明者此也通義云何焯曰翬之罪既不可以質言貶于相之代於義益無所附今加貶於隱一代之中使人因而推得其故所謂微而顯也范注穀梁亦云翬隱之罪人也故終隱之篇貶也

六月壬戌公敗宋師于菅【疏】六月書壬戌月之十一日又書辛未辛巳一為二十日一為三十日杜云菅宋地大事表云當在今山東曹州府單縣北境

辛未取郜辛巳取防【疏】杜云濟陰城武縣東南有郜城大事表云郜在今曹州城武縣東按此為北郜本宋邑今

鄭取之以歸于我也城武有南郜城北郜城僖二十年郜子來朝此南郜耳水經注泗水篇黃溝又東北逕郜城北春秋桓二年取郜大鼎于宋十三州志曰今城武縣東南有郜城俗謂之北郜者也一大統志郜城故城在曹州府城武縣東南十八里故郜國漢屬山陽郡按此郜即古郜國爲宋所滅蓋在春秋前故桓二年取郜大鼎于宋即宋滅郜所得之鼎也僖公世郜子來朝自是失地之君時已無此國顧氏分別南北郜誤仞郜國尚存故耳杜又云高平昌邑縣西南有西防城大事表云此魯取宋邑在今兗州府金鄉縣西北欲別于臧氏食邑故謂之西防說文邑部郕宋下邑疑即此方輿紀要防城在兗州府金鄉縣西六十里

取邑不日此何以日 注 据取闞不日也 疏 注据取闞不日○卽昭三十二年春王正月取闞是也

一月而再取也 注 欲起一月而再取故日 疏 通義云十日之閒而再取邑志疏數也

何言乎一月而再取 注 据取鄟東田及沂西田亦一月再取兩邑不日 疏 注据取至不日○卽哀二年春王二月季孫斯叔孫州仇仲孫何忌帥師伐邾婁取鄟東田及沂西田是也彼不甚之者以彼邾婁子新來奔與上年仲孫何忌帥師伐之所次年又連取其地魯之爲惡明矣不必再書日而譏文自著律所謂二事俱發從重論是也

甚之也 注 甚魯因戰見利生事利心數動 疏 注甚魯至數動○利各本作移誤依鄂本正穀梁傳此其日何也不正其乘敗人而深爲利取二邑故謹而日之也注禮不重傷戰不逐北公敗宋師于菅復取其二邑貪利不仁故謹其日

內大惡諱此其言甚之何春秋錄內而略外

於外大惡書小惡不書於內大惡諱小惡書【注】明取邑爲小惡一月再取小惡中甚者耳故書也於內大惡諱於外大惡書者明王者起當先自正內無大惡然後乃可治諸夏大惡因見臣子之義當先爲君父諱大惡也內小惡書外小惡不書者內有小惡適可治諸夏大惡未可治諸夏小惡明當先自正然後正人小惡不諱者罪薄恥輕敗宋師日者見結日偏戰也不言戰者託王於魯故不以敵辭言之所以彊王義也【疏】注明取至書也○上二年莒人取牟婁傳云外取邑不書此何以書春秋不書外小惡而云外取邑不書知取邑爲小惡也若無駭入極諱滅曰入明滅國爲大惡故爲內諱若諸夏則不諱齊滅譚滅遂皆書是也此甚魯取二邑近大惡嫌不爲內諱故決之明雖取二邑猶爲小惡故也○注於內至大惡○繁露仁義法云義之發發在正我不在正人我不自正雖能正人弗與爲義又云義云者非謂正人謂正我雖有亂世枉上莫不欲正人奚爲義昔者楚靈王討陳蔡之賊齊桓公執袁濤塗之罪非不能正人也然而春秋弗予不得爲義者我不正也闔廬能正楚蔡之難矣而春秋奪之義辭以其身不正也潞子之於諸侯無所能正春秋予之有義其身正也故曰義在正我不在正人此其法也內無大惡乃治外小惡先正己以正人也所以春秋不爲楚靈齊桓闔廬諱著外之大惡也若然桓二年以成宋亂彼內大惡不諱者所以惡桓也

○注因見至惡也○春秋爲尊者諱爲親者諱臣子無不欲稱揚君父之美故論語子路篇子爲父隱禮記坊記善則稱親過則稱己又云善則稱君過則稱臣同斯義也大惡諱小惡不諱仁之至義之盡也○注內小至正人○繁露仁義法又云是故內治反理以正身據禮以勸福外治推恩以廣施寬制以容衆春秋刺上之過而矜下之苦小惡在外弗舉在我書而非之凡此者以仁治人以義治我躬自厚而薄責於外此之謂也又愈序云聖王之道莫美於恕故予言春秋詳己而略人因其國而容天下也是則書內小惡正見責己厚不書外小惡正以責人薄內有小惡不責人小惡又以正廣恕道也繁露仁義法又云夫我無之求諸人我有之而非諸人人之所不能受也其理逆矣何可謂義是也○注小惡至恥輕○人惡小故罪薄恥輕故不諱也劉氏逢祿釋例云凡諱皆有惡卽刺也諱深則刺益深或以彊王義或屈於尊親或功足以掩其罪或賢者與仁同惡君子因之醇加吾心焉溫城董君贊春秋曰唐棣之華偏其反爾豈不爾思室是遠而此非止言權聖人之爲文皆如是也今有人於盜竊亂賊之行未必甘受名也君子正之其名曰盜曰賊則亦無所逃矣復爲之微其詞曰彼固未嘗爲盜爲賊也而其心之愧恥奮發益倍而他人之信其爲盜爲賊益堅所謂詞不迫切而意獨至也又有賢者不幸而卽于戾其心方蹁躚愧赧而無所適從君子著其迹曰是與亂臣賊子之事同則善義亦阻矣復爲之變其文曰子之詞非亂賊也子之事則亂賊之所樂假託也爲之損益其詞馴致其行矯制萬端不失其正則其垂示至深也劉氏此釋發明諱義尤爲深切則小惡之不諱正以無足諱故也○注敗宋至戰也○通義云偏戰日詐戰不日詐戰者曰某敗某師于某偏戰者曰某及某戰于某某師敗績此外戰例也春秋尊魯不以敵詞言之若內勝皆曰敗某師于某但以日

不日别偏詐爾故此及戊寅公敗宋師于鄑壬午公子友帥師敗莒師于犂戊辰叔弓帥師敗莒師于濆泉雖與外詐戰辭同實偏戰也唯內敗然後從偏戰之詞亦曰及某師戰于某而不舉敗績其舉敗績者獨乾時之役○注不言至義也○上六年傳不云然則何以不言戰注戰者內敗文也又桓十年齊侯衛侯來戰于郎傳內不言戰言戰乃敗矣注春秋託王于魯戰者敵文也王者兵不與諸侯敵是也孟子盡心下云征者上伐下也王者有征無戰故言戰乃敗不與諸侯敵所以彊王義也

秋宋人衛人入鄭 疏 通義云二國以上連師合謀入人之國於是始故復疾略之與入盛同義春秋尊周內魯親姬姓之國是以滅國皆惡而衛滅邢宋滅曹爲尤惡君子惡惡疾其始始於諸侯擅興侵伐乃至擅相入擅相入乃至擅相滅故於宋衛入國之始深疾外之使與吳越同科董仲舒曰見事變之所至因其所以至者而治之則事之本正矣此類是也

宋人蔡人衛人伐載 疏 校勘記云諸本同唐石經載字缺釋文無音按漢書五行志作戴注引此經同師古曰戴音國今外黃縣東南戴城是也讀者多誤爲載故隋置載州也顏氏此條較之義疏釋文爲勝段云說文䣊字注云䣊故國在陳留則䣊爲本字載假借字亦或作戴故左傳作戴公穀作載釋文引字林作載皆可然左傳唐石經初刻亦作載杜云戴國今陳留外黃縣東南有戴城漢書地理志梁國甾縣故城曰戴國應劭曰章帝改曰考城續漢志陳留郡考城故甾注陳留志曰故戴國地名戴載皆从𢦏聲𢦏聲與甾聲同部故得通焉大事表云在今歸德府考城縣東南五里自後不見經地入于宋但不知何年按考城乾隆閒移治黃河北岸改屬衛輝矣水經注汳水篇汳水又東逕濟陽考城縣故城南爲甾獲渠考城縣周之采邑也於春秋爲戴國

矣左傳隱十年宋衞蔡伐戴是也後遭漢兵起邑多災年故改曰留縣章帝以其名不善改曰考城知戴之讀載讀留有自來矣阮氏元鐘鼎款識有𧰼鼎引錢獻之云載國名春秋公羊作載左氏作戴說文作𢦏此用解字之體殆又以即𢦏字與然𢦏音與戈音古實不同部

鄭伯伐取之

其言伐取之何注据國言滅邑言取又徐人取舒不言伐疏注据國至言伐○國言滅莊十年齊師滅譚之屬是也邑言取上六年宋人取長葛之屬是也徐人取舒見僖三年是也

易也其易奈何因其力也因誰之力因宋人蔡人衞人之力也注載屬爲上三國所伐鄭伯無仁心因其困而滅之易若取邑故言取欲起其易因上伐力故同其文言伐就上載言取之也不月者移惡上三國疏杜云書取克之易也彼疏引沈氏云今日圍明日取故知易也本此爲說劉炫以取之非易規杜氏非也○注載屬至之也○說文尾部屬連也廣韻屬聚也會也周禮州長月吉則屬其州之民讀邦法注屬猶合聚也載屬爲三國所伐謂連爲三國所合聚而伐也繁露滅國上云內無諫臣外無諸侯之救載亦猶是也宋蔡衞國伐之鄭因其力而取之此無異於遺重寶於道而莫之守見者掇之也春秋說云公穀謂取載左傳謂鄭伯圍載克之并取三師三師者三國伐載之師取三師者若定九年宋取鄭師于雍丘十三年鄭取宋師于喦則經當書鄭伯取三師于載不當書伐取之伐取之者三國伐載鄭獨取之因人之力是爲易詞載

微國也故言取經不言師故知非三師也鄭伯不能救人之危難乘危滅人不仁莫甚故書取以著其惡穀梁傳不正其因人之力而易取之故主其事也是也范云三國伐載自足以制之鄭伯不能矜人之危而反與共伐故獨書鄭伯伐取之以首其惡其實四國實取之然穀梁亦無四國共伐之義范臆說也○注不月至三國○滅例月凡不月者各有起文此既書取明爲滅國歸惡於鄭嫌三國無惡故不月起之僖五年冬晉人執虞公注不從滅例月者略之又十七年夏滅項注不月者桓公不坐滅略小國則此亦因其易而略之與通義云滅國大惡取邑小惡而令滅國得同取文者國邑之名要所易曉既施之國不嫌非滅故得通言取以廣難易例耳

冬十月壬午齊人鄭人入盛注日者盛魯同姓於隱篇再見入者明當憂錄之疏十月無壬午爲十一月之三日九月之二日二傳盛作郕○注日者至錄之○舊疏云正月以入例時傷害多則月今此云日故解之也云再見入者謂五年秋衛師入盛及此爲再入也繫露滅國下云衛人侵成鄭入成及齊師圍成三被大兵終滅莫之救所特者安在魯之不救可見矣此與滅邢書日同義僖二十五年春王正月壬午衛侯燬滅邢注日者爲魯憂內錄之是也見齊鄭入盛衛滅邢魯皆當法王者親親義憂錄之也通義云推尋前後經例入國恆月惟討有罪者乃日丙午晉侯之入曹丁亥楚子入陳是也至滅國反是所尤惡者乃日丙午衛侯燬滅邢丁酉楚師滅蔡是也蓋入國猶有彼善於此須分別之略其所惡錄其所善滅國一切皆惡無所分別但以日不日見罪之輕重耳易窮則變變則通春秋之於例亦猶是也則以滅邢書日爲

惡衛侯矣

十有一年春滕侯薛侯來朝【疏】穀梁傳隱十年無正隱不自正也元年有正所以正隱也漢書地理志魯國薛縣夏車正奚仲所國後遷于邳湯相仲虺居之按漢志薛在今爲兖州府滕縣地

其言朝何【注】据內言如【疏】注据內言如○舊疏云即成十三年春公如京師之屬是也　諸侯來曰朝大夫來曰聘【注】傳言來者解內外也春秋王魯王者無朝諸侯之義故內適外言如外適內言朝聘所以別外尊內也不言朝公者禮朝之於大廟與聘同義【疏】諸侯來曰朝此屬是也大夫來曰聘上七年齊侯使其弟年來聘是也○注傳言至內也○傳分別出來之異明來者自外而內故云解內外也春秋託王于魯魯君臣出皆曰如爾雅釋詁如往也若曰往至彼國也外諸侯大夫至魯則分別朝聘故繁露王道云內出言如其諸侯來曰朝大夫來曰聘王道之義也是即別外尊內之義也周禮大行人云凡諸侯之邦交歲相問也殷相聘也世相朝也自是古周禮制上七年注云古者諸侯朝聘則不拘殷聘世朝之道矣大戴禮朝事篇諸侯相朝之禮各執其圭瑞服其服乘其輅建其旌旗施其樊纓從其貳車委積之以其牢禮之數君使大夫迎于境卿勞于道君親郊勞致館及將幣拜迎于大門外而廟受北面拜貺君親致饔既還圭饗食致贈郊送所以相與習禮樂也諸侯相與習禮樂則德行修而不流也諸侯相朝禮之略見者○注不言至同義○上七年經齊侯使其弟年來聘注云

不言聘公者禮聘受之於太廟孝子謙不敢以己當之歸美于先君是也朝例時其兼言之何注据穀鄧來朝不兼言朝疏注据穀至言朝○即桓七年穀伯綏來朝鄧侯吾離來朝是也此爲微國則彼以鄧爲侯爵故與微國也注略小國也稱侯者春秋託隱公以爲始受命王滕薛先朝隱公故褒之已於儀父見法復出滕薛者儀父盟功淺滕薛朝功大宿與微者盟功尤小起行之當各有差也滕序上者春秋變周之文從殷之質質家親親先封同姓疏隸釋載漢石經國也下接何以不書葬○注略小國也○滕子爵薛伯爵春秋命伯子男爲一故皆從小國例略之也○注稱侯至褒之○繁露王道云諸侯來朝者得褒滕薛稱侯又觀德云諸侯朝魯者衆矣而滕薛獨稱侯通義云略其詞起實微國但以慕賢親內首來朝故褒之爲侯耳春秋正詞云此滕子薛伯也曷謂之滕侯薛侯王者改元立號則爵命諸侯頌所謂我應受之也隱公之策以改元立號始之以爵命諸侯終之皆非常事也夫子曰其詞則某有罪焉爾然則莊二十二年荆人來聘書人褒二十九年吳子使札來聘有君有大夫亦猶此志與○注已於至差也○儀父見法宿與微者盟並見上元年彼注云欲之者善重惡深不得已者善輕惡淺此二國來朝不得爲不得已故與儀父皆爲善重特盟與朝又有淺深之殊耳繁露爵國云有大功德者受大爵土功德小者受小爵土是也○注滕序至同姓○繁露觀德云德等也則先親親周道尊尊殷道親親春秋變文從質故先親親也通義云据滕現爵子而在薛伯上者伯子男

一等則當以異姓為後按左傳云周之宗盟異姓為後彼疏引賈逵以宗為尊服虔以宗盟為同宗之盟孫毓以為宗伯屬官掌作盟詛之載詞故曰宗盟當以孫說為長左傳凡以王命臨諸侯盟者皆先同姓踐土之盟其載書曰王若曰晉重耳魯申為王子虎在焉召陵之會劉子在焉祝鮀引以為比皆有王官之伯故也蓋當時奉有先親親之義故經順其文立法耳覲禮云同姓西面北上異姓東面北上是先同姓後異姓也

夏五月公會鄭伯于祁黎【疏】左氏脫五月二字祁黎左氏作時來傳作郲杜云時來郲也滎陽縣東有釐城鄭地也按黎來雙聲祁時音近故得通水經注濟水篇濟水又東逕釐城東春秋經書公會鄭伯于時來左傳所謂釐也京相璠曰今滎陽縣東四十里有故釐城也今左傳取郲古來聲與釐聲同部故儀禮來女孝孫注來讀曰釐漢書劉向傳引詩來牟作釐麰是也大事表云在今開封府祥符縣東四十里則與滎陽縣遠矣會例時書月者危之與十年會中丘同義也

秋七月壬午公及齊侯鄭伯入許【注】日者危錄隱公也為弟守國不尚推讓數行不義皇天降災諂臣進謀終不覺悟又復構怨入許危亡之釁外內並生故危錄之【疏】月無壬午據曆為六月之七日大事表許今為河南許州府治新設石梁縣時鄭莊使許叔居許西偏猶未全并許地也說文邑部鄦炎帝太岳之允甫侯所封在潁川前漢志云潁川郡許故國姜姓四嶽後文叔所封二十四世為楚所滅〇注日者至錄之〇構鄂本閩本同監本毛本構作搆非上二年注云入例時傷害多

則月此日故解之決其爲危也爲弟守國不尙推讓者上九年大雨震電注云陽數已極而不還國於桓所致蓋桓已長成不卽退讓以致奸臣啓釁身遭簒弒也數行不義上八年入邴十年取郜取防之屬是也皇天降災上五年八年螟九年大雨震電大雨雪皆是諂臣進謀詳上四年文見於彼事實在此年所謂公子翬曰百姓安子諸侯說子是也危亡之釁外內並生內謂子翬桓公外謂此又屢與鄭會又同伐許皆是

冬十有一月壬辰公薨疏十一月無壬辰十二月之二十日

何以不書葬注据莊公書葬疏注据莊公書葬○卽閔元年葬我君莊公是也不据桓十八年葬桓公者桓亦被弒亦不合書葬也隱之也疏詩柏舟云如有隱憂傳隱痛也上三年傳隱之也注隱痛也穀梁傳隱之不忍地也注隱猶痛也漢書司馬相如傳贊曰司馬遷稱春秋推見至隱李奇曰隱猶微也言其義顯而文隱若隱公見弒死而經不書隱諱之也是也通義云劉敞曰左氏云不書葬不成喪也非也桓本潛謀弒君欲人不知之故歸罪寪氏豈更令其喪禮不成以自發露耶此乃事之不然又明左氏初不受經於仲尼不知薨不書葬之義前漢諸儒不肯爲左氏學者爲其是非謬於聖人也故曰左氏不傳春秋此無疑矣仲尼之時魯國賢者無不從之遊獨邱明不在弟子之籍若邱明眞受經作傳者豈得不在弟子之籍哉然邱明所以作傳者乃若自用其意說經汎以舊章常例通之於史策可以見成敗耳其襃貶之義非邱明所盡也故春秋所有義同文異者皆沒而不說而杜氏因爲作說云此乃聖人卽用舊史耳觀邱明義又不必然隱公之初始入春秋邱明解經頗亦殷勤

故克段于鄢傳曰不言出奔難之也不書城郥非公命也不書之例一年之中凡七發明是仲尼作經大有所刪改也豈專同舊史者乎

何隱爾弒也【注】爲桓公所弒【疏】公羊古義云蔡邕石經弒作試白虎通引春秋讖曰弒其試也欲言臣子殺其君父又不敢卒候閒司事可稍稍弒之易曰臣弒其君子弒其父非一朝一夕之故也荀子議兵篇曰傳曰威厲而不試刑措而不用鹽鐵論曰威厲而不殺殺音試古音同石經作試蓋嚴氏春秋也按此傳注作弒唐石經及諸本同釋文作殺也音申志反及下並同注

弒則何以不書葬【注】据桓公書葬【疏】○注据桓公書葬即桓十八年冬十有二月己丑葬我君桓公是也

春秋君弒賊不討不書葬以爲無臣子也【注】道春秋通例與文武異【疏】注道春至武異○舊疏云言文武之時周之盛德既無諸侯相犯甯有臣子弒君父者以古典無責臣子討賊之義春秋據亂而作時或有之因設其法故言與文武異按周禮大司馬以九伐之法正邦國放弒其君則殘之禮記檀弓云臣弒君凡在官者殺無赦明文武盛時有臣子弒君父之事天子得誅之方伯得討之孔子無征討之權不得不寄之誅貶譏絕之空文以示教所謂言之者無罪聞之者足戒所以爲春秋通例禮記中庸云仲尼祖述堯舜憲章文武鄭注孔子祖述堯舜而斷以文王武王之法度其實責臣子討賊亦即文武法度非果有意也特文武時不必專責臣子耳故上六年秋七月傳云春秋雖無事首時過則書亦專謂春秋例也解詁箋云一人弒君而不討賊誅及一國臣子所謂刑亂國用重典與文武刑新國用輕典異撥亂世反諸正莫近於春秋此類是也

子沈子曰君弒臣不討賊非臣也子

不復讎非子也葬生者之事也春秋君弒賊不討不書葬以爲不
繫乎臣子也【注】子沈子後師明說此意者明臣子不討賊當絕君
喪無所繫也沈子稱子冠氏上者著其爲師也不但言子曰者辟
孔子也其不冠子者他師也【疏】唐石經鄂州本不復讎上並有子字閩本監本毛本無當据補孫氏
志祖云左傳莊十二年疏困學紀聞七並有子字校勘記云漢石經無以爲二字按無以爲詞意益堅決凡云以爲者皆隱曲申明
之意當据正越絕書敘外傳記臣不討賊子不復讎非臣子也宋本作讎各本作讐繁露王道云春秋之義臣不討賊非臣子不復
讎非子也故誅趙盾賊不討者不書葬臣子之誅也又玉杯云是故君殺賊討則善而書其誅若莫之討則君不書葬而賊不復見
矣不書葬以爲無臣子也賊不復見以其宜絕滅也又云臣之宜爲君討賊也猶子之宜爲父嘗藥也子不嘗藥故加之弒父臣不
討賊故加之弒君其義一也所以示天下廢臣子之節其惡之大若此也後漢書袁紹傳云誠以賊臣不討春秋所貶正用此經義
白虎通誅伐云王者諸侯之子篡弒其君而立臣下得誅之者廣討賊之義也春秋傳曰臣弒君臣不討賊非臣也穀梁傳云其不
言葬何也君弒賊不討不書葬以罪下也注責臣子也與公羊同若然閔公被弒賊討而亦不書葬者彼注云不書葬者賊未討以
討賊在葬後也桓公被弒而書葬者桓十八年傳云賊未討何以書葬讎在外也讎在外則何以書葬君子辭也以齊强魯弱力不
能討則春秋恕之矣白虎通誅伐又云子得爲父報讎者臣子之於君父其義一也忠臣孝子所以不能已以恩義不可奪也然則

葬者臣子之事奪其葬文絕其爲臣子也太史公自序所謂爲人臣子而不通於春秋之義者必陷簒弒之誅死罪之名是也○注子沈至意者○校勘記云宋本閩本監本毛本同誤也蜀大字本作己師解云知子沈子爲己師者亦作己字當据正漢書古今人表有沈子師古注魯人也然春秋亦有北宮子魯子皆在中中喪○注明臣至繫也○注包氏愼言云不討賊則舉國臣子皆當絕故喪無所繫明賊一日未討臣子卽一日當絕言當自痛絕而不比於人數也子不復讎是安然樂居父位其罪尤不可勝誅矣繁露玉杯云問者曰人弒其君重卿在而弗能討者非一國也靈公弒趙盾不在不在之與在惡有薄厚春秋責在而不討賊者弗繫臣子爾也責不在而不討賊者乃加弒焉何其責厚惡之薄薄惡之厚也曰趙盾賢而不遂於理故因其賢而加之大惡繫之重責他國不討賊者諸斗筲之民何足數哉明諸國君弒賊不討偏責舉國趙盾爲晉重卿力能獨討反不討賊故加之弒責之深而厚故晉靈雖不書葬而趙盾復見於經知不槪責晉諸臣也○注沈子至師也○傳中子沈子外有子司馬子子公羊子子女子子蓋皆己師傳之春秋說者○注不但至子也○卽昭十二年傳子曰我乃知之矣師之屬是也論語學而篇子曰注馬曰子者男子之通稱謂孔子也以其聖德廣著師範後世不須言其氏直言子而已故論語亦惟孔子稱子餘如有子曾子亦不但言子也○其注其不至師也○如傳中所傳北宮子之屬是也他師者明非己師上注後師之爲誤尤見

公薨何以不地注据莊公薨于路寢疏注据莊至路寢○卽莊三十二年公薨于路寢是也桓公書于齊者著賊在外魯之臣子力不能討君子閔而宥之也

不忍言也注不忍言其僵尸之處疏穀梁傳公薨不地故也隱之不忍地也注

隱痛也是也○注不忍至之處○舊疏云不終天年者非人所欲故謂被殺之處爲僵尸之處讀如齊人强之强非强弱之强按舊解迂回凡人死皆謂僵不必被殺者始目僵尸莊子則陽篇推而僵之一作强通作僨仆也僵也易林仁賢君子國安不僵言國不顚仆也

隱何以無正月注据六年輸平不月疏各本作易依宋本鄂本正注据六至不月○月輸平事在正月彼不月故据爲難

隱將讓乎桓故不有其正月也注嫌上諸成公意適可見始讓不能見終故復爲終篇去正月明隱終無有國之心但桓疑而弑之公薨主書者爲臣子恩痛之他國自從王者恩例錄也疏繁露玉英云是故隱不言正桓不言王者皆從其志以見其事也從賢之志以達其意從不肖之志以著其惡由此觀之春秋之所善善也所不善亦不善也不可不兩省也穀梁傳隱十年無正隱不自正也即不有其正月之義也通義云春秋之教莫大乎五始凡事不正其始不善其後隱公是已魯人但知隱母繼室禮同夫人且桓母後娶乃君子必能決其尊卑于微者仲子始娶即貴聲子始媵後貴亦唯辨之於始焉爾易說曰君子愼始戚德記曰明堂天法也禮度德法也故能審五始之義則天法莫不順禮度無不明萬物由是可得而正矣隱不有其正月經順其意自二年後不書正雖其讓足多又不知早退致見其疑弑故責其不善於始也○注嫌上至弑之○舊疏云即元年傳曰公何以不言即位成公意歸賵之下傳云然則何言爾成公意二年子氏薨之下傳云何以不書葬成公意五年考仲子之宮下傳曰然則何言爾成公意非止一處故言諸也言諸言成公意適

可見公之始讓惟終隱之篇去正明隱之終無有國之心也公子翬進讒桓公遂作難隱之讓愈善桓之惡愈深矣○注公薨至錄也○此亦道春秋通例所以別外內也上三年注云記諸侯卒葬者王者當加之恩禮故爲恩錄是也

公羊義疏九

公羊義疏十

南菁書院

句容陳立卓人著

桓元年盡是年

春秋公羊經傳解詁桓公第二【疏】釋文但題桓公第二四字唐石經作桓公第二何休學原刻作何氏後磨改作何休按古本舊題當作春秋桓公經傳解詁公羊第二也釋文云桓公名軌惠公子隱公之弟母仲子史記魯世家名允諡法辟土服遠曰桓左傳疏引世本云桓公名軌世族譜亦作軌魯世家云揮使人弒隱公于寪氏而立子允是爲桓公是也

元年春王正月公即位【疏】周禮小宗伯云掌建國之神位注故書位作立鄭司農云立讀爲位古者位立同字古文春秋經公即位爲公即立先鄭習左氏故也按史記周本紀武王既入立于社南周書克殷解作王入即位于社是立亦當作位古鐘鼎文如周毛父敦銘盂和鐘立字釋者皆訓爲位又周邾敦毛伯內門立中庭周戠敦銘穌公入右戠立中庭北鄉彼立字亦當作位解也今杜氏左傳亦作位世人多見即位少見即立矣

繼弒君不言即位此其言即位何【注】据莊公不言即位【疏】舊疏云莊元年傳云弒君子不言即位而此不言子者欲見桓無臣子之道不念其君父故也甯知不由桓非隱子故不言子者正見僖元年傳云公何以不言即位繼弒君子不言即位此非子其稱子何臣子一例也正以僖是閔兄而言子故知桓公若有臣子人之道言子矣然

則宜之書即位亦猶是矣穀梁傳云繼故不言即位正也繼故不言即位之為正何也曰先君不以其道終則子弟不忍即位也注故謂弑也是也與公羊義合〇注据莊至即位〇即莊元年經但書元年春王正月不言公即位也以桓公亦被弑故据為難

如其意也注弑君欲即位故如其意以著其惡直而不顯諱而不盈桓本貴當立所以為篡者隱權立桓北面君事隱也即者就也先謁宗廟明繼祖也還之朝正君臣之位也事畢而反凶服焉

疏注弑君至其惡〇繁露玉英云桓之志無王故不書王其志欲立故書即位書即位者言其弑君兄也不書王者以言其背天子是故隱不言正桓不言王皆從其志以見其事也經義述聞云繁露先言不書王後言書即位皆指元年而言也隱不言立桓不言王亦謂隱桓之元年也据此則元年春下無王字與左氏穀梁不同何注三年春正月云無王者以見桓無王而行也不注于元年而注于三年則元年春下有王字與左氏穀梁同所見本異也又按書王不書王之故傳無明文蓋疑而闕之時周室既卑令不行於諸侯諸侯無王者不惟魯桓而已何獨於桓誅無王之罪乎穀梁以為桓無王元年有王者以治桓弑君之罪則何以解于十一公之元年無罪而書王乎無王之說本非達詁公羊則無此說也董仲舒何休皆以桓為無王殆非傳意按繁露引春秋隨舉見義不必皆順文為說彼所舉之無王即斥桓之三年非有異本也當時無王固不獨桓一人然春秋因事立法既託魯事以張治本故於魯桓貶之魯桓貶而天下無王者從可知矣公羊傳中之不見明文而見諸董何書者不可枚舉其時去古未遠師說未替決非後學以意說經

者比王氏所駁猶泥於杜預其或廢法違常失不班曆之癡說恐未可語春秋微言大義也穀梁亦云繼故而言即位則是與聞乎弒也繼故而言即位是爲與聞乎弒何也曰先君不以其道終已正即位之道而即位是無恩於先君也亦與公羊義合○注直而至不盈○繁露楚莊王云是故於外道而不顯於內諱而不隱於尊亦然於賢亦然此其別外內差賢不肖而等尊卑也舊疏云繼弒君者無即位之文今此書其即位直是桓弒但不顯道其弒故曰直而不顯也言諱而不盈者桓之弒隱是爲內諱而書其即位以見其弒不盈滿其諱文故曰諱而不盈也按諱不盈對僖二十三年之弒盈乎諱言也宋襄賢君故不書葬而盈乎諱桓公弒君之賊徒以內故不得不諱而猶書即位以著其惡不盈爲諱亦即董生所謂諱而不隱也○注桓本至隱也○上元年傳桓幼而貴隱長而卑嫌桓貴弒君見而立非篡故正之周道尊尊君位既正舉國之人無論尊卑戚屬莫非臣子所謂族人不得以其戚戚君也春秋爲明倫之書人倫莫大乎君臣父子既受之先君告之天子雖云攝位桓亦北面而臣君臣之分義無可逃故加之篡以張法禮疏引鄭發墨守云隱爲攝位周公爲攝政雖俱相幼君攝政與攝位異也然如何氏云此隱注則攝與鄭義亦合惜墨守原文不可得而見焉○注即者就也○下二年傳非有即爾注即就也○注先謁至服焉○此記當時天子諸侯即位常禮也詩周頌烈文序云成王即政諸侯助祭也箋云新王即政必以朝享之禮祭于祖考告嗣位也即書洛誥之祭歲詩疏引鄭注王歲成王元年正月朔日是也但烈文所言朝享之禮係即政助祭是王自祭廟告己嗣位書所言袷祭之事係朝享之後將封周公後告祭文武也白虎通號篇云天子大斂之後稱王者明民臣不可一日無君也故尚書曰王麻冕黼裳此大斂之後也何以知不從死後加王也以

上言迎子釗不言迎王也王者既殯而即繼體之位何緣民臣之心不可一日無君也故先君不可得見則後君繼體矣故尚書曰王再拜興對乃授銅瑁明爲繼體君也緣終始之義一年不可有二君故尚書曰王釋冕反喪服吉冕服受銅稱王以接諸侯明己繼體爲君也釋冕藏銅反喪服明未稱王以統事也陳書沈文阿傳文帝即位剋日謁廟文阿議曰夫千人無君不敗則亂萬乘無主不危則亡當隆周之日公旦叔父呂召爪牙成王在喪禍幾覆國是以既葬便有公冠之儀始殯受麻冕之策斯蓋示天下以有主慮社稷之艱難古禮朝廟退坐正寢聽羣臣之政今皇帝拜廟而還御太極前殿以正南面之尊此即周康王在朝一二臣衛者也南齊書禮志蕭琛議竊聞祗見厥祖義著商書朝于武宮事光晉册豈有正位居尊繼業承天而不虔覲祖宗格于太室周頌曰烈文成王即政諸侯助祭也鄭注新王即政必以朝享之禮祭于祖考告嗣位也又曰閔予小子嗣王朝廟也鄭注嗣王謂成王也除武王之喪將始即政朝于廟也則隆周令典煥炳經記體適居正莫若成王然則嗣君繼體先謁宗廟次正君臣俱用吉服事畢反服行三年喪禮此自唐虞以來一定之義後世間有短喪之君或不告廟皆不可爲訓也淩先生曙公羊禮說云周書顧命王麻冕黼裳傳王及羣臣皆吉服說者疑甫遭喪而吉服指爲失禮孫覺倡議于前蘇軾著論于後顧炎武又以爲中有脫簡按何注先謁宗廟明繼祖也還之朝正君臣之位也事畢而反凶服焉吾引諸儒之說以申之有八證焉白虎通天子大斂之後稱王者緣臣子不可一日無君焉故尚書曰王麻冕黼裳此大斂之後也釋冕藏銅反喪明未稱王以統事也此一證也杜預釋例曰顧命天子在殯之遺制推此亦足準諸侯之禮矣此二證也晉書孫毓曰顧命成王新崩傳遺命文物權用吉禮此三證也蕭琛議引詩序烈

文鄭注新王即政必行朝享之禮祭於祖考告嗣政也又二漢由太子嗣位者西京七王東都四帝其昭成哀和順皆謁廟此四證也沈文阿議成王在喪禍幾覆國是以既葬有公冠之儀始殯受麻冕之策此五證也張東之曰顧命成王殂至康王麻冕黼裳中閒有十日康王方始見廟見廟訖諸侯出廟門俟伊訓言祇見厥祖侯甸羣后咸在則殂即見廟殷周之禮並同此六證也困學紀聞朱文公答潘時舉曰天子諸侯之禮與士庶人不同故孟子有吾未學也之語如伊尹元祀十二月朔奉嗣王祇見厥祖故不可用凶服漢唐即位行冊禮君臣亦皆吉服追述先帝之命以告嗣王蓋易世傳授當嚴其禮也此七證也馬端臨曰古者宗廟之祭有正祭有告祭皆人主親行其禮正祭則時享禘祫是也告祭則國有大事告於宗廟是也如即位而告廟則自舜禹受終以至太甲之見祖成王之見廟皆是也漢時人主皆有見高廟之禮唐以後人主未嘗躬謁宗廟祭告嗣位宋唯孝光宗以親受禪時行此禮而其他則皆以喪二年不祭之說為拘不行此禮此八證也觀此八證倍經任意者可以息矣

三月公會鄭伯于垂注桓公會皆月者危之也桓弒賢君篡慈兄專易朝宿之邑無王而行無仁義之心與人交接則有危也故為臣子憂之不致之者為下于上適足以起無王未足以見無王罪之深淺故復奪臣子辭成誅文也疏杜云垂犬丘衛地也范云垂衛地也見隱八年○注桓公至之也○會例時桓公會皆月故解之定八年穀梁傳曰往月危往也舊疏云即此文及下二年三月公會齊侯已下于稷三年春正月

公會齊侯于嬴六年夏四月公會紀侯于成之屬是也而十年秋公會衛侯于桃丘弗遇不書月者彼是公欲要衛侯衛侯不肯見公以非禮動見拒有恥是以不復見其危矣穀梁傳云會者外爲主焉爾范云鄭伯所以欲爲此會者爲易田故按易田魯鄭同心不必專由鄭志公羊云會猶最也直若平時聚會無深淺意則不必外爲主焉○注桓弒至憂之○見隱四年十一年八年下三年范云桓大惡之人故會皆月以危之是也○注不致至文也○昭二十六年疏引此作不致者非成十年疏有之字干上昭二十六年疏引作去王是也宋本閩本亦作去王毛本作干上誤監本王誤上去字不誤舊疏云下二年注云凡致者臣子喜其君父脫危而至今不致之若其受誅殺故曰奪臣子辭成誅文也解詁箋云隱會皆不致者狐壤之戰魯臣子不能死難君弒又不討賊故絕臣子文明當誅臣子也按致爲臣子喜其君父脫危而至之辭此不致者桓之臣皆隱之臣也桓公弒君而立魯之臣子不能討賊反顏事讎故於此絕之若曰無臣子也因桓責魯臣皆當絕則桓之罪深矣視三年去王僅足起無王者其惡尤著明君臣皆當誅也

鄭伯以璧假許田【疏】詩閟宮云居常與許鄭箋許許田也魯朝宿之邑也大事表云寰宇記許昌城南四十里有魯城在今河南許州府東境爲魯朝宿邑鄭伯請以泰山之祊易之而祀周公

其言以璧假之何【注】据實假不當持璧也【疏】注据實至璧也○穀梁傳曰假不言以言以非假也明實假不必以璧也史記十二諸侯年表云以璧加易許田魯世家集解引麋信云鄭以祊不足當許田故復加璧臧氏

鏞拜經日記按假加聲相近故經傳互見魯論加我數年史記孔子世家作假我數年今三傳本並作假據裴駰集解知麋氏所注穀梁作以璧加許田與年表正合今穀梁作假是後人依左傳所改按穀梁或有作加之本而解自當作假穀梁明云言以非假可證年表與麋氏雖有加璧之說亦申言以璧之義耳不必即以加代假致璧新義也易之也易之則其言假之何爲恭也注爲恭孫之辭使若暫假之辭疏穀梁傳云非假而曰假諱易地也此云爲恭亦即諱言易地之故○注爲恭至之辭○杜云魯不宜聽鄭祀周公又不宜易取祊田犯二不宜以動故隱其實不言祊稱璧假言若進璧以假田非久易也孔疏所以諱國惡也不言以祊假而言以璧假者此璧實入于魯但諸侯相交有執圭璧致信命之理今言以璧假似若進璧以致辭然故璧猶可言祊則不可言也按杜孔此解深得經旨易爲爲恭注据取邑不爲恭敬辭疏注据取至敬辭○舊疏云即哀八年齊人取讙及闡之屬是有天子存則諸侯不得專地也疏繁露王道云春秋立義有天子在諸侯不得專地穀梁傳云禮天子在上諸侯不得以地相與也范云諸侯受地於天子不得自專漢書匡衡傳云春秋之義諸侯不得專地所以壹統尊法制焉許田者何注地邑皆不得專而此獨爲恭辭疑非凡邑故更問之疏上言爲恭辭並不得專地申明假義已訖故更端問許田也魯朝宿之邑也諸侯時朝乎天子天子之郊諸侯皆有朝宿之邑焉注時朝者順四時而朝也緣臣子之心莫不欲

朝朝莫夕王者與諸侯別治勢不得自專朝故即位比年使大夫小聘三年使上卿大聘四年又使大夫小聘五年一朝王者亦貴得天下之歡心以事其先王因助祭以述其職故分四方諸侯爲五部部有四輩輩主一時孝經曰四海之內各以其職來助祭尚書曰羣后四朝敷奏以言明試以功車服以庸是也宿者先誠之辭古者天子邦畿千里遠郊五百里諸侯至遠郊不敢便入必先告至由如他國至竟而假途也皆所以防未然謹事上之敬也王者以諸侯遠來朝亦加殷勤之禮以接之爲告至之頃當有所住止故賜邑於遠郊其實天子地諸侯不得專也桓公無尊事天子之心專以朝宿之邑與鄭背叛當誅故深諱使若暫假借之者不舉假爲重復舉上會者方諱言許田不舉會無以起從魯假之也

【疏】穀梁傳曰許田者魯朝宿之邑也范云朝天子所宿之邑謂之朝宿禮記王制云方伯爲朝天子皆有湯沐之邑於天子之縣內視元士注云潔齋戒自潔清之用浴用湯沐用潘彼疏引異義公羊說諸侯朝天子天子之郊皆有朝宿之邑從泰山之下皆有

湯沐之邑左氏說諸侯有功德於王室京師有朝宿邑泰山有湯沐之邑其餘則否許慎以京師之地皆有朝宿邑周之千八百諸侯盡京師之地不能容之從左氏義鄭無駁與許同然以何氏隱八年注邑方二里說計之亦無不可也王制作湯沐者朝宿湯沐本互文見義也○注時朝至朝也○國語魯語云曹劌曰先王制諸侯五年四王一相朝也韋注引唐尙書云先王謂堯也五載一巡守諸侯四朝詩韓奕疏引賈逵說周禮云以爲一方四分或朝春或覲秋或宗夏或遇冬蕃屏之臣不可虛方俱行故分趣四時助祭也類聚引白虎通云謂之朝何朝者見也五年一朝備文德而明禮義也因同朝時見故謂之朝言諸侯當時朝于天子朝何月皆以夏之孟四月因留助祭是順四時而朝也○注緣臣至莫夕○周官道僕以朝夕燕出入其灋儀如齊車鄭注云朝夕朝朝莫夕賈疏云朝朝莫夕在正朝白虎通朝聘篇云朝者見也因用朝時見故謂之朝左傳昭公十二年子革夕杜注云夕莫見成公十二年孔疏云旦見君謂之朝莫見君謂之夕郤至曰息百官承事朝而不夕此公侯待賓之義也注云莫不欲朝朝莫夕此臣下事君之義也○注王者至專朝○隱元年注云王者據土與諸侯分職俱南面而治蓋以諸侯各有土地人民之責故不得常自專朝致曠職守焉○注故郎至一朝○舊疏云故郎位至小聘孝經說文五年一朝虞傳文按禮記王制云諸侯之於天子也比年一小聘三年一大聘五年一朝鄭注云小聘使大夫大聘使卿朝則君自行又聘義云天子制諸侯比年小聘三年大聘相厲以禮注比年小聘所謂歲相問也三年大聘所謂殷相聘也鄭以聘義爲諸侯邦交之禮其實諸侯於天子同也禮記疏引異義公羊說諸侯比年一小聘三年一大聘五年一朝天子左氏說十二年之閒八聘四朝再會一盟許慎謹案公羊說虞夏制左氏說周制傳

曰三代不同物明古今異說鄭駁之云三年聘五年朝文襄之霸制周禮大行人諸侯各以其服數來朝其諸侯歲聘閒朝之屬說無所出晉文公強盛諸侯耳非所謂三代異物也按昭三年左傳云鄭子太叔曰文襄之霸也令諸侯三歲而聘五歲而朝鄭據彼傳故以公羊說爲文襄之制其注王制亦云此大聘與朝晉文霸時所制虞夏之制諸侯歲朝周之制侯甸男采衛要服六者各以其服數來朝彼疏引鄭駁異義又云公羊說比年一小聘三年一大聘五年一朝以爲文襄之制錄王制者記文襄之制耳非虞夏及殷法也按以三歲而聘五歲而朝爲文襄之制僅見之左傳王制之作在秦漢之際左氏未出不得据而作證又公羊家斷不用左氏說也且昭十三年左傳又云歲聘以志業閒朝以講禮再朝而會以示威再會而盟以顯昭明則又與昭三年不合故鄭氏以爲不知何代之禮也禮記疏引賈逵服虔以爲朝天子之法崔氏以爲朝霸主之法亦不能明定爲何代之禮也又文十五年左傳云諸侯五年再相朝以脩王命古之制也說者以爲諸侯自相朝法故禮記疏引鄭志鄭答孫晧問云古者据時而道前代之言唐虞之禮五載一巡守夏殷之時天子蓋六年一巡狩諸侯閒而朝天子其不朝者朝罷朝五年再朝似如此制禮典不可得而詳如鄭此言亦不能定爲何代制卽所云夏殷之禮亦無明据且與虞夏之制諸侯歲朝之說乖也諸侯歲朝謂歲歲有諸侯來朝仍是四年一朝亦非諸侯皆歲歲朝天子也其周禮所說又與各經互異按何氏此注與書載禮合羣后四朝在王不巡守之年此四朝之諸侯又各分四時來覲前後相去正得五年於五年閒又使卿大夫行大小聘之禮也其左氏周禮皆何所不取蓋左氏多雜伯主之制時強淩弱衆暴寡諸侯之於天子視若弁髦而於晉楚諸國悉索敝賦歲聘時朝史不絕書周官又多出於劉歆等所增竄

故與今文家爲難均未可据爲典要也○注王者至其職○大戴禮朝事云率而祀天於南郊配以先祖所以教民報德不忘本也率而享祀於太廟所以教孝也國語周語曰甸服者祭侯服者祀賓服者享要服者貢荒服者王日祭月祀時享歲貢終王雖與各經因朝而祭說殊足爲諸侯助祭之證書皋陶謨曰羣后德讓周禮疏引鄭注云羣后德讓者謂諸助祭者以德讓繁露王道云立明堂宗祀先帝以祖配天天下諸侯各以職來祭貢土地所有先以入宗廟故羣侯亦在焉國語魯語曹劌曰天子祀上帝諸侯會之受命焉韋注助祭受政命焉漢書韋元成傳云唯聖人爲能享帝唯孝子爲能享親立廟京師躬親承事四海之內各以其職事來助祭尊親之義五帝三王所共不易之道也詩曰有來雝雝至止肅肅相維辟公天子穆穆又劉向傳云武王周公繼政朝臣和於內萬國驩於外故盡得其驩心以事其先祖其詩有來雝雝至止肅肅相維辟公天子穆穆言四方皆以和來也又郊祀志云四海之內各以其職來助祭又王莽傳是以四海之內各以其職來助祭是以孔子著孝經曰不敢遺小國之臣而況於公侯伯子男乎故得萬國之歡心以事其先王此天子之孝也後漢班超傳云緣陛下以孝治天下得萬國之歡心不遺小國之臣史記三王世家云並建諸侯所以重社稷者四海諸侯各以其職奉貢祭是也○注故分至一時○五部當四部之譌隱八年注云五年親自巡守明巡守之年不能來朝則當分四部也堯典羣后四朝禮記疏引鄭注云巡守之年諸侯朝於方岳之下其閒四年四方諸侯分來朝於京師歲徧又引孝經鄭注諸侯五年一朝天子天子亦五年一巡守熊安生以爲虞夏制法諸侯歲朝分爲四部四方乃徧是天子五年一巡守其不巡守之年四方諸侯分年來朝如次年東又次年南以次至北而每方諸侯又四時以不可一方全空故

也故鄭注大行人云朝貢之歲四方各四分趨四時而來或亦近東者朝春近南者朝夏近西者朝秋近北者朝冬與如韓方爲北方諸侯而在當方之西則以秋覲故詩韓奕曰韓侯入覲也又鄭注明堂云魯在東方朝必以春魯於西方近東故也○注孝經至助祭○孝經聖治章文也唐元宗注君行嚴配之禮則德教刑於四海四海諸侯各以其職來助祭也按今本孝經脫祭字周禮大行人云侯服貢祀物注犧牲之屬甸服貢嬪物注絲枲也男服貢器物注尊彝之屬采服貢服物注元纁絺纊也衞服貢材物注八材也要服貢貨物注龜貝也此諸侯各以其職來助祭也詩文王厥作祼將常服黼冔是也○注尚書至以庸○舊疏云此逸書也乃虞書之譌見堯典篇段氏玉裁尚書撰異云逸書二字當作堯典文疏中所引當是鄭注以徐疏於閏月定四時成歲二月東巡守皆用鄭注故知之按舊疏云言羣后四朝者謂諸侯順四時而朝也數奏以言者謂諸侯來朝之時偏奏以言語也言明試以功者國功曰功謂明試以國事之功也言車服以庸者民功曰庸若欲賜車服之時以其治民之功高下矣或如段氏所云以爲鄭注也漢書宣帝紀詔曰臣下各奉職奏事以敷奏其言考試其功能又王莽傳莽下書曰羣后四朝敷奏以言明試以功與今本同史記五帝紀作羣后四朝徧告以言徧告者敷奏之訓也與皋陶謨敷納以言義異敷奏者自下言之敷納者自上取之也書大傳注奏猶自白猶史記之告也說文言部試用也書曰明試以功白虎通考黜云禮說九錫車馬衣服樂則朱戶納陛虎賁斧鉞弓矢秬鬯皆隨其德可行而次能安民者賜車馬能富民者賜衣服書曰明試以功車服以庸○注宿者至之辭○說文宀部宿止也因而夜止之詞楚辭初放塊鞠兮當道宿王注夜止曰宿是也夜止必於前期引申之有先義管子地圖篇宿定所征伐之國注宿猶先

也因凡先期申誠皆謂之宿周禮大宗伯云宿眡滌濯注宿申誠也又儀禮公食大夫禮記不宿戒注申戒爲宿是也周禮注肆師宿爲期注宿先宿之夕是宿本前夕之名諸侯朝天子必先期齋宿質明入覲必有所止天子賜之邑故謂之朝宿之邑也禮記禮器云三日宿注宿致齋也小爾雅廣詁云宿久也孟子公孫丑篇弟子齋宿而後敢言注宿素論語顏淵篇子路無宿諾注宿預也皆與先誠義近禮記祭統云先期旬有一日宮宰宿夫人注宿讀曰肅肅猶戒戒輕肅重也是也○注古者至百里○周禮載師職注云司馬法曰王國百里爲郊二百里爲州三百里爲野四百里爲縣五百里爲都杜子春云五十里爲近郊百里爲遠郊白虎通同按周書書序命君陳分正東郊成周周禮疏引鄭注天子之國五十里爲近郊今河南洛陽相去則然是康成與杜子春說同司馬法但云百里爲郊不與遠近之異蓋亦百里爲遠郊矣何氏不分州野縣都之名或以百里之外統以遠郊目之王圻千里四面至量各五百里故周禮載師以大都之田任量地是也量地以內王子弟所食邑也四百里縣地以內天子卿所受采地也三百里稍地以內天子大夫所受采地也二百里甸地以內則六遂爲百里郊以內則六鄉也故知五百里以內皆可分賜諸侯若拘於百里爲遠郊誠如許慎所云周千八百諸侯京師之地不能容矣○注諸侯至敬也○儀禮覲禮云至于郊王使人皮弁用璧勞注郊謂近郊五十里周禮小行人職曰凡諸侯入王則逆勞于畿天子於諸侯有使迎之禮明諸侯爲先告至矣故儀禮聘禮云反竟張旜誓卽告也又云乃謁關人注謁告也古者竟上爲關又云關人問從者幾人以介對此大夫告至之禮諸侯朝天子宜從同也類聚引白虎通曰朝禮奈何諸侯將至京師使人通命於天子是也按儀禮覲禮自至于郊始其郊勞以前無文盛氏世佐儀禮集編云

此篇自郊勞以前賜車服以後文多不具必其詳已見於朝禮故略之也是諸侯告至必有禮儀惜禮經文不具耳以聘禮攷之及竟君使士請事遂以入竟注請猶問也問所為來之故也遂以入國道之是使者既謁關人因止于竟未敢輒入關人以告於君於是君使士請事矣春秋傳晉韓宣子聘于周王使請事對曰晉士起將歸時事于宰旅是其事也又云賓至于近郊張旝君使下大夫請行注請行問所之也雖知之謙不必也此聘問鄰國之禮其諸侯朝天子不必有此謙矣由猶通塗宋本同閩本監本毛本塗作途下六年注云諸侯相過至竟必假途入都必朝所以崇禮讓絕慢易戒不虞也聘禮云若過邦至于竟使次介假道束帛將命于朝曰請帥奠幣注至竟而假道諸侯以國為家不敢直徑也將猶奉也帥猶道也請道己道路所當由高氏愈云封境各有專守不敢踰越故古者必假道以盡過客之禮宣十四年左傳楚使申舟聘齊不假道于宋而華元以為鄙我是也賈疏云天子行過無假道以天下為家所在如主人也天子微弱則有之周語定王使單襄公聘于宋遂假道于陳以聘楚服氏注云是時天子微弱故與諸侯相聘同是也按聘禮雖大夫之禮知諸侯亦當然君行師從卿行旅從不能不備非常而鄰國亦當有加禮故也〇注王者至遠郊〇校勘記云須閩本監本毛本同誤也宋本須作頃當据正按下二〇年注云俄者謂須臾之閒創得之頃也頃字正此意類聚引白虎通又云天子遣大夫迎之百里之郊遣世子迎之五十里之郊覲禮經曰至於郊王使人皮弁用璧勞尚書大傳曰天子太子年十八曰孟侯于四方諸侯來朝迎於郊按書康誥王若曰孟侯疏引鄭注依略說太子十八為孟侯而呼成王又鄭注略說云孟迎也書傳又云迎于郊者問其所不知也問之人民之所好惡地土所生珍美怪異山川之所有無父在時皆知之御覽引鄭

注孝經云古者諸侯五年一朝天子使世子郊迎芻米百車以客禮待之晝坐正殿夜設庭燎思與相見問其勞苦是皆加殷勤之事也覲禮又有天子賜舍者彼鄭注云以其新至道路勞苦未受其禮且使即安也蓋朝宿之邑猶在郊去王宮尙遠故宜於城內近王之處賜舍以便辨色即入也覲禮又有受舍于朝則又異賜舍之舍謂有屋宇者受舍於朝則次舍也以幕爲之聘禮記曰宗人授次次以帷又鄭注覲禮云受次於文王廟門之外是也○注其實至專也○繁露王道又云觀乎許田知諸侯不得專封按封當地之誤也○注桓公至之者○繁露王道云鄭魯易地諱易言假又云止亂之道也非諸侯所當爲也魯桓鄭莊俱宜誅若据事直書徒事亂臣悍顏惟避易而曰假夫乃知易之之爲罪或有所消沮而不敢公然干犯焉所以爲止亂之道也○注不舉至之也○上會于垂穀梁注云鄭伯所以欲爲此會者爲易田故按上會爲假田故以惡移鄭爲外爲主文也又見鄭假魯方足起許田之爲魯邑也春秋上下許田不見未知所假何國又不能不爲內諱故隱其詞於垂之會不言而見矣

此魯朝宿之邑也則曷爲謂之許田諱取周田也諱取周田則曷爲謂之許田繫之許也曷爲繫之許近許也

疏隱八年杜注云許田近許之田即取此爲說全氏祖望經史問答曰許田之許厚齋引劉氏以爲魯境內地以居嘗與許證之嘗亦是魯近地也是否答曰此則厚齋之誤當時鄭與魯易地各從其便泰山之祊近魯而許田近鄭故互割以相屬若許田亦近魯則鄭何畏于魯而以之相媚乎魯頌之言特祝禱之詞不以遠近校也通義云許邑名凡田邑本當繫國今其義不可言假周田則不得繫國此近許邑故繫之許而已知非謂許國者王城之外五十里

曰近郊又其外五十里曰遠郊又外達甸稍縣都相距各百
里許國猶在圻外而上傳云朝宿之邑在郊不得相近也此邑
也其稱田何田多邑少稱田邑多田少稱邑注分別之者古有分
土無分民明當察民多少課功德疏繁露奉本云唯田邑之稱多
者主名即田多稱田邑多稱
邑之義也通義云所稼曰田所居曰邑不直言假許者許邑廣矣
魯朝宿之邑亦在其內耳鄭特取魯田非盡有許邑故可以田繫
許不可以許包田舊疏云田多邑少稱田即此是也邑多田少稱
邑即哀八年齊人取讙及闡是也田與人相因得有田多人多之
殊者蓋平曠之區溝洫交錯同井合作即為田多其通都大邑逐
末者多百工商賈閑民轉移則為邑多也魯之朝宿所取不過二
里知當日許田所容恐不僅魯一國已也孔疏云許田已入於鄭
而詩頌傳公云居常與許復周公之宇蓋僖公之時復得之也按
鄭詩箋云常許魯南鄙西鄙則非許田之許矣○注分別至功德
○舊疏云知古有分土無分民者正以詩云逝將去汝適彼樂土
論語云四方之民襁負其子而至矣皆是樂就有德之義故也白
虎通五行篇云有分土無分民何法法四時各有分而所生者道
也漢書地理志云古者有分土無分民師古曰有分土王者謂立封
疆也無分民者謂通往來不常厥居也後漢書竇融傳王者有分
土無分民自適己事而已以民之多少第守土者之功德故漢法
縣之有丞尉也令長於秋冬歲盡各計縣戶口墾田錢穀出入盜
賊多少上其集簿猶有古意繁露考功名云諸侯月試其國州伯
時試其部四試而一考天子歲試天下三試而一考前後三考而
黜陟命之曰計其
古課功德之法與

夏四月丁未公及鄭伯盟于越【疏】盟例日惡不信也舊疏云所以日者正以十年冬齊侯衞侯鄭伯來戰于郎相負故也按四月無丁未五月之三日也三月之二日亦爲丁未杜云越近垂地名范云越衞地大事表云當在山東曹州府曹縣附近穀梁傳及者內爲志焉爾與此傳例及爲我欲之同義越唐石經諸本同釋文于越本亦作粵

秋大水

何以書紀災也【注】災傷二穀以上書災也經曰秋大水無麥苗傳曰待無麥然後書無苗是也先是桓篡隱百姓痛傷悲哀之心既蓄積而復專易朝宿之邑陰逆而與怨氣并之所致【疏】後漢書楊震傳曰臣竊按春秋水旱之變皆應暴急惠不下流○注災傷至一是也○所引經傳見莊七年彼傳云曷爲先言無麥而後言無苗一災不書待無麥然後書無苗是也然則此亦災傷至二穀以上故直言大水也莊二十八年大無麥禾不書大水者彼傳云冬既見無麥禾矣曷爲先言築微而後言無麥禾諱以凶年造邑也注云諱使若造邑而後無麥禾者惡愈也此蓋秋水所傷就築微下俱舉水則嫌冬水者是也莊七年注云至麥苗獨書者民食最重此不書穀名蓋輕於麥苗者也左傳云凡平原出水爲大水穀梁傳高下有水災曰大水○注先是至所致○舊疏云陰逆者專易朝宿之邑是怨氣者百姓痛傷悲哀之心是也漢書五行志云桓公元年秋大水董仲舒劉向以爲桓弒兄隱民臣痛隱而賤桓劉歆以爲桓易許田而不祀周公廢祭祀之罰也何氏之說兼備二義通義云

洪範五行傳曰簡宗廟不禱祠廢祭祀逆天時則水不潤下許地
有周公廟當修其祭祀而專以與鄭故水災應之義或然也按桓
公以臣簒君陰逆甚矣大
水之災所應莫大乎是

冬十月疏穀梁傳無事焉何以書不遺時也春秋編年四時具而
後爲年按公羊已發例於隱六年秋七月後不重也

公羊義疏十

公羊義疏十一

南菁書院
句容陳立卓人著

桓二年盡三年

二年春王正月戊申宋督弒其君與夷及其大夫孔父 疏 各本於此有注云賢者不名故孔父稱字督未命之大夫故國氏之十九字校勘記云疏本無此注與何義不合當是別家注疏竄入者解云考諸舊本悉無此注且與注違則知有者衍文也按與注違者注云督不氏者起馮當國此云未命之大夫故國氏之是與注違也按舊疏云此經之下亦有注云賢者不名云云則舊疏本本無注明矣亦有者謂別本也後人又誤以疏中所引刻入注耳正月戊申爲月之八日史記注引服虔云督戴公之孫左傳疏引世本云華父督宋戴公之孫好父說之子杜云孔父嘉孔子六世祖史記注引家語孔子宋微子之後宋襄公生弗父何弗父何生宋父周周生世子勝勝生正考父考父生孔父嘉五世親盡別爲公族姓孔氏孔父生子木金父金父生睪夷睪夷生防叔畏華氏之逼而奔魯故孔氏爲魯人史記孔子世家曰防叔生伯夏伯夏生叔梁紇紇生孔子左傳疏引世本云孔父嘉生木金父木金父生祁父其子奔魯爲防叔防叔生伯夏伯夏生叔梁紇叔梁紇生仲尼

及者何 注 以公夫人言及仲子微不得及君上下大夫言及知君尊亦不得及臣故問之 疏 注以公至問之〇公夫人言及卽僖十一年夏公及夫人姜氏會齊侯于陽穀

是也仲子微不得及君卽隱元年天王使宰咺來歸惠公仲子之賵傳何以不言及仲子仲子微也注云比夫人微故不得並及公

是也上下大夫言及舊疏云哀六年夏齊國夏及高張來奔是國夏上大夫高張下大夫也今與夷與孔父君尊臣卑言及故問之

累也【注】累累從君而死齊人語也【疏】說文答問云偏卽及者何累也之累按說文人部儽相敗

也南征賦注引作壞敗之皃寡婦賦注引作敗也無相字道德經傳奕本儡儡兮其不足以無所歸釋文儽一本作儡敗也歟也西

征賦曰寮位儡其隆替寡婦賦容貌儡以頓顇注引禮記喪容儡儡義並同按如注義則累卽連累之義不必迂回如儡之解也累

蓋卽纍之省說文系部纍綴得理也禮樂記纍纍乎如貫珠由連綴引申爲連累玉篇云累同纍是也〇注累累至語也〇通義云

累者相連及於死之名讀若甫刑傳云大罪勿纍字本从三田今省之反離騷謂屈原爲湘纍李奇注諸不以罪死曰纍荀息仇牧

皆是也穀梁傳以是知君之累也亦謂其累從君而死彼疏引麋信云累者從也謂孔父先君死殤公從後被弒范注亦云累謂從也

義皆相近鹽鐵論訟賢云孔父累華督之難不可謂不義仇牧涉宋萬之禍不可謂不賢也 不弒君多矣舍此無

累者乎曰有仇牧荀息皆累也【疏】仇牧事見莊十二年荀息事見僖十年繁露王道云觀乎魯隱

祭仲叔武孔父荀息仇牧吳季子公子目夷知忠臣之效按惟仇牧荀息書及故傳引之舍仇牧荀息無累者

乎曰有【注】叔仲惠伯是也【疏】注叔仲惠伯是也〇叔仲惠伯事在文十八年見成十五年通義云謂經

所不見者若左傳稱宋弒昭公蕩意諸死之卽未得以累書於春秋類此蓋衆有則此何以書賢也【疏】通義

云加及者賢之欲著其因君而死若兩書之則不顯與君弒爲一事故不以尊卑同名弒爲嫌矣何賢乎孔父注据叔仲惠伯不賢疏注据叔至不賢〇成十五年傳云文公死子幼公子遂謂叔仲惠伯曰君幼如之何願與子慮之叔仲惠伯曰吾子相之老夫抱之何幼君之有公子遂知其不可與謀退而殺叔仲惠伯弒子赤而立宣公彼注云殺叔仲惠伯不書者舉弒君爲重叔仲惠伯事與荀息相類不得爲累者有異也叔仲惠伯直先見殺爾不如荀息死之是公子遂直忌叔仲惠伯而殺惠伯非衞君而死故無賢文是以不書故据之也孔父可謂義形於色矣注以稱字見先君死疏繁露服制象云孔父義形於色而姦臣不敢容邪〇注以稱至君死〇穀梁傳孔父之先死何也督欲弒君而恐不立於是乎先殺孔父孔父閑也何以知其先殺孔父也曰子既死父不忍稱其名臣既死君不忍稱其名以是知君之累之也孔氏父字諡也齊氏召南考證云公羊賢孔父仇牧褒獎忠臣扶樹名教其義長於左氏其義形於色柰何疏校勘記云唐石經諸本皆作柰非鄂本作柰三年同柰者如也國語晉語曰柰吾君何柰何猶如何也書召誥曰曷其柰何弗敬也是督將弒殤公孔父生而存則殤公不可得而弒也疏校勘記云唐石經督作督五經文字云說文从目隸省从日後漢書孔融傳論曰是以孔父正色不容弒虐之謀故於是先攻孔父之家注大夫稱家父者字也禮臣死君字之以君得字之知先攻孔父之家疏注大夫稱家〇大戴禮文王官人篇使是治國家而長百姓盧注家采邑周禮春官序官家宗人又

夏官序官家司馬注並謂家卿大夫采地孟子離婁篇皆曰天下
國家注家謂卿大夫之家也書臯陶夙夜浚明有家傳卿大夫稱
家禮記曲禮凡家造注大夫稱家舊疏云卽定十二年孔子行乎
季孫三月不違曰家不藏甲邑無百雉之城是也故禮記大學有
伐冰之家百乘之家皆謂大夫對士之畜馬乘喪祭不用冰者言
焉〇注父者字也〇儀禮士冠禮曰伯某甫注甫字或作父禮記
雜記上稱陽童某甫注甫某甫且字也說文用部甫男子美稱也
是父爲甫之段借舊疏云穀梁傳文齊氏召南考證云按今本穀
梁作父字諡也後人每疑於父字非諡諡字當是衍文觀於此疏
可知穀梁本無諡字也惠氏棟左傳補注云孔父是孔子之先也傳
云孔父嘉爲司馬是嘉名孔父字古人稱名字皆先字後名祭仲
足是也鄭有子孔名嘉說文曰孔从乙从子乙請子之鳥也乙至
而得子嘉美之也古人名嘉字子孔說文此訓蓋指宋鄭兩大夫
故先儒皆謂善孔父而書字杜輒爲異說不可從也杜云孔父稱
名者內不能治其閨門外取怨於民身死而禍及其君按左傳雖
有督見孔父妻於路之事孔父身爲宋卿何至不依禮蔽面督弑
君之志必非一朝一夕之故所以先宣言曰司馬則然必非前年
冬閒甫萌奪妻之志次春卽動于惡傳明云先宣言曰則爲華督
誣蔑孔父明甚杜預卽以此二事坐其罪狀無非爲司馬昭賈充
等留餘地耳卽見妻于路一事安知非劉歆等點竄歆亦賊臣故
於忠於其君者掊擊不遺餘力焉〇注禮臣至之家〇禮記玉藻
云於士於君所言大夫沒矣則稱諡若字名士注君所大夫存亦名
士旣不稱大夫名或君亦不稱臣名也曲禮疏引異義公羊說臣
子先死君父猶名之孔子曰鯉也死是已死而稱名左氏說旣歿
稱字而不名桓二年宋督弑其君與夷及其大夫孔父先君死故
稱其字穀梁同左氏說許愼謹案同左氏穀梁說以爲論語稱鯉

也死時實未死假言死也鄭氏亦同左穀義以論語鯉也死有棺而無槨是實實死未葬前也故鄭駁許氏云凡人於恩猶不然況賢聖乎按如此注則公羊家亦無臣子先死君猶名之未知異義所据當時傳習公羊者不僅邵公一人或別有公羊異說與又按左氏說與何氏同與今杜氏異必左傳先師鄭衆賈逵等所傳之精義故亦以孔父爲字也穀梁傳曰孔父先死其曰及何也書尊及卑春秋之義也明書及者春秋特筆彼亦道春秋通例也通義云春秋賢者不名仇牧荀息皆賢而名者許人臣者必使臣爲累於君之詞君前臣名其道然也獨孔父先死得申不名之義禮於君所言大夫殺則稱謚若字又因以稱字見先君死倒其文而不紊其實

殤公知孔父死己必死趨而救之皆死焉注趨走也傳道此者明殤公知孔父賢而不能用故致此禍設使殤公不知孔父賢焉知孔父死己必死設使魯莊公不知季子賢焉知以病召之皆患安存之時則輕廢之急然後思之故常用不免疏注趨走也○說文走部趨走也爾雅釋宮門外謂之趨廣雅釋詁云行而張足曰趨釋名釋姿容云疾行曰趨趨赴也赴所至也○注傳道至此禍○禮記大學云見賢而不能舉舉而不能先命也注命讀如慢說苑尊賢云夫智不足以見賢無奈何矣若智能見之而疑不能決猶豫不用而大者死亡小者傾亂此甚可悲哀者也○注設使至不免○莊三十二年傳莊公病將死以病召季子季子至授之以國政曰寡人即不起此病吾將焉致乎魯國季子曰般也存君何憂焉云云是魯莊知季子賢事也繁露精華云故吾按春秋而觀成敗乃切悁悁

於前世之興亡也任賢臣者國家之興也夫智不足以知賢無可奈何矣知之不能任大者以死亡小者以亂危其若是何耶以莊公不知季子賢耶安知病將死召而授以國政以殤公爲不知孔父賢耶安知孔父死己必死趨而救之二主知皆足以知賢而不決不能任故魯莊以危宋殤以弒使莊公早用季子而宋殤素任孔父當將與鄰國豈直免弒哉此吾所悁悁而悲者也說苑尊賢又云以宋殤公不知孔父之賢乎安知孔父死己必死趨而救之趨而救之者是知其賢也以魯莊公不知季子之賢乎安知疾將死召季子而授之國政授之國政是亦知其賢也此二君知能見賢而皆不能用故宋殤公以殺死魯莊公以賊嗣使宋殤早任用孔父魯莊素用季子乃將靖鄰國而況自存乎鹽鐵論殊路云宋殤公知孔父之賢而不早任故身死魯莊不知季友之賢授之政晚而亂俱與何義合明皆安存時不用急則思之無及也孔父正色而立於朝則人莫敢過而致難於其君者孔父可謂義形於色矣注內有其義而外形見於顏色孔子曰君子正其衣冠尊其瞻視儼然人望而畏之是也重道義形於色者君子樂道人之善言及者使上及其君若附大國以名通明當封爲附庸不絕其祀所以重社稷之臣也督不氏者起馮當國不舉馮弒爲重者繆公廢子而反國得正故爲之諱也不得爲讓者死乃反之非所以全其讓意也疏繁露服制象云故文德爲貴而威武

爲下此天下所以永全也於春秋何以言之孔父義形於色而奸
臣不敢容邪安在以勇猛必任武殺然後威是以君子所服爲上矣
故望之儼然者亦已至哉又王道云孔父正色而立于朝人莫過
而致難乎其君此春秋之救文以質也又云仇牧孔父荀息之死
節皆行正世之義守惓惓之心春秋嘉義氣焉故皆見之復正之
謂也穀梁傳督欲弑君而恐不立先殺孔父孔父閑也閑也卽爲君
扞禦人莫敢致難之意焉廣韻難患也謂致君於患害也○注內
有至之善○君子正其衣冠三語論語堯曰篇文樂道人之善季
氏篇文儼釋文作嚴云本又作儼魏書封軌傳作君子整其衣冠
七經考文云古本道作導按何意引論語自作道道言也重言義
形於色明君子樂言之善也惟內有其義而外乃見諸顏色所以
能威而不猛也○注言及至臣也○校勘記云何云言及者以下
九十九字當在經下僖十一年疏可据宋鄂本亦誤浦云言及者
三十三字當在經下從僖十一年疏校按此注舊在傳末何氏終言
之也此類注中甚多不得以僖十年疏引在經下便輕爲倒置又
按何注本有傳無經何注傳而不注經故知何煌浦鏜皆誤會也
尊卑不相及以臣而上及其君同名爲弑明當爲附庸不君矣禮記
王制注云附庸者以國事附於大國未能以其名通也不能自通
故附於大國以名通也孔父仇牧荀息社稷所係當不絕祀與附
庸等此於春秋新義春秋之義大夫不得世故當封爲附庸也○注
督不至意也○舊疏云春秋之內當國不氏者無知州吁之屬是
也宋督實戴公之孫不言公孫者正欲起其取國與馮也又云昭
二十年傳云何賢乎公子喜時讓國也昭三十一年傳云何賢乎
叔術讓國也繆公之傳不言讓國死乃反之非所以全其讓意也
此經馮實宜當國如齊無知衞州吁之例書宋馮因爲繆公諱故
移其文於督督馮一事督當國則馮當國見矣所謂微而顯也繁

露玉英云經曰宋督弒其君與夷傳言莊公馮殺之不可及於經何也曰非不可及於經其及之端眇不足以類鉤之故難知也傳曰臧孫許與晉郤克同時而聘于齊按經無有豈不微哉不書其往而有避也今此傳言莊公馮而於經不書亦以有避也是以不書聘乎齊避所羞也不書莊公馮殺避所善也是故讓者春秋之所善宣公不與其子而與其弟其弟亦不與子而反之兄子雖不中法皆有讓高不可棄也故君子為之諱不居正之謂避其後也亂移之宋督以存善志此亦春秋之義善無遺也若直書其篡則宣穆之高滅而善之無所見矣難者曰為賢者諱皆言之為宣穆諱獨弗言何也曰不成於賢也其為善不法不可取亦不可棄棄之則棄善志也取之則害王法故不棄亦不載以意見之而已苟志於仁無惡此之謂也此何氏所本

滕子來朝【疏】通義云卽隱十一年滕侯也朝桓公不足褒故還從本爵爾杜范皆以為時王所黜夫杞左傳猶有用夷禮之說滕薛何事直是謱語

三月公會齊侯陳侯鄭伯于稷以成宋亂【疏】杜云稷宋地大事表云當在今歸德府境

內大惡諱此其目言之何【注】目見也斥見其惡言成宋亂【疏】注目見至宋亂○易說卦傳離為目注南方之卦主視故為目廣雅釋詁云目視也又云視明也目言之猶言明斥之對諱言也穀梁隱元年傳段鄭伯弟也以其目君知其為弟也亦謂斥君也魯桓成宋亂為內大惡不為之諱是為斥見其惡矣遠也所見異辭所聞異辭所傳聞異辭【注】所以復發傳者益師以臣見恩此以

君見恩嫌義異也所見之世臣子恩其君父尤厚故多微辭是也
所聞之世恩王父少殺故立煬宮不日武宮日是也所傳聞之世
恩高祖曾祖又少殺故子赤卒不日子般卒日是也疏繁露奉本云於稷之
會言成宋亂以遠外也校勘記云唐石經原刻無第三所字後唐
改補入隸釋載石經殘碑曰桓公二年顏氏有所見異辭所聞異
以下缺然則熹平立石者爲嚴氏春秋於此無所見異辭三句何
氏所注者爲顏氏春秋於此有之漢石經於碑末列其同異按無
此三句則遠也隱亦遠矣文相承有則與哀十四年傳複出矣按
何氏此注與哀十四年傳注一字無譌二者必有一衍○注所以
至異也○舊疏云彼以臣之故欲見臣恩之薄厚故曰以臣見恩
此以君之故欲見君恩之薄厚故曰以君見恩也通義云復發傳
者辭與益師義異彼爲詳略例近辭詳遠辭略此爲諱例近辭微遠
辭顯各有所施也此注言復發傳因隱元年公子益師卒下有此
三語故言復哀十四年則三發傳矣仍對益師卒傳發十言復疑何
氏本亦無傳無此注皆後人以別本公羊羼入因以哀十四年注
文增置此耳○注所見至是也○所見世謂昭定哀世也定元年
傳曰定哀多微辭彼注云定公有王無正月不務公室喪失國寶
哀公有黃池之會獲麟故總言多是也繁露楚莊王云故哀定昭
君子之所見也所見六十一年於所見微其辭與情俱也是故逐
季氏而言又雩微其辭也又云義不訕上智不危身故遠者以義
諱近者以智畏畏與義兼則世逾近而言逾謹矣此定哀之所以
微其辭以故用則天下平不用則安其身春秋之道也○注所聞
至是也○繁露又云襄成文宣君子之所聞也所聞八十五年於

所聞痛其禍子赤弑弗忍言日痛其禍也舊疏云立煬宮不日者即定元年九月立煬宮是也立武宮日者成六年二月辛巳立武宮是也公羊之義失禮鬼神例日故言此董何各舉遠近不同事以證無定例也○注所傳至是也○文十八年冬十月子卒傳曰何以不日隱之也何隱爾弑也弑則何以不日不忍言也注所聞世臣子恩痛王父深厚故不忍言其日與子般異也子般日者莊三十二年冬十月乙未子般卒是也彼注云日者爲臣子恩錄之也殺不去日見隱者降子赤也是也繁露又云僖閔莊桓隱君子之所傳聞也所傳聞九十六年於傳聞殺其恩子般殺而書乙未殺其恩也屈伸之志詳略之文皆應之按少殺又少殺者漢書韋元成傳云親疏之殺殺漸降也董子所謂近近而遠遠親親而疏疏是也近者親遠者疏親者恩深疏者恩殺厚薄之故輕重之義善惡之著褒譏之加徵顯之文皆生此矣

隱亦遠矣曷爲爲隱諱注据觀魚譏疏注据觀魚諱○見隱五年彼注云實譏張魚而言觀譏遠者恥公去南面之位下與百姓爭利匹夫無異故諱使若以遠觀爲譏者是也通義云据入極諱滅輸平諱獲之等按何六科舉觀魚事張義固不必專据此也

隱賢而桓賤也注宋公馮與督共弑君而立諸侯會於稷欲共誅之受賂便還令宋亂遂成桓公本亦弑隱而立君子疾同類相養小人同惡相長故賤不爲諱也古者諸侯五國爲屬屬有長二屬爲連連有帥三連爲卒卒有正七卒爲州州有伯也州中有爲無道者則長帥卒正伯當征

之不征則與同惡當春秋時天下散亂保伍壞敗雖不誅不爲成亂今責其成亂者疾其受賂也加以者辟直成亂也疏校勘記云賤唐石經鄂本宋本閩本同監本毛本賤改賊石經考文提要云宋景德本鄂泮宮書本明閔齊伋本皆作桓賤按漢書五行志云痛隱而賤桓且注云賤不爲諱則作賤可知吳氏夌雲經說云或疑何氏注有賤不爲諱之文疑毛本賊爲譌字夌雲按隱元年傳明言隱賢而桓貴此云桓賊以桓弒隱故耳石刻自誤按隱元年傳云桓幼而貴謂其名分貴耳此貴賤直以其人之德言之桓弒君之賊春秋所賤也穀梁傳云於內之惡而君子無遺焉爾亦賤桓之義也○注宋公至遂成○左傳取賂而還齊陳鄭皆有賂故遂相宋公彼疏引鄭衆服虔皆以成宋亂爲成就宋亂杜氏釋成爲平非○注桓公至諱也○疾疑衍文謂君子與君子同類相養小人與小人同惡相長也穀梁傳桓內弒其君外成人之亂於是爲齊侯陳侯鄭伯討數日以賂注桓既罪深責大乃復爲三國討數至日以責宋賂王氏引之經義述聞依石經改討爲計范下注所謂桓與諸侯校數功勞以取宋賂是也范上注又云桓姦逆之人故極言其惡無所遺漏也亦不爲諱之意也彼注引徐邈曰宋雖已亂治之則治治亂成不繫此一會若諸侯討之則有撥亂之功不討則受成亂之責辭豈虛加也哉春秋雖爲親尊者諱然亦不沒其實故納鼎于廟躋僖逆祀及王室之亂昭公之孫皆指事而書哀七年傳所謂有一國之道者有天下之道者也君失社稷猶書而不隱況今四國羣會非一人之過以義致譏輕於自己兆亂以此方彼無所多怪如穀梁義蓋齊陳鄭志在討亂桓公與宋馮均弒君之賊同惡相濟爲之致賂三國春秋貶之曰以成宋亂故彼上傳

云以者內爲志焉爾公爲志乎成宋亂也是也公羊義亦大同不若穀梁之詳取以足之○注古者至伯也○舊疏云王制及春秋說文按今王制云五國以爲屬屬有長十國以爲連連有帥三十國以爲卒卒有正二百一十國以爲州州有伯彼疏引元命包云陽成於三列於七三七二十一故二百一十國與此同鄭彼注云屬連卒州猶聚也伯帥正亦長也○注州中至同惡○僖四年左傳云五侯九伯女實征之禮疏引服虔注云五等之侯九州之伯彼謂方伯之事王制所謂諸侯賜弓矢然後征賜鈇鉞然後殺者也玩此注意則州中有無道者則長帥卒正皆得征之所謂亂臣賊子人人得而誅之者也惠氏士奇春秋說云古者諸侯有屬長連帥卒正州伯州中有作亂者則長帥正伯征之征者正也桓公有長帥正伯之任故會齊陳鄭往而成之當請命于天子執華督而戮之則華氏安得後于宋懷惡而討雖死不服無瑕者可以戮人魯桓親弒其君兄猶楚靈親弒其君兄之子而奪其位然楚靈能殺慶封而魯桓不能戮宋督既不能戮又取賂而復立之則魯桓之惡更甚於楚靈故春秋書于冊曰會于稷以成宋亂則不僅不征之爲同惡矣○注當春至賂也○穀梁注引江熙云公與齊陳鄭欲平宋亂而取其賂鼎不能平亂故書成宋亂取郜大鼎納于大廟微旨見矣○注加以至亂也○舊疏云下十四年傳以者何行其意也彼注云以己從人曰行言四國行宋意也今此言以者若言公爲三國所以遂行其意而成宋亂非公本意故云加以者辟直成亂也是則春秋雖不爲桓諱然猶書以若隨人者然則猶爲尊親諱之旨也

夏四月取郜大鼎于宋

此取之宋其謂之郜鼎何注据莒人伐杞取牟婁後莒牟夷以牟婁來奔不繫杞也疏注据莒至杞也○即隱四年莒人伐杞取牟婁昭五年莒牟夷以牟婁來奔是也器從名注從本主名名之疏即此郜鼎是也鼎得之郜故從其本主名名之曰郜鼎名者自命之謂也若器之自名矣穀梁傳孔曰名從主人物從中國故曰郜大鼎也注主人謂作鼎之主人也故繫之郜地從主人注從後所屬主人疏如牟婁是也牟婁雖本杞地既為莒所有故即繫之莒不得曰杞牟婁也器何以從名地何以從主人注据錯疏注据錯○舊疏云二理相違故謂之錯器之與人非有即爾注即就也若曰取彼器與此人異國物凡人取異國物非就有取之者皆持以歸為有為後不可分明故正其本名疏注即就也○說文卪部卪卪食也一曰就也漢書高帝紀使陸賈即授璽綬師古曰即就也○注若曰至本名○經義述聞云謹案据注則傳文當作非即即有爾傳作非即有爾故注云凡人取異國物非就有也下文至於地之與人則不然注曰凡取地皆就有之與器異也疏云非有即爾而解之曰謂非有就而有之爾則所据本已誤作有即唐石經亦誤按如傳文誠不可解不若依王氏所校為明爽通義云人之與器不能就而有之必持歸為己有恐後不可分別故以其名識之非若地有常處雖數易其主終可識別也俞氏樾云何意蓋謂人之於器不能就而有之必持歸為己有恐後不可分別故以其名識之然如此則當云非即有爾不當云非有即爾也今按爾

雅釋詁郎尼也釋文尼本亦作昵昵與暱同字古文通作黏隱元年左傳不義不暱說文黍部引作不義不黏黏黏也器之與人非有郎爾言器與人不相黏著今日為此人之器明日可為彼人之器非如地有常處雖數易主不可遷移故器必從其本名以識別之也亦通繁露玉英云器從名地從主人之謂制權之端也不可不察也宋始以不義取之故謂之郜鼎【注】宋始以不義取之不應得故主之謂之郜鼎如以義應得當言取宋大鼎郜本所以有大鼎者周家以世孝天瑞之鼎以助享祭諸侯有世孝者天子亦作鼎以賜之禮祭天子九鼎諸侯七卿大夫五元士三也【疏】注宋始至大鼎○宋本主作王誤閩本監本毛本作主亦誤鄂本作正當据正宋以不義取郜鼎春秋郎書其本名以正不義所謂因其可貶而貶之者也故何氏云然其實宋郎以義取亦止能謂之郜鼎不得言宋大鼎也通義云此主謂宋本取大鼎于郜故名郜鼎云不義者傳惡宋滅郜而取其鼎聊廣言之耳其實就令以義取之器固當從名若文王克崇伐密而魯有崇鼎晉有密須之鼓是也舊疏謂以義應得者若天賜之非○注郜本至賜之○舊疏云謂殷衰之時鼎沒于泗水及武王克殷之後鼎乃出見齊氏召南考證云此鼎與九鼎無涉九鼎沒泗水乃周末秦初事非殷末也武王遷九鼎于雒邑非得之泗也按齊說是也漢書郊祀志云有司皆言聞昔泰帝興神鼎一一者一統天地萬物所繫象也黃帝作寶鼎三象天地人禹收九牧之金鑄九鼎象九州皆嘗鬺亨上帝鬼神其空足曰鬲以象三德饗承天祜夏德衰鼎遷于殷殷德衰鼎遷于周周德

衰鼎遷于秦秦德衰宋之社亡鼎淪伏而不見周頌曰自堂徂基自羊徂牛鼐鼎及鼒不吳不敖胡考之休是鼎所以供享祭也天瑞之鼎未詳所出蓋亦如漢世得汾陰鼎事耳志又云美陽得鼎獻之張敞按鼎銘勒而上議曰臣聞周祖始乎后稷后稷封乎斄公劉發迹於豳大王建國于郊梁文武興於酆鎬由此言之則郊梁豐鎬之間周舊居也固宜有宗廟壇場祭祀之臧今鼎出于郊東中有刻書曰王命尸臣官此栒邑賜爾旂鸞黼黻琱戈尸臣拜手稽首曰敢對揚天子丕顯休命臣愚不足以迹古文竊以傳記言之此鼎殆周之所以褒賜大臣大臣子孫刻銘其先功臧之于宮廟也是諸侯有世孝者天子或賜之鼎事也〇注禮祭至三也〇舊疏云春秋說文孟子梁惠王篇前以士後以大夫前以三鼎而後以五鼎與注士祭三鼎大夫祭五鼎按儀禮士虞禮陳三鼎于門外之右北面北上設扃鼏是士三鼎也少牢饋食禮雍人陳鼎五三鼎在羊鑊之西二鼎在豕鑊之西是大夫五鼎也禮記郊特牲云鼎俎奇而籩豆偶以次差之當諸侯也天子九矣郊特牲疏云少牢陳五鼎羊一豕二膚三魚四腊五特牲三鼎牲一魚二腊三然大夫五鼎而亦用三鼎有司徹乃升羊豕魚三鼎則以繹祭殺於正祭也士用三鼎亦有一鼎者如士冠士昏舊疏所云士冠士喪皆一鼎士冠士喪略於正祭是也士三鼎有以盛葬奠加一等者如既夕禮遣奠陳奠五於門外是也天子九鼎亦有十二鼎者周禮膳夫所云王日一舉鼎十有二是也九家易解牛鼎以受一斛天子飾以黃金諸侯白金三足以象三台足上皆作鼻以爲飾也羊鼎五斗天子飾以黃金諸侯白金大夫以銅豕鼎三斗天子飾以黃金諸侯以白金大夫銅士鐵三鼎形同周膳夫云鼎十有二係古周禮說不必通之於春秋故何氏不取也

至乎地之與人則不然注凡取地皆

就有之與器異也疏地有定名有定在故須就而有之非若器之可彼可此也俄而可以為其有矣注俄者謂須臾之間制得之頃也諸侯土地各有封疆里數今日取之然後王者起興滅國繼絕世反取邑不嫌不明故卒可使以為其有不復追錄繫本主疏注俄者至頃也○制閩本監本毛本同宋本制作創漢書班婕好傳蛾而大幸如淳曰蛾無幾之頃也師古曰蛾與俄同說文人部俄頃也關尹子八籌篇鳥獸俄旬旬俄逃逃創者始也漢書班固敘傳禮義是創師古曰創始造之始得之頃猶言作得之頃也○注諸侯至本主○孟子告子篇今魯方百里者五子以為有王者作則魯在所損乎在所益乎趙注後世兼使小國今魯乃五百里矣有王者作若文王武王者子以為魯在所損之中耶在所益之中也言其必見損也是即後王者起反取邑之義也地名所繫不嫌不明故終可為本國所有無須追繫本國名也然則為取可以為其有乎注為取恣意辭也弟子未解故云爾疏通義云言為所取遂可以他人之地為其有乎○注為取恣意辭○說文又部取捕取也取有索義與恣意義近曰否何者注何者將設事類之辭疏說文口部否不也繫傳曰不可之意見於言者故從言故从口書此曰否者即不然之謂也○注何者至之辭○何者詰辭也書皋陶謨詩小雅夜如何其是也何曷也奚也孰也如注意則何者為引申之意故云將設事類之辭也若楚王之妻媦無時焉可也注媦妹也引此為喻者明其

終不可名有也經不正者從可知省文也【疏】注媦妹也○公羊問答云問此方言乎曰說文楚人謂女弟曰媦廣雅媦妹也爾雅注亦云猶今謂兄爲罌妹爲媦唐書宗室傳同安公主高祖同母媦也媦妹古音同部○注引此至有也○言楚王以媦爲妻終無可時亦若地雖恣意取之終無時可名有也舊疏云若作名字言器不可從今主之名地不可作後主之有也考諸古本名作多字雖恣意取之亦不得多有也若如此解以覆上爲取之義矣校勘記云作名是終不可名有猶云終不可爲有此專以地言不如疏所說按所駁極是自至乎地與人以下皆反覆申言地從主人之義不必牽涉器從名也○注經不至文也○此對郜大鼎繫郜以正宋立義也經不正者道春秋通例

戊申納于太廟【疏】四月無戊申戊申爲五月之十日納與取當異月也此年正月之日不誤則前年四月之日其誤審矣杜氏長曆此年四月庚午朔其月無戊申五月己亥朔十日得戊申是有日而無月也相差一日

何以書譏何譏爾遂亂受賂納于太廟非禮也【注】納者入辭也周公稱太廟所以必有廟者緣生時有宮室也孝子三年喪畢思念其親故爲之立宗廟以鬼享之廟之爲言貌也思想儀貌而事之故曰齊之日思其居處思其笑語思其志意思其所樂思其所嗜祭之日入室僾然必有見乎其位周旋出入肅然必有聞乎其容

聲出戶而聽愾然必有聞乎其歎息之聲孝子之至也廟家右宗廟上親親文家右社稷尚尊尊

【疏】左傳曰非禮也穀梁傳曰桓內弒其君外成人之亂受賂而退以事其祖非禮也三傳之義同○注納者入辭也○莊九年傳納者何入辭也范注傳例曰納者內不受也日之明惡甚也按彼傳納例內弗受者指諸侯相入此亦引內弗受例者意於義不合受也廣雅釋詁云納入也書堯典寅餞納日僞孔傳餞送也日入言送○注周公稱太廟○文十三年傳云周公稱太廟禮記明堂位以禘禮祀周公于太廟杜注左傳范注穀梁皆云太廟周公廟按魯以周公為太廟魯公為世室明堂位所謂魯公之廟文世室也世世不毀加四親廟而六又有姜嫄廟詩魯頌閟宮有侐是也又史記世家云祭文王皆謂之特廟○注所以至享之○類聚引白虎通云王者所以立宗廟何曰生死殊路故敬鬼神而遠之緣生以事死敬亡若事存故欲立宗廟而祭之此孝子之心所以追孝繼養也所以有室何所以象生之居也故為之享之之舊疏出故為至享之云孝經文蓋孝經說文○注廟之至享之○類聚引白虎通又云宗者尊也廟者貌也象先祖之尊貌也○注故曰至至也○皆祭義文祭義出入作出戶宋本歎作嘆校勘記云依說文歎嘆有別按說文口部嘆吞歎也一曰太息也欠部歎吟也則當作嘆故詩中谷有蓷云嘅其嘆矣又篤公劉而無永嘆皆作嘆也其禮記檀弓云戚斯歎疏云歎吟息也其實對文異散則通鄭氏祭義注云致齊思此五者也散齊七日不御不樂不弔耳又云周還出戶謂薦設時也無尸者闔戶若食間則有出戶而聽之薦設謂孝子薦俎酌獻主婦設豆佐食設俎之屬周旋出入禮所必有則何氏所見禮記本作出入亦通出戶而聽皇侃禮疏謂尸謖之後陽

厭之時又云無尸謂之陰厭尸未入前亦與鄭氏無尸者闔戶之說無乖惟入室當為初入陰厭時則出戶宜專謂尸謖後也○注質家至尊尊○類聚引五經通義云文家右社稷左宗廟文家据地而王地道長久得事宗廟以有社稷故右之質家左社稷右宗廟周禮小宗伯云右社稷左宗廟注庫門內雉門外也周代文尚尊尊故在右也舊疏以為春秋說文獨斷上云天子諸侯左宗廟東曰左右社稷西曰右宗廟社稷皆在庫門之內雉門之外据周制言也禮記祭義云建國之神位右社稷而左宗廟亦据時王制言之浦氏鏜云上親親上誤當作尙否則下尙尊尊當作上庶不歧出

秋七月紀侯來朝【注】稱侯者天子將娶於紀與之奉宗廟傳之無窮重莫大焉故封之百里月者明當尊而不臣所以廣孝敬蓋以為天子得娶庶人女以其得專封也【疏】左氏作杞侯來朝古杞紀易混李氏惇羣經識小云桓二年杞侯來朝三年公會杞侯于郕十二年公會杞侯莒子盟于曲池穀梁經文惟桓三年與左傳經同十二年及十二年作紀侯公羊經則三處皆作紀侯謹按紀侯爵杞則初年已稱伯後更稱子此三年杞侯皆紀侯之誤當以公羊經為正程子曰自紀滅後經不復稱杞侯諒哉劉氏逢祿左傳考證云劉歆等見經下有入杞之文遂改紀為杞以比合之不知杞於周本爵稱公可也周書王會雖出漢人所撰然所謂殷公夏公者即杞宋也稱侯不可也○注稱侯至百里○白虎通嫁娶云王者之取必先選於大國之女禮儀備所見多詩云大邦有子俔天之妹文定厥祥親迎于渭明王者必娶大國也春秋曰紀侯來朝紀子以嫁女於天子故增爵稱

侯數十年之閒紀侯無他功德但以子爲天王后故爵稱侯知雖小國必封以大國紀者明其尊所不臣也王者娶及庶邦何開天下之賢士不遺善也故春秋曰紀侯來朝文加爲侯明封之也先封之明不與庶邦交禮也漢書王莽傳信鄉侯終上言春秋天子將娶于紀則褒紀子稱侯有司議皆曰古者天子封后父百里尊而不臣以重宗廟孝之至也外戚恩澤侯表云其餘后父据春秋褒紀之義應劭曰春秋天子將納后于紀紀本子爵也故先褒爲侯言王者不娶於小國是也後漢順烈皇后紀傳春秋之義娶先大國皆用公羊之義也顧氏棟高大事表云漢世立后先進后父爲大司馬大將軍封邑侯恩澤之濫自此始皆不知紀子帛爲闕文故也公羊禮說云顧說非也女子之爲天王后母儀天下其父亦同於羣臣耶此又不顧近情之論勸賞黜陟之柄自上操之賢不肖可得而進退也授之爵不授之權有何國柄之移況春秋之義外戚柄政久已杜漸防微矣傳二十五年宋殺其大夫傳宋三世無大夫三世內娶也注宋以內娶故公族以弱妃黨益强威權下流故政分三門卒生篡弒親親出奔疾其末故正其本顧氏未之見耶全祖望曰外戚非皆不賢也漢之呂霍上官丁傅不可用矣而竇嬰則名臣馮野王傳喜王商三人元成哀閒若大用之可無王氏之禍是眞平情之論矣按前漢移於王莽後漢移於曹操雖皆后父之而得權之由不自外戚足見戚權替否在乎人君自制耳舊疏云知天子將娶于紀者以下八年逆王后于紀是也知其元非大國者以隱二年紀子伯子伯並稱故知此侯非本爵也知封之百里者正以自今以後恆稱侯○下六年公會紀侯○十三年公會紀侯鄭伯之屬是也毛本於作于○注月者至孝敬○繁露王道云春秋立義天子不臣母后之黨白虎通王者不臣云不臣妻父母何妻者與己一體恭承宗廟欲得其歡心上承先祖下繼萬世傳於

無窮禮記哀公問云合二姓之好以繼先聖之後以爲天地宗廟社稷之主又云孔子曰天地不合萬物不生大昏萬世之嗣也孔子遂言曰內以治宗廟之禮足以配天地之神明出以治直言之禮足以立上下之敬又云妻也者親之主也敢不敬與皆廣孝敬之義也舊疏云凡朝例時以其尊而不臣故書月令與朝異○注蓋以至封也○白虎通嫁娶云諸侯所以不得自娶國中何諸侯不得專封義不可臣其父明天子得專封故雖庶人女得娶也舊疏云此欲道諸侯不得專封故不取乎大夫以下卽文四年夏逆婦姜于齊略之也注非所以重宗廟故略之也是也

蔡侯鄭伯會于鄧疏杜云穎川召陵縣西南有鄧城彼疏引賈服以鄧爲國言蔡鄭會於鄧之國都釋例以此穎川鄧城爲蔡地其鄧國則義陽鄧縣是也此傳云蓋鄧與會爾則賈服本此爲說矣按左傳云始懼楚也鄧亦楚旁小國後爲楚滅與賈蔡鄭相去俱不遠因懼楚而與會亦事之恒孔疏强爲申說謂蔡鄭懼楚始爲此會何當反求近楚小國而與之結援其說支離不可從也大事表云今襄陽府治襄陽縣東北二十里有鄧城鎭爲鄧國地水經注醴水東經鄧縣故城南左入汝汝水又東南流經鄧城西言蔡鄭會于鄧之國都沈氏欽韓云傳言始懼楚鄧國在南陽逼楚境尤切故兩國至其都結謀當從賈服也許州之鄧是隱十年所盟地

離不言會此其言會何注据齊侯鄭伯如紀二國會曰離二人議各是其所是非其所非所道不同不能決事定是非立善惡不足

采取故謂之離會疏注据齊至如紀○下五年云齊侯鄭伯如紀傳外相如不書此何以書離不言會也時紀不與會故略言如也通義云傳文据彼難此不言蔡侯鄭伯如鄧意也○注二國至離會○通義云離儷也儷兩也記曰離坐離立毋往參焉二謂之離三謂之參漢律有離載下帷言二人共載也禮用兩鹿皮古文冠禮云離皮射以二人爲耦三朝記謂之置離公子圍使二人執戈謂之離衛諸言離者其意如此按小爾雅廣言麗兩也周禮校人麗馬二圉注麗耦也詩疏引聖證論王肅曰夏后氏駕兩馬謂之麗儀禮士昏禮儷皮注儷兩也麗儷皆與離同所傳聞之世外離會不書此但書蔡侯鄭伯嫌是離會故決之以鄧與會故也隱二年注云凡書會者惡其虛內務恃外好是春秋於會無美詞二國會是非不決美惡不立尤無足取在所傳聞世不及責故但書內離會以正己也蓋鄧與會爾注時因鄧都得與鄧會自二國以上言會者重其少從多也能決事定是非立善惡尚書曰三人議則從二人之言蓋取諸此疏注時因至鄧會○隱元年九月及宋人盟于宿注宿不出主名者主國主名與可知是魯宋盟于宿都也此蔡鄭會于鄧與彼文同故知因鄧都得與鄧會爲通義云凡盟會以國地者皆主人與會若及宋人盟于宿之例范云鄧某地則誤于杜氏而不決故也○注自三至諸此○左傳所謂自參以上是也三國以上必有主者首其榮辱則是非善惡可定繁露王道云諸侯會同賢爲主賢賢也其不賢爲主爲惡惡審矣所引尚書周書洪範文今尚書本識作占此蓋京孟本也引以證能決事定是非不取乎占也左傳成六年云商書曰三人占從二人衆故也彼所見本作占

九月入杞疏穀梁傳我入之也注不稱主名內之卑者通義云不出主名者是內將卑師少例也不言我者春秋錄內事從省可知故言我入邴特爲起齊欲之變文云爾隱二年注云保伍連帥本有用兵之道魯入杞不諱是也

公及戎盟于唐注不日者戎怨隱不反國善桓能自復翕然相親信疏注不日至親信○隱二年注朝聘會盟例皆時又元年注云君大夫盟例日惡不信也此月者隱推讓以立邾婁慕義而來相親信故爲小信辭也大信者時柯之盟是也此不日爲小信辭按隱二年秋八月庚辰公及戎盟于唐注後不相犯日者爲後背隱而善桓能復爲唐之盟戎於隱不信故於桓爲小信辭矣桓弒君之賊戎反翕然相親信信之深惡之嚴矣

冬公至自唐注致者君子疾賢者失其所不肖者反以相親榮故與隱相違也明前隱與戎盟雖不信猶可安也今桓與戎盟雖信猶可危也所以深抑小人也凡致者臣子喜其君父脫危而至疏通義云唐內地也晉侯黑臀卒于扈傳曰未出其地故不言會也由此推之致公會例當亦封內以地致封外者以會致按唐郎棠大事表謂在今兗州府魚臺縣東十二里是封內地也○注致者至人也○中論修本云世之治也行善者獲福爲惡者得禍及其亂也行善者不獲福爲惡者不得禍變數也隱賢君被弒桓無信之人戎反與親榮君子疾之故隱桓相違隱盟不致桓盟致是也通義云桓之盟皆日桓無信也其會皆不致略之也唯是盟不日又致者尋前唐盟修隱之好成隱之信故加錄焉爾春秋賢隱而賤桓

此最著矣按孔說非隱盟日已惡戎矣此復不日惡戎益甚若謂成隱之信則隱盟當不日先於隱著信辭此乃爲成隱之信矣舊疏云隱之盟書日故言不信也不書致故言猶可安桓不日故爲信書致故言危也○注凡致至而至○此道春秋通例也穀梁傳注引襄二十九年例曰致君者殆其往而喜其反始危也是卽臣子喜其君父脫危而至意也隱會危皆不致安也桓會盟皆危亦不致者桓之臣子卽隱之臣子君弑賊不討以爲無臣子也所以深絕桓之君臣也此書致者起其與隱相違也

三年春正月公會齊侯于嬴注無王者以見桓公無王而行也二年有王者見始也十年有王者數之終也十八年有王者桓公之終也明終始有王桓公無之爾不就元年見始者未無王也二月非周之正月所以復去之者明春秋之道亦通於三王非主假周以爲漢制而已疏杜云嬴齊邑今泰山嬴縣一統志嬴縣故城在泰安府萊蕪縣西北四十里大事表云在今泰安府東南五十里水經注汶水篇汶水又西南逕嬴縣故城南春秋桓三年公會齊侯于嬴成昏於齊也春秋正辭云特會不恆月其月何決不王也○注無王至行也○繁露玉英云桓之志無王故不書王其志欲立故書卽位書卽位者見其弑君兄也不書王者以言其背天子是故隱不言正桓不言王者皆從其志以見其事也左疏引賈逵云不書王弑君易祊田成宋亂無王也元年治桓二年治督十年正曹伯十八年終始治桓上元年穀梁傳其曰無王何也桓弟弑兄臣弒君天子不能定諸侯不能救百姓不能去以

為無王之道遂可以至爲爾彼疏引徐邈云桓公篡立不顧王命王不能討故無王又范氏例云春秋上下無王者月一百有八桓無王者見不奉王法餘公無王者爲不書正月不得書王然則穀梁之義無王有二義一以見王不能正魯桓一以見桓之無王也杜預概以爲失不班曆故不書王夫周之班曆與否於史無徵然果有此事何以獨桓之世失不班曆乎故左疏引劉炫規過云天王失不班曆經不書王乃是國之大事何得傳無異文又昭二十三年以後王室有子朝之亂經皆書王豈是時王室猶能班曆又襄二十七年再失閏杜云魯之司曆頓置兩閏又哀十三年十二月螽杜云季孫雖聞仲尼之言而不正曆如杜所注曆既天王所改魯人何得擅改又子朝奔楚其時王室方亂王位猶且未定諸侯不知所奉復有何人尚能班曆昭二十三年秋乃書天王居于狄泉其春未有王矣時未有王曆無所出其年何故亦書王也若春秋之曆必是天王所班則周之錯失不關於魯魯人雖或知之無由輒得改正襄二十七年傳稱司曆過再失閏者是周司曆也魯司曆也而杜釋例云魯之再曆始覺其謬頓置兩閏以應天正若曆爲王班當一論王命寧敢專置兩閏改易歲年哀十三年十二月螽仲尼曰火猶西流司曆過也杜於釋例又云季孫雖聞此言猶不即改明年復螽於是始悟十四年春乃置閏欲以補正時曆既言曆爲王班又稱魯人輒改改之不憚於王亦復何須王曆杜之此言自相矛盾以此立說難得而通是杜氏失不班曆說不可通誠如劉光伯所駁惟劉氏以無王爲闕文亦非春秋王字皆夫子所加夫子闕之與抑傳經者闕之與孔穎達云若必闕文止應一事兩事而已不應一公之內十四年並闕王字也是也總之杜氏處處回護魯桓專爲亂臣留餘地故說多難通而劉炫孔穎達之徒既習杜氏不能不强爲解說而又實有難通之處雖極力

斡旋而終無能掩飾也○注二年至王也○舊疏云三年有王見始者即二年春王正月戊申宋督弒其君與夷是也十三年有王數
之終者即十年春王正月庚申曹伯終生卒是也十八年有王桓公之終者即十八年春王正月公會齊侯于濼是也不就元年見
始未無王者元年春王正月初即位之時自知己篡戰懼畏討未敢無王是以春秋於正月之際不得見始通義云穀梁元年傳曰
桓無王其曰王何也謹始也元年有王所以治桓也二年傳曰桓無王其曰王何也正與夷之卒也十年傳曰桓無王其曰王何也
正終生之卒也公羊都不言無王之義今取穀梁爲說云正與夷終生之卒者歲首既非魯事須明無王之故不爲曹宋施耳十八
年有王穀梁無傳何邵公以爲桓公之終也蓋惡桓之深若曰今而後乃復有王云爾解詁箋云桓無王之義公羊闕不具何君据
經及穀梁得之穀梁子曰元年有王所以治桓也允矣何云未無王者失之二年有王者穀梁子以爲正與夷之卒則非也桓之弒
諱督之弒著按元年有王者即位之初雖惡逆之人未必不求假命天子如莊元年天子錫桓公命知當時周天子不以桓爲罪可
知故何云未無王也二年以後惡志漸著擅易祊田之類竟不知憚又會于稷以成宋亂弒逆之人黨惡相濟故於二年書王以正
其始十八年書王以正其終十年爲數之極復書王以張義繁露天地陰陽云天地陰陽木火土金水九與人而十者天之數畢也
故數者至十而止書者以十爲終皆取之此何氏之義本自明顯孔劉二家牽涉穀梁甚無謂也春秋詳內而略外與夷終生之卒
獨書王以正於義無取若謂無王之故不爲曹宋施則五年陳侯鮑卒九年紀季姜歸于京師十一年齊衞鄭盟于惡曹之屬何于
魯事而亦不書王乎○注二月至而已○舊疏云即七年春二月己亥焚咸丘十有三年春二月公會紀侯鄭伯云云二十五年春

二月天王使家父來求車之屬是也春秋於每月書王所以通三統故於桓之世去王雖非周正月亦去王亦通三統之義若曰如桓之行雖非周室臣子亦必去王以絕之也解詁箋云二月者殷正月也王二月者罰弊殷彝王正月逮由文王茲義率殺刑茲無赦此春秋之道通於三王也何云爲漢制者在漢言漢由百世之後等百世之王莫之能違也其實桓世適三月不見爾其三月亦不書王也

夏齊侯衞侯胥命于蒲 疏 杜云蒲衞地在陳留長垣縣西南一統志故蒲縣在今大名長垣縣治大事表云後爲甯氏邑在衞西與晉楚接界衞靈公曰蒲衞之所以待晉楚也甯殖以蒲出獻公甯氏誅繼受蒲者爲公叔氏出于獻公復以蒲叛是蒲爲衞之巖邑矣今爲直隸大名府長垣縣治

胥命者何相命也 注 胥相也時盟不歃血但以命相誓 疏 釋詁郭注引作胥命者何相盟也盟乃命字之誤○注胥相也○爾雅釋詁文穀梁傳胥之爲言猶相也漢書楚元王傳二人諫不聽胥靡之師古注胥相也書太甲罔克胥匡以生傳無能相匡○注時盟至相誓○釋文作不歃云本又作歃禮記曲禮云約信曰誓涖牲曰盟注莅臨也坎用牲臨而讀其盟書聘禮今存遇會誓盟禮亡疏約信曰誓者也亦諸侯事也約信以其不能自相和好故用言詞共相約束以爲信也若用言辭約束以相見則用誓禮故曰誓也鄭注司寇云約言語之約束也涖牲曰盟者亦諸侯事也涖臨也臨牲者盟所用也盟者殺牲歃血誓於神也若約束而臨牲則用盟禮故曰涖牲曰盟也然天下太平之時則諸侯不得擅相與盟唯天子

巡守至方岳之下會畢然後乃與諸侯相盟同好惡獎王室以昭事神訓民事君凡國有疑則盟詛其不信者及殷見曰同並用此

禮後至於五霸之道卑於三王有事而會不協而盟盟之爲法先鑿地爲方坎殺牲于坎上割牲左耳盛以珠槃又取血盛以玉敦

用血爲盟書成乃歃血而讀書加坎血加書者僖二十五年左傳坎血加書又襄二十六年左傳云歃用牲加書是也知用耳者周

禮戎右職云贊牛耳知用左者以馘者用左耳故也知珠槃玉敦者戎右職云以玉敦辟盟又周禮玉府云共珠槃玉敦知口歃血

者隱七年左傳陳五父及鄭伯盟歃如忘又襄九年左傳新與楚盟口血未乾是也其所用盟牲則曲禮疏云許慎據韓詩云天子

諸侯以牛豕大夫以犬士以雞又左傳云鄭伯使卒出豭行出犬雞以詛射頴考叔者又曰衛伯姬盟孔悝以豭鄭云詩說及鄭伯

皆謂詛小於誓周禮戎右云盟則玉敦辟盟遂役之鄭注役之者傳敦血授當歃者下云贊牛耳桃茢又左傳云孟武伯問於高柴

曰諸侯盟誰執牛耳然則盟者人君以牛伯姬盟孔悝以豭下人君也皇氏以爲春秋時盟乃割心取血故定四年盟王割子期之心

與隨人盟杜云當心前割取血以盟示其至心是也按如曲禮所次則胥命其卽約信曰誓乎齊桓葵丘之會束牲載書而不歃血

蓋同此 何言乎相命【注】据盟亦相命不道也【疏】注据盟至道也○何氏意謂盟亦彼此相

命經他無所見故据以爲問 近正也【注】以不言盟也【疏】荀子大略云不足於行者說過不足於信者誠

言款春秋善胥命而詩戒屢盟其心一也繁露竹林云故盟不如不盟然而有所謂善盟卽此是也齊氏召南考證云傳曰不盟也

公羊曰近正也穀梁曰近古皆以胥命爲許之之辭荀子曰春秋善胥命荀子嘗從虞卿受左氏春秋可見古人學春秋皆以胥命

爲傳也此其爲近正奈何古者不盟結言而退【注】善其近正似於古而不相背故書以撥亂也【疏】繁露王道云春秋記纖芥之失反之王道追古貴信結言而已不至用牲盟而後成約故曰齊侯衛侯胥命于蒲傳曰古者不盟結言而退禮疏引異義禮約盟否今春秋公羊說古者不盟結言而退故穀梁傳曰誥誓不及五帝盟詛不及三王交質子不及二伯詛盟非禮古春秋左氏說周禮有司盟之官殺牲歃血所以盟事神明又云凡國有疑詛其不信者是知於禮得盟許君謹按從左氏說以太平之時有盟詛之禮鄭氏不駁從許慎義也按穀梁傳云相命而信諭謹言而退以是爲近古也是必一人先其以相言之何也不以齊侯命衛侯也注引江熙曰夫相與親者非一人之德是以同聲相應同氣相求齊衛胥盟雖有先倡倡和理均若以齊命衛則功歸于齊以衛命齊則齊僅隨從言其相命則泯然無際矣按說文糸部結締也又締不解也言古謂三代時也但以言相締結不歃血爲盟也○注善其至亂也○詩巧言云君子屢盟亂是用長相命不盟可期弭亂故書而善之以春秋爲撥亂之書故也其實齊衛亦非眞能不盟之國特此一事近似於古故表之以張義而已

六月公會紀侯于盛【疏】盛左氏穀梁作郕通義云蓋亦盛伯與會范注以郕爲魯地其即後爲孟氏采邑之成與紀侯二傳作杞侯

秋七月壬辰朔日有食之既【疏】壬辰唐石經宋本監本閩本同毛本壬作申誤包氏愼言云七月書壬辰

朔据曆壬辰爲六月之朔日非七月朔也按以殷曆治之當八月壬辰朔劉歆以爲六月元史曆志姜岌以爲是歲七月癸亥朔無壬辰亦失閏其八月壬辰朔去交分入食限大衍與姜岌合沈氏欽韓以今曆推之是歲八月壬辰朔加時在晝食六分一十四杪說文月部朔月一日始蘇也白虎通日月篇朔之言蘇也明消更生故言朔故凡初皆謂之朔禮記禮運云皆從其朔是也因盡而初故盡亦稱朔爾雅釋訓朔北方也書疏引舍人注云朔盡也北方萬物盡故言朔也

既者何盡也注光明滅盡也是後楚滅鄧穀上僭稱王故尤甚也楚滅鄧穀不書者後治夷狄疏注光明滅盡也○詩載馳既不我嘉傳既盡也穀梁傳既者盡也有繼之辭也說文豈部幾訖事之樂也即今之既字易小畜既雨既處詩既見君子古皆訓爲已已亦事盡之詞詩大雅汔可小康箋汔幾也亦通既爲小食與盡訓別左傳疏引異義云月高則其食虧於上月上則其食虧於下也日月之體大小正同相揜密者二體相近正映其形故光得溢出而中食也相揜疏者二體相遠月近而日遠自人望之則月之所映者廣故日光不能復見而日食既也未知何家說据南齊書天文志云相三年日食貫中下上竟黑疑者以爲日月正等月何得小而見日中鄭云月正掩日日光從四邊出故言從中起也蓋即鄭氏駁異義說矣續漢志引張衡靈憲云當日之衝月常不合是謂闇虛在星則星微遇月則月食孔穎達申之云日月異道有時而交交則相犯故日月遞食交在望前朔則日食望則月食交在望後生則月食後月朔則日食交正在朔則日食既前後望不食交正在望則月食既前後朔不食大率一百七十三日有餘而道始一交非交則不相侵犯故

朔望不常有食也道不正交則日斜照月故月光更盛道若正交
則日衝當月故月光卽滅譬如火斜照水水日斜照鏡則水鏡之光
旁照他物若使鏡正當日水正當火則水鏡之光不能有照日之
奪月亦猶是也日月同會道度相交月揜日光故日食日奪月光
故月食言月食是日光所衝日食是月體所映故日食常在朔月
食常在望也月食有上下者行有高下謂月在日南從南入食南下
北高則食起於下月在日北從北入食則食發於高是其行有高
下故食不同也按下孔氏所推論皆本鄭義何氏無說未知同否○
注是後至甚也○舊疏云卽下七年夏穀伯綏來朝鄧侯吾離來
朝傳曰皆何以名失地之君也是也蓋以爲楚滅之也上僭稱王
者史記楚世家武王三十五年楚伐隨隨曰我無罪楚曰我蠻夷
也今諸侯皆爲叛相侵或相殺我有敝甲欲以觀中國之政請王
室尊吾號隨人爲之周請尊楚王室不聽還報楚三十七年楚熊
通怒曰吾先鬻熊文王之師也早終成王舉我先公乃以子男田
今居楚蠻夷皆率服而王不加位我自尊耳乃自立爲武王與隨
人盟而去是其事也舊疏引春秋說云桓三年秋七月壬辰朔日
有食之既其後楚僭號稱王滅鄧穀政教陵遲何說所本也漢書
五行志云桓公三年七月壬辰朔日有食之既董仲舒劉向以爲
前事已大後事將至者又大則既先是魯宋弑君魯又成宋亂易
許田無事天子之心楚僭稱王後鄭岠王師射桓王又二君相篡
劉歆以爲六月趙與晉分先是晉曲沃伯再弑晉侯是歲晉大亂
滅其宗國爲京房易傳以爲桓三年日食貫中央上下竟而黃臣弑
而不卒之形也故楚嚴稱王兼地千里按嚴當云武誤兼地千里
卽楚世家所云于是始開濮地而有之也取象皆相近續漢志注
引春秋緯云日食既君行無常公輔不修德夷狄强侵萬事錯後
漢明帝紀永平八年十月晦日有食之既詔曰朕以無德奉承大

業而下貽人怨上動三光日食之變其災尤大春秋圖讖所謂至讖注感精符曰人主含天光據璣衡齊七政操八極故君明聖天道得正則日月光明五星有度日明則道正不明則政亂故常戒以自勑厲日食皆象君之進退爲盈縮當春秋撥亂日食三十六故曰至讁也○注楚滅至夷狄○隱元年傳注所傳聞世傳聞世內其國而外諸夏所聞之世內諸夏而外夷狄故所傳聞世不治夷狄也傳二十六年楚滅隗注不月者略夷狄滅微國也亦以前此書滅者多故亦書治之然止時而已所謂後治也昭三十年冬十有二月吳滅徐徐子章禹奔楚注至此乃月者所見世錄夷狄滅小國也

公子翬如齊逆女【疏】通義云加公子者於隱則罪於桓則親所以惡桓也遂在所聞世例日卒故以不日見罪所傳聞之世本不日卒故翬更以不卒見罪然非起見其貴反嫌與柔溺未命者同故一見公子翬於此則隱之篇不稱公子貶意益顯

九月齊侯送姜氏于讙【疏】杜云讙魯地濟北蛇丘縣西有下讙亭一統志下讙城在泰安府肥城縣西南大事表云在今濟南府肥城縣西南水經注汶水篇蛇水又西南逕夏暉城南經書公會齊侯于下讙是今俗謂之夏暉城說文邑部酄魯下邑三傳皆作讙酄正字讙段借也應劭注漢志引哀八年取酄及闡是亦作酄今三傳本亦皆作讙

何以書譏何譏爾諸侯越竟送女非禮也【注】以言姜氏也禮送女父母不下堂姑姊妹不出門【疏】穀梁傳曰送女踰竟非禮也左傳凡公女嫁于敵國姊妹則上卿送之以禮於先君公子則下卿送之於大國雖公子亦上卿送之於小國則上大夫送之三傳之義皆天子則諸卿皆行公不自送於小國則上大夫送之三傳之義皆

同○注以言姜氏也○舊疏云讙若齊地宜言齊侯送孟姜于讙今言姜氏故知越竟也○注禮送至出門○穀梁傳禮送女父不下堂母不出祭門諸母兄弟不出闕門注祭門廟門也闕兩觀也在祭門之外白虎通嫁娶云父誡之於阼階母戒於西階庶母及門內施鞶申之以父母之命命之曰敬恭聽爾父母之言夙夜無違愆視諸衿鞶公羊問答云問徐彥疏以爲時王之禮然乎曰士昏禮主人元端迎於門外主人揖入至于廟門主人升賓升再拜稽首降主人不降送注主人女父也此送女不下堂之證也士昏禮記母誡諸西階上不降此送女母不下堂之證也庶母及門內施衿鞶此庶母送女不出門之證也言庶母而姑姊妹在其中不言者文不具也穀梁諸母兄弟不出闕門白虎通父誡於阼階母誡於西階庶母及門內此與公羊說合明係周禮徐以爲時王之禮誤矣孟子滕文公篇女子之嫁也母命之往送之門周氏柄中四書辨正云士昏禮女父不降送母戒諸西階上亦不降而孟子言往送之門穀梁傳亦云送女不出祭門乃指廟之大門則送不止於階矣或說送至壻門毛西河引戰國策婦車至門送諸母還謂諸母有送至壻門者按穀梁傳諸母兄弟送不出闕門謂祭門外兩觀門也所指諸侯嫁女之禮與士昏禮記所言庶母及門內略同並無送至壻門之說國策恐未可据閻氏若璩釋地又續云門卽父母家之門非如女子所適之壻家之門今人秪緣俗有母送其女母至壻家禮遂以爲壻門不知婦人迎送不出門又內言不出於梱古豈有是耶然孟子此一禮與儀禮士昏禮記亦殊不同記云父在阼階西面戒女母戒諸西階上不降又云父送女命之曰戒之敬之夙夜無違命母施衿結帨曰勉之敬之夙夜無違宮事庶母及門內施鞶申之以父母之命命之曰敬恭聽宗爾父母之言夙夜無愆視諸衿鞶是戒者非止母一人與所送亦非止

門一處大抵孟子言禮多主大綱不暇及詳抑儀禮定於周初而列國行之久頗各隨其俗如衛人之祔也離之魯人之祔也合之雖孔子善魯而衛當日仍行自若也此入國矣何以不稱夫人【注】据諱魯地【疏】注据諱魯地○上傳云越竟送女故知諱爲魯地入魯竟宜從臣子辭稱夫人如莊二十四年夫人姜氏入矣自我言齊【注】恕己以及人也【疏】春秋據魯而作故自我言之則謂之曰齊下九年傳自我言紀亦卽此意注云恕己及人者不奪人父子之親故也父母之於子雖爲鄰國夫人猶曰吾姜氏【注】所以崇父子之親從父母辭不言孟姜言姜氏者從魯辭起魯地【疏】舊疏云猶曰吾姜氏云若有孟姜者孟爲衍字也○注所以至之親○下九年傳父母之於子雖爲天王后猶曰吾季姜亦卽崇父子之親之義○注從父至魯地○孟姜卽詩鄘風桑中云美孟姜矣是也舊疏云孟亦有作季字者誤也以旣從父母辭宜稱孟姜今稱姜氏知從魯辭也以諱魯地也杜云已去齊國故不稱女是也

公會齊侯于讙夫人姜氏至自齊

翬何以不致【注】据遂以夫人婦姜至自齊致【疏】注据遂至齊致○見宣元年得見乎公矣【注】本所以致夫人者公不親迎有危也翬當并致者翬親迎重在翬也上會讙時夫人以得見公得禮失禮在公不復在

輦故不復致不就讙上致者婦人危重故据都城乃致也月者爲夫人至例危重之疏穀梁傳其不言輦之以來何也公親受之於齊侯也注重在公又云無譏乎曰爲禮也齊侯來也公之逆而會之可也○注本所至危也○經云公子翬如齊逆女是公不親迎也故爲夫人危通義云于讙已入國矣復言至自齊者已見宗廟然後致也○注翬當至復致○言若公不會于讙夫人不卽見公則翬當幷致如公子遂逆婦姜之例今夫人于讙得見公得禮失禮在公故不復致翬杜云不言翬以至者齊侯送之公受之於讙也如穀梁傳說則尙爲得禮故彼引子貢曰冕而親迎不已重乎孔子曰合二姓之好以繼萬世之後何謂已重乎是也監本故誤兹○注不就至致也○舊疏云若就讙致卽鄉者至讙之時書之宜在公會齊侯于讙上按若讙上致宜書夫人姜氏至自讙不然者婦人危重雖未至讙前亦危也○注月者至重之○舊疏云卽宣元年三月遂以夫人婦姜至自齊成十四年九月僑如以夫人婦姜至自齊是也凡書至者喜之也亦危之也故夫人至危尤重也

冬齊侯使其弟年來聘疏錢氏大昕答問云齊侯使其弟年來聘再見於春秋爲無知之弒君張本也母弟雖親不可使踰其分也

有年

有年何以書注方分別問大有年故不但言何以書疏注方分至以書○若

但問何以書與下複問大有年不明以喜書也疏通義云古之造文者禾千為年夏謂之歲步歷周也殷謂之祀四祀修也周謂之年五穀收也嘉禾備登年功乃成故以有年名喜而書之者重民食也大有年何以書亦以喜書也此其曰有年何僅有年也注僅猶劣也謂五穀多少皆有不能大成熟疏注僅猶劣也○國語周語云余一人僅亦守府注僅猶劣也楚語而僅得以來注僅猶劣也漢書董仲舒傳注僅少也廣韻劣少也一切經音義一僅古文勤廑二形同說文人部僅才能也音義引字林同戰國策齊策邯鄲僅存注僅裁惟少故云僅有年猶言才有年也爾雅釋詁哉始也亦即才字皆與僅劣義近○注謂五至成熟○舊疏云舊本如是其穀下云皆有不能大成熟多少二字或衍文也若必存字解之多謂麥禾少謂豆之屬是事皆有但不能大熟也校勘記云解非也此不衍漢人語言如是公羊問答云問當衍否曰廣韻劣少也此言五穀多少人不等僅僅乎皆有耳正言其少不當衍也疏又云多謂麥禾少謂豆之屬亦非是經傳無明文安能強為之區別耶按以多少不等為少辭今俗語猶然舊疏非也校勘記又云熟當作孰三禮注成熟熟字皆作孰加四點者非穀梁傳五穀皆熟曰有年彼其曰大有年何注問宣十六年也疏注問宣十六年○見宣十六年經大豐年也注謂五穀皆大成熟疏注謂五至成熟○穀梁傳宣十六年云五穀大熟曰大有年毛本作大成熟宋本作大熟成熟亦當作孰僅有年亦足以當喜乎恃有年也注恃賴也若桓公之行諸侯所當誅百姓所當叛而又

元年大水二年耗減民人將去國喪無日賴得五穀皆有使百姓安土樂業故喜而書之所以見不肖之君爲國尤危又明爲國家者不可不有年

疏 公羊古義云朱新仲曰有年大有年桓宣時也有者不宜有二公行事不宜有年此皆貶也春秋二百四十二年之間豈止此二三年豐熟哉以是知二公不宜有此也昭元年秦后子奔晉云國無道而年穀和熟天贊之也與此意合左疏引賈逵云桓惡而有年豐異之也言有非其所宜有國語周語曰國之將興其君齊明表正精潔惠和其德足以昭其馨香國之將亡其君貪冒辟邪淫泆荒怠麤穢暴虐其政腥臊馨香不登是年之豐儉視乎君德之善否也○注特賴也○說文心部恃賴也恃賴疊韻爲訓○注若桓至有年○通義云有年在他公時以數見不書唯桓宣之篇以罕書胡康侯曰桓宣享國十有八年獨此二年書有年他年之歉可知也而天理不差信矣按周禮疾醫以五穀養病鄭注五穀麻黍稷麥是即月令五時所食穀也釋文作耗減此耗俗字

公羊義疏十一

南菁書院

句容陳立卓人著

桓四年盡五年

四年春正月公狩于郎疏隱元年左傳費伯帥師城郎杜云郎魯邑高平方與縣東南有郁郎亭春秋正辭云狩不月此月決不王也

狩者何田狩也注田者蒐狩之總名也古者肉食衣皮服捕禽獸故謂之田取獸于田故曰狩易曰結繩罔以田魚疏注田者至名也○御覽引白虎通云四時之田總名爲田何爲田除害也繁露深察名號云獵禽獸者號一曰田田之散名春苗秋蒐冬狩夏禰無有不皆中天意者是散名有蒐狩之別總號則曰田也毛本作總鄂本宋本閩本監本同作揔董仲舒皆本公羊立說公羊無夏田繁露有夏禰者後人妄加也范云春而言狩蓋用冬狩之禮杜云周之春夏之冬也田狩從夏時○注古者至之田○禮記禮運云昔者先王未有火化食草木之實鳥獸之肉飲其血茹其毛未有麻絲衣其羽皮鄭注此上古之時也舊疏云此古者謂三皇之時也按禮運又云後聖有作然後修火之利疏云謂神農也則當是庖犧以前事又易繫辭云黃帝堯舜垂衣裳而天下治則神農時猶衣皮服也故舊疏引鄭易注云始去羽毛又引鄭注易說云古者田魚而食之因衣其皮先知蔽前後知蔽後後王易之以布帛而猶存其

敵前重古道不忘本也是也詩鄭風太叔于田云叔于田傳田取禽也是取義於捕禽獸也又兼爲田除害義○注取獸至曰狩○此獸狩疊韻爲訓也國語齊語云田狩畢弋韋注狩圍守而取禽也守狩亦疊韻爲訓○注易曰至田魚○鄂本宋本同作罔闔本監本毛本作網非約繫辭傳下文也彼云作結繩而爲罔罟以田以魚蓋取諸離李氏易傳引虞翻注云離爲日巽爲繩目之重者維罟故結繩爲罟坤二五之乾成離巽爲魚坤二稱田罟取獸曰田蓋取諸離也則虞本無罔字繫傳敘於庖犧世知在神農修火利以前也易本或作佃漁者呂氏音訓云陸氏曰佃音田亦作田漁音魚本亦作魚又言庶反馬云取獸曰田取魚曰漁

春曰苗【注】苗毛也明當見物取未懷任者【疏】注苗毛至任者○說苑修文云苗者毛取之毛猶覒也詩關睢左右芼之玉篇見篇引作覒覒謂擇也言春時萬物懷任當擇而取之也當見鄂本作當毛疑古本作覒後人脫去毛旁遂作見鄂本又脫去見旁只作毛耳爾雅釋天以苗獵名與左氏隱五年傳同左疏引孫炎爾雅注及周禮鄭注並以夏田爲苗爲擇取不孕任者若治苗去不秀實者與何義合然不若以覒釋苗之較爲簡捷御覽引白虎通亦云夏謂之苗何擇去懷任者也惟皆謂苗爲夏田何氏所不取郭注爾雅云爲苗除害就夏田釋耳然即如左傳周禮爾雅所記四時田獵皆爲苗除害也豈獨夏爲然哉任妊通史記鄒陽傳注紂刳任者觀其胎產又方書督脈屬陽循脊而上至鼻任脈屬陰循腹而上至咽女子二十任脈通則有子

秋曰蒐【注】蒐簡擇也簡擇幼稚取其大者【疏】注蒐簡至大者○釋文作曰廋本又作搜亦作蒐國語周語蒐於農隙韋注蒐擇也禽獸懷任未著搜而取之也御覽引白虎通云秋謂之蒐何蒐索肥者也說苑云蒐

者搜索之皆與此義合爾雅以蒐爲春獵名注搜索取不任者穀梁傳釋文蒐麋信作搜搜訓求故有簡擇之義幼稚宋本同閩本監本毛本稚改穉下同范云蒐擇之舍小取大

冬曰狩

注狩猶獸也冬時禽獸長大遭獸可取不以夏田者春秋制也以爲飛鳥未去於巢走獸未離於穴恐傷害於幼稚故於苑囿中取之

疏注狩猶至可取○詩車攻云搏獸于敖水經注及東京賦並引作薄狩于敖初學記引作搏狩蓋狩本古獸字淮南覽冥訓狡蟲死高注蟲狩也漢石門頌慈虫弊狩皆以狩作獸也詩亦當作狩故鄭箋云田獵搏獸也御覽引白虎通云冬謂之狩何守地而取之也說苑云狩者守留之惠氏棟毛詩古義云搏獸于敖水經注引云薄狩于敖東京賦同徐堅初學記引作搏狩按狩本古獸字故鄭箋云狩田獵搏獸也何休公羊注云狩猶獸也說文犬部狩火田也段注釋天曰冬獵爲狩周禮左傳公羊穀梁夏小正傳毛詩傳皆同又釋天曰火田爲狩許不稱冬獵而稱火田者火田必於冬王制曰昆蟲未蟄不以火田故言火以該冬也爾雅郭注云得獸取之無所擇詩疏引李巡云冬圍守而取禽無所擇也范云狩圍狩也冬物畢成獲則取之無所擇○注不以至取之○舊疏云狩正以周禮四時皆田故也按春蒐夏苗秋獮冬狩見周禮大司馬職禮記王制云則歲三田鄭注云三田者夏不田蓋夏時也彼疏引何氏廢疾云運斗樞曰夏不田穀梁有夏田於義爲短鄭釋之云四時皆田夏殷之禮詩云之子于苗選徒囂囂夏田明矣孔子雖有聖德不敢顯然改先王之法以教授於世若其所欲改具陰書於緯藏之以待後王穀梁四時田近孔子故也公羊正當六國之亡讖緯見讀而傳爲三時田作傳有先後雖異不足以斷

穀梁也又引釋廢疾云歲三田謂以三事爲田卽上一曰乾豆之等按鄭注王制以夏不田爲夏制而釋廢疾又以四時一田爲夏殷禮蓋殷周之誤惟又以歲三田爲以三事爲田與禮注乖當以禮注爲正劉氏逢祿云鄭於王制注云歲三田者夏不田蓋夏時也穀梁後於公羊徒据經文公羊得之口授非六國時見讖緯而作也漢初公羊盛行故王制据以爲三田以爲夏時則無据三事田則自亂其例矣易述田事凡六爻以卦氣言之解二月春田也巽八月秋田也大畜秋分前五日曰日閑輿衞言治兵也師比四月夏田也離初九主夏至以後無田冬夏至陰陽之微易重氣始義當安養屯十月戒從禽也然則春秋夏不田冬狩改於孟春皆述殷制與夏時周易微有損益若周官六國時書固不合也說苑云夏不田何也曰天地陰陽盛長之時猛獸不攫鷙鳥不搏蝮蠆不螫鳥獸蟲蛇且知應天而況人乎哉是以古者必有豢牢與此義相足孔氏通義謂周禮四時皆田傳唯舉三時者諸侯之制也禮天子周城諸侯軒城天子宮懸諸侯軒懸周四望魯三望天子備四時之祭諸侯闕其一以下於王故唯三田而已何邵公以爲春秋之制夏不田者妄也繁露云獮禽獸者號一曰田田之散名春苗秋蒐冬狩夏獮可證公羊師說有四時田矣按夏不田劉向鄭康成俱有是說知非何氏擬造繁露自承祠礿烝嘗四時祭祀之爲說蓋卽申明周禮不必卽爲說春秋公羊先師以三田爲春秋制故漢博士据以作王制所謂春秋爲後王法也王制明云天子諸侯非專謂侯制可知又考孟子梁惠王篇今王田獵於此百姓聞王車馬之音見羽旄之美舉疾首蹙頻而相告曰吾王之好田獵夫何使我至於此極也趙注田獵無節以非時取獸也蓋亦指夏田爲非時也禮記月令季春田獵罝罘羅網畢翳餧獸之藥毋出九門孟夏之月驅獸無害五穀無大田獵王制獺祭魚然後虞

人入澤梁豺祭獸然後田獵鳩化爲鷹然後設尉羅昆蟲未蟄不以火田皆夏不田之義國語魯語宣公夏濫於泗淵里革斷其罟而棄之曰鳥翼鷇卵魚禁鯤鮞獸長麑麌皆卽何氏恐傷幼稚意也於苑囿中取之者預畜於囿以備祭祀之用說苑所謂必有豢牢者是也孔氏之說愼矣

常事不書此何以書譏何譏爾遠也注以其地遠禮諸侯田狩不過郊疏注以其至過郊○舊疏云以其地遠而舊云以其去大野遠故言遠者非校勘記云當作以其去野太遠若然下十年冬齊侯衞侯鄭伯來戰于郎傳云郎者何吾近邑者蓋郎爲遠郊之地故禮記檀弓云戰于郎而哀十一年左傳謂郊之戰別國來戰深入竟內故曰吾近邑若尋常田狩近郊之地皆可必勞師罷民去國遠遊故示譏焉杜云郎非國內之狩地故書地孔疏隱五年公矢魚于棠傳曰言遠地也僖二十八年天王狩于河陽言非其地也舉地名者皆言其非地故知此卽非國內之狩地故書地也若國內狩地大野是也哀十四年傳西狩于大野經不書大野明得其常地故不書耳由此言之則狩于部蒐于紅及比蒲昌閒皆非常地故書地也田狩之地必有常者古者民多地狹唯在山澤之閒乃有不殖之地故天子諸侯必於其封內擇隙地而爲之僖三十三年傳鄭之有原圃猶秦之有具囿也是其諸國各有常處違其常處則犯害民物故書地以譏之又云公羊說諸侯遊戲不得過郊左氏無此義要言遠者亦是譏其失常地也按孔氏左疏甚該洽而舊疏以郎邑在郊內其屬地在郊外若据邑言之則爲近若据地言之則爲遠不知以狩不過郊言之此郎則爲遠以他國來戰言之已入竟內此郎又爲近也義各有當不必牽合

諸侯曷爲必田狩注据有囿也疏注据有囿二經轉迂回不可通也

也〇舊疏云即成十八年築鹿囿之屬是也說文口部云囿苑有垣也一曰禽獸曰囿國語周語云囿有林池楚辭愍命云熊羆羣而逸囿韋昭王逸注皆云囿苑也呂覽重己篇注畜禽獸取大曰苑小曰囿周禮囿人職云掌囿遊之獸禁鄭注囿遊囿之離宮小苑觀處也掌獸以宴樂視之彼疏引書傳云鄉之取於囿是勇力取是囿亦為蒐狩之常處也知諸侯皆得有囿者詩靈臺云王在靈囿傳囿所以域養禽獸也天子百里諸侯四十里成十八年注又云天子囿方百里大國公侯十里伯七里子男五里不同者蓋本無定制故說有歧殊也則傳意諸侯自有囿有禽獸可取足供祭享之用而經書田狩因据為難故注云据有囿也

一曰乾豆

注 一者第一之殺也自左膘射之達於右髃中心死疾鮮肩故乾而豆之中薦於宗廟豆祭器名狀如鐙天子二十有六諸公十有六諸侯十有二卿上大夫八下大夫六士三

疏 禮記王制云天子諸侯無事則歲三田一為乾豆二為賓客三為充君之庖易比云王用三驅馬融云一曰乾豆二曰賓客三曰充君之庖穀梁傳四時之田用三焉唯其所先得一為乾豆二為賓客三為充君之庖乾禮記釋文云音干則讀如詩中谷有蓷暵其乾矣之乾謂燥也正字亦宜作漧見玉篇〇注一者至宗廟〇詩車攻云大庖不盈毛傳故自左膘而射之達于右髃為上殺孔疏自左膘而射之達於右肩髃為上殺以其貫心死疾肉最絜美故以為乾豆也范云上殺中心死速乾之以為豆實可以祭祀十行本髃作腢校勘記云依說文當作髃古書有作腢者从身誤肩鄂本作絜毛本作潔非按肩猶絜也故不絜謂之不肩孔詩疏或即用此注則作絜是也膘說文肉

部膘牛脅後髀前合革肉也釋文引三蒼云小腹兩邊肉段氏玉裁說文注云他處革與肉可分剝獨此處不可分剝故也七發所
謂犢牛之腴其實凡獸皆然不專牛也廣韻云脅前蓋近脅處今人謂馬肥爲膘肥謂最薄處皮肉相合者也髃釋文云本又作腢
說文骨部髃肩前也士喪禮記即牀而奠當髃注髃肩頭也是髃即髃字釋文引字林云肩前兩乳骨也蓋左小腹旁邪達于右肩
必貫心故死疾而鮮絜也舊疏云時王之禮古制無文按此必有成文故毛詩傳何氏此注並依而用之古籍散亡不可考耳王制
注云乾豆謂腊之以爲祭祀豆實也孔疏豆實非脯而云乾者謂作醢及臡先乾其肉也此云乾而豆之疑有誤字○注豆祭至如
鐙○爾雅釋器云木豆謂之豆竹豆謂之籩瓦豆謂之登郭注豆禮器也登即膏登也禮記祭統云夫人薦豆執校執醴授之執鐙
注校豆中央直者也鐙豆下跗也急就章鐙所以盛膏夜然燎者也其形若杆而中施釘有柎者曰鐙無柎者曰錠柎謂下施足也
蓋豆籩登形制皆同但有竹木瓦之殊故詩生民云卬盛于豆于豆于登明皆祭器名故毛傳云豆薦葅醢也登太羹也按說文豆
古食肉器也周禮梓人所云食一豆肉中人之食也禮記坊記觴酒豆肉即此其祭器當作梪說文云木器謂之梪从木豆是也鐙
當作簦說文簦禮器也讀若鐙同儀禮公食大夫禮云太羹湇不和實于鐙即此其祭統之鐙自足下跗之名豆籩登三者皆有之
也郭注爾雅又以膏鐙形狀似禮器之登故以膏登釋之說文鐙錠也楚辭招魂云蘭膏明燭華鐙錯些是也此注云狀如鐙蓋同
郭義○注天子至士三○各本作士二依鄂本正穀梁疏亦引作三自下大夫上禮器文彼無卿字是也舊疏云其士三者何氏差
也鄭注禮器云豆之數謂天子朔食諸侯相食及食大夫公食大夫禮曰宰夫自東房薦豆六設於醬東此食下大夫而豆六則其

餘著矣聘禮致饔餼於上大夫堂上八豆設於戶西則凡致饔餼堂上之豆數可知周禮公之豆四十其東西夾各十二侯伯之豆三十有二其東西夾各十子男之豆二十有四其東西夾各六孔疏皇氏云天子之豆二十有六者天子庶羞百二十品籩豆各六十今云二十六者說堂上數也堂下東西夾各十七兩十七合三十四就二十六故合六十也今按禮有正羞庶羞故公食大夫禮設韭菹醓醢六豆設於醬東是正羞也庶羞設於稻南腳臐膮牛炙之等十六豆謂之庶羞又掌客云公豆四十又云食四十則豆盛正羞食謂庶羞也故鄭注掌客云食者其庶羞美可食者是庶羞與正羞別此上大夫八豆下大夫六豆皆為正羞而天子二十六豆亦為正羞故熊氏以為正羞醓醢百二十饔之等但不知堂夾若為陳列皇氏以為庶羞其義非也鄭引公食大夫禮以證下大夫六豆之義下大夫六豆設於堂上則天子之豆二十有六諸公十有六諸侯十有二亦設于堂上矣聘禮致饔餼於上大夫堂上八豆西夾六豆東方亦如之是堂上東西夾各設其豆侯伯堂又減於堂上之數上公堂上十六豆故知東西夾各十二侯伯堂上十二故知東西夾各十子男堂上十二故知東西夾各六也按豆數見之掌客其陳于堂上及東西夾則鄭氏以義言之也經義述聞云由公而侯而上大夫皆降殺以四而由天子而公則降殺以十多寡不齊天子與諸公為君臣猶諸侯與上大夫也諸侯多於上大夫四豆而天子多於諸公乃十豆增減之例亦不相準疑本作天子之豆二十因下文諸公十有六遂衍有六二字二十者五四之合數也故其降殺以四四四得十六故諸公十六三四得十二故諸侯十二二四得八故上大夫八下大夫再命但卑於上大夫一命故降殺以四之半而六也若二十六則既多於四六之合數而又少於四七之合數將何以為降殺之本與公羊注蓋

亦後人據誤本禮記加之也鄭注以此豆數以堂上之豆說曰周禮公之豆四十其東西夾各十有二侯伯之豆三十二其東西夾各十子男之豆二十四其東西夾各六是鄭稽合周禮禮器之豆數也天子之豆周禮雖不言其數然公以下之豆皆登降以八則由公豆而登之天子之豆當四十有八而在堂上者二十東西夾各十有四其數正相合也若謂堂上之豆二十有六則東西夾各十有一十而餘一非鼎俎奇而籩豆偶之義矣陸佃說以醢人四豆曰天子朝事八豆饋食八豆又加豆八羞豆二所謂二十有六按醢人注朝事爲薦血腥之祭饋食爲薦孰之祭此天子之豆不云宗廟之祭則非指祭祀言之故鄭注謂天子朔食諸侯相食及食大夫也陸說似是而非此說乾豆爲祭事何氏引禮器文者特因豆廣言之不必卽以此豆數爲祭品也宋本作士三似不如作士二爲是籩豆偶故也上下大夫尊卑相近故降殺以兩士卑于大夫故亦降殺四也

二曰賓客注二者第二之殺也自左膘射之達於右腢遠心死難故以爲賓客疏注二者至賓客○釋文作左腢云方爾反又步啓反股外也本又作膘校勘記云按左右皆髀股之髀非腢肺之腢何注腢字二見皆當作髀按說文肉部腢土臧也無所謂左右骨部髀股外也肉部股髀也又大部奎兩髀之間也則髀爲股外骨名故得有左右沈氏彤釋骨云腰髖骨旁臨兩股者曰堅骨曰大骨曰髂一身之屈伸司焉故通曰機關關之旁曰髀樞亦曰樞機者髀骨之入樞者也在膝以上曰髀骨曰股骨其直者曰楗其一斜上俠髖者則所謂機也由左膘達右髀遠心死稍遲肉已不及一殺之鮮絜故以爲賓客也詩車攻傳云射右耳本次之箋云射當爲達孔疏次殺右耳本當自左肩髃也不言自左舉下殺之射左髀可推而知也與此微異

范云次殺射髀髂死差遲與何氏合爲賓客者爲賓客之俎實也

三曰充君之庖注充備也庖廚也三者第三之殺也自左膘射之達於右腢中腸胃汙泡死遲故以充君之庖廚已有三牲必田狩者孝子之意以爲己之所養不如天地自然之牲逸豫肥美禽獸多則傷五穀因習兵事又不空設故因以捕禽獸所以共承宗廟示不忘武備又因以爲田除害狩例時此月者譏不時也周之正月夏之十一月陽氣始施鳥獸懷任草木萌牙非所以養微疏注充備也○小爾雅廣言云充備也○注庖廚也○廣雅釋室云庖廚也王制注庖今之廚也說文广部庖廚也○注三者至庖廚○校勘記云腢宋本閩本同毛本作腢誤胃各本亦作腢俗字遲各本作遲詩車攻傳云射左髀達於右髃爲下殺校勘記云五經文字䯚羊紹反見春秋傳又作髃見詩見春秋傳者卽指公羊此注也見詩者指毛詩車攻傳也今詩傳作髃此注作髃皆髃字形近之訛作髃从肖故音羊紹反毛詩音義字書無髃字一本作䯚與張參所据春秋傳正合然則毛詩傳公羊注皆當作䯚廣韻三十小云䯚堅骨按腢䯚髃皆不見於說文而集韻髃䯚同以紹切則丁度等所据作髃矣集韻無髃字五經文字注中髃乃腢之誤詩音義髃字亦髃之誤按詩釋文云髃餘繞反又胡可反謂水膁也字書無此字一本作䯚音羊紹反又羊招反呂忱子小反此傳釋文云右髃羊紹反字林子小反一本作胘音賢髃與䯚俱不得音

羊紹反當依詩釋文所引一本作膘似為近之膘為脅後肉自左脅後達右脅後適中腸胃污泡死最遲肉故惡故充君之庖也范云下殺中腸污泡死最遲先宗廟次賓客後庖廚尊神敬客之義按今公羊釋文作髆亦誤髆不得音羊紹反故校勘記云髆當作髆也○注已有至除害○皆書大傳文見儀禮集傳集注引三牲謂牛羊豕下八年注云天子諸侯卿大夫牛羊豕凡三牲曰太牢是也釋文捕本又作搏音博按當作搏禽獸御覽引韓詩內傳曰春曰畋夏曰搜秋曰獮冬曰狩天子抗大綏諸侯小綏羣下獻禽其下天子親射之于門夫田獵因以講道義習武簡兵也說苑修文云其謂之畋何聖人舉事反本五穀者以奉宗廟養萬民也去禽獸害稼穡者故以田言之聖人作名號而事義可知也後漢書陳蕃傳臣聞人君事於苑囿唯仲秋西郊順時講武殺禽助祭以敦孝敬御覽引白虎通云王者諸侯所以田獵何為田除害上以共宗廟下以簡集士衆也續漢志引蔡邕月令章句云寄戎事之教於田獵武事不空設必有以誡故寄教于田獵閑肄五兵焉又書鈔引白虎通云王者祭宗廟親自取禽者何尊重先祖必欲自射加功力焉穀梁秋蒐于紅傳云因蒐狩以習用武事禮之大者也艾蘭以為防置旃以為轅門以葛覆質以為槷流旁握御轚者不得入車軌塵馬候蹄揜禽旅御者不失其馳然後射者能中過防弗逐不從奔之道也面傷不獻不成禽不獻禽雖多天子取三十焉其餘與士衆以習射于射宮射而中田不得禽則得禽田得禽而射不中則不得禽是以知古之貴仁義而賤勇力也○注狩例時○舊疏云即莊四年冬公及齊人狩于郜僖二十八年冬天王狩于河陽是也○注此月至養微○公羊問答云易通卦驗曰十一月廣莫風至則蘭夜干生月令仲冬曰日短至陰陽爭諸生蕩芸始生荔挺出後漢書陳寵傳云冬至之節陽氣始萌故十有

一月有蘭射干芸荔之應天以爲正周以爲春此可見三代時月相變而宋儒夏時冠月之說不足据按冬夏至陰湯之微五者順時舉事故以養微爲重也若然夏小正十一月王狩周禮仲冬遂以狩田者彼當王之制此春秋制也故書月以譏不時與舊疏云在哀十四年孔子欲夏之孟冬以爲田狩之月

夏天王使宰渠伯糾來聘

宰渠伯糾者何天子之大夫也其稱宰渠伯糾何注据劉卷卒氏采不名且字疏惠氏棟左傳補注云案渠周邑昭二十六年傳劉子以王出次于渠注云周地然則伯糾蓋氏於邑者○注据劉至且字○見定四年劉其氏卷其且字不名也据以難稱伯義也下大夫也疏天子下大夫繫官氏名且字繫官者卑不得專官事也稱伯者上敬老也上敬老則民益孝上尊齒則民益弟是以王者以父事三老兄事五更食之於辟雝天子親袒而割牲執醬而饋執爵而酳冕而總干率民之至也先王之所以治天下者有五貴有德爲其近於道也貴臣貴其近於君也貴老貴其近於父也敬長貴其敬於兄也慈幼貴其近於子弟也禮君於臣而不名者有五諸父兄不名經曰王

札子是也詩曰王謂叔父是也上大夫不名祭伯是也盛德之士不名叔肸是也老臣不名宰渠伯糾是也下去二時者桓公無王而行天子不能誅反下聘之故爲貶見其罪明不宜

疏注天子至且字○校勘記云段云且字者謂經之糾也經稱且字又稱伯者以其爲老臣也且字見儀禮注禮記注又見公羊宣十五年注定四年注疏家多不解其義如言仲山甫山甫爲且字合仲乃爲字周制如此故公羊糾札卷不連伯仲皆且字也此雖言伯糾而注云且字則專釋糾也下方釋伯耳則注名字疑衍渠非名也繫官氏官謂宰氏謂渠也段氏玉裁經韻樓集云各本於且上衍一名字疏云渠是名然則下文云老臣不名宰渠伯糾是也作何解乎此由淺人不解且字之恉因添名字於此謂渠是名糾是字名而又字故曰名且字而不省注明言不名也且二百四十四年有一人名字兼書者乎上文注据劉卷氏采不名且字氏采者劉也卷者不名目其且字也此則且字上稱伯爲異按說文且薦也廣雅釋言且借也曲禮有天王某甫注某甫且字也疏引音義隱云且假借此字也雜記疏檀弓云五十以伯仲是正字二十之時曰某甫是且字言且爲之立字經韻樓集又云凡丞藉於下曰且凡冠而字之祇一字耳必五十而後以伯仲故下一字所以承藉伯仲也言伯某仲某是稱字單言某甫是稱其且字若韓非於孔子單言尼蓋五十以前事也此注家且字之說也鄉飲酒禮某子受酬注某者衆賓姓也同姓則以伯仲別之又同則以且字別之言同姓之中有伯仲伯仲同者則呼某甫也又少牢饋食禮皇祖伯某注伯某且字也士喪禮父某甫注某甫且字也若言山甫孔甫又曲禮有天

王某甫注某甫且字也又檀弓烏乎哀哉尼父注因且字而爲之
諡又雜記陽童某甫注某甫且字也特牲篇某子之某爲伯仲故
注稱祖字少牢篇伯某之某爲某甫故注稱且字義各有當也若
士虞禮適爾皇祖某甫注云某甫且字也若言尼甫正與士喪禮
檀弓雜記注文一律今各本譌爲某甫皇祖字也此淺人傳寫之
誤又公羊宣十五年注云札者冠且字也定四年桓四年皆言且
字皆置伯仲單言某甫與鄭注無不合坊記其死曰孟子卒注孟
子蓋其且字此蓋謂經之孟猶男子之伯仲經之子猶男子之某
甫諱娶同姓故書字也按且猶言藉也冠後稱伯某甫叔仲季唯
其所當不當單稱伯仲故以甫字藉之若言承藉之義音義隱之
作此讀孔疏言且爲之作字皆屬誤解○注繫官至事也○周禮
天官之屬有大宰小宰宰夫太宰卿小宰中大夫宰夫下大夫伯
糾其宰夫與六官之屬皆大事則從其長宰夫視太宰小宰卑故
知不得專官事也左氏以糾爲名傳曰父在故名疏引何氏膏肓
以爲左氏宰渠伯糾父在故名仍叔之子何以不名又仍叔之子
以爲父在稱子伯糾何以父在不稱子鄭箴之曰仍叔之子譏其
幼弱故略言子不名之至於伯糾能堪聘事私覿又不失子道故
名且字也按伯糾之能堪聘事與否三傳無文不足以難何氏左
傳明云故名而鄭氏以爲名且字亦非左氏義劉氏逢祿評云左
氏此條亦譌劉歆不解天子下大夫名且字之例妄生異說○注
稱伯至益弟○莊二十五年陳侯使女叔來聘注稱字者敬老也
禮七十雖庶人主孝而禮之繁露爲人者篇雖天子必有尊也教也
以孝也必有先也教以弟也此威勢不足獨恃而教化之功不大
乎禮記大學云上老老而民興孝上長長而民興弟鄭注老老長
長謂尊老敬長也又祭義云立愛自親始教民睦也立敬自長始
教民順也教以慈睦而民貴有親教以敬長而民貴用命又云虞

夏殷周天下之盛王也未有遺年者年之貴乎天下久矣次乎事親也鄭注言其先老也是也〇注是以至至也〇各本饋作餽依宋本正釋文作而饋禮記祭義云是故至孝近乎王至弟近乎霸至孝近乎王雖天子必有父至弟近乎霸雖諸侯必有兄注天子有所父事諸侯有所兄事謂若三老五更也又云食三老五更於太學天子袒而割牲執醬而饋執爵而酳冕而總干所以教諸侯之弟也注割牲制俎實冕而總干親在舞位以樂侑食也教諸侯之弟次事親又樂記亦云食三老五更于太學天子袒而割牲執醬而饋執爵而酳冕而總干所以教諸侯之弟也孔疏袒而割牲謂牲入之時天子親割也執醬而饋謂食之時親執醬而饋也執爵而酳謂食罷親執爵而酳之也白虎通鄉射云王者父事三老兄事五更者何欲陳孝弟之德以示天下也故雖天子必有尊也言有父也必有先也言有兄也天子臨辟雍親袒割牲尊三老父象也謁者奉几杖授安車輭輪供綏執授兄事五更寵接禮交加客謙敬順貌也禮記祭義曰祀于明堂所以教諸侯之孝也享三老五更于太學所以教諸侯之弟也不正言父兄言老更者老者壽考也欲言所令者多也更者更也所更歷者衆也即如是不但言老言三何欲其明於天地人之道而老也五更者欲其明於五行之道而更事也三老五更幾人乎曰各一人何以知之既以父事父一而已不宜有三又王者不臣云不臣三老五更者欲率天下為人子弟禮曰父事三老兄事五更禮記文王世子遂設三老五更羣老之席位焉注三老五更各一人也皆年老更事致仕者也天子以父兄養之示天下之孝悌也其禮亡以鄉飲酒禮言之席位之處則三老如賓五更如介羣老如衆賓又文王世子云適饌省醴養老之珍具遂發詠焉退修之以孝養也注親視其所有退修之謂既迎而入獻之以醴獻畢而樂闋獨斷云天子父事三

老者適成於天地人也兄事五更者訓于五品也更者長也更相
代至五也能以善道改更已也又三老老謂久也舊也壽也皆取
首妻男女完具者古者天子親袒割牲執醬而饋三公設几九卿
正履使者安車輭輪送迎而至其家天子獨拜於屏其明日三公
詣闕謝以其禮過厚故也又五更或爲叟叟老稱與三老同義也
○注先王至弟也○禮記祭義文注云言治國有家道彼文賓貴
貴老敬長慈幼下貴字皆作爲貴臣作貴貴近於父作近於親子
下無弟字○注禮君至是也○校勘記云王貴謂宋本閩本同監本
毛本謂改曰非禮記明堂位注亦作王謂叔父當据韓魯詩何所
据詩多與毛鄭異鄭禮記亦與箋詩本異也舊疏云据有何氏之意
故皆取經以當之王札子者宣十五年傳云王札子者何長庶之
號也注天子之庶兄札者冠且字也禮天子庶兄冠而不名所以
尊之是也所引詩見魯頌閟宮彼云子曰叔父建爾元子俾侯于
魯成王稱周公語也祭伯者隱九年傳云祭伯者何天子之大夫
也是也叔肸者宣十七年注云稱字者賢之宣公簒立叔肸不仕
其朝不食其祿終身於貧賤故孔子曰篤信好學守死善道危邦
不入亂邦不居天下有道則見無道則隱此之謂也是也白虎通
王者不臣云王者臣有不名者五先王老臣不名親與先王戮力
共治國同功於天下故尊而不名也尚書曰咨爾伯不言名也不
名者貴賢者而已共成先祖功德德加於百姓者也春秋單伯不
言名傳曰吾大夫之命于天子者也盛德之士不名尊賢也春秋
曰公弟叔肸諸父諸兄不名諸父諸兄親與己父兄有敵體之義
也詩云王曰叔父春秋傳曰王札子何長庶之稱也不名盛德之
士者不可屈以爵祿也說苑臣術云湯曰何謂臣而不臣伊尹對
曰君之所不名臣者四諸父臣而不名諸兄臣而不名先王之臣
臣而不名盛德之士臣而不名是謂大順也無上大夫按班氏据

尚書咨爾伯以證老臣不名何氏說公羊故据宰渠伯糾言也按禮記月令云聘名士鄭注名士不仕者疏引蔡邕章句云名士者謂其德行貞純道術通明王者不得臣而隱居不仕者也卽此盛德之士也叔肸釋文作叔肸閩本監本毛本作肸按說文此字正作肸从十从肸○注下去至不宜○春秋正辭云程子曰人理滅矣天運乖矣陰陽失序歲功不具矣故不具四時書曰今其有今罔後汝何生在上其不具於是年何也其諸以朝聘之者與按隱七年天王使凡伯來聘注云書者喜之也古者諸侯有較德殊風異行天子聘問之今桓公無王而行王法所當誅今反下聘賞罰乖方有春夏而無秋冬之象也

五年春正月甲戌己丑陳侯鮑卒

曷爲以二日卒之怴也注怴者狂也齊人語疏校勘記云怴唐石經諸本同釋文作怴呼述反按怴字當作怴字之誤也廣雅釋詁云怴怒也又釋訓怴怴亂也曹憲音呼述反今亦誤作怴禮運故鳥不獝故獸不狘注獝狘皆飛走之貌也釋文狘況越反怴狘義同皆戉聲玉篇心部怴許律反怒也廣韻六術狘狂也皆从戉不誤按釋文亦音呼述反則陸本亦當从戉作狘○注怴者至人語○白虎通考黜云諸侯喑聾跛躄惡疾不免黜者何尊人君也春秋曰甲戌己丑陳侯鮑卒傳曰甲戌之日亡己丑之日死而得有狂易之病蜚亡而死由不絕也是怴爲狂也按說文犬部狘獸走貌禮運疏狘驚走也人發狂多驚而飛走故曰狂易易者輕辭文十二年傳俾君子易怠注易怠猶輕惰是也正字作傷說文人部傷輕也是也惠氏士奇春秋說云或曰兩日之閒有闕文我未之前聞也公穀皆有師傳本之子夏必非臆說公羊謂以甲戌之日亡己丑之日死而

得漢儒謂有狂易之疾蜚亡而死故甲戌日亡莫知所在己丑日乃得其屍說者謂匹夫或有之人君必不然愚謂病而發狂何有貴賤古者諸侯喑聾跛躄惡疾皆不免所以尊君唯世子有惡疾則廢陳侯非惡疾乃病狂亦謂之貞疾病狂之人不可以君國子民陳之臣子當告之於王免之而立其子則安得有陳佗之亂乎故春秋如其再赴之日而書之蓋言君死不知其日所以罪其臣也史記田齊世家云桓公病蔡人為佗殺桓公鮑及太子免而立佗是為厲公與此不合按左傳亦無殺桓公事陳杞世家亦但言蔡人為佗殺五父及桓公太子免而立佗亦不言桓公被殺均與左傳違

甲戌之日亡己丑之日死而得君子疑焉故以二日卒之也【注】君子謂孔子也以二日卒之者

闕疑【疏】通義云惠氏說死而得者言得其屍也古通用死為屍字讀若陳湯傳求谷吉等死按死亦或屍之壞字傳寫者脫去尸字與○注君子謂孔子○舊疏云正以哀十四年傳云君子曷為為春秋故也○注以二至闕疑○繁露觀德云甲戌己丑陳侯鮑卒書所見也而不言其闇者穀梁傳何為以二日卒之春秋之義信以傳信疑以傳疑陳侯以甲戌之日出己丑之日得不知死之日故舉二日以包之也正月書甲戌己丑甲戌為月之二十一日己丑為二月之七日傳云曷為以二日卒之悈也甲戌之日亡己丑之日死君子疑焉故以二日卒之然則經不別月者傳疑之辭焉按甲戌己丑相距十六日若是再赴陳人不應謬妄若此當以此傳為正范氏說穀梁以為辟病潛行未知所据論語為政云多聞闕疑戴氏望注云多聞謂所傳聞所聞世所聞世也春秋於所傳聞所聞世闕疑皆據魯史舊文如陳侯鮑卒以二日夏五無月郭公繫曹下皆是也

夏齊侯鄭伯如紀

外相如不書此何以書注据蔡侯東國卒于楚不言如也疏注据蔡至如也○舊疏云在昭二十三年夏按襄二十六年許男甯卒于楚在蔡侯之前而不據之者科取一以當之不以後見義或者以蔡是大國齊之類故取之

離不言會也注時紀不與會故略言如也春秋始錄內小惡書內離會略外小惡不書外離會至所聞之世著治升平內諸夏而詳錄之乃書外離會嫌外離會常書故變文見意以別嫌明疑疏繁露奉本云大國齊宋離不言會疑當作齊鄭按鄭伯爵得為大國者春秋之初鄭莊號為强盛時與齊宋諸國會盟征伐故也鄭注曲禮離坐離立云離兩也兩相麗謂之離玉篇佳部離兩也兩國相會故曰離會○注時紀至如也○上二年蔡侯鄭伯會于鄧傳離不言會此其言會何蓋鄧與會爾明紀若與會則非離會當書齊侯鄭伯會于紀矣通義云紀與會則為參紀不與會則為離參則可曰齊侯鄭伯會于紀離則不可曰會于紀故變文以明之此即對蔡侯鄭伯會于鄧發傳唯為就人國都而會者須分別主人與不與故作此例若齊侯宋公會于洮洮既非國自無所嫌離亦言會矣左傳謂齊侯鄭伯朝于紀欲以襲之紀人知之明紀人不與唯謂朝紀則非齊鄭時皆强大無朝紀之理則會于紀者為是○注春秋至離會○舊疏云即隱二年公會戎于潛是也按彼注云所傳聞之世外離會不書書內離會者春秋王魯明當先自詳正又隱十年注所謂內無大惡乃可治諸

夏大惡是也○注不書外離會○舊疏云即此文變會言如是也隱二年注躬自厚而薄責於人故略外也○注至所至離會○舊疏云即宣十一年晉侯會狄于欑函是也隱元年注於所聞之世見治升平內諸夏而外夷狄書外離會宣十一年秋晉侯會狄于欑函是也○注嫌外至明疑○舊疏云若不載此事以略言如則嫌所傳聞世合書外離會但偶無之耳故曰嫌外離會常書也故書而變其文見所傳聞世不書外離會之意故曰變文見義所以別其嫌而明其疑也按常書疑是當書之誤

天王使仍叔之子來聘

仍叔之子者何天子之大夫也【疏】詩節南山疏云雲漢序云仍叔箋引桓五年仍叔之子來聘春秋時趙氏世稱孟智氏世稱伯仍氏或亦世字叔也自桓五年上距宣王之卒七十六歲若當初年則百二十歲矣引之以證仍叔是周大夫耳未必是一人也穀梁作任仍任音近晉書地理志新補正仍下注云沅案毛萇詩序雲漢仍叔美宣王也仍氏世爲周大夫古仍任通用昭二十二年王師軍于汜于解次于任人當即仍叔之仍也其稱仍叔之子何【注】据宰渠氏官武氏子不稱字又不加之尹氏不稱子【疏】注据宰至稱子○監本毛本字作官誤校勘記云此謂仍叔是字武氏子不稱字也宰渠氏官見上四年武氏子不稱字見隱三年武氏子來求賻是也尹氏不稱子亦見隱三年書尹氏卒是也譏何譏爾譏父老子代從政也【注】禮七十縣車致仕不言氏者起父在也加之者起子辟一人【疏】通義云譏父老子代從政者亦譏世

卿之意也七十曰老大夫七十而致仕故謂致仕爲老左傳曰桓公立乃老也又曰范武子將老又曰祁奚老矣按下九年左傳曹太子來朝賓之以上卿彼疏引何君膏肓云左氏以人子安處父位尤非衰世救失之宜於義爲短鄭箴之云必如所言父有老耄罷痛孰當理其政預王事也知不然者年老廢疾可以傳事子孫故周禮典命有攝其君之制若父仍在位而子安然代其任非所宜也然此斥天子諸侯言若卿大夫則世卿執政春秋所譏應如孔氏所云也穀梁傳任叔之子者錄父以使子也故微其君臣而著其父子不正父在子代仕之之辭也亦即譏父老子代從政之義故范云君闇劣於上臣苟進於下蓋參譏之也左氏直云弱也疏引蘇氏用公羊穀梁之說以爲父老來聘非父沒○注禮七至致仕○舊疏云春秋說文謂之縣輿者淮南子云日至於悲谷是謂晡時至於淵隅是謂高春至於連石是謂下春至於悲泉爰止其女爰息其馬是謂縣輿舊說云日在縣輿一日之暮人年七十亦一世之暮而致其政事於君故曰縣輿也亦有作車字者然則疏本作縣輿矣釋文本作縣車盧氏文弨云淮南子作縣車初學記類聚引同按白虎通致仕篇云臣年七十縣車致仕者臣以執事趨走爲職七十陽道極耳目不聰明跂踦之屬是以退老去避賢者路所以長廉遠恥也縣車示不用也致事者致其事於君君不使退而自去者尊賢者也故曲禮曰大夫七十而致仕王制曰七十致政則縣車自謂縣車不用舊疏未可從也隸釋載侯成碑縣輿養神與舊疏本同按今曲禮作致事鄭注致其所掌之事於君而告老疏七十曰老在家則傳家事於子孫在官則致所掌職事還君退還田里也不云置而云致者置是廢絕致是與人明朝廷必有賢代己也按作仕亦通○注不言至在也○舊疏云言仍氏子則與武氏子文同嫌亦無父故曰起父在按若言仍氏之子仍

氏係其世稱仍叔乃其父字不著仍叔故無由見父在也○注加之至一人○舊疏云若言仍叔子則與僖三十三年百里子蹇叔子類是一人故曰加之者起子辟一人

葬陳桓公【注】不月者責臣子也知君父有疾當營衞不謹而失之也

傳曰葬生者之事【疏】注不月至之也○舊疏云正以卒日葬月乃是大國之例今書時故決之營衞者史記黃帝紀以師兵爲營衞正義云環繞軍兵爲營以自衞守護君父之疾若營衞然也禮記曲禮云君有疾飲藥臣先嘗之親有疾飲藥子先嘗之又記父母有疾云冠者不櫛行不翔言不惰琴瑟不御諸節矧君父有狂疾尤宜營衞之也今不謹而失之故不月以爲無臣子也所以深責之也○注傳曰至之事○隱十一年傳文

城祝丘【疏】大事表云杜云魯地莊四年夫人姜氏享齊侯于祝丘即此是齊魯兩境上之邑在今沂州府東南五十里水經注沭水篇沭水又南逕東海郎丘縣故春秋之祝丘也桓五年城祝丘齊氏召南考證云杜注不言祝丘所在漢地志東海郡郎丘孟康曰古祝丘齊之郎丘故城在沂州東南五十里一統志郎丘故城在沂州蘭山縣東南春秋曰祝丘惠氏棟左傳補注云司馬彪郡國志琅邪郎丘春秋時曰祝丘闞駰十三州記曰郎祝魯之音蓋字承讀變

秋蔡人衞人陳人從王伐鄭

其言從王伐鄭何【注】据河陽舉王狩別出朝文文不連王王師不

道所加疏注據河至連王○僖二十八年云天王狩于河陽下云壬申公朝于王所彼言王狩此不舉之彼別言公朝不連上王文故據以難之○注王師不道所加○舊疏云成元年王師敗績于貿戎不道伐某今言伐鄭故難之從王正也注美其得正義也故以從王征伐錄之蓋起時天子微弱諸侯背叛莫肯從王者征伐以善三國之君獨能尊天子死節稱人者刺王者也天下之君海內之主當秉綱撮要而親自用兵故見其微弱僅能從微者不能從諸侯猶莒稱人則從不疑也不使王者首兵者本不爲王舉也知實諸侯者以美得正疏注美其至錄之○詩衛風伯兮序云刺時也言君子行役爲王前驅過時而不反焉箋云衛宣公之時蔡人衛人陳人從王伐鄭伯也爲王前驅久故家人思之疏引鄭志鄭答臨碩引公羊之文言諸侯不得專征伐有從天子及伯者之禮審是則諸侯從王征伐得正義也明矣○注蓋起至死節○詩疏引服虔云言人者時陳亂無君則三國皆大夫也故稱人則左氏家以此稱人爲實錄也按詩伯兮云伯兮朅兮傳伯州伯也卽九州之伯伯所謂牧也明衛侯親行故以過時譏宣公也孔疏以爲州里之伯非知衛得爲伯者詩邶風旄丘責衛伯也箋云衛康叔之封爵稱侯今曰伯者時爲州伯也時陳亂已定亦必陳君親行若如左氏國人分散則君沒正期且不能赴誰爲執政而興師動衆從王乎漢書劉向傳云諸侯背叛周室卑微正謂平桓之世也左傳云王奪鄭伯政鄭伯不朝又隱十年云宋公不王又史記

楚熊通僭號稱王皆天子微弱諸侯背叛事也○注稱人至諸侯○繁露王道云天王伐鄭譏親也言天子當命方伯致討不宜親行也又云伐鄭不能從從亦言僅能從微者不能從諸侯也穀梁傳舉從者之辭也疏引徐邈云舉從者之辭謂王不能以威致三國三國自以義從耳與公羊義相足○注猶莒至疑也○隱八年公及莒人盟于包來傳云曷為與微者盟稱人則從不疑也注從者隨從也實莒子也言莒子則嫌公行微不肯諸侯不肯隨從公盟而公反隨從之故使稱人則隨從公不疑矣亦如桓王微弱僅能從微者稱人則不嫌不從也穀梁傳為天王諱伐鄭也注諱自伐鄭又云鄭同姓之國也在乎冀州於是不服為天子病矣注親近猶不能服則疏遠者可知○注不使至舉也○舊疏云若使王者首兵宜言王以蔡人衛人陳人從王伐鄭似若僖二十六年公以楚師伐齊取穀然按能左右之曰以蔡衛陳本自行從王所以故不得使王者首兵也○注知實至得正○通義云以人從己曰以以己從人曰從言從王者若諸侯畏威義不召而至不令而行有征而無戰深為尊者諱以醇王義焉不稱天者亦所以起繻葛之敗也天子親在行陳矢集於肩王師敗績于貿戎猶可言也王敗績于繻葛不可言也故貿戎質言之以窮世變之極從王伐鄭文言之君子之情猶不欲王道之見熄遽也按書從王以美得正知實諸侯非大夫大夫以陪臣而擅用兵從王不正甚矣公羊之義王夷君獲不言師敗績故此經但書伐鄭而已祝聃射王事公羊恐亦有是說也惜公羊外傳諸書不可見耳

大雩

大雩者何旱祭也注雩旱請雨祭名不解大者祭言大雩大旱可

知也君親之南郊以六事謝過自責曰政不一與民失職與宮室榮與婦謁盛與苞苴行與讒夫倡與使童男女各八人舞而呼雩故謂之雩不地者常地也

【疏】注雩旱至知也○周禮司巫云若國大旱則帥巫而舞雩鄭注雩旱祭也穀梁定元年傳雩者爲旱求者也求者請也左傳龍見而雩後漢書注引服注雩者遠也遠爲百穀求膏雨也服据雩祭之常言杜亦云建巳之月蒼龍宿之體昏見東方萬物始盛待雨而大故祭天遠爲百穀求膏雨此著大雩於秋明旱祭矣左疏引賈逵云言大別山川之雩蓋以諸侯雩山川魯雩上帝故稱大與何義別禮記月令五月大雩帝鄭注雩之正當以四月凡周之秋五月之中而旱亦修雩祀而求雨因著正雩於此月失之矣即公羊因旱求雨之說破之也左疏引穎氏以爲龍見即五月未免強改天宿牽合月會矣白虎通災變云日食大水則鼓用牲于社大旱則雩祭求雨非苟虛也助陽責下求陰之道也繁露精華云大雩者何旱祭也此也漢書五行志云庶徵之恆陽劉向以爲春秋大旱也其夏旱雩祀謂之大雩不傷二穀謂之不雨是祭言大雩大旱可知子政習穀梁是公穀義合穀梁疏引考異郵云三時唯有禱禮無雩祭之事唯四月龍星見始有常雩耳然則四月行常雩之祭此後遇大旱則祀天以求雨謂之大雩言大以別乎常也賈以爲別乎山川言大者失之○注君親至倡與○監本毛本榮作崇非荀子大略篇王伯厚詩攷韓詩引此並作榮舊疏亦以爲韓詩傳文月令疏引考異郵云諸侯禱封內山川緯書所載魯僖禱請山川者故無常處其南郊猶爲雩祭也尸子云湯之救旱也素車白馬布衣身嬰白茅以身代牲禱曰政不節與民失職與苞苴行與讒

夫倡與女謁盛與宮室崇與帝王世紀湯大旱七年齋戒翦髮斷爪禱于桑林以六事自責說苑君道云政不節耶使人疾耶苞苴行耶讒夫昌耶宮室營耶女謁盛耶何不雨之極也言未已而天大雨蓋湯因大旱以六事自責後代人君因放而行之焉舊疏云政不一者謂政不專一出自權臣門也民失職者謂廢其農業宮室榮者謂若丹楹刻桷之屬婦謁盛者謂阿請亂國苞苴行者謂受人之饋政以賄成讒夫倡者謂若魯任鄭瞻○注使童至之雩○爾雅釋訓云舞號雩也郭注雩之祭舞者吁嗟而請雨彼釋文引孫炎注云雩之祭有舞有號周禮女巫云旱暵則舞雩鄭注使女巫舞旱祭崇陰也疏引鄭答臨碩難云董仲舒曰雩求雨之祭吁嗟之歌何休公羊注男女各八人舞而呼雩故謂之雩是鄭以何氏此注專釋旱祭矣按雩吁呼皆疊韻爲訓故鄭氏祭法注雩之言吁嗟也周禮疏引考異郵云雩者呼嗟求雨之祭也舊疏引論語云冠者五六人童子六七人明魯人正雩故其數少復不言男女此書見於經非正雩皆爲旱甚作之故其數多又兼男女矣是以司巫職曰國大旱則率巫以舞雩春秋說云冠者七八人童子八九人者蓋是天子雩也按論衡明雩云曾皙對孔子言其志曰暮春者春服既成冠者五六人童子六七人浴乎沂風乎舞雩詠而饋孔子曰吾與點也魯設雩祭於沂水之上暮者晚也春謂四月也春服既成謂四月之服成也冠者童子雩祭樂人也浴乎沂涉沂水也象龍之從水中出也風乎舞雩風歌也詠而饋詠歌饋祭也歌詠而祭也按論衡所記必是漢世論語先師舊說亦當指常雩之儀若因旱而雩則男女皆有故周禮有女巫之職也繁露求雨篇按五行之數春用小童八人夏用壯者七人季夏用丈夫五人又老者五人秋用鰥者九人冬用老者六人又云四時皆以庚子之日命吏民夫婦皆偶處凡求雨之大體丈夫欲藏匿女子欲

和而樂又樂緯稽耀嘉云凡求雨男女欲和而樂皆與此異周禮疏引考異郵云雩者呼嗟求雨之祭按夏之四月是雩之正爲純陽之月陽氣正盛祭五精帝兼及山川百辟卿士雖不旱亦雩其用之冬春夏爲夏時之八月至三月雖旱亦不雩以不爲災也故鄭云周冬及春夏無雩也若自仲夏以後至於仲秋季秋旱則亦行雩祭所謂呼號之祭也仍不雨則有禱禮焉續漢志注引服虔云大雩夏祭天名龍見而雩龍角亢也謂四月昏龍星體見萬物始盛待雨而大故雩祭而求雨一說大雩者祭於帝而祈雨也一說郊祀天禮農事雩祭山川而祈雨也皆與此別繁露求雨篇載其祝辭曰昊天生五穀以養人今五穀病旱恐不成實敬進清酒膊脯再拜請雨雨幸大澍即所謂呼雩之詞故穀梁疏引考異郵亦有禱祠山川之辭也月令鄭注云天子雩上帝諸侯以下雩上公以彼經云乃命百縣雩祀百辟卿士有益於民者注百辟卿士古者上公若句龍后稷之類故以爲王侯異制也其禱禮亦不同月令疏引考異郵云天子禱九州山川諸侯禱封內大夫禱所食邑又僖公三時不雨帥羣臣禱山川以過自讓是也月令疏云凡雩必先禱此經乃命百縣祈祀山川百源始大雩帝是也禱者不雩僖二年冬十月及三年春正月夏四月直爲禱祭不爲雩以非雩月故不雩也然則諸侯以下不雩上帝魯得雩上帝者以成王賜魯以天子之禮樂故明堂位有祀帝于郊之禮也○注不地至地也○水經注沂水篇雩門南隅水有壇曾點所謂風乎舞雩即其處也通典注引阮諶云壇在巳地按衛宏漢儀稱魯人爲雩壇在城東南諸儒所說皆云壇而又作墠又論語樊遲從遊於舞雩之下衛宏所說魯城東南舊壇猶存焉按祭天皆於南郊如圜丘郊雩明堂皆然故此注云君親之南郊郊特牲云兆于南郊就陽位也然則魯之雩門其爲南門與鄭月令注雩帝謂爲壇南郊之

旁雩五精之帝配以先帝是也然則何以不言旱【注】据日食鼓用牲于社【疏】注据日至于社○見莊二十五年舊疏云彼舉日食乃言鼓用牲于社此不言旱直言大雩故据難之言雩則旱見言旱則雩不見【注】從可知故省文也日食獨不省文者與大水同禮若但言鼓用牲則不知其所為必見雩者善其能戒懼天災應變求雨憂民之急也【疏】注從可至文也○經言大雩故知大旱從省文例不再書旱也通義云大雩必為旱旱時容有不雩然則彼言大旱者皆主譏不雩矣穀梁說云雩得雨曰雩不得雨曰旱見傳十一年傳與此殊彼注引何氏廢疾云公羊書雩者善人君應變求索不雩則言旱旱而不害物言不雨也就如穀梁設本不雩何以明之如以不雨明之設旱而不害物何以別乎鄭釋之曰雩者夏祈穀實之禮也旱亦用焉得雨書雩明雩有益不得雨書旱明旱災成後得之雨亦無及焉國君而遭旱雖有不憂民事者何乃廢禮二本不雩禱哉顧不能致精誠也旱而不害物因以久不雨別之文二年十三年自十有二月自正月不雨至于秋七月是也穀梁傳曰歷時而言不雨文不閔雨也以文不憂雨故不如傳時書不雨文所以不閔雨者素無志於民性退弱而不明又見時久無雨而無災耳知不然者春秋主於垂教不主記事人君因旱而雩書之所以示美以其重民事故也若但以不得雨不得雨別書豈聖人勸戒人君之意且既云國君遭旱雖有不憂民事者何乃廢禮不禱雩矣何又言文不憂雨無志於民哉月令疏云按春秋周七月八月皆書雩穀梁不譏成七年冬大雩穀梁云無為雩是譏其冬雩春秋周之春及周之四月五月皆無雩文春夏

不雩雖旱不爲修雩之祭其周季夏當有正雩則龍見而雩是也按春秋桓五年秋大雩傳云書不時僖十一年秋八月大雩十三年秋九月大雩成公三年秋大雩七年冬大雩襄五年秋大雩傳曰旱八年九月大雩傳曰旱十六年秋大雩十七年秋九月大雩二十八年秋八月大雩傳曰旱昭三年秋八月大雩傳曰旱六年九月大雩傳曰旱八年秋大雩十六年秋九月大雩傳曰旱二十四年秋八月大雩傳曰旱二十五年秋七月上辛大雩季辛又雩傳曰秋書再雩旱甚定元年秋九月大雩七年秋大雩九月大雩十二年秋大雩僖二十一年夏大旱宣七年秋大旱莊三十一年冬不雨僖二年冬十二月不雨三年正月不雨夏四月不雨六月雨傳曰自十月不雨至于五月不曰旱不爲災文二年自十有二月不雨至于秋七月十年自正月不雨至于秋七月十三年自正月不雨至于秋七月是春秋之中不雨有七大旱有二大雩有二十一都并有三十莊三十一年冬不雨以冬時旱氣已過故不數僖二十一年夏大旱宣七年秋大旱二旱災成故不數昭二十五年一月再雩秪是一旱之事爲再雩一雩不數定七年秋大雩亦一時之事而爲二雩一雩不數成七年冬大雩穀梁云冬無爲雩明亦不數三十事之中去此六事不數惟有二十四就二十四之中分爲四部桓五年秋大雩說雩禮是一部也僖二年冬十月不雨僖三年正月不雨夏四月不雨說禱禮是二部也文二年文十年文十三年皆云正月不雨至于秋七月說不爲災是三部也此三十部總有七條於二十四去七條餘有十七條說旱氣所由故鄭釋廢疾云春秋凡書二十四旱考異郵說云分爲四部各有義焉是其事也凡正雩在周之六月常事不書書秋大雩傳不云旱皆過雩也傳言旱者皆爲旱修雩也雩書月者爲修旱之雩得禮故定元年穀梁傳曰雩月雩之正也秋大雩非正也按玉藻云至

于八月不雨君不舉注云建子之月不雨蓋建未乃始成災而僖二十一年夏大旱未至建未而爲災者若霧露霑濡壟中有苗雖歷時不爲災文二年十年十三年自十二月正月不雨至秋七月是也至八月不雨乃爲災若無霧露霑濡壟中無苗雖未至八月則爲災故僖二十一年夏大旱是也按孔穎達彼疏專据左傳穀梁爲說何氏所不取公羊義不雨即爲異旱則爲災災者後事而見異者先事而見故旱雩而不雨不雩或書雩或書旱者見人君之急民事否也無非勸戒有民者遇災而懼側身修行之意漢書五行志劉向以爲其夏旱雩祀謂之大雩不傷五穀謂之不雨亦通○注日食至所爲○舊疏云諸言日食與大水皆鼓用牲也即莊二十五年秋大水鼓用牲于社是也蓋但言鼓用牲于社無以知爲日食爲大水非如雩祭之專請雨爲也○注必見至急也○以白虎通災變云天所以有災變何所以譴告人君覺悟其行欲今悔過修德深思慮也援神契曰行有點缺氣逆于天情感變出以戒人也知書雩者即人君之能悔過修德憂民所見也繁露二端云因惡夫推災異之象於前而圖安危禍亂於後者非春秋之所甚貴也然而春秋舉之以爲一端者亦欲其省天譴而畏天威內動於心志外見於事情修身審己明善心以反道者也是則春秋書雩之義也

何以書記災也**注**旱者政教不施之應先是桓公無王行比爲天子所聘得志益驕去國遠狩大城祝丘故致此旱**疏**文二年自十有二月不雨至于秋七月傳何以書記異也大旱以災書此亦旱也曷爲以異書大旱之日短而云災故以災書此不雨之日長而無災故以異書也此書雩則旱見故爲災○注旱者至之應○漢書五行志云傳曰言之不從是謂不艾厥咎僭厥罰恆暘說曰

言上號令不順民心虛譁憒亂則不能治海內失在過差故其咎僭僭差也刑罰妄加羣陰不附則陽氣勝故厥罰常陽也類聚引洪範五行傳云旱所謂常陽不謂常陽而謂旱者以為災也旱之為言乾也萬物傷於乾而不得水也君持亢陽之節暴虐於下與師旅動衆勞民以起城邑臣下悲怨而心不從故陽氣盛而失度故旱災應也是政教不施郎傳之號令不順民心不從也○注先是至此旱○上三年春正月注云無王者以見桓公無王而行也是桓公無王行也齊氏召南考證云前後文勢當作無王而行各本脫而字耳比為天子所聘者郎上四年天王使宰渠伯糾來聘上天王使仍叔之子來聘是也故春秋去二時以示貶以其得志益驕故也去國遠狩郎上四年公狩于郎是也大城祝丘郎上城祝丘是也正五行傳所謂動衆勞民以起城邑者也類聚引五行傳又云魯桓公五年大雩旱也先是公弒君而立有自危之心而下有怨懟之氣外結大國取于齊以為夫人後比二年王使大夫來聘桓上得天子意下憑大國之心則有亢陽之應以御臣下與邢丘之役以勞百姓則臣下離心而不從故應是而秋大旱按邢丘或祝丘之誤與何氏義大同疑亦董仲舒劉向等說非伏生大傳語

蝝疏唐石經諸本同釋文蝝本亦作蠡說文蠡或蠡字左傳穀梁作蠡後同蠡蝝字同

何以書記災也注蝝者煩擾之所生與上旱同說疏注蝝者至同說○漢書五行志云介蟲孽者謂小蟲有甲飛揚之類陽氣所生也於春秋為蠡今謂之蝗皆其類也又云桓公五年秋蠡劉歆以為貪虐取民則蠡介蟲之孽也與魚同占劉向以為介蟲之孽屬言不從是歲公獲二國之聘取鼎易邑興役起城師古注二國宋鄭也按宋鄭

無聘魯事疑當作公獲天王之聘也蝝爲諧聲兼會意文三年傳注螽猶衆也是也說文䖵部螽蝗也从䖵冬聲冬古文終字又蝝云螽或从虫衆聲爾雅釋蟲蛗螽蠜詩疏引李巡云蛗螽蝗子也陸璣云今人謂蝗子爲螽子兗州人謂之螣引漢書文帝紀注今俗呼爲簸蝩則蛗螽聲之轉也杜預以螽爲蜙蝑之屬按釋蟲又云蜇螽蜙蝑與草螽負蠜蠜螽蟿螽螇蚸土螽蠰谿皆有螽名故宣十五年疏引李巡云皆分別蝗子異方之語也說文螽蝗互訓則螽卽蝗明矣類聚引佐助期云螽之爲蟲赤頭甲身而翼飛行陰中陽也螽之爲言衆暴寡也又引五行傳云甲蟲有甲能蜚陽之類陽氣所生於春秋爲螽今謂之蝗皆其類也旱氣動象至矣故曰有介蟲之孽按蝗與旱相因而至旱或無蝗蝗無不旱故此蝝與大雩連也詩疏引草木疏又云兗州人謂之螣螣卽蟘釋蟲云食葉蟘左疏引李巡云言禾葉者言其假貸無厭故曰蟘也方言蟒宋魏謂之蚮南楚之外謂之蟅蟒或謂之蟒或謂之螣郭注卽蝗也亦呼虴蛨按蟅蟒卽蝗蟅其形如蝗而無王字時隱草際亦食苗葉而不爲害月令云百螣時起其國乃饑特言其甚鄭云螣蝗屬止舉其似耳杜以爲蜙蝑之屬按釋蟲蜇螽蜙蝑左疏引方言云舂黍謂之蜙蝑陸璣毛詩疏幽州人謂之舂箕舂箕卽舂黍蝗類也長而青股鳴者或謂似蝗而小班黑其股狀如瑇瑁又五月中以兩股相切作聲聞十數步爾雅又有土螽蟿螽樊光云皆蜙蝑之屬也左傳言凡物不爲災不書則亦以書者爲記災也煩擾如遠狩城祝丘皆是故何以爲與上旱同說也

冬州公如曹**疏** 水經注汶水篇又北過淳于縣西故夏后氏之斟灌國也周武王以封淳于公號曰淳于國春秋桓六年州公如曹傳曰淳于公如曹其城東北則兩川交會也漢書地理志北海郡淳于應劭曰春秋州公如曹左氏傳曰淳于公如曹臣

瓚曰州國名也淳于公國之所都方輿紀要云淳于城在青州府安丘縣東北三十里公羊無說未知此州卽淳于否

外相如不書此何以書過我也注為六年化我張本也傳不言化我者張本非再化也稱公者申其尊起其慢責無禮疏穀梁傳外相如不書此其書何也過我也范云過我六年寔來是也將有其末必先錄其本左傳以為淳于公如曹度其國危遂不復非公羊義○注為六年化我張本也○下六年寔來傳云曷為謂之寔來慢之也曷為慢之化我也因明年有化我之事故今冬書如曹見其過我以為化我張本也云傳不言化我者謂此傳直言過我蓋此年如曹時或有假道之禮明年回國時過魯無禮故春秋慢之傳不言化我之故是其非再化也其非不復其國明矣○注稱公至無責○舊疏云天子三公稱公王者之後稱公州國非此二者必非是公但今過魯自尊若公故如其意書之曰公以起其無禮也但諸文不知本爵是何左傳疏引服虔云春秋前以黜陟之法進爵為公劉炫難云周法二王之後乃得稱公雖周公太公之勳齊桓晉文之霸位止通侯未升上等州有何功得進公爵若其爵得稱公土亦應廣安得爵為上公地仍小國若地被兼黜爵亦宜減安得地既削小爵尚尊崇此則理之不通者也通義云繁露以為州公化我奪爵而無號然則公非其爵凡諸侯託於諸侯不別五等壹以公稱之喪服經曰寄公為所寓是也時州喪國失位已為寄公故不復錄其本爵州既小國非王者之後又不自王朝來不嫌是三公也失地之君多矣獨州公奪爵者君子為國以禮鄧侯穀伯能修禮來朝故亦貴之州公無禮故亦慢之按孔氏牽合左氏以說公羊公羊注明云州公過魯都不朝魯何知為失地之君也穀鄧朝惡人

猶書名以賤之而存其本爵州公無
禮何至尊其本爵失輕重之旨矣

公羊義疏十二

公羊義疏十三

南菁書院

句容陳立卓人著

桓六年盡七年

六年春正月寔來

寔來者何猶曰是人來也【注】猶曰是人來不錄何等人之辭【疏】左傳云書曰寔來詩正義云春秋桓六年寔來左傳作實來惠氏棟云寔當作實石經傳作寔宋本同誤也按惠氏說誤陳氏樹華云傳解經不容立異公穀皆作寔來寔訓爲是杜注乃云寔實也詩正義似未足據公羊問答云左氏注寔實也其訓可從否曰非也實者指虛實而言也詩實墉實壑鄭箋云實當作寔趙魏之東實寔同聲寔是也按爾雅云寔是也鄭蓋本雅訓公羊傳曰寔來者何猶曰是人來也以實訓是不可從說文宀部寔正也段氏玉裁注云召南毛詩傳曰寔是也韓奕箋寔是也公羊寔來猶曰是人來也穀梁傳寔來者是來也按許云正者是也正與是互訓寔與是音義皆同此云寔正也卽公穀毛鄭之寔是也詩湜湜其止鄭箋尙以持正釋湜而古多以實爲寔韓詩實命不猶卽寔命不猶也大雅韓奕實墉實壑卽寔墉寔壑也周語咨于故實卽故寔故韋云故事之是者也實寔音義各殊由趙魏閒實寔同聲故相叚借若注春秋曰寔實也則非錢氏大昕養新錄云玉篇寔時弋切是也實時質切不空也兩字音義俱別詩大雅實墉實壑實畝實藉箋云實當作寔趙魏之東實寔同聲正義云春秋桓六年州公寔

來左傳作實來由聲同故字有變異也今本左氏亦作寔與詩正義所引異蓋孔氏所据乃服虔本非杜本也觀禮伯父實來注今文實作寔是實卽寔之古文春秋公穀爲今文左氏爲古文故二傳作寔來左氏作實來杜元凱改從二傳失左氏古文之舊矣按書秦誓是能容之禮大學作寔則又借是作寔秦惠王詛楚文曰昔我先君穆公及楚成王是戮力同心是讀是爲寔國策蘇代曰自起是故用兵高注是實也故此以是解寔曰是人來也○注猶曰至之辭○繁露玉杯云有文無質非直不予乃少惡之謂州公寔來是也蓋是人來者略之之辭若曰是一人來耳其何等人則不錄也春秋重詳略之旨故詳言之者多美文其惡者則略辭也

孰謂謂州公也注以上如曹書疏注以上如曹書○與上注爲六年化我張本義相承曷爲謂之寔來慢之也曷爲慢之注据葵丘之盟日疏注据葵至盟日○見僖九年諸侯盟于葵丘傳曰桓之盟不日此何以日危之也何危爾桓公震而矜之叛者九國是也舊疏云桓公震矜慢人而書日危之本魯慢州公非敬逆之道是以据而難之化我也注行過無禮謂之化齊人語也諸侯相過至竟必假塗入都必朝所以崇禮讓絕慢易戒不虞也今州公過魯都不朝魯是慢之爲惡故書寔來見其義也月者危錄之無禮之人不可備責之疏注行過至語也○穀梁傳其謂之是來何也以其畫我故簡言之也諸侯不以過相朝也畫化通諸侯不以過相朝卽此注之過魯不朝也范云畫是相過去朝遠非莊子齊物論化聲之相待若其不相待注是非之

辨爲化聲蓋無禮故相辨也哀六年傳陳乞曰常之母有魚菽之祭願諸大夫之化我也諸大夫皆曰諾於是皆之陳乞之家亦即
慢易之意行過不以賓主正禮也讀書叢錄云化我即上文過我過化同聲因口授其字異耳哀六年傳願諸大夫之化我也不得
謂無禮無禮二字是注者增成云穀梁傳作畫我其音義正同按何氏所云無禮者謂無禮儀耳謂無假道入朝諸節也陳乞請諸
大夫過我亦以飲食燕享亦必有揖讓酬酢之節願諸大夫之不爲此禮故言化也○注諸侯至虞也○儀禮聘禮若過邦至于竟
使次介假道束帛將命於朝曰請帥奠幣鄭注至竟而假道諸侯以國爲家不敢質徑也將猶奉也帥猶道也請道己道路所當由
又云下大夫取以入告出許遂受幣明遣大夫迎于朝爲賓主也然則過竟假途所以使鄰國有禮兼爲己戒不虞也故隱四年遇
于清注當春秋時出入無度禍亂姦宄多在不虞是也聘禮又云餼之以其禮上賓太牢積唯芻介皆有餼卿大夫且然國君可知
皆所以崇禮讓絕慢易也又云誓于其竟賓南面上介西面衆介北面東上史讀書司馬執筴立于其後注史於衆介之前北面讀
書以敕告士衆爲其犯禮暴掠也禮君行師從卿行旅從司馬主軍法者執策示罰亦所以戒不虞弁使鄰國有備也白虎通誅伐
云諸侯家國入人家宜告主人所以相尊敬防弁兼也春秋傳曰桓公假途于陳以伐楚禮曰使人次介先假道用束帛即如是諸侯
賓王者道禮無往不反非所謂賓主者也將入人國先使大夫執幣假道主人亦遣大夫迎于郊爲賓主設禮而待之是其相尊敬也
防弁兼奈何諸侯之行必有師旅恐掩人不備士卒斂取恆遲先假途則預備之矣故昭六年左傳楚公子棄疾聘于晉過鄭禁芻
牧采樵不入田不樵樹不采藝不抽屋不強匄明當時多不如此故傳記爲美談也又宣十四年左傳楚子使申舟聘于齊曰無假

道于宋亦使公子馮聘于晉不假道于鄭華元曰過我而不假道鄙我也鄙我亡也是不假道之事也當時諸侯猶以爲醜焉○注今州至義也○繁露觀德云州公化我奪爵而無號亦書寔來見慢之爲惡義也○通義云上傳云州過我此云化我者前自其國如曹塗出于魯今自曹還復過魯遂止不去將依於我而猶不能修禮來朝故責其化也仍牽涉左氏不復其國之意○注月者至責之○舊疏云凡朝例時此不朝故書月以見危不書日以見其危者無禮之人不可備責也春秋正辭云來不恆月決不王也非何義

夏四月公會紀侯于成疏穀梁釋文紀侯左氏作杞侯今本左氏經傳亦作紀左傳校勘記陸氏穀梁音義左氏作杞侯陳樹華云三年書公會杞侯于郕此作紀侯疑傳寫之誤按公羊不以杞爲侯爵故此及三年皆作紀杜云成魯地在泰山鉅平縣東南穀梁作郕差繆略云成穀梁作郕蓋郕之譌又與今本穀梁異洪氏亮吉乾隆府廳州縣志云成城在兗州府甯陽縣東北九十里魯成邑按甯陽縣志曰舊曰故城社今幷太平爲一社曰太古社大事表云在今兗州府甯陽縣東北九十里莊三十年次于成備齊也襄十五年齊人圍成公救成於是城成郛後爲孟氏邑定十三年仲由爲季氏宰將墮成公斂處父曰墮成齊人必至于北門是魯之北境近齊之邑左傳校勘記云山井鼎云足利本後人記云成作郕

秋八月壬午大閱疏據曆八月無壬午七月之八日九月之九日也

大閱者何簡車徒也注大簡閱兵車使可任用而習之疏周禮大宗伯職大田之禮簡衆也注古者因習兵簡其車徒之數經義述聞云桓六年大閱傳曰大閱者何簡車徒也昭八年秋蒐于紅傳曰蒐者

何簡車徒也十一年大蒐于比蒲傳曰大蒐者何簡車徒也引之謹案大閱者何簡車徒也當作大閱者何簡車也徒字涉昭十一年傳而衍也蒐者何簡車徒也當作蒐者何簡徒也車字亦涉昭十一年傳而衍也蓋蒐惟簡徒大閱惟簡車大蒐則合車徒而並簡之故傳分別言之何注大閱者何簡車也曰大簡閱兵車使可任用而習之但言車而不言徒則車下無徒可知注蒐者何簡徒也曰徒衆但言徒而不言車則徒上無車可知桓六年昭八年十一年傳並曰以罕書也注曰比年簡徒謂之蒐三年簡車謂之大閱五年大簡車徒謂之大蒐言簡徒當比年爲之昭八年之簡徒非比年也簡車當以三年桓六年之簡車非三年也簡車徒當以五年昭十一年之簡車徒非五年也是以譏其罕也据此則蒐爲簡徒大閱爲簡車大蒐爲簡車徒傳本各自爲義故注本之而爲此說若蒐與大閱大蒐傳皆謂之簡車徒則三者異名而同實注何得强爲分別而以簡徒爲蒐簡車爲大閱乎以此言之何所据大閱傳正作簡車蒐于紅傳正作簡徒明甚漢書刑法志所載簡徒簡車簡車徒年數亦與何注同傳文有分合之不同昭八年昭十一年疏又兩引大閱傳作簡車徒也則所見本已誤衍不始於唐石經矣又按李善注魏都賦謝朓登孫權故城詩並引公羊傳曰大閱者何簡車馬也馬字蓋涉左傳而衍何注但言車不言馬則本無馬字可知李所見本衍馬字徐所見本衍徒字皆誤本也○穀梁傳曰大閱者何閱兵車也不言馬亦不言徒與公羊古本合○注大簡至習之○何通義云閱如伐閱之閱簡如簡稽之簡必取名簡閱者明主爲簿按之周禮所謂校登其夫家之衆寡及其六畜車輦旗鼓兵器者是也先王之治安不忘危存不忘亡井牧其田野而寄軍令焉居則有戶籍田結行則有尺籍伍符故大師曰拱稽大役曰抱曆大田曰讀書契凡所以使軍實可數卒兩可比

然後等列辨少長順而坐作進退之節可習按周禮大司馬以大閱專屬仲冬鄭注至冬大閱簡軍實蓋周禮也簡有選義禮記郊特牲云簡其車賦而歷其卒伍又王制簡不肖以絀惡皆選擇分別之義故大司馬又云簡其鄉民也擇其兵車之善者習之使可用固不徒習知其數已也

何以書蓋以罕書也

注 罕希也孔子曰以不教民戰是謂棄之故比年簡徒謂之蒐三年簡車謂之大閱五年大簡車徒謂之大蒐存不忘亡安不忘危不地者常地也蒐例時此日者桓既無文德又忽忘武備故尤危錄

疏 注罕希也○通義云罕者不常舉也魯忽略武備故重錄之爾雅釋詁希寡鮮罕也注罕亦希也詩鄭風叔發罕忌禮記少儀罕見曰聞名論語子罕篇子罕言利孟子告子篇吾見亦罕矣皆謂希也○注孔子至棄之○見論語子路篇棄宋本作弃漢書刑法志云魯成公作丘甲哀公用田賦搜括治兵大閱之事皆失其正春秋書而譏之以存王道於是師旅亟動百姓罷弊無伏節死難之義孔子傷之曰以不教民戰是謂棄之意謂用不教之民以戰是棄之也班何之義大同舊疏云何氏之意與鄭別按鄭氏論語注無考公羊問答云問其異同安在何曰穀梁傳注何休曰所謂教民戰者習之也鄭君釋之曰教民習戰而不用是亦不教也按教民習戰者安不忘危存不忘亡之意不能而無故而用鄭君義非宋氏翔鳳過庭錄云何以教為習戰事故舉蒐狩之期且證上章教民七年也疏云與鄭別知鄭不同今其文不具鄭意蓋以教民使知禮義與信而後可以一戰如左傳所說者與穀梁僖三十三年傳以其不教民戰則是棄其師也白虎通三教篇劉勰

新論閱武篇引論語皆無以字後漢書傳變傳鄭太傳隋書經籍志皆引孔子曰不教民戰是謂棄之蓋齊魯論之異意亦謂平日忽略武備不教民戰一旦用之是棄之也晉書庾衮傳引孔子曰不教而戰是謂棄之○注故比至忘危○舊疏云知其年數者漢禮猶然經義述聞云漢書刑法志連帥比年簡徒卒正三年簡車羣牧五載大簡車徒說與何氏注同蓋西漢以來公羊家舊有此說故漢志及何注皆祖述之要皆出於傳文之分言簡車簡徒簡車徒也此又一證矣說文門部閱具數於門中蓋取其一一具數之意蒐與撰通玉篇手部撰閱也是撰閱同義小爾雅廣詁云閱撰具也撰亦作廋見郊特牲釋文周禮廋人注云廋之言數與說文訓閱為具數義亦合蓋蒐閱皆具數之義但一事有小大故各各殊耳漢書刑法志又云古人有言天生五材廢一不可誰能去兵鞭朴不可弛於家刑罰不可廢於國征伐不可偃於天下是亦存不忘亡安不忘危之義也○注不地者常地○舊疏引賈逵注云簡車馬于廟也未知何意然否撰授兵可於廟治兵不可於廟舊疏云蓋在郊內是也○注蒐例時○舊疏云昭八年秋蒐于紅定十四年夏大蒐于比蒲是也○注此日至危錄○舊云以罕書又三年合大閱者惟見此明未循三年之制知桓公忽忘武備也故危之○舊疏云例合書時而乃書日故以為尤危錄也

蔡人殺陳佗

陳佗者何陳君也【注】以躍卒不書葬也【疏】注以躍卒至葬也○下十二年八月壬辰陳侯躍卒注云不書葬者佗子也佗不稱侯者嫌貶在名例不當絕故復去躍葬也以春秋之義誅君之子不立陳佗不君而見絕宜去

其子葬今躍不書葬知佗是陳君矣去躍葬者不君其父不成其
子故也史記陳杞世家云桓公弟佗其母蔡女故蔡人爲佗殺五
父及桓公太子免而立佗是爲厲公厲公取蔡女與蔡人亂厲公
數如蔡淫七年厲公所殺桓公太子免之三弟長曰躍中曰林少
曰杵臼共令蔡人誘厲公好女與蔡人共殺厲公而立躍是爲利
公利公者桓公子也利公立五月卒按左傳以佗即五父史記以
佗殺五父爲厲公班固亦以厲公爲桓公弟與史記同見索隱此
又躍爲佗子均與左傳史記互異公羊既躍不書葬亦未知何謚
爲厲爲利均不可考佗
爲桓公何人亦不可知陳君則曷爲謂之陳佗注据殺蔡侯般不
言蔡般疏注据殺至蔡般○即昭十一年楚
子虔誘蔡侯般殺之于申是也絕也注絕者國當絕
疏注絕者至當絕○通義云絕者諸侯有罪當絕其世也佗本弒
立絕之不成爲君故還令與當國者同號按國當絕者亦謂佗
不宜有國故曰國當絕陳佗弒君公羊無文其書絕者自如本傳
外淫說爲正列女傳伯嬴曰諸侯外淫者絕用公羊義也包氏慎
言誅絕例目云春秋据二百四十二年已成之事以筆削其所貶
矣皆見末正本將以垂戒於方來者也譏貶誅絕四者春秋之科
條也譏貶輕而誅絕重而譏貶之中實寓誅絕任城何劭公注公
羊於二者分別尤審誅有三等曰譴讓曰刑戮曰磔棄絕有四等
曰黜爵曰奪土曰覆嗣曰滅宗廟社稷禮曰大罪有五逆天地者
罪及五世不畏天而怨懟與弑父弑君者是也誣文武者罪及四
世變古易常者是也逆人倫者罪及三世不能事母殺世子母弟
亂嫡庶者是也誣鬼神者罪及二世亂昭穆爲淫祀者是也殺人
者罪止其身春秋所書罪止其身者鮮而罪及二世三世四世者
多而皆統之於誅絕今就傳文與何氏注纂括其目分而錄之舉

一反三自王公以下其能免者無幾也故曰孔子成春秋而亂臣賊子懼此陳侯外淫据史記蔡爲陳佗母族亦卽逆人倫者故奪其子葬以示絶也

曷爲絶之【注】据戕鄫子不絶【疏】注据戕至不絶○宣十八年邾婁子戕鄫子于鄫是也彼亦見殺於外國稱爵不絶也

賤也其賤奈何外淫也【疏】莊二十三年祭叔來聘注不稱使者公一陳佗故絶使若我無君以起其當絶包氏慎言云國君淫於外甘爲賤辱而不羞甘爲賤辱者賤辱之徒也故絶奪其君位繫露王道云陳侯佗淫乎蔡蔡人殺之古者諸侯出疆必具左右備一師以備不虞今蔡侯恣以身出入民閒至死閭里之庸甚非人君之行也又云觀乎陳佗知姝淫之過穀梁傳陳佗者陳君也其曰陳佗何也匹夫行故匹夫稱之也亦賤之之義也

惡乎淫【注】惡乎猶於何也【疏】注惡乎猶於何○禮記檀弓云吾惡乎用吾情鄭注惡乎猶於何也言於何所淫也莊十二年傳魯侯之美惡乎至注惡乎至猶何所至孟子梁惠王篇天下惡乎定趙注問天下安所定也皆與於何義合故檀弓又云吾惡乎哭諸言於何哭諸也論語里仁篇惡乎成名言於何成名也孟子公孫丑篇敢問夫子惡乎長亦於何長也小爾雅廣訓云惡乎於何也是也定元年穀梁傳惡得之注惡於何也是單言惡亦得有於何之訓也

淫于蔡蔡人殺之【注】蔡稱人者與使得討之故從討賊辭也賤而去其爵者起其見卑賤猶律文立子姦母見乃得殺之也不日不書葬者從賤文【疏】淫于蔡唐石經蜀大字本同鄂本閩本監本毛本于作乎誤史記田齊世家云厲公佗者文公少子也其母蔡女文公卒厲公兄鮑立是

爲桓公桓公病蔡人爲佗殺桓公鮑及太子免而立佗是爲厲公既立娶蔡女蔡女淫于蔡人數歸厲公亦數如蔡桓公之少子林怨厲公殺其父與兄乃令蔡人誘厲公而殺之厲公之殺以淫出國故春秋曰蔡人殺陳佗罪之也又見陳杞世家均與公羊義合左傳以佗與厲公爲二無陳佗外淫事○注蔡稱至辭也○隱四年衛人殺州吁于濮傳其稱人何討賊之辭也注明國中人人得討之此書蔡人與彼同故注以爲從討賊辭也人者衆辭明與使得討之討也通義云傳不舉弒君爲重者其爲蔡人討則以淫故就本事明蔡得殺佗之義也穀梁傳曰其不地於蔡也○注賤而至卑賤○解不書陳侯義也穀梁所謂匹夫行故匹夫稱之是也○注猶律至之也○舊疏云猶言對子姦母也○注不日至賤文○校勘記云閩本監本毛本同誤也鄂本月作日當据正舊疏標起訖亦作日解云陳佗是君而見弒例當書日卽隱四年戊申衛州吁弒其君完之屬是也君被外國殺者不責臣子不討賊例合書葬卽桓十八年葬我君桓公是也今不書日不書葬者從賤文故也

九月丁卯子同生疏九月無丁卯八月之二十四日十月之二十五日也

子同生者孰謂謂莊公也注以夫人言同非吾子疏史記魯世家云夫人生子與桓公同日故名曰同同長爲太子校勘記云唐石經諸本同釋文作嚴公云音莊本又作莊按東漢改莊爲嚴故漢書五行志莊公多作嚴公○注以夫至吾子○卽莊元年傳夫人譖公於齊侯公曰同非吾子齊侯之子也是也舊疏云正以道公疑非己子則是其長子同既繼體是長故知爲莊公按慶父莊公庶兄莊公與季友同母桓公以三年娶六年生同公疑同非己子故知是嫡長

莊公以別於慶父之庶也何言乎子同生注据君存稱世子子般不言生疏注据君至言生○君存稱世子莊三十二年子般卒傳文魯世家莊公見孟女說而愛之許立爲夫人生子斑明斑生亦在莊公即位後不見經也按禮記疏引服虔云不稱太子者書始生蓋古人立太子亦如後世臨軒策拜始生時未必即爲太子也以其備用正禮故特書子以志喜喜有正也注喜國有正嗣疏注喜國有正嗣○通義云言魯之諸公久未有正嗣也僖母成風文母聖姜襄母定弋昭母齊歸哀母定姒子般母孟任子野母敬歸皆妾子赤雖嫡而母賤宣母頃熊本嫡又爲僖公所廢故唯莊公得正喜而書之耳穀梁傳云疑故志之如前所說諸公本悉非正故不志令實正者安知非不疑亦志必求其難獨成公未見妾母或可謂宣夫人繆姜之子而繆姜有淫行文姜適同何又不以疑志爲此說者鄙哉未有言喜有正者此其言喜有正何久無正也子公羊子曰其諸以病桓與注其諸辭也本所以書莊公生者感隱桓之禍生於無正故喜有正而不以世子正稱書者明欲以正見無正疾惡桓公日者喜錄之禮生與來日死與往日各取其所見日也禮世子生三日卜士負之寢門外以桑弧蓬矢射天地四方明當有天地四方之事三月君名之大夫負朝于廟以名徧告之疏趙氏坦寶甓齋札記云公羊疏引衛宏序云子夏傳與公

羊高高傳與子平平傳與子地地傳與子敢敢傳與子壽至漢景帝時壽乃共弟子胡母子都著於竹帛與董仲舒皆見於圖讖此傳子公羊子曰宣五年傳子公羊子曰此公羊傳非高自作之明證又云莊十年定元年傳引子沈子曰莊三十年傳引子司馬子閔元年傳引子女子哀四年傳引北宮子此皆傳公羊之經師當在胡母生之前而莫悉其名耳按公羊氏五傳乃著竹帛此公羊子或是高以後子孫所附益者不得即定為傳非高所自作之證也○注其諸以辭也○經傳釋詞云其諸亦擬議之辭也桓六年公羊傳其諸以病桓與論語學而篇其諸異乎人之求之與此曰辭也亦謂語辭也○注本所至有正○其序疏引春秋說云春秋書有七缺申之曰惠公妃匹不正隱桓之禍生是為夫之道缺明隱桓之母皆非嫡妃尊卑也微致啟亂階莊公以嫡夫人長子得國得夫婦父子之正故喜其有正而書也○注而不至桓公○通義云春秋之法誅君之子不立內無絕於公之道然奪其世所以起賤桓公蓋微文也舊疏云若以正稱書宜言世子同生同實世子而不以正稱書之是其以正見無正之義桓由不正而篡弒故曰疾惡桓公也按此與孔說是也不以世與莊公即不以正與桓公明桓公宜絕不世見其非正也○注日者喜錄之○春秋詳略之旨日詳而時略喜有正故錄從日錄也○注禮生至日也○禮記曲禮云生與來日死與往日鄭注生數來日謂成服杖以死明日數也死數往日謂殯斂以死日數也與何氏此注異何氏亦訓與為數方至為來已過為往生以方至之日數死以已過之日數同是生數死本日第以來往分說生死耳亦非以與來為數生之明日與往為數死之前日也○注禮世至告之○此約內則文禮記內則云國君世子生告於君接以太牢宰掌具三日卜士負之吉者宿齋朝服寢門外詩負之射人以桑弧蓬矢六射天地四方注桑弧蓬

矢本太古也天地四方男子所有事也又云世子生則君沐浴朝服夫人亦如之皆立於阼階西鄉世婦抱子升自西階君名之乃降又云父執子之右手咳而名之妻對曰記有成遂左還授師子師辯告諸婦諸母名妻遂適寢夫告宰名宰辯告諸男名書曰某年某月某日某生而藏之注宰屬吏也春秋桓六年九月丁卯子同生彼言大夫禮故宰辯告此記諸侯禮知當使大夫也說苑修文云弧之爲言豫也豫豫者豫吾意也故古者兒生三日桑弧蓬矢六射天地四方天地四方者男子之所有事也必有意其所有事然後敢食穀故曰不素飧兮此之謂也白虎通姓名云三月名之故何天道一時物有其變人生三月目煦亦能咳笑與人相更答故因其始有知而名之故禮服傳曰子生三月則父名之於祖廟於祖廟者謂子之親廟也明當爲宗廟主也一說名之於燕寢名者幼小卑賤之稱質略故於燕寢禮內則曰子生君沐浴朝服夫人亦如之立於阼階西南世婦抱子升自西階君命之嫡子執其右手庶子撫其首君曰欽有帥夫人曰記有成告於四境四境者所以遏絕萌芽禁備未然故曾子問曰世子生三月以名告於祖禰內則記曰以名告於山川社稷四境天子太子使士負子於南郊以桑弧蓬矢六射者何也此男子之事也故先表其事然後食其祿必桑弧者桑者相逢接之道也保傅曰太子生舉之以禮使士負之有司齊肅端綏之郊見於天韓詩內傳曰太子生以桑弧蓬矢六射上下四方明當有事天地四方也禮內則又云子生男子設弧於門左女子設帨於門右又郊特牲士使之射不能則辭以疾縣弧之義也注男子生而設弧於門左示有射道而未能也禮記曾子問曰世子生太宰命祝史以名徧告於五祀山川注因負子名之喪於禮略也則君薨世子生不必俟三月蓋見殯則名故曾子問云某之子某從執事敢見謂見殯也若已葬之後則亦三

月乃名故曾子問云如已葬而世子生如之何孔子曰太宰太宗從太祝而告於禰三月而名于禰以名徧告及社稷宗廟山川是也

冬紀侯來朝【注】朝聘例時【疏】注朝聘例時○隱十一年春滕侯薛侯來朝又七年夏齊侯使其弟年來聘及冬天王使凡伯來聘是也

七年春二月己亥焚咸丘【疏】二月無己亥己亥爲正月之二十八日杜云咸丘魯地高平鉅野縣南有咸亭大事表云在今曹州府鉅野縣南水經注濟水篇黃水又東逕咸亭北桓七年焚咸丘者也一統志咸丘在曹州鉅野縣南公羊以爲邾婁之邑或先屬邾婁後爲魯有也爾雅釋地左高曰咸丘

焚之者何樵之也【注】樵薪也以樵燒之故因謂之樵之樵之齊人語【疏】莊子外物篇乃焚大槐釋文引司馬注焚謂霹靂時燒火樹也此傳云樵之者以火攻也義皆相近故杜注云焚火田也按樵疑燋之叚借說文火部燋所以然持火者也玉篇火部炬火也禮內則肝膋取狗肝一幪之以其膋濡炙之舉燋其膋不蓼釋文作焦云字又作燋則卽此樵之義說文作𩁺云火所傷也玉篇火燒黑也是也又周禮菙氏掌共燋契以待卜事注杜子春云燋讀爲細目燋之燋或曰如薪樵之樵謂所爇灼龜之木也故謂之樵是燋樵通也○注樵薪至樵之○爾雅釋文引字林云樵薪也廣雅釋木蘖薪也左傳桓十二年云請無扞采樵者以誘之注樵薪也說文木部樵散木也按樵木薪木因謂取薪爲樵詩白華云

樵彼桑薪是也以薪燒物因亦謂之樵故杜子春讀燋爲樵也○注樵之齊人語○管子七臣七主云火暴焚地燋草卽謂樵草也明當時有此語樵之者何以火攻也疏以火焚地謂之樵故以火攻城亦謂之樵也蓋凡以火者皆可謂之樵亦謂之燋故禮少儀主者執燭抱燋謂未爇之木也用此木以燒物亦卽謂之燋虛實互用也何言乎以火攻注据戰伐不道所用兵疏注据戰至用兵○謂經書戰伐不道所用何兵器也疾始以火攻也注征伐之道不過用兵服則可以退不服則可以進火之盛炎水之盛衝雖欲服罪不可復禁故疾其暴而不仁也傳不託始者前此未有無所託也疏穀梁傳云疾其以火攻也解詁箋云以火攻人君大惡也目言之何遠也賤桓也○注征伐至仁也○司馬法云冢宰與百官布令於軍曰入罪人之地無暴神祇無行田獵無毀土功無燔牆屋淮南子兵略云故聞敵國之君有加虐於民則舉兵而臨其竟責之以不義刺之以過行兵至其郊乃令軍師曰毋伐樹木毋抉墳墓毋刈五穀毋焚積聚毋捕民虜毋收六畜皆所以禁暴也○注傳不至託也○託始如隱二年無駭入極傳云始滅昉於此乎前此矣前此則曷爲始乎此託始焉爾紀履緰來逆女傳云始不親迎昉於此乎前此矣前此則曷爲始乎此託始焉爾二事皆春秋前所有託始於彼爲春秋之始此火攻前此無有直始於桓公故只云疾始無庸託也咸丘者何邾婁之邑也疏穀梁傳云其不言邾咸丘何也是亦以咸丘爲邾婁邑曷爲不繫乎邾婁注据邢鄑郚繫紀疏注据

郱至繫紀○卽莊元年齊師遷紀郱鄑郚是也國之也注欲使如國故無所繫加之者辟實國也疏注欲使至國也○校勘記云閩本監本毛本實作寔誤鄂本作實當据正若第云國也似詁咸丘為國曰國之明非國而國之也既已國之故無所繫似實國也曷為國之注据郱鄑郚不國疏注据郱至不國○若國郱鄑郚則不繫之紀君存焉爾注所以起邾婁君在咸丘邑明臣子當赴其難與在國等也日者重錄以火攻也疏注所以至等也○以咸丘為君存二傳無文此本公羊先師所傳君在咸丘故通咸丘為國猶濫之通乎天下也又以責邾婁臣子當赴其難主憂臣辱主辱臣死君父有急臣子宜共之也通義云諸言君存焉爾者皆謂其國都也都不繫國者宮廟朝市所處故重錄之按孔說未當如係邾婁國都直書邾婁矣國君所在猶言王所焉耳雖外邑亦如都也○注日者至攻也○舊疏云正以侵伐例時卽隱七年秋公伐邾婁是也故決之

夏穀伯綏來朝鄧侯吾離來朝疏漢書地理志南陽郡筑陽故穀伯國續漢郡國志南陽郡筑陽侯國劉注杜預曰穀國在縣北大事表云今襄陽府穀城縣西十里有穀城山為穀國地桓七年穀伯綏來朝後不見經入于楚水經沔水篇又南過穀城東注沔水東逕穀城南而不逕其東矣城在穀城山上春秋穀伯綏之邑也墉闉頹毀基塹亦存元和郡縣志襄州穀城縣春秋穀國今縣北十五里穀城是也今屬襄陽府又水經注淯水篇南過鄧縣東南入于沔縣故鄧侯吾離國也楚文王

滅之秦以爲縣
皆何以名注据滕薛不名也疏注据滕薛不名○卽隱十一年春滕侯薛侯來朝是也失地
之君也疏繁露滅國上云鄧穀失地而朝魯桓鄧穀失地不亦宜乎通義云曲禮諸侯失地名楚滅鄧當莊公時此云失
地者乃出奔非國滅也所傳聞之世小國君奔猶未名以其來朝于我故名錄之穀鄧盛部皆失地之君曷爲或言奔或言朝來奔
者寓於我之辭來朝者非寓於我之辭按穀梁傳亦云其名何也失國也其稱侯朝何注据以賤也疏
注据以賤也○左傳云名賤之也以其失地故賤之劉氏逢祿左傳考證云來朝何故賤之曲禮諸侯失地名真春秋家言也是也
杜以爲辟陋小國賤之禮不足故書名按穀鄧去東都不遠不得謂之辟陋若謂禮不足則宜同介葛盧書來牟人葛人亦東方辟
陋小國亦止以朝惡人而人之亦不書名曲禮云諸侯不生名與下失地名正相成杜注非左氏旨矣左疏引服虔云穀鄧密邇於
楚不親仁善鄰以自固卒爲楚所滅無同好之救桓又有弒兄之惡故賤而名之亦非穀鄧卽不朝魯亦無救於楚之滅謂其不
親仁善鄰亦無据衞冀隆之難秦道靜之釋皆失左氏本義貴者無後待之以初也注穀鄧本
與魯同貴爲諸侯今失爵亡土來朝託寄也義不可卑故明當待
之如初所謂故舊不遺則民不偷無後者施於所奔國也獨妻得
配夫託衣食於公家子孫當受田而耕故云爾下去二時者桓公

以火攻人君故貶明大惡不月者失地君朝惡人輕也名者見不世也【疏】白虎通王者不臣篇王者臣不得爲諸侯臣以其尊當與諸侯同春秋傳曰寓公不世待以初按此云臣貴者無後語未明白虎通所引春秋傳當是此傳文也與何氏本異○注穀鄧至如初○禮郊特牲云諸侯不臣寓公注寓寄也疏引喪服傳云寄公者何失地之君也諸侯不臣者不敢以寄公爲臣也明與主國同貴今雖失爵亡土託寄於我義不敢卑也穀梁傳云失朝則其以朝言之何也嘗以諸侯與之接矣雖失國弗損吾異日也范引此傳待之以初解之禮喪大記君之喪未小斂爲寄公國賓出大夫之喪未小斂爲君命出是比寄公於大夫之君命也又云夫人爲寄公夫人出命婦爲夫人之命出亦比寄公夫人於命婦之夫人之命故注下云獨妻得配夫也又云君拜寄公國賓注皆寄公在國賓上其尊可知是亦待之以初一事也禮喪服寄公爲所寓傳云言與民同也王氏士讓云按與民同亦寄公自處然爾其所寓之君則以客禮待之喪大記君之喪未小斂爲寄公國賓出君拜寄公國賓於位夫人爲寄公夫人出夫人亦拜寄公夫人於堂上是也然則穀鄧之君失國來託先行朝禮故書來朝與盛伯來奔異矣白虎通又載一說云或曰王者臣得復爲諸侯臣者爲衰世主上不明賢者非其罪而去道不施行百姓不得其所復令得爲諸侯臣施行其道易曰不事王侯此据言王之致事臣也言不事王可知復言侯者明年少復得仕于諸侯也按此自謂王朝卿大夫爾禮雜記云違諸侯之大夫不反服諸侯之臣可臣大夫知王者之臣可臣諸侯矣○注所謂至不偷○論語泰伯篇文釋文作不愉云本又作偷校勘記云按當依陸本作愉今本从人旁非周禮大司徒則民不愉今本亦改偷按愉偷古今字說文無偷

字鄭箋詩有之〇注無後至云爾〇禮郊特牲云古者寓公不繼世注寓寄也寄公之子非賢者世不足尊也所謂不繼世於所奔之國不繼世卽無後之義謂不立後耳惟妻得配夫故喪大記待寄公夫人與寄公同其子孫則受田而耕矣其實寄公之待國君亦與民同故寄公爲所寓之君齊衰三月與庶人爲國君同服故彼傳言與民同也雷次宗云既來受其惠宜敬於所託故與衆人同則卽斥託衣食公家諸事矣蔡氏德晉云郝仲輿謂寄公爲衰世之禮非也禹會諸侯于塗山執玉帛者萬國至周初止千八百國而已則其閒失國而爲寄公者必多而其服由來舊矣賈疏云失地君者謂若禮記射義貢士不得其人數有讓黜爵削地削地盡君則寄在他國孔疏云或天子削地或被諸侯所逐皆爲失地是必兼二義乃備也按失國之君蓋如狄人逼逐黎侯寓于衞之屬是也方氏苞云失地之君不宜遽與民同而特制此服俾守宗社者知一且可降爲鄰國之庶人而愼乃有位也亦足示春秋垂戒之義戴氏望論語注云穀鄧失地之君來朝稱侯見王者當恩禮故舊不以貴賤異也兪氏樾云何解雖本郊特牲寓公不繼世之義然與下句待之如初義不相承殆非也今按無後謂失其國胙也說文后部后繼體君也后與後古通用故繼體君謂之后亦謂之後尚書洛誥王命周公後是也無後者其子孫不復繼體爲君也然以其嘗託在侯伯之位故雖其子孫不復繼體爲君而仍宜以侯伯之禮待之是謂貴者無後待之如初也國語晉語曰鄢之役親射楚王而敗楚師以定晉國而無後韋注無後子孫無在顯位者是卿大夫之子孫不能嗣守先人祿位亦爲無後蓋古語如此矣按傳義自謂貴者雖無後而待之固如初耳不必如兪氏所解〇注下去至大惡〇穀梁此及四年注皆云下去秋冬二時甯所未詳按桓公以火攻人君內大惡所傳聞世於內大惡諱故

去二時以起義也○注不月至輕也○舊疏云朝例時文十五年夏曹伯來朝是也而此責其月者以文十二年春王正月郕伯來奔傳云郕伯者何失地之君彼書月見其奔重宜厚遇之此不月朝惡人輕故也僖二十年夏郜子來朝僖公非惡人而不月者朝輕於奔故也然則此注因朝桓惡人故然解若其不然宜直云失地之君來朝輕也○注名者至世也○舊疏云郜子郕伯皆不名者兄弟故也

公羊義疏十四

南菁書院

句容陳立卓人著

桓八年盡十年

八年春正月己卯烝[疏]包氏慎言云正月書己卯烝五月書丁丑烝傳皆云譏亟蓋以十二月已烝正月又烝爲亟也何注公羊云祭以首時薦以仲月正之仲冬月當有薦疑正月爲二月二月之十六日爲己卯經以其非祭月薦月而烝故書以示譏五月亦無丁丑六月十六日也按於曆己卯爲正月十四日六月十五日爲丁丑

烝者何冬祭也春曰祠[注]薦尚韭卵祠猶食也猶繼嗣也春物始生孝子思親繼嗣而食之故曰祠因以別死生[疏]注爾雅釋天云春祭曰祠周禮大宗伯以祠春享先王繁露四祭云故春曰祠又深察名號云春曰祠○注薦尚韭卵○穀梁注云春祭曰祠薦尚韭卵禮王制說庶人之禮云云庶人春薦韭又云韭以卵注庶人無常牲取與新物相宜而已蓋天子諸侯祭品不止韭卵新物貴賤所同繁露四祭云祠者以正月始食韭也尚者上也取其新故上之爲爾繁露祭義云云宗廟上四時之所成受賜而薦之宗廟敬之性也於祭之而宜矣宗廟之祭物之厚無上也○注祠猶至死生○繁露祭義云始生故曰祠善其司也又云春上豆實豆實韭也春之所始生也始生故曰祠善其司也爾雅郭注祠之言食詩疏引孫炎注祠之言食羣經音義引孫注祠食也孫郭二注皆本何爲說說文示部

春祭曰祠品物少多文詞也仲春之月祠不用犧牲用圭璧更皮幣御覽引白虎通云物微故祠名之取微義按說文引月令作祠可為春曰祠之證禮記祭義云春禘秋嘗者彼鄭注云春禘者夏殷禮也周以禘為殷祭更名春祭曰祠繁露四祭云古者歲四祭四祭者因四時之所生孰而祭其先祖父母也過時不祭則失為人子之道也又祭義鄭注云合於天道因四時之變化孝子感時念親則以此祭之也是四時之祭皆孝子思親繼嗣而食之何氏特因祠為首祭故發義於此又嗣祠食皆疊韻為訓也

夏曰礿【注】薦尚麥魚麥始熟可礿故曰礿【疏】禮記祭統云春祭曰礿夏祭曰禘秋祭曰嘗冬祭曰烝又王制云天子諸侯宗廟之祭春曰礿夏曰禘秋曰嘗冬曰烝注此蓋夏殷之祭名周則改之春曰祠夏曰礿以禘為殷祭詩小雅曰礿祠烝嘗于公先王此周四時祭宗廟之名鄭以祭名與夏不同故定為夏殷禮也說文示部礿夏祭也釋文礿本又作禴同爾雅釋天夏祭曰礿周禮大宗伯以禴夏享先王繁露深察名號及四祭云夏曰礿○注薦尚麥魚○王制云夏薦麥麥以魚繁露四祭云礿者以四月食麥也又祭義云夏上尊實尊實麰也夏之所受初也十行本魚作苗閩本監本毛本作魚校勘記云苗字誤當从魚穀梁注夏祭曰禴薦尚麥魚○注麥始至曰礿○閩本監本毛本脫麥字依宋本補正校勘記云穀梁疏引同今本無麥字者誤脫也段云此上礿字當作汋以汋訓礿同音詁訓法也汋亦作淪爾雅郭注新菜可汋禮疏引孫注礿者新菜可汋白虎通云夏曰禴者麥熟進之義皆同繁露祭義云夏約故曰礿貴所初礿也

秋曰嘗【注】薦尚黍肫嘗者先辭也秋穀成者非一黍先熟可得薦故曰嘗【疏】爾雅釋天云秋祭曰嘗周禮大宗伯云以

嘗秋享先王繁露深察名號四祭篇並云秋曰嘗○注薦尚黍肫○王制云秋薦黍黍以豚繁露四祭云嘗者以七月嘗黍稷也又祭義云秋上杭實杭實黍也秋之所先成也說文無肫字穀梁注亦云秋祭曰嘗薦尚黍肫釋文肫本又作豚爾雅釋蟲注貓豚也釋文本又作肫或作豘詩閟宮傳毛炰豚也釋文字又作豘晉書音義下豘亦豚字曹憲廣雅注世人作豚或作豘或肫或作豘並失之蓋皆通也○注嘗者至曰嘗○爾雅郭注云嘗新穀詩疏引孫炎云嘗嘗新穀○禮疏引白虎通云嘗者嘗新穀熟而嘗之繁露祭義云先成故曰嘗嘗言甘也此何先辭所本也○一切經音義引廣雅云嘗暫也禮檀弓注云嘗猶試也事未全行先暫試之故曰嘗亦如飲食未能大歠先口嘗之亦曰嘗也禮記少儀云未嘗不食新鄭注嘗謂薦新物於寢廟若月令凡食新者皆曰嘗蓋散文通也是以說文旨部嘗口味之也亦謂先以口試之廣雅釋詁亦云嘗試也皆有先義惟月令以雛嘗黍非食新故鄭注云此嘗雛也而云嘗黍不以牲主穀也云黍先熟者管子輕重篇以夏日至始數四十六日夏盡而秋始而黍熟天子祀于太祖其盛以黍黍者穀之美者也蓋黍之下種在稷粱之後其收也在稷粱之先故黍之播種也于小滿芒種夏小正曰五月種黍其收也在立秋白露月令孟秋之月農乃登穀天子嘗新先薦寢廟所薦黍也熟當作孰

冬曰烝注薦尚稻雁烝衆也氣盛貌冬萬物畢成所薦衆多芬芳備具故曰烝無牲而祭謂之薦天子四祭四薦諸侯三祭三薦大夫士再祭再薦祭於室求之於幽祭於堂求之於明祭於祊求之於遠皆孝子博求之意也大夫

求諸明士求諸幽尊卑之差也殷人先求諸明周人先求諸幽質文之義也禮天子諸侯卿大夫牛羊豕凡三牲曰太牢天子元士諸侯之卿大夫羊豕凡二牲曰少牢諸侯之士特豕天子之牲角握諸侯角尺卿大夫索牛

【疏】爾雅釋天云冬祭曰烝周禮大宗伯云以烝冬享先王繁露深察名號四祭並云冬曰烝○注薦尚稻雁○王制云冬薦稻又云稻宜雁繁露四祭云烝者以十月進初稻也又祭義云冬上敦實敦實稻也冬之所畢熟也雁十行本鄂本作鴈王氏念孫曰此鴈謂鵝非謂鴈也卵魚豚鴈皆民家所常畜故庶人薦之按天子諸侯所用鴈亦宜然穀梁注冬祭曰烝薦尚稻鴈○注烝衆至曰烝○御覽引白虎通云烝之爲言衆也冬之所成者衆○注繁露祭義云畢熟故曰烝烝言衆也爾雅郭注進品物也禮疏引孫炎云烝進也進品物也烝皆取義於進何氏注本之董生班固也義皆通○注無牲至之物薦○穀梁注無牲而祭曰薦薦而加牲曰祭禮各異也義本此獨斷云薦考妣於適寢之所祭春薦韭卵夏薦麥魚秋薦黍豚冬薦稻雁制無常牲取與新物相宜而已通典禮九云高堂隆亦云按舊典天子諸侯月有祭事其孟則四時之祭也三牲黍稷時物咸備其仲月季月皆薦新之祭也大夫以上將之以羔或加以犬而已不備三物也士以豚庶人則唯其時宜魚雁可也皆有黍稷禮器曰羔豚而祭百官皆足太牢而祭不必有餘羔豚則薦新之禮也太牢則時祭之禮也詩云四之日其蚤獻羔祭韭居之四月夏之二月也月令仲春天子乃獻羔開冰季春之月天子始乘舟薦鮪仲夏之月天子乃嘗魚咸薦之寢廟此則仲月季月薦新之禮

也注引譙周禮祭集志云天子之廟始祖及高會祖考皆月朔加薦以象平生之朔食也謂之月祭祧之廟無月祭也凡五穀成熟珍物新成天子以薦宗廟禮未薦不敢食新孝敬之道也其月朔薦及臘薦薦新皆奠無尸故羣廟皆一朝之間祭畢按王制云大夫士宗廟之祭有田則祭無田則薦注有田者既祭又薦新祭以首時薦以仲月士薦牲用特豚大夫以上用羔所謂羔豚而祭百官皆足詩曰四之日其蚤獻羔祭韭然則鄭氏亦以羔豚而祭爲薦新之祭其高堂氏所本與所謂無牲者亦非盡無牲意謂不備三牲耳故月令以彘嘗麥以犬嘗稻雖薦新亦用彘犬諸品也故舊疏引中霤禮云祭彘五祀于廟用牲有尸皆薦于奧明亦用牲也其宗廟之薦以新物爲主緣孝子感物思親不同常祭故繁露四祭云孝子孝婦緣天之時因地之利地之菜茹瓜果藝之稻麥黍稷菜生穀熟永思吉日供具祭物齊戒沐浴潔清致敬祀其先祖父母孝子孝婦不使時過已處之以愛敬行之以恭讓亦殆免於罪矣王制疏云此薦以仲月謂大夫士也既以首時祭故薦用仲月若天子諸侯禮尊物熟則薦之不限孟仲季故月令孟夏薦麥孟秋薦黍季冬薦稻是也大夫既薦以仲月而服虔注昭元年左傳祭人君用孟月人臣用仲月不同者非鄭義也南師解云祭以首時謂大夫士也若得祭天者祭天以孟月祭宗廟以仲月其禘祭祫祭祭其大祭亦用孟月其餘諸侯不得祭天者大祭及時祭皆用孟月既無明據未知孰是義得兩通故並存焉按春秋桓八年正月己卯烝夏五月丁丑烝書者左氏見其義桓十四年八月乙亥嘗書以御廩災左氏公羊以爲不應嘗僖八年七月禘鄭以公會王人于洮故歸七月乃禘昭十五年二月禘于武宮者鄭禘祫志以十一年齊歸薨十五年喪終之禘不擇月定公八年冬十月順祀先公以陽虎作亂求福先公特爲此祭故不用常月此薦皆不

用孟月者以春秋亂世不能如禮故參差不一難以禮論也今按何氏下月注云祭必於夏之孟月取其見新之月似何氏以薦與祭一時行之因時而祭卽薦新皆在孟月也失禮故書月日以示譏歟○注天子至再薦○禮記王制云天子犆礿祫禘祫嘗祫烝諸侯礿則不禘禘則不嘗嘗則不烝烝則不礿注天子先祫而後時祭諸侯先時祭而後祫凡祫之歲春一礿而已不祫以物無成者不殷祭周改夏祭爲礿以禘爲殷祭也虞夏之制諸侯歲朝廢一時祭然則天子時祭四諸侯時祭三周制雖非羣后四朝然諸侯自有朝天子禮亦宜廢一時祭故三祭也因祭而薦故四祭者四薦三祭者三薦也王制又云大夫士宗廟之祭有田則祭無田則薦注有田者既祭又薦新明薦或不祭祭無不薦再祭再薦降殺之差也鄭注又云士薦牲用特豚大夫以上用羔彼疏意儀禮特牲是有地之士此無地之士宜貶降故用特豚不用成牲也大夫以羔是者以諸侯大夫有地者祭用少牢則無地者不薦則用羔也按鄭云以上則包天子諸侯在內不專指無地者言雖有地大亦止用羔羔豚皆不得云牲故何氏云無牲而祭謂之薦也○大注祭於至意也○禮記郊特牲云詔祝于室坐尸于堂鄭注謂朝事時也於朝事延尸於戸西南面布主席東面取牲膟膋燎于爐炭洗肝於鬱鬯而燔之入以詔神于室又出以墮於主主前主人親制其肝所謂制祭也時尸薦以籩豆至薦熟乃更延主于室之奥尸來升席自北方坐于主北焉按祭於室謂灌時及饋食禮也祭於堂謂朝踐禮也故郊特牲又云直祭祝于主注謂薦孰時也如特牲少牢饋食之爲也直正也祭以孰爲正則血腥之屬盡敬心耳室內而堂外亦有幽明之別故也郊特牲又云索祭祝于祊不知神之所在於彼乎於此乎或諸遠人乎祭于祊尙曰求諸遠者與祊之爲言倞也鄭注索求神也廟門曰祊彼疏云祊有二種一是正祭之

之時既祭設於廟又求神於廟門之內詩楚茨云祭祝于祊注祊門內平生待賓客之處與祭同日也二是明日繹祭之時設饌於祊廟門外西室亦謂之祊即上云祊之于東方注云祊之禮宜於廟門外之西室是也謂今此云索祭于祊當是正祭之日矣禮記禮器云設祭于堂爲祊于外注祊明日繹祭也謂之祊者於廟門之旁因名焉其祭之之禮既設祭於室而事尸於堂孝子求神非一處也皆博求之意也故下又云故曰於彼乎於此乎注云不知神之所在是也尙者庶幾之辭尙曰求諸遠言於遠處求也○注大夫至差也○舊疏云自天子四祭四薦至此皆時王之禮中霤禮亦然按大夫求諸明士求諸幽或亦先後之殊耳然考禮少牢饋食禮大夫禮也特牲饋食禮士禮也禮節相同無求明求幽之別且大夫士亦無祼獻之禮自饋孰始故曰饋食故鄭目錄云祭祀自孰始曰饋食也天子諸侯宗廟之祭始一祼神次薦腥次薦孰故周禮肆獻祼饋食分三節祼爲一節獻爲一節肆與饋食爲一節大夫止肆饋食以薦孰言曰肆以薦黍稷言曰饋食也祭祀用食道褻近爲殺用血腥法古爲隆大夫士以食道事神無薦腥以上事爲殺於天子諸侯也○注殷人至義也○禮郊特牲云殷人先求諸陽周人先求諸陰鄭注此其所以先後異也按彼上云殷人尙聲臭味未成滌蕩其聲樂三闋然後出迎牲聲音之號所以詔告於天地之間也聲是陽是先求諸明也又云周人尙臭灌用鬯臭鬱合鬯臭陰達於淵泉灌以圭璋用玉氣也既灌然後迎牲致陰氣也蕭合黍稷臭陽達於牆屋故既奠然後焫蕭合羶薌先灌以致陰是先求諸幽也故熊氏云殷人先求諸陽謂合樂在灌前周人先求諸陰謂合樂在灌後與降神之樂別殷質周文知質文之義也周禮大宗伯注云殷人先求諸陽周人先求諸陰灌是也祭必先灌然後薦腥賈疏云殷人先求諸陽謂未灌先合樂周人先

求諸陰謂未合樂先灌亦本郊特牲爲說殷不尚氣而尚聲未殺牲而先動樂以求神以鬼神在天地間先用樂之音聲號呼庶神明聞之而來是先求陽之義也○注禮天至特豕○禮器云是故君子太牢而祭謂之禮匹士太牢而祭謂之攘鄭注君子謂大夫以上孔疏大夫常祭少牢遣奠及卒哭祔用太牢撫禮本有四字作正字者有通者云天子大夫常祭亦太牢故此文云大夫太牢而祭謂之禮正也諸侯大夫自常祭少牢則一等乃太牢耳少牢饋食是諸侯大夫禮也崔氏亦用此義大戴禮曾子天圓云諸侯之祭牲牛曰太牢大夫之祭牲羊曰少牢士之祭牲特豕曰饋食盧注天子之大夫亦太牢天子之士亦少牢孔氏廣森補注云太牢舉牛以該羊豕少牢舉羊亦該豕也國語曰士食魚炙祀以特牲大夫舉以特牲祀以少牢卿舉以少牢祀以特牛諸侯舉以特牛祀以太牢天子舉以太牢祀以會是則天子之大夫祭如諸侯天子之士祭如大夫明矣故儀禮少牢饋食禮鄭目錄云諸侯之卿大夫祭其祖禰於廟之禮羊豕曰少牢特牲饋食禮目錄云謂諸侯之士以歲時祭其祖禰之禮疏曲禮云大夫以索牛士以羊豕彼天子大夫士此儀禮特牲少牢故知是諸侯大夫士也周禮宰夫注云三牲牛羊豕具爲一牢王制云天子社稷皆太牢諸侯社稷皆少牢知太牢三牲具少牢止羊豕也一經義述聞云孔說非也天官注牛羊豕具爲一牢晉語韋注凡牲一爲特二爲牢則凡稱牢者皆非一牲若云諸侯之祭牲牛大夫之祭牲羊則是一牲矣記當謂之特牲何得尚謂之牢乎尋撿文義牛下蓋脫羊豕二字羊下蓋脫豕字公羊注天子諸侯卿大夫牛羊豕凡三牲曰太牢天子元士諸侯卿大夫羊豕凡二牲曰少牢諸侯士特豕此篇正文及注多與彼同則諸侯之祭牲牛下亦當有羊豕二字大夫之祭牲羊下亦當有豕字寫者脫去耳盧注不釋太牢單稱牛

少牢單稱羊之義則所据本不脫也曰饋食曰字亦衍蓋因上文兩曰字衍也特豕饋食四字連讀按王說是也王氏引此注又解卿大夫曰卿大夫上當有天子之三字盧注云天子之大夫亦太牢也是也萬氏斯大儀禮商云特牲禮牲用特豕士禮也故士虞禮牲亦特豕而雜記則云下大夫之虞也特牲則大夫亦特豕矣少牢禮牲用羊豕大夫禮也而曲禮則曰大夫以索牛士以羊豕則士亦用少牢矣禮文所載參錯不一由衰周之季列國大夫恣行僭罔記者各就所見筆以成書故或儉或豐斷難畫一雖然聖人制禮明者述焉彼前以三鼎後以五鼎者非孟子與禮大夫士降殺以兩則三鼎為士時五鼎為大夫時矣即此證之儀禮士虞特牲俱三鼎其為士禮無疑少牢五鼎其為大夫無疑又士虞特牲皆九飯而少牢十一飯亦見降殺以兩之意按萬氏不信賈疏分別天子諸侯之卿大夫士之說故如此議夫命位不同禮亦異數天子之大夫士與諸侯之大夫士命數既殊則禮亦宜異何疑之有胡氏培翬儀禮正義反以萬說為是傎矣○注天子至索牛○校勘記云握監本毛本同作搔誤也鄂本作握儀禮經傳通解穀梁疏引作握當据正閩本搔字剜改蓋本作握後反据誤本改按如是搔字釋文宜為作音知陸本亦作握字矣禮王制祭天地之牛角繭栗宗廟之角握賓客之角尺鄭注握謂長不出膚疏鄭注投壺禮云四指曰扶扶即膚也此注止述宗廟禮故角宜握也諸侯降一等故以天子待賓客者事宗廟故角尺索牛者禮記曲禮云大夫以索牛注索求得而用之以祭義云天子諸侯必有養獸之官又云犧牲祭牲必於是取之故郊特牲云帝牛必在滌三月稷牛唯具也大夫以下卑無滌養之儀祭時則求諸牲但擇其中犧者耳九經古義云襄元年左氏傳萊人賂夙沙衛以索馬牛杜氏云簡擇好者周禮牛人祭祀共求牛求牛猶索牛也按國語

楚語云觀射父曰大者牛羊必在滌三月少者犬豕不過十日則大夫索牛亦當如天子諸侯之犬豕宜十日以上矣常事

不書此何以書譏何譏爾譏亟也注亟數也屬十二月已烝今復烝也不異烝祭名而言烝者取冬祭所薦衆多可以包四時之物

疏通義云傳於田狩祭祀特發常事不書例者每歲舉之不可勝書第書其失禮者而已至於昏姻喪紀雖有常禮而無常年故隨事皆書穀梁云親迎恆事不志似襲常事不書之言而失其本旨遂誤宋元學者以一經所書皆爲非常而事事鑿求其說隱三年解詁謂平王崩魯隱往奔喪其意亦以爲得禮不書則何氏已謬解此傳矣按魯隱奔喪得常不書係疏家之言然亦未爲不可通也若如孔說其何以解文九年叔孫得臣如京師葬襄王之傳且昏姻喪紀亦未必隨事皆書也○注亟數也○禮記少儀云亟見曰朝夕鄭注亟數也爾雅釋言云婁亟也郭注亟亦數也是也○注屬十至烝也○舊疏云烝者冬祭之名明去年十二月已烝但得常不書今正月復作烝故言亟通義云斯似事之不然烝祭法用周之季冬夏之孟冬卜祭先近日不吉則仲冬之本可以承孟冬之末故以周正月烝也正月烝五月復烝乃所謂亟耳主譏者在下不言春烝則夏烝之數不見故傳釋經兩烝統爲譏亟非再譏也知不然者果如孔義則春烝正爲得禮傳何爲譏之正月烝五月復烝傳於五月發譏亟之傳亦足以明矣何爲預於正月得禮之祭譏云明十二月烝祭甫行今正月又烝五月復烝皆爲亟祭故傳兩譏之傳自爲義也十二月烝常祭得禮故不見何必又設一卜不吉之法以遷就已說○注不異至之物○所薦毛本作所屬誤依十行本鄂本正舊疏云烝者冬祭名今宜易名而

猶言烝故說之按春夏既不及冬物衆多蓋當時第取烝名與亟則黷黷則不敬注黷渫黷也疏注黷黷渫黷也○文選注引國語賈注云黷媟也後漢書陳蕃傳注黷渫也太元元瑩吉凶交瀆注瀆泄也禮記表記云再三瀆注瀆之言褻也廣雅釋言黷狎也禮記少儀毋瀆神注瀆謂數而不敬皆與渫黷義近又祭義云祭不欲數數則煩煩則不敬數煩皆渫黷之義也繁露祭義云尊天美意也敬宗廟大禮也聖人之所謹也不多而欲潔清不貪數而欲恭敬君子之祭也敬而不黷注君子生則敬養死則敬享故將祭宮室既修牆屋既繕百物既備序其禮樂具其百官散齊七日致齊三日夫婦齊戒沐浴盛服君牽牲夫人奠酒君親獻尸夫人薦豆卿大夫相君命婦相夫人洞洞乎屬屬乎如弗勝如將失之濟濟乎致其敬也愉愉乎盡其忠也勿勿乎其欲饗之也文王之祭事死如事生孝子之至也疏注君子至敬享○祭義文鄭注云享猶祭也饗也君子緣生以事死故生則致其養死則致其享也○注故將至百官○亦是祭義文今祭義繕作設鄭注云脩設謂掃除及黝堊亦卽繕義按作繕是也說文系部繕補也詩鄭風箋云繕之言善也左傳僖十五年注繕治也與脩義合彼文宮室既脩三語承孝子將祭文下下又云序其禮樂備其百官備亦具也注百官助主人進之是也上答子贛問亦有此二語注言祭事既備使百官既備使百官助己祭也○注散齊至三日○祭義云致齊於內散

齊於外齊之日思其居處思其笑語思其志意思其所樂思其所嗜齊三日乃見其所爲齊者鄭注致齊思此五者也散齊七日不
御不樂不弔耳見所爲齊者思之熟也即致齊也故祭統云是故君子之齊也專致其精明之德也故散齊七日以定之致齊三日
以齊之定之之謂齊齊者精明之至也然後可以交於神明也注定者定其志義也又云夫人亦散齊七日致齊三日明祭必夫婦
親之也舊疏云致齊者即鄭氏云致之言至致謂深也審也之屬是也○注夫婦至盛服○亦祭義文坊本禮記脱盛服二字禮記
祭統云君致齊於外夫人致齊於内然後會於太廟又中庸云齊明盛服盛服者祭統云君純冕立於阼夫人副禕立於東房之屬
是也○注君牽至夫人○亦祭義文祭義酒作盎無親字鄭云奠盎設盎齊之奠也此時君牽牲將薦毛血君獻尸而夫人薦豆謂
繹日也能氏說同皇氏疑此奠盎在牽牲之時於事太早以奠盎爲洗牲經傳無洗牲以酒之文宜爲孔氏所駁也按鄭以爲繹祭
者以有司徹記上大夫儐尸禮云主人獻尸主婦自東房薦韭菹盬與此君獻尸夫人薦豆合大夫儐尸即天子諸侯大夫之繹祭
故也按正祭君牽牲時夫人設盎尊至君制祭獻尸後夫人酌盎以獻尸亦無不可故祭統云及迎牲君執紖卿大夫從士執芻宗
婦執盎從夫人薦涗水君執鸞刀羞嚌夫人薦豆亦序執盎在牽牲後祭義祭統皆科舉君夫人之禮不必拘九獻之次故以爲正
祭亦無妨何氏義當然也○注洞洞至失之○亦祭義文廣雅釋訓云洞洞屬屬敬也下又云洞洞屬屬然如弗勝如將失之皆所
以狀敬慎也即嚴威儼恪之義也○注濟濟至之也○亦祭義文彼云齊齊乎其敬也愉愉乎其忠也勿勿諸其欲其饗之也是何
鄭所見本之異鄭云勿勿猶勉勉懃愛之貌○注文王至至也○亦祭義文彼云文王之祭也事死者如事生思死者如不欲生孝

子之至也爲注者語說苑修文云聖主將祭必絜齊精思若親之在方與未登偶偶憧憧專一想親之容貌仿佛此孝子之誠也四方之助祭空而來者滿而反虛而至者實而歸皆取法則焉

疏則怠怠則忘注怠懈疏祭義云祭不欲疏疏則怠怠則忘注忘與不敬違禮莫大焉〇注怠懈〇鄂本作怠懈釋文作怠解國語晉語喜亂必怠韋注怠懈也左傳文十五年云君弱不可以怠注怠懈也

士不及茲四者則冬不裘夏不葛注禮本下爲士制茲此也四者四時祭也疏數之節靡所折中是故君子合諸天道感四時物而思親也祭必於夏之孟月者取其見新物之月也裘葛者御寒暑之美服士有公事不得及此四時祭者則不敢美其衣服蓋思念親之至也故孔子曰吾不與祭如不祭疏通義云言士者舉下以緬上其實士歲不過再祭於四者科舉其二而已按孟子滕文公篇惟士無田則亦不祭牲殺器皿衣服不備不敢以祭則不敢以宴亦猶此意〇注禮本至士制〇禮士冠記云無大夫冠禮而有其昏禮鄭注周之初禮年未五十而有賢才者試以大夫之事猶服士服行士禮是士冠禮可以上達故昏禮亦止有士禮也賓禮亦有士相見禮故儀禮漢書儒林傳謂之士禮知禮本皆爲士制其大夫以上蓋夏殷以後日趨於文節文遞加始得有天子諸侯諸等殺與吳氏廷華儀禮疑義云徐以升謂下記云天子之子猶士也天子無生而貴者則自天子之子以下凡入學者皆可以士名之見此經爲天下之通禮其說是也舊疏云卽士喪禮

士虞士相見之屬是也言此者欲道庶人無禮篇即曲禮上篇禮不下庶人鄭注云爲其遽於事且不能備物義亦通於此○注茲
此也○詩泉水云茲之永歎箋云茲此也書大誥卜陳惟若茲漢書翟義傳作卜陳惟若此左傳隱元年云無茲許公復奉其社稷
杜云茲此也○注四者至親也○禮記祭義云是故君子合諸天道春禘秋嘗霜露既降君子履之必有悽愴之心非其寒之謂也
春雨露既濡君子履之必有怵惕之心如將見之鄭云合於天道因四時之變化孝子感時念親則以此祭之也非其寒之謂謂悽
愴及怵惕皆爲感時念親也繁露祭義云宗廟上四時之所成受賜而薦之宗廟敬之性也又云奉四時所受於天者而上之爲上
祭貴天賜且尊宗廟也一年之中天賜四至至則上之此宗廟所以歲四祭也又四祭云古者歲四祭故春曰祠夏曰礿秋曰嘗冬
曰烝此言不失其時以奉祀先祖也是也○注祭必至月也○晏子春秋內篇諫上云天子以下至士祭以首時繁露四祭篇說祠
礿嘗烝亦分屬正月四月七月十月祭必夏之孟月也又祭義篇故君子未嘗不食新新天賜至必先薦之乃取食之尊天敬宗廟
之心也○注裘葛至美服○閩本監本毛本禦作御十行本鄂本作禦當据正釋文作御玉篇衣部裘皮衣也説文艸部葛絺綌草
也詩葛覃葛之覃兮傳葛所以爲絺綌是裘葛爲衣之美者也故詩詠熊羆是裘又云狐裘黃黃士冠陳設冬夏屨亦皮葛並用焉
○注士有至不祭○論語八佾篇文儀禮疏引鄭注云孔子或出或病不自親祭使攝者爲之不致肅敬之心與不祭同何氏謂士
育公事不得與祭則不敢美其衣服下引論語爲證其說不與鄭氏同故禮特牲饋食注云士賤職褻時至事暇可以祭則筮其日
矣賈疏時至事暇可以祭者若祭時至有事不得暇則不可以私廢公也若大夫以上尊時至唯有喪故不祭自餘吉事皆不廢祭

若有公事及病使人攝祭故論語孔子云吾不與祭也然則士卑因公不及祭者多故注舉士言之其實大夫亦有有公事不得及時祭時也孔子之不與祭蓋兼爲士爲大夫時矣繁露祭義篇君子之祭祭也恭親之致其中心之誠盡敬潔之道以接亟尊故鬼享之享之如此乃可謂之能祭祭者察也以善逮鬼神之謂也善乃逮不可聞見者故謂之察祭之爲言際也與察也祭然後能見不見見不見之見者然後知天命鬼神知天命鬼神然後明祭之意明祭之意乃知重祭事孔子曰吾不與祭祭神如神在重祭事如事生亦思念親之至義也

天王使家父來聘注家采地父字也天子中大夫氏采故稱字不稱伯仲也疏注家采至仲也○禮士冠禮注引作家甫詩節南山序節南山家父刺幽王也箋云家父字周大夫也以家連父稱故知是字孔疏知字是大夫者春秋之例天子大夫則稱字桓十五年天王使家父來求車文與此同故知此字亦大夫也桓十五年上距幽王之卒七十五歲此詩不知作之早晚若幽王之初則八十五歲矣韋昭以爲平王時作此詩不宜作在平桓之世而上刺幽王但古人以父爲字或累世同之宋大夫有孔父其父正考父其子木金父此家氏或父子同字未必是一人也按春秋之例上大夫稱伯仲之字五十之字也卽隱元年祭伯隱九年南季莊元年榮叔是也中大夫稱冠時字此家父是也下大夫繫官氏且字上四年宰渠伯糾是也此家父中大夫例稱二十之字而繫以采其與幽王時之家父非一人明矣通義云家且字父者配字之稱冠禮字辭曰伯某甫是也家父亦下大夫按孔本鄭氏爲說而以稱子者爲上大夫稱伯仲者爲中大夫故以此稱字者爲

下大夫而以詩文證之則父子不應同字其采邑則其世守不嫌於同故知爲采地也穀梁范注亦以家爲氏

夏五月丁丑烝

何以書譏亟也注與上祀同爲亟也疏穀梁傳烝冬事也春夏興之黷祀也志不敬也然則穀梁亦以正月烝爲十二月烝春夏又再烝故上傳云烝冬事也春興之志不時也何氏謂與上祀同爲亟蓋自冬至夏凡三烝也

秋伐邾婁

冬十月雨雪

何以書記異也何異爾不時也注周之十月夏之八月未當雨雪此陰氣大盛兵象也是後有郎師龍門之戰㳅血尤深疏漢書五行志云傳曰聽之不聰是謂不謀厥咎急厥罰恆寒劉歆以爲大雨雪及未當雨雪而雨雪及大雨雹隕霜殺叔草皆常寒之罰也〇注周之至象也〇五行志又云桓公八年十月雨雪周十月今八月也未可以雪劉向以爲時夫人有淫齊之行而桓有妬媢之心夫人將殺其象見也桓不覺寤後與夫人俱如齊而殺死凡雨陰也雪又雨之陰也出非其時迫近象也董仲舒以爲象夫人專恣陰氣盛也取應皆與何殊〇注是後至尤深〇釋文㳅古流字下十年齊侯衛侯鄭伯來戰于郎傳近也惡乎近近乎圍也又十三年公會紀侯鄭伯己巳及齊侯宋公衛侯燕人戰舊疏引春秋說云龍門之戰民死傷者滿溝郎此注之㳅血尤深也按彼傳亦云近也

惡乎近近乎圍郎亦近矣郎何以地郎猶可以地也明二役皆危而龍門之戰尤甚故注舉爲雨雪之應所以爲兵象也

祭公來遂逆王后于紀

祭公者何天子之三公也【注】天子置三公九卿二十七大夫八十一元士凡百二十官下應十二子祭者采也天子三公氏采稱爵

【疏】注天子至二子○白虎通封公侯云三公九卿二十七大夫八十一元士凡百二十官下應十二子舊疏引春秋說云立三台以爲三公北斗九星爲九卿二十七大夫爲內宿部衞之列八十一紀以爲元士凡百二十官焉下應十二子宋氏云十二次上爲星下應山川也後漢書注引漢含孳云三公在天爲三台九卿爲北斗故三公象五岳九卿法河海二十七大夫法山陵八十一元士法谷阜合爲帝佐以匡綱紀繁露官制象天云王者制官三公九卿二十七大夫八十一元士凡百二十人而列臣備矣禮記昏義云是故王立六官三公九卿二十七大夫八十一元士北堂書鈔引五經異義云今尚書歐陽說天子三公一曰司徒二曰司馬三曰司空九卿二十七大夫八十一元士凡百二十在天爲星辰在地爲山川古周禮說天子立三公曰太師太傅太保無官屬與王同職故曰坐而論道謂之三公又立三少以爲之副曰少師少傅少保是爲三孤冢宰司徒宗伯司馬司寇司空是爲六卿之屬大夫士庶人在官者凡萬二千謹案周公爲傅召公爲保太公爲師無爲司徒司空者知師保傅三公官名也五帝三王不同物此周之制也鄭駁無攷然鄭注周禮保氏引書序曰周公爲師召公爲保相成王爲左右聖賢兼此官也是用今尚書說與公羊家同

也說苑臣術云湯問伊尹曰古者所以立三公九卿大夫列士何也伊尹對曰三公者所以參五事也九卿者所以參三公也大夫者所以參九卿也列士者所以參大夫也故參而有參是謂事宗事宗不失外內若一〇注采者至稱爵〇舊疏云即祭公周公是也若然祭公周公官爵適等而僖九年公會宰周公特加宰者彼傳云宰周公者何天子之爲政者也注宰猶治也三公之職號尊名以加宰知其職大尊重當與天子參聽萬機而下爲諸侯所會惡不勝任故加宰仍非常稱也按注云天子三公氏采稱爵以別於上大夫稱五十字者如南季之屬是也隱元年祭伯與此是否一人上不可考彼稱伯猶爲上大夫此蓋居三公職也孔氏廣森謂上大夫稱子如劉子單子之屬非何義

何以不稱使注據宰周公稱使疏注據宰至稱使〇傳三十年天王使宰周公來聘是也舊疏云稱宰者義與九年同

婚禮不稱主人注時王者有母也疏注時王者有母〇隱二年傳云宋公使公孫壽來納幣則其稱主人何辭窮也辭窮者何無母也則此與紀履繻來逆女同故注以爲有母也彼注云爲養廉遠恥故不稱主人母不通故直以來書也左傳莊十八年云號公晉侯鄭伯使原莊公逆王后于陳亦不言王使曰號晉鄭使之逆明不稱主人也號晉鄭皆同姓天子與諸侯爲昏必使同姓國爲之主也

遂者何生事也注生猶造也專事之辭疏書康王之誥序遂誥諸侯孔傳因事曰遂儀禮燕禮遂卒爵注遂猶因也通義云生事者因事起意其意相緣事則更端穀梁傳曰遂繼事之辭也與此傳相兼其訓乃備〇注生猶至之辭〇文選注引劉瓛易義云自無而有曰生故有造義書大誥予造天役乾文言傳大人造也皆謂自無而有也玉篇生起也亦自無而有故有事事

之義祭公之來本爲成婚于紀來後適紀似若造事故曰遂大夫無遂事此其言遂何注据待君命然後卒大夫也疏注据待至夫也〇十行本後作后成十七年十一月壬申公孫嬰齊卒于貍軫傳此非月日也曷爲以此月日卒之待君命然後卒大夫曷爲待君命然後卒大夫前此者嬰齊走之晉公會晉侯將執公嬰齊爲公請公許之反爲大夫歸至於貍軫而卒無君命不敢卒大夫公至曰吾固許之反爲大夫然後卒之者是也引之者證大夫不敢專事遂有專事之義故据以難成使乎我也注以上來無事知遂成使于我疏通義云待我而後使事成孔疏云從周向紀不由魯國縱令因使過魯自當假道而去不須言來也凡言遂者因上事生下事之辭先見魯君然後向紀故祭公來受魯命往迎也凡昏姻皆賓主敵體相對行禮天子嫁女於諸侯使諸侯爲主令與夫家爲禮天子聘后於諸侯亦使諸侯爲主令與后家爲禮嫁女則送女於魯令魯嫁女與人迎后則使魯爲主使魯遣使往逆故祭公受魯命也嫁王女者王姬至魯而後至夫家其王后昏則王命已成於魯無事故即歸京師於逆稱王后舉其得王之命后禮已成於歸稱季姜申父母之尊言子尊不加于父母據父母之家爲文故於歸申父母之尊也〇注以上至于我〇言若有事或朝或聘當書如莊二十三年祭叔來聘之屬矣既言遂亦非如隱元年祭伯來之爲來奔矣故知爲遂成使於我其成使乎我奈何使我爲媒可則因用是往逆矣注婚禮成于五先納采問名納吉納徵請期然後親迎時王者遣祭公來使魯爲媒可則因用魯往迎之

不復成禮疾王者不重妃匹逆天下之母若逆婢妾將謂海內何哉故譏之不言如紀者辟有外文疏穀梁傳云其不言使何也不正其以宗廟之大事即謀於我故弗與使也范云時天子命祭公就魯共卜擇紀女可中后者便逆之不復反命義亦同○注婚禮至親迎○禮記昏義云是以昏禮納采問名納吉納徵請期皆主人筵几於廟而拜迎於門外禮士昏禮禮經記納采問名遣使者納吉納徵請期諸儀次記親迎是親迎後也昏禮自親迎以上皆遣人行之故莊二十二年穀梁傳公之親納幣非禮也親迎則親之故春秋有譏不親迎文○注時王至成禮○通義云用由也使魯爲媒可則由魯往逆不必返報明遂在魯不在祭公也不復成禮蓋六禮不備之謂○注疾王至譏之○繁露王道云祭公來逆王后譏也禮也穀梁傳其曰遂逆王后故略之也春秋正辭云辭不異乎祭伯來則若非王命然也逆王后非王命則不可雖曰不稱主人王命也可以遂事乎按詩召南行露詩因六禮不備女子守義不往詩人善之此逆天子之母不能成禮使魯爲媒可即往迎簡率之甚故書以示譏范云以其遂逆無禮故不書逆女而曰王后略謂不以禮稱之是也異義公羊說天子至庶人皆親迎左氏說王者至尊無敵體之義不親迎鄭駁從公羊此蓋兼譏王不親迎故謂其不重妃匹也禮記內則云聘則爲妻奔則爲妾江氏永云不以禮爲奔聘正妻而媵從之或買妾焉皆謂之奔是不以禮聘故與逆婢妾等也○注不言至外文○舊疏云外相如者例所不錄言如紀則外相如矣故曰辟有外文按若曰如紀似五年之齊侯鄭伯如紀矣經

女在其國稱女此其稱王后何王者無外其辭成矣疏舊疏云女在其國稱女者

即隱二年紀履緰來逆女上三年公子翬如齊逆女之屬是也通義云范武子曰四海之濱莫非王臣王命紀女爲后則已成王后不如諸侯入國乃稱夫人謹案禮女未嫁而壻死女當改適唯王者妃匹至尊無偶雖在其國義成爲后設遭大故不得更許嫁可以此經決之按穀梁傳云天子無外王命之則成矣後漢桓懿獻梁皇后傳有司奏曰春秋迎王后于紀在塗則稱后亦取公穀爲義也春秋正辭云聖人之辭恭而有禮曰王后其辭成矣以立諸夏之人紀也又云自父母言之尊爲王后猶曰吾季姜不以君臣之義奪人父子之親雖然王后無出道非若諸侯以下婦人有歸宗之義也成之曰王后王者無外則王后無出也是也按曰后者釋名釋親屬云天子之妃曰后后後也言在後不敢以副言也禮記曲禮亦云天子之妃曰后

九年春紀季姜歸于京師

其辭成矣則其稱紀季姜何自我言紀父母之於子雖爲天王后猶曰吾季姜

注 明子尊不加於父母

疏 上傳云其辭成矣明已成王后矣此復言紀季姜故據以難之季姜者由紀言之之詞也○注明子至父母○白虎通王者不臣云不臣妻父母何妻者與己爲一體恭承宗廟欲得其歡心上承先祖下繼萬世傳於無窮故不臣也春秋曰紀季姜歸于京師父母之於子雖爲王后尊不加於父母知王者不臣也通典後漢獻帝皇后父伏完朝賀公庭完拜如衆臣及皇后在離宮后拜如子禮三公大臣議或以爲皇后天下之母也完雖后父不可令后正拜私朝或以爲當交拜令后存人子之道完不廢人臣之義又子尊不加於父母雖爲天王后猶曰吾季姜欲令完猶行

父法后專奉子禮公私之朝后當獨拜或以爲皇后至尊父亦至親交拜則父子無別完拜則傷子道后拜則損至尊欲令公朝者完拜如衆臣於私宮后於如子禮不知四者何正鄭元議曰四者不同抑有由焉天子所不臣者三其一后之父母也天子尙育於臣者況於后乎春秋魯隱公二年紀履繻來逆女冬伯姬歸于紀又桓九年祭公來逆王后于紀九年紀季姜歸于京師或言于逆女或言逆王后蓋義有所見也女雖嫁爲鄭國夫人其尊無以加於父母嫁於天子者此雖紀女成言王后明當時之尊得加父母也紀季姜歸于京師更稱其字者得行禮而戒之其尊安可加父母耳今不其亭侯在京師禮事出入宜從臣禮若后適離宮及歸甯父母宜從子禮邴原駁曰孝經云父子之道天性也明王之章先陳事父之孝子女子出嫁降其父母婦人外成不能二統耳春秋左氏傳曰紀裂繻來逆女列國尊同逆者謙不敢自成故以在父母之辭言之禮敵心三讓之義也祭公逆王后于紀者至尊無外辭無所屈成言曰王后紀季姜歸于京師尊已成稱季姜從紀子尊不加於父母之明文也如皇后於公庭官僚之中令父獨拜違古之道斯義何施漢高五日一朝太上皇家令議子道不盡欲微感之令太上皇擁篲卻行稱臣雖去聖久遠禮文闕然然父子之義五品之常不易之道甯爲公私易節公庭則爲臣在家則爲父是違禮而無常也又殷融爲太常穆帝即位褚皇后臨朝稱制時議后父褚裒進見之典蔡謨王彪之並以虞舜漢高祖猶執子道況后乎王者父無拜禮尙書八座議以爲純子則王道缺純臣則孝道虧謂公庭如臣私覿則嚴父爲允融議依鄭元衞將軍裒在公庭則書臣敬太后歸甯之日如家人之禮太后詔曰典禮誠所未詳如新奏是情所不能安也更詳之征西將軍翼南仲謝尙議爲父尊於一家君敬重於天下鄭元議合情理之中故穀梁家

范甯亦云季姜桓王后書字者申父母之尊亦取何氏以爲期說也按儀禮喪服不杖期章公妾以及士妾爲其父母傳曰何以期也妾不得體君得爲其父母遂也推傳之意似正體敵君者不得爲父母遂矣與此不合故鄭彼注云然則女君有以尊降其父母者與春秋之義雖爲天王后猶曰吾季姜是言子尊不加於父母也此傳似誤矣是鄭同公羊駁禮傳也蓋君與嫡一體嫡既不得以尊降其父母故君亦不得以尊臣其妻父母故禮疏引鉤命決云不臣妻父母者親與其女共事先祖欲得其歡心是也

京師者何天子之居也注以季姜言歸疏注以季姜言歸○隱二年傳曰婦人謂嫁曰歸季姜所歸故知爲天子所居京者何大也師者何衆也天子之居必以衆大之辭言之注地方千里周城千雉宮室官府制度廣大四方各以其職來貢莫不備具所以必自有地者治自近始故據土與諸侯分職而聽其政焉卽春秋所謂內治其國也書季姜歸者明魯爲媒當有送迎之禮疏白虎通京師云京師何謂也千里之邑號也京大也師衆也天子所居故以大衆言之明什倍諸侯法日月之行經千里春秋傳曰京師天子之居也王制曰天子之田方千里按詩文王云祼將于京傳京大也方言京大也燕之北鄙齊楚之郊或曰京京景聲義通故景亦訓大說文帀部云師从帀从𠂤𠂤四帀衆意也易象傳曰師衆也故書堯典師錫帝曰五帝本紀作衆皆言于帝也獨斷天子所都曰京師京水也地下之衆者莫過於水地上之衆者莫過於人京大師衆也故曰京師也通義

云王者天下所歸往故以衆大之辭言之○注地方千里○獨斷云京師天子之圻內千里象日月日月躔次千里禮記王制注亦云象日月之大亦取晷同也詩商頌元鳥云邦畿千里惟民所止○注周城千雉○見定十二年傳○注宮室至備具○宮室官府制度廣大如周官六篇所記是也下十五年穀梁傳曰古者諸侯時獻于天子以其國之所有○注所以至故焉○繁露諸侯云古之聖人見天意之厚於人也故南面而君天下必以兼利之爲其遠者目不能見其隱者耳不能聞於是千里之外割地分民而建國立君使爲天子視所不見聽所不聞朝夕召而問之也諸侯爲言猶諸侯也隱元年注云王者据土與諸侯分職俱南面而治是天子先治其境內而後及外侯所謂自近始也○注即春至國也○成十五年傳云春秋內其國而外諸夏注內其國者假魯以爲京師也此以春秋內魯喻京師也舊疏云春秋据魯爲王故內魯若周公制禮內京師然也漢書宣帝紀甘露二年詔曰聖王之制施德行禮先京師而後諸夏即自近始之義也○注書季至之禮○穀梁傳云爲之中者歸之也注中謂關與婚事明魯爲媒矣王者嫁女娶后必使同姓主之自宜有送迎之禮其實即不爲媒所經之國亦宜有之特由紀至周魯非其所經書之於經故傳以爲成使於我使我爲媒也

夏四月

秋七月

冬曹伯使其世子射姑來朝疏穀梁釋文射麋信本作亦

諸侯來曰朝疏隱十一年滕侯薛侯來朝是也彼傳亦云諸侯來曰朝舊疏云隱十一年師解云爾故此弟子執而難之此世子也其言朝何注据臣子一例當言聘疏○注据臣至言聘僖元年傳云臣子一例也隱十一年傳云大夫來曰聘臣子一例故當言聘春秋有譏父老子代從政者則未知其在齊與曹與注在齊者世子光也時曹伯年老有疾使世子行聘禮恐卑故使自代朝雖非禮有尊厚魯之心傳見下卒葬詳錄故序經意依違之也小國無大夫所以書者重惡世子之不孝甚疏則未知其在齊與曹與唐石經鄂本十行本閩本元本同監本毛本曹上衍在字○注在齊至光也○襄九年冬公會晉侯以下齊世子光滕子薛伯杞伯小邾婁子伐鄭又十一年公會晉侯以下齊世子光莒子邾婁子云云伐鄭是也通義云春秋爲其驕蹇處于諸侯之上抑言同圍齊是也傳設爲微詞者言二世子皆不免於譏耳○注時曹至之心○周禮典命職凡諸侯之嫡子誓於天子攝其君則下其君之禮一等未誓則以皮帛繼子男鄭注春秋桓九年曹伯使其世子射姑來朝行國君之禮是也公之子如侯伯而執圭侯伯之子如子男而執璧子男之子與未誓者皆次小國之君執皮帛而朝會焉其賓之皆以上卿之禮焉左傳二曹太子來朝賓之以上卿蓋未誓於天子者以皮帛繼子男故賓以上卿禮焉杜注云曹伯有疾故使其子來朝彼傳又云享曹太子初獻樂奏而歎施父曰曹太子其有憂乎非歎所也彼疏引服注云古之爲享食所以觀威儀省禍福無喪而戚憂必讎焉

今太子臨樂而歎是父將死而兆先見也是亦以曹伯年老有疾也左疏又引膏肓以爲左氏以人子安處父位尤非衰世救失之宜於義爲短鄭箴云必如所言父有老耄罷病孰當理其政預王事也劉氏逢祿評曰世子行聘可也攝上卿行聘亦可也罷老避位致國天子大子以命世子行朝亦可也安得曰廢王事曹伯在位世子行朝禮非一國二君無王無父而不知乎左氏此類亦非舊文是其行朝禮爲非禮也惟其有疾而猶使世子來朝故知其有尊厚魯之心○注傳見至之焉○下十年春王正月庚申曹伯終生卒夏五月葬曹桓公注云小國始卒當卒月葬時而卒日葬月者曹伯年老使世子來朝春秋敬老重恩故爲魯恩錄之尤深是卒葬詳錄也世子來朝安居父位當譏世子位序諸侯之上明亦合譏而經文詳錄曹伯卒葬恩錄尤深似曹世子無譏詞之故傳依違之言未知在齊在曹也○注小國至孝甚○所傳聞世小國無大夫世子未卽位與大夫同故決之通義云禮世子無外交曹伯有疾射姑當躬視藥膳而忍去左右偃然代行朝禮失君在不稱貳之義故責之以教後世之爲人子者按射姑來朝親奉父命原非大惡春秋因其可責而責之故書以惡其不孝以立爲人子之坊也

十年春王正月庚申曹伯終生卒疏正月無庚申曆爲二月之七日穀梁傳桓無王其曰王何也正終生之卒也注引徐乾云與夷見弒恐正卒不明故復明之按春秋詳內錄外諸夏之正卒不勝示法何氏所不取

夏五月葬曹桓公注小國始卒當卒月葬時而卒日葬月者曹伯年老使世子來朝春秋敬老重恩故爲魯恩錄之尤深疏舊疏云所傳聞之世

未錄小國卒葬所聞之世乃始書卒月葬時文九年秋八月曹伯襄卒冬葬曹共公是也今卒日葬月者正以敬老重恩故也通義云曹與鄭俱同姓又同爵桓公始見卒日葬月明當從大國例也射姑不子已就其卒去日故於此不奪臣子辭因見本有父命攝朝不專譏射姑與按穀梁上九年傳云使世子抗諸侯之禮而來朝曹伯失正矣諸侯相見曰朝以待人父之道待人之子以內爲失正矣內失正曹伯失正世子可以已矣則是故命也蓋周禮所記以皮帛繼子男之禮謂是急趨王命如會同之事此朝聘鄰國可無汲汲故春秋於曹伯父子交譏之也春秋敬老者上四年書伯糾莊二十五年書女叔是也重恩者重其尊厚於魯之恩故推王恩詳錄其卒葬比於大國視他爲深也

秋公會衞侯于桃丘弗遇【疏】杜云桃丘衞地濟北東阿縣東南有桃城大事表在今山東泰安府東阿縣西五十里有桃城鋪東有一丘高可數仞卽桃丘也名勝志桃丘在東阿縣安平鎭東十八里水經注濟水篇左合馬頰水水首受濟西北流歷安民山北又徑桃城東春秋公會衞侯于桃丘衞地也

會者何期辭也其言弗遇何【疏】通義云据遇者不期也上爲其辭則不當言弗遇舊疏云經既書會作聚集之名尋言弗遇是未見之稱故執不知問公不見要也【注】時實桓公欲要見衞侯衞侯不肯見公以非禮動見拒有恥故諱使若會而不相遇言弗遇者起公要之也弗者不之深也起公見拒深傳言公不見要者

順經諱文疏通義云以弗遇則未成爲會而言公會故須釋之時本期會于桃丘衞侯背期不至蓋已與齊鄭同謀伐我故也未會而言會者致本意也猶云晉人納捷菑于邾婁弗克納丁巳葬我君定公雨不克葬葬皆爲成事之文於上見不成事之實於下○注時實至之也○廣雅釋詁云要約也魯桓約衞侯爲會衞侯不肯是魯公以非禮見拒有恥故諱爲不遇之詞解詁箋云此非大惡反諱之者正以桓弑逆之人諸侯將誅之下來戰于郎盟于惡曹是也穀梁傳云弗遇者志不相得也弗內辭也亦以二國志不相得而書弗者明魯公弗遇託言衞侯不遇故云內辭所以殺恥也范云倡會者衞非穀梁亦無斯義○注弗者至拒深○周禮諸子職云司馬弗正注弗不也廣雅釋詁云弗不也儀禮士昏禮又弗能及注古文弗爲不經傳多以弗卽不然弗不實有輕重深淺之別弗有矯戾之義不則非否之辭耳言弗故公見拒深起矣○注傳言至諱文○十行本見要作要見校勘記云按上云桓公欲要見諸侯與此合傳則云公不見要也按此注申言傳義當同傳文作見要以經言弗遇是衞侯不遇之詞諱文不見傳言公不見要所以順經諱文明之也通義云會期辭也遇要辭也期而後期衞侯之過也要之而不見要公之恥也蓋公已至桃丘猶疑衞侯道滯未來復前逆之終不得見乃反故傳申之曰公不見要也

冬十有二月丙午齊侯衞侯鄭伯來戰于郎疏於曆十二月書丙午月之二十八日春秋正辭云孰志乎爲是戰齊志乎鄭志乎春秋無義戰其不義必先者主之齊志也搆我於鄭者齊也衞與齊同志見之於晉命矣齊侯親暱也鄭實定桓之位卒於怨仇小人哉使百姓肝腦塗地而不恤不仁甚矣以爵稱之言不可在民上也播其惡於衆而後人

之

郎者何吾近邑也【注】以言來也【疏】檀弓注郎魯近邑也哀十一年齊國書帥師伐我是也通義云魯近郊之邑也哀十一年齊國書帥師伐我左傳師及齊師戰于郊而檀弓以為戰于郎明郎地在郊也若然彼經亦當言來戰于郎但以所見之世諱恥尤深寇逼國都不可言戰故第舉伐而已隱元年左傳費伯帥師城郎杜云高平方與縣東有郁郎亭去都已遠恐別一郎邑也○注以言來也○舊疏云凡言來者鄉內之詞今經言來故知近邑也而僖四年楚屈完來盟于師是時在召陵而言來者据師道楚故得言來按春秋內其國而外諸夏內諸夏而外四夷此來戰于郎言來由內對諸夏之詞來盟于師言來由諸夏對四夷之詞

吾近邑則其言來戰于郎何【注】据齊師宋師次于郎不言來公敗宋師不言戰龍門之戰不舉地也【疏】注据齊至地也○莊十年齊師宋師次于郎同是郎地不言來也隱十年公敗宋師于菅同是偏戰不言戰也下十三年春公會紀侯鄭伯己巳及齊侯宋公衛侯燕人戰齊師宋師衛師燕師敗績彼疏引春秋說文龍門之戰即此亦近不舉地也

近也惡乎近近乎圍也【注】地而言來者明近都城幾與圍無異不解戰者從下說可知【疏】校勘記云圍唐石經鄂本以下同疏本圍作國云國讀如圍攻諸古本皆作國字而舊解以國為圍按注云地而言來者明近都城幾與圍無異此釋傳之近乎圍明雖非圍而實圍也通義云近幾也師迫都城幾幾乎圍故戰去及文言來以起之也俞云疏所據本蓋

作國字故云然其實當從何邵公本作圍隱五年傳邑不言圍此其言圍何彊也然則近乎圍者亦言其彊甚也若作近乎國則上文曰郎者何吾近邑也一言足以明之矣乃又曰吾近邑則其言來戰于郎何近也惡乎近近乎國也其詞不幾複乎葢吾近邑也之近以地之相去而言近也之近以事之相似而言兩近字文同而義異學者混而一之遂至譌圍字爲國字矣孔氏廣森作通義反從疏本作國恐後學疑誤故詳辨之按作國近是近宜如舊疏讀如附近之近言郎地近乎國也若作圍解則無地不可圍但言近乎圍不見郎爲都城則必圍下增都城始明不如作國於近字尤合注中圍字亦國之誤後人据誤本正文改之也○注地而至可知○注云明近都城雖非都城與都城同故云與國無異所以解近義也戰義具於下傳此故無庸預說也

此偏戰也

何以不言師敗績【注】据十二年師敗績偏一面也結日定地各居一面鳴鼓而戰不相詐【疏】通義云以丙午日是偏戰例也○注据十至敗績○即下十三年齊師宋師衛師燕師敗績是也○注偏一至相詐○左傳閔二年云衣身之偏杜云偏半也呂覽士容篇則室偏無光○高注偏半也國語晉語距非聖人必偏而後可韋注偏偏有一也荀子不苟云偏傷之也楊注偏謂見其一隅也皆一面之義也各居一面兩不相詐故爲偏戰繁露竹林云春秋之書戰伐也有惡有善也惡詐擊而善偏戰葢詐則不結日不定地出其不傷害意尤多故春秋惡之也

內不言戰言戰乃敗矣【注】春秋託王于魯戰者敵文也王者兵不與諸侯敵戰乃其已敗之文故不復言師敗績魯不復出主名者兵

近都城明舉國無大小當勠力拒之【疏】穀梁傳云內不言戰言戰則敗也范云兩敵故言戰春秋不以外敵內書戰則敗與公羊義同通義云內勝不言戰則言戰者內敗明矣穀梁傳內諱敗舉其可道者也○注春秋至敗績○孟子盡心篇征者上伐下也王者有征無戰春秋託王於魯故設戰文言戰則已敗文穀梁傳隱十年云內不言戰是也內不言師敗績而莊九年書我師敗績者彼傳云內不言敗此其言敗何伐敗也曷爲伐敗復讎也注復讎以死敗爲榮故錄之是彼以敗爲榮故不諱也○注魯不至拒之○十行本閩本監本毛本勠作戮非依鄂本正校勘記云釋文勠力字多作勠十二年疏引此注亦作勠穀梁傳云不言其人以吾敗也不言及者爲內諱也取義微異然公羊亦謂諱敗爲戰則卽兼穀梁義矣

公羊義疏十四

南菁書院

句容陳立卓人著

桓十一年盡十四年

十有一年春正月齊人衛人鄭人盟于惡曹注月者桓公行惡諸侯所當誅屬上三國來戰于郎今復使微者盟故爲魯懼危錄之疏杜云惡曹地闕沈氏欽韓左傳補注云惡曹蓋爲巢之異文在今衞輝府延津縣東南○注月者至錄之○舊疏云正以微者盟例合時今而書月故須解之据注文則此别爲微者莊氏正辭以此之人卽上之齊侯等親身春秋貶而稱人者非公羊義

夏五月癸未鄭伯寤生卒疏五月無癸未四月之七日爲癸未包氏愼言云據下文于七月書葬不日於傳例當時而不日正也之例合若卒在五月相距僅三月在慢葬之例宜書日今不日疑葬月亦在八月非七月也左傳隱元年莊公寤生驚姜氏故名曰寤生

秋七月葬鄭莊公注莊公殺段所以書葬者段當國本當從討賊辭不得與殺大夫同例疏注莊公至同例○成十年丙午晉侯獳卒注不書葬者殺大夫趙同等又僖九年晉侯佹諸卒注不書葬者殺世子也春秋之例君殺無罪大夫去葬以起義申生趙同等皆以無罪見殺故沒去葬文今段本有罪合

誅莊公殺之不與殺無罪大夫同故不去葬也范云莊公殺段失德不葬而書葬者段不弟於王法當討故不以殺親親貶之用何氏義也通義云鄭莊衛惠皆犯王命但天子於鄭伐之而已與朔爲王命所廢者異故惠公不書葬莊公書葬

九月宋人執鄭祭仲 疏 大事表云杜注陳留長垣縣東北有祭城高氏曰人但知長垣近衛鄭不能有因不取杜說而括地志逆以管城之祭爲祭仲邑或又疑爲周祭伯之采地鄭弁之以封祭仲非也祭伯祭仲同見於隱元年至莊二十三年尙有祭叔來聘鄭安得取以封仲乎列國錯壤甚多祭仲省留取道於宋而被執則留亦錯入宋境矣長垣之旁有滑鄭衛同爭之然則長垣固亦鄭衛相接之地耳今長垣縣屬北直大名府南至開封府蘭陽縣九十里

祭仲者何鄭相也 注 不言大夫者欲見持國重 疏 唐石經作鄭之相也鄂本以下俱無之字校勘記云嚴氏杰云大司徒疏引亦無之字荀子大略云天子三卿諸侯一相其實諸侯皆三卿有命於天子命於其君之異鄭伯爵小國宜一卿命於天子與○注不言至國重○通義云相助也謂三卿之長助君持國重者

何以不名賢也 疏 惠氏棟左傳補注云劉光伯以祭仲是字鄭人嘉之又云祭仲本非行人棟案五年傳云祭仲足爲左拒此年傳云祭封人仲足世本載姓氏皆先字後名此與孔父嘉一例則仲字足名確然無疑杜於五年傳又云祭足卽祭仲之字是專欲違舊注以就其曲說劉氏規之是也又云左氏無貶仲之文仲爲宋所脅雖死無益於忽公羊以爲行權釋例斥其挾僞以篡其君過矣按杜云祭氏仲名古人孟仲叔季皆字故莊二十五年左傳云陳侯使女叔來聘嘉之故不名亦叔爲字杜反以足爲字以仲爲名愼莫甚焉范亦爲杜說所誤

何賢乎祭

仲【注】据身執君出不能防難【疏】注据身至防難○身執君出事在下左氏家杜預等以爲祭仲被宋脅以逐君罪之正即何氏所据以難之義故於下釋之以爲知權也【注】權者稱也所以別輕重喩祭仲知國重君輕君子以存國除逐君之罪雖不能防其難罪不足而功有餘故得爲賢也不引度量者取其平實以無私【疏】後漢書賈逵傳云至知祭仲紀季伍子胥叔術之屬左氏義深於君父公羊多任於權變謂此○注權者至輕重○孟子梁惠王篇權然後知輕重注權銓衡也楚辭惜誓云同權概而就衡王注權衡皆稱也考工記栗氏職不耗然後權之注權謂稱分之也淮南時則訓冬爲權權者所以權萬物也荀子正名云故人無動而不可以不與權俱揚注權者稱之權所以知輕重者也漢書律曆志衡權者衡平也權重也衡所以任權而均物平輕重也其道如底又云權者銖兩斤鈞石也所以稱物平施知輕重也本起於黃鍾之重一龠容千二百黍重十二銖兩之爲兩二十四銖爲兩十六兩爲斤三十斤爲鈞四鈞爲石忖爲十八易十二有八變之象也又云權與物鈞而生衡衡運生規規圓生矩矩方生繩繩直生準準正則平衡而鈞權矣是爲五則公羊問荅云問前此有言權字否曰易巽以行權荀爽九家易解巽象號令又爲近利人君改教進退擇利而爲權也春秋傳曰權者反乎經然後有善者也据此則權字不始於春秋廣雅釋器云錘謂之權又云稱謂之銓呂覽仲秋紀平權衡高注秤衡也稱即秤也韋昭注國語云銓稱也是也○注喩祭至君輕○孟子盡心下云民爲貴社稷次之君爲輕趙注君輕於社稷社稷輕於民○注君子至賢也○此公羊精義也

逐君罪重存國功尤重以存國之功除逐君之罪所以為別輕重也為有据身執君出不能防難責仲者故決之○注不引至無私○考工記弓人云角與幹權注權平也禮記王制云必原父子之親立君臣之義以權之注權平也說文金部銓衡也是銓衡即稱衡權為錘衡之輕重視乎錘之進退而所以銓衡輕重全視乎錘故何氏以平實無私明之漢書律曆志云準者所以揆平取正也繩者上下端直經緯四通也準繩連體衡權合德百工繇焉以定法式輔弼執玉以翼天子是也度量者律曆志又云度者分寸尺丈引也所以度長短也本起黃鐘之長以子穀秬黍中者一黍之廣度之九十分黃鐘之長一為一分十分為寸十寸為尺十尺為丈十丈為引而五度審矣量者龠合升斗斛也所以量多少也本起於黃鐘之龠用度數審其容以子穀秬黍中者千有二百實其龠以升水準其概合龠為合十合為升十升為斗十斗為斛而五量嘉矣度量亦無私輕重事理於權義宜故取諸權其衡平錘實故也

其為知權奈何古者鄭國處于留

疏 周禮疏引鄭發墨守云鄭始封君曰桓公者周宣王之母弟國在京兆畿內今京兆鄭縣是也桓公生武公遷東周圻內國在虢鄶之間今河南新鄭是也武公生莊公因其國為留乃在陳宋之東鄭受封至此適三世安得古者鄭國處于留祭仲將往省之事乎武氏億云鄭之說果信以為在陳留之東而使如所引侵宋呂留屬彭城謂此足以實之則其地與虢鄶相去幾千里固宜其有足疑者然以余攷之殆非也漢地志孟注留鄭邑也後為陳所并故曰陳留左氏襄三十年伯有死於羊肆既而葬諸斗城桓十五年宋人以諸侯伐鄭伐東郊取牛首今牛首及斗城其地並在陳留而是地又居鄭東鄙故意當時之留即在此後遷鄭而留乃僻於遠爾鄭語史伯對桓公若克二邑鄔敝補丹依𩁹歷

莘君之土也後乃東寄帑與賄號鄶受之十邑皆有寄地蓋號鄶二君惛於欲而窮於利貪鄭伯區區之餌以奉其帑而居之必先在十邑之內而晉太康地志云陳留東北三十五里有莘城爲古莘國以是推之莘爲十邑之一其十邑又皆有寄地則鄭國之舊處於留亦其帑先寄於此耶其後通乎夫人以取其國而遷鄭而鄭之東偏實與宋接壤而錯制焉故祭仲將往省留塗出於宋爲宋所執亦勢所必至也尙何疑乎莊述祖云列女傳以大車之詩爲息君夫人所作本魯韓詩說鄭與息接壤息無風此詩及邱中有麻三家蓋在鄭風按留子嗟父子卽周王官大夫治留邑者亦古者鄭國處留之證而毛詩序以爲周莊王時或亦劉歆等點竄古文家言以惑學者留在莊王時已爲宋鄭閒地矣公羊古義云桓公寄帑與賄於號鄶及十邑幽王之亂西京不守當有處留之事其後滅號鄶十邑而居新鄭則以留爲邊鄙當在武公之時故云古者鄭國又云先鄭伯公羊之言正與外傳合鄭氏不攷而驟非之過矣讀書叢錄云惠棟古義云左傳侵宋呂留後漢彭城有留縣張良所封按漢書地理志陳留郡陳留孟康曰留鄭邑也後爲陳所幷故曰陳留鄭康成發墨守謂在陳宋之東非是阮氏元鐘鼎款識有留君簠二器說云古者鄭國處于留周人有留子嗟留子國後爲劉康公劉文公食采此留君是圻內諸侯招其名也按鄭伯所處之留當是陳留近宋之地其劉康公文公所食之采應在東周圻內與詩之留爲一留君或是指東周圻內之留蓋大夫於其私邑亦稱君也

先鄭伯有善于鄶公者通乎夫人以取其國

【疏】校勘記云鄶唐石經宋本閩本同監本毛本鄶誤鄫按釋文鄶古外反此于並上于留皆當作於下同檜詩譜云祝融氏名黎其後八姓唯妘姓鄶者處其地焉楚世家吳回生陸終陸終生子六人四曰會人詩

疏引世本云會人即檜之祖也又引韋昭服虔皆云檜是陸終第四子求言後然則檜吳回後也吳回復居黎職故鄭氏詩譜本黎而言也公羊古義云鄶公者鄶仲也夫人者叔妘也周語富辰曰鄶之亡也由叔妘注云鄶妘姓之國叔妘同姓之女為鄶夫人鄭語史伯曰子男之國虢鄶為大虢叔恃勢鄶仲恃險君若以周難之故寄帑與賄焉無不克矣寄帑與賄故得通乎夫人以取其國又鄭氏詩譜云其子武公與晉文侯定平王於東都王城卒取史伯所云十邑之地則善於鄶公者桓公事取其國當武公時事也昭十六年左傳云昔我先君桓公與商人皆出自周庸次比耦以艾殺此地斬之蓬蒿藜藿而共處之當即寄帑時事水經洧水篇又東過鄭縣南鄶水從西來注之鄭注曰竹書紀年晉文侯二年周惠王子多父伐鄶克之乃居鄭父之丘名之曰鄭是曰桓公以克鄶為鄭桓公事與鄭說異

而還鄭焉注遷鄭都于鄶也疏注遷鄭都于鄶○詩檜譜云檜者古高辛氏火正祝融之墟檜國在禹貢豫州外方之北滎波之南居溱洧之閒祝融氏後八姓唯妘姓檜者處其地焉其國北鄰于虢釋文引王肅云周武王封之於濟洛河潁之閒為鄶子按漢書地理志河南滎陽縣應劭曰故虢國也虢在今滎陽杜預曰檜城在密縣東北鄭居鄶城故得有溱洧鄭語所謂主芣騩而食溱洧是也鄭亦兼有虎牢漢地志河南有成皐縣故虎牢也一曰制隱元年左傳制巖邑也虢叔死焉是制本虢邑後并為鄭鄭有新鄭與滎陽密縣接壤知皆虢鄶舊封矣故詩疏引服虔云鄭東鄭古鄶國之地然鄭雖處其地不居其都此云遷鄭都於鄶者謂遷都於鄶地耳非必於鄶都也故僖三十三年左傳稱文夫人葬公子瑕於鄶鄶城之下詩疏引服注鄶城古鄶國之墟杜注鄶在滎陽密縣東北新鄭在滎陽宛陵縣西南是鄭非鄶都矣若然鄶譜謂在祝融

之墟而左傳昭十七年云鄭祝融之墟者蓋二都相去不遠鄭本祝融舊墟鄭因其境內之地而都之故亦得爲祝融之墟也鄭語桓公爲司徒甚得周衆與東土之人問於史伯曰王室多故余懼及焉其何所可以逃死史伯曰其濟洛河潁之閒乎是其子男之國號鄶爲大號叔恃勢鄶仲恃險皆有驕侈怠慢之心加之以貪冒君若以周難之故寄帑與賄不敢不許是驕而貪必將背君君以成周之衆奉辭伐罪無不克矣若克二邑鄔蔽補丹依疇歷華君之土也脩典刑以守之唯是可以少固詩譜云桓公從之言然之後三年幽王爲犬戎所殺桓公死之其子武公卒取史伯所云十邑之地右洛左濟前華後河食溱洧焉今河南新鄭是也而史記鄭世家云桓公曰善卒言於王遷其民於洛東而號鄶果獻十邑者蓋史記以史伯爲桓公謀遂以桓公自取十邑而不知桓非及身而得史公附會爲此說耳大事表云桓公初定號檜地爲新鄭此爲東號文王弟號叔所封杜注滎陽縣在今河南開封府氾水縣東十里弁滎陽滎澤皆其地檜即管叔鮮之故封左傳有檜城管城檜城在今許州府密縣東北五十里管城在開封府鄭州北二里是也詩疏引鄭發墨守云桓公國在宗周圻內武公遷居東周圻內然則鄭於西周本在圻內西都之地盡以賜秦武公隨而東遷其初封當亦在東周圻內及弁十邑地及圻外鬱成大國故詩緇衣傳云諸侯入爲天子卿士也詩古義云王符潛夫論會在河伊之閒其君驕貪嗇儉減爵損祿羣臣卑讓上下不臨詩人憂之故作羔裘閔其痛悼也匪風冀君先教也會仲不悟重氏伐之上下不能相使禁罰不行遂以見亡按節信此言蓋本周書史記此高辛時有鄶之君非外傳鄶仲也是以汲郡古文云高辛十六年帝使重帥師滅有鄶左史潛夫所云重氏伐之鄶君以亡是也世本陸終娶鬼方氏妹曰女嬇生子六人四曰求言是爲鄶人鄶

人者鄭是陸終在高辛之後或因有鄶之墟而封之後爲鄭武公所滅也王符之說失之而野留【注】野鄙也傳

本上事者解宋所以得執祭仲因以爲戒【疏】注野鄙也〇周禮大司徒職凡造都鄙鄭

注鄙所居也引春秋傳曰遷鄭焉而鄙留野在鄙與注合遷鄭焉上無而字與何本異彼疏云野鄙不同者鄭所見傳異也武氏億

經讀考異云此凡兩讀何氏以焉字絕句而野留另爲句周禮大司徒注引遷鄭焉而鄙留又以遷鄭焉屬下讀爲句太宰疏引此

文與鄭氏同按呂覽遇合篇爲野音而反善之高注野鄙也說文里部野郊外也詩魯頌駉傳邑外曰郊郊外曰野周禮縣士職掌

野注地距王城二百里以外至三百里曰野野是廣遠之稱鄙亦有遠義左傳僖三十一年云越國以鄙遠是也廣韻鄙邊鄙也左

傳隱元年大叔命西鄙北鄙貳于己杜云鄙鄭邊邑淮南子詮言訓夫始于都者常大于鄙鄙與都對言都爲國君所居鄙爲國之

邊界也鄭遷都于鄶地故以留爲邊邑焉通義云留周東都圻內地名詩云彼留之子是也先鄭伯武公也武公之父桓公周宣王

母弟始受封於鄭本在西京桓公用史伯之計寄帑與賄於郭叔鄶仲之國鄶仲怠後貪冒取同姓女叔妘爲夫人武公因緣寄孥

故得通焉國語言鄶之亡由叔妘是也犬戎之亂鄭失其地平王東遷武公爲卿士蓋始食采于留其後既克鄭鄶幷取鄔蔽等八

邑乃建國焉謂之新鄭而鄙留言以爲下都也都所居曰鄙按孔氏亦誤以留爲詩之留彼留宜在圻內此留近宋都之地當以漢書

注孟康說爲是〇注傳本至爲戒〇傳意鄭不通鄶夫人取其國而遷都則留爲所都祭仲不得被執則不致成突忽之篡亂故著

以爲戒莊公死已葬祭仲將往省于留塗出于宋宋人執之【注】宋人

宋莊公也【疏】注宋人宋莊公○左傳雍氏宗有寵於宋莊公故誘祭仲而執之史記宋世家莊公九年執鄭之祭仲要以立突爲鄭君祭仲許竟立突又鄭世家宋莊公聞祭仲之立忽乃使人誘召祭仲而執之曰不立突將死是宋人宋莊公也謂之曰爲我出忽而立突【注】突宋外甥【疏】注突宋外甥○鄭世家初祭仲有寵於莊公莊公使爲鄭公使取鄧女生太子忽故祭仲立之是爲昭公莊公又娶宋雍氏女生厲公突左傳宋雍氏女於鄭莊公曰雍姞生厲公史記注引賈注云雍氏黃帝之孫姞姓之後爲宋大夫杜云以女妻人曰女是爲突宋外甥也左傳莊六年注姊妹之子曰甥其實宋卿外甥非實宋外甥也左傳鄭世家又云不立突將死是爲我出忽立突事焉祭仲不從其言則君必死國必亡【注】祭仲死而忽旋爲突所驅逐而出奔經不書忽奔見微弱甚是時宋強而鄭弱祭仲探宋莊公本弒君而立非能爲突將以爲賂動守死不聽令自入見國無拒難者必乘便將滅鄭故深慮其大者也【疏】注祭仲至弱甚○下十五年鄭世子忽復歸于鄭秋九月鄭伯突入于櫟傳櫟者何鄭之邑曷爲不言入于鄭末言爾曷爲末言爾祭仲亡矣然則曷爲不言忽之出奔言忽爲君之微也祭仲存則存矣祭仲亡則亡矣注言忽微弱甚於鴻毛僅若匹夫之出耳故不復錄忽爲突逐在後注此言之者見忽之不能自立祭仲不從其言必爲宋殺宋納突出忽卽可因之滅鄭故下注云守死不能令自入見國無拒難者必乘便將滅鄭是君必死國必亡也○注是時至者也○宋莊弒君見上二

年左傳亦執厲公而求賂焉鄭世家亦執突以求賂焉是其將爲賂動也慮其大者國重君輕以存國爲大也從其言則君可以生易死國可以存易亡疏通義云祭仲存則不使宋得殺忽入鄭少遼緩之

注宋當從突求賂鄭守正不與則突外乖於宋內不行於臣下遼假緩之疏通義云遼遠也按說文辵部遼遠也楚詞九歎云山修遠其遼遼兮注遼貌緩之謂寬之時日以遠緩之也注云遼假緩之者假與還通揚子法言假言周於天地贊於神明注假作還是也還亦有遠義也○注宋當至臣下○下十三年左傳云宋多責賂於鄭鄭不堪命故以紀魯及齊與宋衛燕戰明宋從突求賂鄭不與也惟公羊以十三年之戰爲龍門之戰與左氏異其外乖於宋可知內不行於臣下者世家云祭仲專國政厲公患之亦不行於臣下事也則突可故出而忽可故反疏經義述聞云疏解突可故出云突可以此之故出之也解忽可故反云言忽可以此之故而反之也孔氏巽軒公羊通義云故如故也言少遲久之伺突之隙則突依舊可出而忽依舊可反引之謹案以此之故不得但言故疏說非也如故亦不得但言故且忽前此無反國之事何依舊之有孔說亦非也今案故讀爲固固者必也襄二十七年我卽死女能固納公乎秦策王固不能行也何高注並云固必也突可固出而忽可固反言突可使之必出忽可使之必反也古字故與固通按王說是也禮記哀公問云固民是盡鄭注固猶故也是固故通上五年左傳固將先奔言必將先奔也呂氏春秋任數篇其說固不行言其說必不行也

是不可得則病注使突有賢才是計不可得行則己病逐君之罪

【疏】經義述聞云疏曰言己終能出突而反忽則爲權之成若不能如是乃爲其病矣謹案注疏所說非傳義也是不可得則病乃假設之詞病猶辱也見士冠禮注恥也是謂上文之突出忽反也言祭仲之意以爲突可出忽可反若不可得則以爲大恥蓋其意必欲出突而反忽也謀國之權如是然後能保有鄭國故曰有鄭國自上文祭仲不從其言至是不可得則病皆發明祭仲之意病者恥其事之不成非病出君之罪也然後有鄭國乃直承上文之詞按王說較舊義直捷然後言使突有賢才是計不可得行亦宜兼有此義蓋若突賢能守國仲亦無如何徒受逐君惡名故爲病也

然後有鄭國【注】己雖病逐君之罪討出突然後能保有鄭國猶愈於國之亡【疏】舊疏云言突有賢才己計不行雖然仍須勉力討之令忽有國雖費功力猶愈於國之亡也按疏非注意此然後有鄭國語對上祭仲不從其言則君必死國必亡立說何意從其言出忽立突先病逐君之罪後復討出突雖遼緩能保有鄭國不然則亡故雖被惡名猶愈於國之亡所以爲行權能得輕重之宜也穀梁范序駁公羊謂以廢君爲行權是神器可得而闚也不識輕重之義者也〇注猶愈至之亡〇猶閩本監本毛本作稱誤依鄂本正疏亦云猶愈於國之亡也

古人之有權者祭仲之權是也【注】古人謂伊尹也湯孫大甲驕蹇亂德諸侯有叛志伊尹放之桐宮令自思過三年而復成湯之道前雖有逐君之負後有安天下之功猶祭仲逐君存鄭之權是也【疏】繁露竹林云夫去位而避兄弟者君子之所甚貴獲虜逃遁者君子之所甚賤

祭仲措其君於人所甚貴以生其君故春秋以爲知權而賢之丑父措其君於人所甚賤以生其君春秋以爲不知權而簡之其俱枉正以存君相似也其使君榮之與使君辱不同理故凡人之有爲也前枉而後義者謂之中權雖不能成春秋善之魯隱公鄭祭仲是也舊疏引長義云若令臣子得行則閉君臣之道啓簒弑之路解云權之設所以扶危濟溺舍死亡無所設也若使君父臨溺河井竇不執其髮乎是其義也按孟子離婁篇男女授受不親禮也嫂溺援之以手者權也事有緩急理有重輕君臣之義人之大紀國之存亡宗社所繫去緩就急舍輕全重所以爲權也○注古人至是也○釋文大音泰閩本監本毛本改太甲非後各本作后依鄂本正舊疏云出書序按史記殷本紀伊尹乃立太丁之子太甲太甲成湯嫡長孫也是爲帝太甲元年伊尹作伊訓作肆命作徂后帝太甲既立三年不明暴虐不遵湯法亂德於是伊尹放之於桐宮三年伊尹攝行政當國以朝諸侯帝太甲居桐宮三年悔過自責反善於是伊尹迺迎帝太甲而授之政帝太甲修德諸侯咸歸殷百姓以甯伊尹嘉之迺作太甲訓三篇孟子萬章篇湯崩太丁未立外丙二年仲壬四年太甲顛覆湯之典刑伊尹放之於桐三年太甲悔過自怨自艾於桐處仁遷義三年以聽伊尹之訓己者又盡心篇公孫丑曰伊尹曰予不狎于不順放太甲於桐民大悅太甲賢又反之民大悅賢者之爲人臣也其君不賢則固可放與孟子曰有伊尹之志則可無伊尹之志則篡也言古人之能行祭仲之權者伊尹伊尹廢君犯不韙之名卒以存殷與祭仲之逐君存鄭其行權正相類也

權者何權者反於經然後有善者也

疏孟子離婁篇趙注權者反經而善者也即董子所謂前枉後義謂之中權是也後漢書馮衍傳注於正道雖違逆而事有成功者謂之權論語子罕篇可

與立未可與權唐棣之華偏其反而注云賦此詩以言權道反而後至於大順也按可與立經也可與權則反於經而有善權也通義云其始爲之若反乎常道鄭忽出奔衞是也觀其後乃有善鄭世子忽復歸于鄭是也毛氏奇齡論語稽求篇云漢儒以反經合道爲權此正本夫子偏反喻權之義且亦非漢儒私說在前此已有之公羊傳權者何權者反乎經者也反乎經然後有善者也反經之語實始於此其後相習成說著爲師傳如後漢周章傳云孔子稱可與立未可與權權者反經者也北周書宇文護論云孔子云可與適道未可與權夫道者率禮之謂也權者反經之謂也六季儒說相仍不改又云淮南子曰溺則捽父祝則名君勢不得不然也此權之所設也故孔子曰可與立未可與權夫惟以捽父名君爲非常之事故惟於溺與祝時一偶施之也按韓詩外傳高子問於孟子曰夫嫁娶者非己所自親也衞女何以得編於詩也孟子曰有衞女之志則可無衞女之志則怠夫道二常謂之經變謂之權夫衞女行中孝慮中聖權如之何正以列女傳云許穆夫人衞懿公之女初許求之齊亦求之女因其傅母而言曰古者諸侯之有女子也所以苞苴玩弄繫援于大國也許小而遠齊大而近今舍近而就遠離大而附小一旦有車馳之難孰可與慮社稷衞侯不聽是其事也

權之所設舍死亡無所設注設施也舍置也如置死亡之事不得施疏注設施至得施○說文言部設施陳也禮記祭統云施于烝彝鼎注施猶著也施設猶言施行謂權之所施行也昭四年左傳使杜洩舍路杜云舍置也釋文音捨如置死亡之事不得施者如殺身成仁之屬有死無二不得藉權自飾下傳云行權有道是也繁露玉英云夫權雖反經亦必在可以然之域不在可以然之域故雖死亡終弗爲也

行權有道

自貶損以行權【注】身蒙逐君之惡以存鄭是也【疏】注身蒙至是也○鹽鐵論論儒云祭仲自貶損以行權時也蒙逐君惡名是其自貶損也不害人以行權【注】己納突不害忽是也【疏】注己納至是也○里克納惠公弒奚齊卓子甯喜納獻公弒其君剽之屬皆害人者也殺人以自生亡人以自存君子不為也【注】祭仲死則忽死忽死則鄭亡生者乃所以生忽存鄭非苟殺忽以自生亡鄭以自存反覆道此者皆所以解上死亡不施於己宋不稱公者脅鄭立簒首惡當誅非伯執也祭仲不稱行人者時不銜君命出使但往省留耳執例時此月者為突歸鄭奪正鄭伯出奔【疏】注祭仲至於己○漢書鄒陽傳云昔者鄭祭仲許宋人立公子突以活其君非義也春秋記之為其以生易死以存易亡也後漢書馮衍傳順而成者道之所大也逆而功者權之所貴也是故期於有成不問所由論於大體不守小節昔逢丑父伏軾而使其君取飲稱於諸侯鄭祭仲立突而出忽終得復位美於春秋蓋以死易生以存易亡君子之道也詭於衆意保國存身賢智之慮也蓋祭仲死則徒死無救於忽與鄭苟免求生乃能生忽存鄭非徒殺人自生亡人自存者比也包氏慎言云祭仲之事公羊言之矣曰權之所設舍死亡無所設行權有道自貶損以行權殺人以自生亡人以自存君子不為也祭仲省留為宋人所執非有辱國之羿仲不宜死宋執仲而脅仲以廢立仲宜效死然宋大於鄭忽又弱主內無所

倘仲死而無解於鄭之亡無救於忽之死故甯蒙不韙之名順宋而挈突以歸突歸忽出而忽猶可以生突挈於仲仲能立之亦能廢之則忽可以故反忽之得歸而反正仲之智爲之也子捽父髮當誅父溺而子捽其髮俄頃之變存亡繫焉避誅而陷父於死非子也仲之出忽子捽父髮之說也君子無誅焉仲無足取而其機變之深能使天日再明足以爲凡世處危急者法後世遇祭仲之變者能如祭仲之所爲則生不能如祭仲之所爲則死聖人豈輕以許人哉身之存亡不足繫君國之存亡而偷生以從逆者祭仲之罪人也蜀漢姜維有祭仲之志事幾成而敗君子悲焉通義云權之所設良以事有歧趨道或兩塗利害資於審處輕重貴其稱量是故身與義權則義重義與君權則君重君與國權則國重古之人謀其君不私其身況私其名乎昔周公負扆踐阼詔偪上之嫌殺管叔蔡叔近滅親之過卒使沖人成德王室底定詩人美之曰公孫碩膚德音不瑕孫之言巽也易所謂巽以行權也然而嫂不溺不援君不危社稷則不變置是以反覆申明行權之匪易均之事也施於君死國亡則爲權施於生己存己則爲私亦視其心而已後世有藉權之名濟其變詐者俗儒欲以此傳執其咎可乎夫君子之行權雖若反經然要其後必有善存焉若仲執者未能善其後者也詩曰采葑采菲無以下體春秋之於祭仲取其詭詞從宋以生忽存鄭爲近於知權耳仲後逡巡畏難不終其志經於忽之弑子亹子儀之立一切沒而不書所以醇順其文成仲之權使可爲後法故假祭仲以見行權之道猶齊襄公未必非利紀也而假以立復讐之準所謂春秋非記事之書明義之書也苟明其義其事可略也俗儒責仲當守死不聽仲既被執終無能爲仲死而突故入忽故亡匹夫之諒何所取之外大夫例恆書名獨祭仲書字灼然見賢必不信傳將不信經乎仲唯得於本事不名名季友沒

仍稱字又可以明仲一時之權固未若季子之盡善矣伯莒之戰傳曰吳何以稱子夷狄也而憂中國其下吳入楚傳曰吳何以不稱子反夷狄也由是言之一篇之中隨宜褒貶仲時所行暫得合權校其後事仍自無取正猶不保其往不與其退苟違於此了無閔義按孔包所論申明劉切傳之所以反覆道此者益見其義死亡不施於己非徒然也○注宋不至執也○十行本立作之閩本監本毛本同誤也依鄂本正僖四年傳云稱侯而執者伯討也稱人而執者非伯討也此不稱爵故知非伯討脅立篡當誅故也舊疏云決成十五年晉侯執曹伯歸于京師稱爵是也穀梁傳曰宋人者宋公也其曰人何也貶之也注惡其執人權臣廢嫡立庶○注祭仲至留耳○舊疏云決定六年秋晉人執宋行人樂祁犂之屬稱行人也○注執例至出奔○卽祁犂書秋是也此書月故解之

突歸于鄭

突何以名注据忽復歸于鄭俱祭仲所納繫國稱世子不但名也疏注据忽至名也○下十五年鄭世子忽復歸于鄭是也挈乎祭仲也注挈猶提挈也突當國本當言鄭突欲明祭仲從宋人命提挈而納之故上繫於祭仲不繫國者使與外納同也時祭仲勢可殺突以除忽害而立之者忽內未能懷保其民外未能結款諸侯如殺之則宋軍强乘其弱

滅鄭不可救故少遼緩之【疏】注挈猶提挈也○墨子經說云挈有力也引無力也釋名釋姿容云挈結也結束之速持之也持跱也跱之於手中也禮記王制云班白者不提挈漢書張耳陳餘傳以兩賢王左提右挈說文手部挈縣持也廣韻挈提挈也提挈多連文為訓突之入不入惟祭仲所提挈也○注突當至祭仲○當闚本監本毛本作常依鄂本正仲通義云挈蒙上鄭祭仲義不復繫鄭以見突為仲所挈引得歸也突當國當如衛州吁齊無知稱鄭突○注不繫至同也○舊疏云言與外納同者即繫祭仲言于鄭是也言似僖二十五年楚人圍陳納頓子于頓文十四年晉人納捷菑于邾之屬是也○注時祭至緩之○毛本突誤奪款鄂本作助少遼緩之猶上祭仲從宋人出忽立突意也

其言歸何【注】据小白言入【疏】注据小白言入○即莊九年齊小白入于齊是也

順祭仲也【注】順其計策與使行權故使無惡【疏】注順其至無惡○下十五年傳例云歸者出入無惡突以庶篡適宜書入經言歸與無惡同故解之繁露王道云魯隱之代桓立祭仲之出忽立突仇牧孔父荀息之死節公子目夷不與楚國此皆執權存國行正世之義守惓惓之心春秋嘉氣義焉故皆見之復正之謂也穀梁傳曰歸易詞也祭仲易其事權在祭仲也亦即公羊挈乎祭仲之義

鄭忽出奔衛

忽何以名【注】据宋子既葬稱子【疏】注据宋至稱子○僖九年三月宋公禦說卒夏公會宰周公齊侯宋子已下于葵丘是宋公稱子在未葬前此云既葬誤也彼注云宋未葬不稱子某者非居尸柩之前故不名也然則未葬稱子

某既葬稱子宋公出會諸侯非尸柩前故從既葬之稱稱子此鄭忽正既葬後宜稱子故据難之春秋伯子男一也辭無所貶注春秋改周之文從殷之質合伯子男為一一辭無所貶皆從子夷狄進爵稱子是也忽稱子則與春秋改伯從子辭同於成君無所貶損故名也名者緣君薨有降既葬名義也此非罪貶也君子不奪人之親故使不離子行也王者起所以必改質文者為承衰亂救人之失也天道本下親親而質省地道敬上尊尊而文煩故王者始起先本天道以治天下質而親親及其衰敝其失也親親而不尊故后王起法地道以治天下文而尊尊及其衰敝其失也尊尊而不親故復反之於質也質家爵三等者法天之有三光也文家爵五等者法地之有五行也合三從子者制由中也疏注春秋至從子○此道春秋制也繁露三代改制云春秋鄭忽何以名春秋曰伯子男一也辭無所貶何以為一曰周爵五等春秋三等春秋何三等曰王者以制一商一夏一質一文商質者主天夏文者主地春秋者主人故三等也又云故天子命無常唯命是德慶故春秋應天作新王之事制宜商合伯子男為一等史記三王世家云昔五帝異制周爵五等春秋三等皆因

時而序尊説苑修文云商者常也常者質質主天夏者大也大者文也文主地故王者一商一夏再而復者也然則春秋當新王故以殷變周也又君道云孔子曰夏道不亡商德不作商德不亡周德不作周德不亡春秋不作春秋作而君子知周亡也按春秋繼周一質一文故改周文從殷質論語爲政篇所謂其或繼周者是也春秋三等公一等侯一等伯子男爲一等鄭本伯爵稱子與伯無異辭無所貶故稱名示異宋衛公侯故稱子示降也○注夷狄至是也○文十三年楚子使椒來聘襄二十九年吳子使札來聘是也春秋從殷改周殷夷狄之君亦稱伯一書序云巢伯來朝傳伯爵也南方遠國知殷殷之稱伯與春秋書子也禮記曲禮云其在東夷北狄西戎南蠻雖大曰子注謂九州之外長也雖有侯伯之地本爵亦無過子春秋備七等以進退至字不若子而止所見之世夷狄始進爵稱子故也○注忽稱至名也○閩本監本毛本春秋作諸侯依鄂本正緣鄭爵○本伯忽降稱子與稱爵無異故降而稱名貶於成君所以別嫌也通義云本所以公侯在喪稱子者緣孝子之心不忍當君位示自貶損從小國辭也鄭伯爵乃與子男爲一等若亦改稱子未見貶損之義且今滕莒邾婁等國亦在喪稱子反嫌是爵故更降之同於附庸君稱名此爲未踰年之達號所以知與陳佗莒展殊者陳桓公之卒子莒子密州之弒皆已隔年自不嫌爲在喪稱名云爾按公侯稱子子者人君在喪之稱稱名亦然未必於從小國辭王在喪稱小童可證○注名者至義也○白虎通爵篇云父在稱世子何繫於君也父沒稱子某何屈於尸柩也既葬稱子者即尊之漸也踰年稱公者緣民臣之心不可一日無君也莊三十二年傳君存稱世子君薨稱子某既葬稱子注名者尸柩尚存猶以君前臣名也此注云既葬名者順鄭忽稱名在葬鄭莊公後爲説謂君薨有降稱之義故既葬仍稱名與上注

引宋子既葬稱子同彼宋公實未葬也曲禮疏凡諸侯在喪之稱公羊未葬稱子某者莊三十二年子般卒襄三十一年子野卒皆稱是君薨稱子某也既葬稱子則文十八年子惡卒經書子卒是也踰年稱君則僖十年里克弒其君卓文公元年公即位是踰年稱君也若其君自稱猶曰子故文九年傳諸侯於其封內三年稱子是也按昭十一年楚滅蔡執蔡世子有其時蔡君已死其子仍稱世子者何云稱世子者不與楚之滅蔡也猶若君存然故猶稱世子文十四年九月齊商人弒其君舍舍爲君成商人之弒也襄二十九年吳子使札來聘先君未踰年吳稱子者賢季子故錄之桓十一年鄭忽出奔衛先君既葬而尚稱名者公羊云何以名伯子男一也詞無所貶何云直以喪降稱名無餘罪致貶凡以王事相會未踰年皆稱子僖九年會于葵丘宋襄公稱子僖二十八年會于踐土陳共公稱子定四年會召陵陳懷公稱子皆未踰年會王事稱子也若未踰年非王事而稱爵皆譏耳成四年鄭伯伐許是也此皆公羊之義也○注此非至行也○君子不奪人之親禮記曾子問文春秋書名多在貶絕科上六年傳陳君則曷爲謂之陳佗絕也曷爲絕之外淫也下十六年傳衛侯朔何以名絕曷爲絕之得罪于天子也彼皆以罪貶此與彼異故解之君薨有降稱名之義故使不離子行也○注王者至質也○舊疏云天道本下親親而質省者已下至反之○於質皆出於樂說文禮記表記云夏道尊命事鬼敬神而遠之近人而忠焉先祿而後威先賞而後罰親而不尊其民之敝惷而愚喬而野樸而不文殷人尊神率民以事神先鬼而後禮先罰而後賞尊而不親其民之敝蕩而不靜勝而無恥周人尊禮尚施事鬼神而遠之近人而忠焉其賞罰用爵祿親而不尊其民之敝利而巧文而不慚賊而敝鄭注敝謂政教衰失之時也政教有衰失故改質文以救之惟夏文殷質周文殷當

親親周與夏當尊尊也白虎通三教云王者設三教者何承衰救敝欲民反正道也又三正篇云王者必一質一文者何所以承天地順陰陽陽之道極則陰道受陰之道極則陽道受明二陰二陽不能相繼也質法天文法地而已故天爲質地受而化之養而成之故爲文文選注引元命包云王者一質一文據天地之道天質而地文又禮記疏引元命包云三王有失故立三教以相變夏人之立教以忠其失野故救野莫若敬殷人之立教以敬其失鬼救鬼莫若文周人之立教以文其失蕩救蕩莫若忠如此循環周則復始窮則相承史記高祖本紀太史公曰夏之政忠忠之敝小人以野故殷人承之以敬敬之敝小人以鬼故周人承之以文文之敝小人以僿故救僿莫若以忠三王之道若循環周則復始漢書董仲舒傳三王之道所祖不同非其相反將以捄溢扶衰所遭之變然也白虎通又云三正之有失故立三教以相指受夏人之王教以忠其失野救野之失莫若敬殷人之王教以敬其失鬼救鬼之失莫如文周人之王教以文其失薄救薄之失莫如忠繼周尚黑制與夏同三者如順連環周而復始窮則反本鹽鐵論錯幣云三王之時迭盛迭衰衰則扶之傾則定之是以夏忠殷敬周文庠序之敬恭讓之禮粲然可觀也說苑修文云夏后氏教以忠而君子忠矣小人之失野救野之失莫如敬故殷人之教以敬而君子敬矣小人之失鬼救鬼莫如文故周人教以文而君子文矣小人之失薄故救薄莫如忠故聖人之與聖也如矩之三雜規之三雜周則又始窮則反本也是皆爲承衰救亂救人之失也三代所尙忠敬文爲三教皆不外乎質文質文之道本乎天地施之於人不外尊親而已繁露三代改制質文云主天法商而王其道佚陽親親而多仁樸主地法夏而王其道進陰尊尊而多義節又云主天法質而王其道佚陽親親而多質愛主地法文而王其道進陰尊尊而

多禮文是則天道親親而質省地道尊尊而文煩義也禮記表記又云厚於仁者薄於義親而不尊厚於義者薄於仁尊而不親故多仁樸其失親親而不尊多義節其失尊尊而不親也亦即周而復始窮則反本義也○注質家至行也○舊疏云不皆春秋說文白虎通爵篇云爵有五等以法五行也或三等者法三光也或法三光或法五行何質家者据天故法三光文家者据地故法五行故含文嘉曰殷爵三等周爵五等各有宜也禮記疏引元命包云周爵五等法五精春秋三等法三光宋注五精是其總法五行分之則法五剛甲丙戊庚壬其諸侯之臣法五柔乙丁己辛癸漢書王莽傳周爵五等地四等有明文殷爵三等有其說無其文又袁盎傳殷道質質者法天周道文文者法地春秋變周之文從殷之質故三等定爵也莽傳謂無其文者春秋為後世制法故第有其說也○注合三至中也○禮記王制云公侯田方百里伯七十里子男五十里鄭注此地殷所因夏爵三等之制也殷有鬼侯梅伯春秋變周之文從殷之質合伯子男以為一皆稱伯也與何休不同故鄭云殷爵三等者公侯伯也則公百里侯七十里伯子男五十里也按鄭意以諸侯合伯子男為一皆稱伯異圻內之君謂之子白虎通爵篇云殷爵三等公侯伯也所以合子男從伯者何王者受命改文從質無虛退人之義故上就一伯也尙書曰侯甸任衛作國伯謂殷也春秋傳曰合伯子男以為一爵或曰或從子貴中也以春秋名鄭忽忽者鄭伯也此未踰年之君嫌為改伯從子故名之也白虎通前一說鄭氏所本後一說何氏所本也圻內諸侯雖稱子以王制校之若為三公當受百里之封若為卿當受七十里之封若為大夫當受五十里之封與夏之圻內諸侯皆五十里者不同也

柔會宋公陳侯蔡叔盟于折疏杜云折地闕釋文折一本作析唐石經作折

柔者何吾大夫之未命者也注以俠卒也輒發傳者無氏嫌貶也所以不卒柔者深薄桓公不與有恩禮於大夫也盟不日者未命大夫盟會用兵上不及大夫下重於士罰疑從輕故責之略蔡稱叔者不能防正其姑姊妹使淫於陳佗故貶在字例疏注以俠卒也○隱九年春俠卒傳俠者何吾大夫之未命者也注以無氏而卒之也與此書柔同穀梁傳亦云柔者何吾大夫之未命者也○注輒發至與貶也○隱二年傳無駭者何展無駭也何以不氏貶也曷爲貶疾始滅也又四年傳公子翬也何以不稱公子貶曷爲貶與弒公也此柔不書氏嫌與無駭翬同貶故一復發傳也然則內大夫不書氏有二一則未命大夫此及俠是也一則貶不書氏無駭公子翬是也其僑如遂豹等之不書氏當文各自有解也○注所以至夫也○隱九年俠卒注未命所以卒之者賞疑從重明○隱公有恩禮於大夫也此不書柔卒故爲薄桓公不與恩禮也○柔卒不見何以責桓公者蓋何氏別有所見柔卒桓世故云然○注盟不至之略○隱元年注君大夫盟例日惡不信也小信月大信時明年伐宋是不信而不日故解之通義云明年背盟伐宋而此盟不日者爲下公親爲穀丘之盟責不信在公不在柔也意柔非命大夫故責之略也舊疏云春秋之例不信者日下十二年及鄭師伐宋丁未戰于宋是其違信矣不日者正以未命大夫故責之略也罰疑從輕者新語連語云故獄疑則從去賞疑則從予又大政云是以一罪

疑則弗遂誅也故不肖得改也僞古文大禹謨云罪疑惟輕柔非執政大夫背盟與否恐未能主罰之應否亦在可疑故從輕以略其責也○注蔡稱至字例○監本閩本毛本作蔡下有侯字鄂本無舊疏標起訖亦作蔡稱至字例無侯字是也包氏慎言云失爵稱字謂絕奪其爵也陳佗事見上六年傳所謂淫於蔡是也不能防正貶爵爲字莊十年云字不若子郎字不若爵意也

公會宋公于夫童疏左氏作夫鍾穀梁同杜云夫鍾郕地穀梁麋氏本作夫童音鐘水經淇水篇無棣溝又東南逕高成縣南與枝瀆合瀆上承無棣溝南逕樂陵郡西又東南逕千童縣故城東史記建元以來王子侯者年表千鍾徐廣曰一作重索隱曰漢表作重侯在平原地理志有重丘釋文夫童下音鍾沈氏欽韓云今兖州府汶上縣有夫鍾里

冬十有二月公會宋公于闞疏杜云闞魯地在東平須昌縣東南一統志闞城在兖州府汶上縣南旺湖中大事表云魯先公墓所在自隱桓以下皆葬此今兖州府汶上縣西南三十五里有南旺湖湖中有闞亭其地高阜六七郎魯先公葬處定元年季孫使役如闞即此水經注濟水篇濟水故瀆又北右合洪水上承鉅野薛訓渚歷澤西北渚又北逕闞鄉城西春秋公會宋公于闞郡國志曰東平陸有闞亭

十有二年春正月

夏六月壬寅公會紀侯莒子盟于毆蛇疏左氏紀侯作杞侯毆蛇作曲池杜云曲池魯地魯國汶陽縣北有曲水亭大事表在今曲阜縣東北四十里水經注汶水篇汶水又西南逕魯國汶陽縣北縣有曲水池亭春秋公會杞

侯莒子於曲池續漢志注地道記臨淄縣西南門曰曲門其側有池非也一統志嶮河在兗州府曲阜縣東北五十里源出九龍山東南流入洙水其谿澗險隘即此曲池也今其水常流不絕顧氏炎武唐韻正云燭曲平聲則音區春秋桓十二年公會杞侯莒子盟于曲池公羊作毆蛇汲冢書作區蛇上聲則丘羽反去聲則丘具反五臣注文選陸機漢高祖功臣頌云曲音區句反按毆从區聲古區曲同部字得相段借蛇从它聲池从也聲亦同部相段借也故周禮職方氏職其川虖池釋文池徒多反禮記禮器云必先有事于惡池釋文池大河反皆讀如它說文它部它虫也从虫而長象寃曲垂尾形上古艸居患它故相問無它乎又出蛇字云或从虫是蛇即它也故音託何反六月書壬寅七月書丁亥據曆壬寅爲五月之二日丁亥爲八月之十八日

秋七月丁亥公會宋公燕人盟于穀丘【疏】杜云燕人南燕大夫隱五年左傳衛人以燕師伐鄭杜云南燕國今東郡燕縣彼疏引世本云燕國姞姓地理志東郡燕縣南燕國姞姓黃帝之後也小國無世家不知其君號謚唯莊二十年燕仲父見傳耳按燕有二一爲北燕召公奭後姬姓一爲南燕地理志有南燕在今衛輝府延津縣地莊十六年燕與衛伐周出惠王史記燕世家記爲北燕事燕仲父爲北燕君索隱曰譙周云据左氏燕與衛伐周記惠王乃是南燕姞姓而系家以爲北燕伯故著史考云北燕是姞姓今檢左氏莊十九年衛師燕師伐周二十年齊伐山戎傳云執燕仲父三十年齊伐山戎傳曰謀山戎以其病燕故也據傳文及此記元是北燕不疑杜君妄說仲父爲南燕伯爲伐周故且燕衛俱是姬姓故有伐周納王之事若是姞燕與衛伐周則鄭何以獨伐燕而不伐衛乎按左傳亦未明稱南燕以爲南燕者杜氏之說此燕人亦未詳爲何燕考昭十二年云

北燕伯款出奔齊彼既明云北燕則此單言燕者或南燕與穀丘杜云宋地大事表云左傳云句瀆之丘杜注卽穀丘也方輿紀要在今山東曹州府曹縣北三十五里按穀卽句瀆之合聲也漢書地理志濟陰郡句陽下云應劭曰左氏傳句瀆之丘也紀要又云穀丘在歸德府商丘縣南四十里桓十二盟于穀丘是也寰宇記穀丘在宋州穀熟縣南二十里按商丘之穀丘與在曹縣者自爲二地魯宋燕所盟似在曹州府界爲宜

八月壬辰陳侯躍卒【注】不書葬者佗子也佗不稱侯者嫌貶在名例不當絕故復去躍葬也【疏】八月書壬辰月之二十三日○注不書至子也○史記陳杞世家云厲公所殺桓公太子免之三弟長曰躍中曰林少曰杵臼與蔡人共殺厲公而立躍是爲利公利公者桓公子也利公立五年卒與此不合左傳以厲公卽躍與史記乖田完世家又云桓公之少子林怨厲公殺其父與兄乃令蔡人誘厲公而殺之林自立是爲莊公均以厲公卽佗而田完世家無躍一代此注以躍卽佗子又與左傳二世家不合今以何氏爲主正若一係桓公子春秋何爲不書葬也○注佗不至葬也○通義云凡外卒葬皆由春秋錄之其或不卒不葬亦由春秋削之俗儒但云魯往會葬則書不會則不書是魯史也非聖經也春秋有臨天下之言焉諸侯之葬當請諡於王故不曰某國葬某公而曰葬某國某公以王命葬之之詞也王道熄矣春秋乃以文王之法臨之而託其義通義又云躍陳厲公也蓋以誅佗立躍本與殺州吁立晉同義緣從託始省文躍篡未明故不書葬以晉侯黑臀例之可見也知不然者以躍爲陳厲公本左氏說非公羊義陳佗見殺于蔡與衛人殺州吁不同晉夷獋見弒於

趙盾黑臀立不討賊與聞於弒可知故削其葬以見義躍爲佗子亦不得責之以篡陳力不能討蔡在春秋原情之列亦不得責躍以不討賊蓋陳佗外淫當絕躍當從誅君之子不立之義故去其葬以明佗之當在誅絕科也

公會宋公于鄭疏二傳鄭作虛杜云虛宋地趙氏坦春秋異文箋云虛古多訓空以其有空音也鄭與空音之通轉猶垂隴之作垂斂也按鄭與空古音通是也虛有空音未詳大事表云疑在睢州境一統志衞輝府延津縣東南有故虛城按蘇代云決宿胥之口則魏無虛頓丘頓丘爲今大名清豐縣地宿胥爲今濬縣地則謂在睢州境者亦通魯會宋公在宋境爲宜穀梁注虛鄭地未知所据

冬十有一月公會宋公于龜疏杜云龜宋地大事表云疑在睢州境宋本作龜毛本作龜皆誤當作龜按魯有龜山在泰山郡蒙陰縣境所謂龜陰之田是也或宋公來會魯地與

丙戌公會鄭伯盟于武父疏十一月兩書丙戌十一月無丙戌十月之十八日也杜云武父鄭地陳留濟陽縣東北有武父城大事表云水經注濟陽縣故城武父城也今在直隸大名府東明縣西南與河南開封府蘭陽縣接界一統志武父城在大名府東明縣西南

丙戌衞侯晉卒注不蒙上日者春秋獨晉書立記卒耳當蒙上日與不嫌異於篡例故復出日明同疏注不蒙至明同○通義云穀梁傳再稱日決日義也蓋同日兩

事先盟後卒既嫌日不相蒙先卒後盟盟例本有不日又無以決丙戌爲盟盟日必欲著丙戌爲盟日者著明桓盟皆日以重疾其無信必欲決丙戌爲卒日者春秋獨晉書立嫌爲大惡不當日也邾子貜且卒不再日者接菑有弗克納文則貜且正當立已明故無嫌按春秋纂不明者卒去日僖二十四年冬晉侯夷吾卒襄十八年冬十月曹伯負芻卒于師是也若其纂已明則不去日此衞侯晉於隱四年書衞人立晉其纂已明若不重書丙戌則嫌在不日之例是異於纂矣故復書日以明之僖十七年冬十二月乙亥齊侯小白卒莊二十一年夏五月辛酉鄭伯突卒皆書日以齊小白鄭突皆有入文其纂亦明故也言獨者舊疏云鄭突齊小白皆上有入文不言立故言獨是也纂君所以去日者示略也其貜且之卒范荅薄氏云異於日食之下可知日是也見楊疏

十有二月及鄭師伐宋丁未戰于宋

戰不言伐此其言伐何辟嫌也惡乎嫌嫌與鄭人戰也注時宋主名不出不言伐則嫌內微者與鄭人戰于宋地故舉伐以明之宋不出主名者兵攻都城與郎同義疏穀梁傳曰非與所與伐戰也注非責彼疏引麋信云此傳解經書下日之意也非責魯言魯反與其所與伐者戰也謂還與鄭戰彼傳又云不言與鄭戰恥不和也於伐與戰敗也內諱敗舉其可道者也注於伐宋而與鄭戰內敗也戰輕於敗戰可道而敗不可道然則穀梁即以戰于宋爲魯與鄭人戰內不言戰言戰及敗故以戰于宋爲敗也明公羊作傳時說春秋者已有以戰于宋爲魯與鄭戰之說故傳決之也通義云此經詭例戰伐兩舉特恐

學者疑貳爲與鄭戰而穀梁乃正以爲與所伐者戰亦可謂不善讀春秋矣左傳公欲平宋鄭秋公及宋公盟于句瀆之丘宋成未可知也故又會于虛冬又會于龜宋公辭平故與鄭伯盟于武父遂帥師而伐戰焉與此傳合十二月無丁未据曆爲十一月之十日○注時宋至同義○言若但言及鄭師戰于宋則嫌及爲內之微者與隱元年及宋人盟于宿之及同且嫌與鄭人戰故先書伐宋以明與宋戰也與郞同義者上十年齊侯衛侯鄭伯來戰于郞注云魯不復出主名者兵近都城明舉國無大小當勠力拒之也此戰于宋明攻宋都故宋不出主名也

此偏戰也何以不言師敗績內不言戰言戰乃敗矣 疏 舊疏云上十年郞戰之下已有此傳今復發之者上經來戰于魯此則往戰于宋嫌其異故明之

十有三年春二月公會紀侯鄭伯己巳及齊侯宋公衛侯燕人戰齊師宋師衛師燕師敗績 疏 二月書己巳月之三日包氏慎言云此年二月有己巳則前年所書日均有誤可知杜氏長曆於十一年閏正月而此年又閏正月三年二閏以曲赴經誤皆於曆不合禮記疏引服虔云時衛先君未葬而稱侯者譏其不稱子也曲禮疏云此與成十三年經書宋公衛侯並先君未葬而稱爵者賈服注譏其不稱子杜預云非禮也穀梁注徐邈曰僖九年傳曰禮柩在堂上孤無外事今衛宣未葬而嗣子稱侯以出其失禮明矣宋陳稱子而衛稱侯蹟其所以自稱者而書之得失自見矣

曷爲後日 注 据鞌之戰先書日 疏 注据鞌至書日○成二年六月癸酉季孫行父云云及齊侯戰

于鞏是也恃外也其恃外柰何得紀侯鄭伯然後能爲日也注得紀侯鄭伯之助然後乃能結戰日以勝君子不掩人之功不蔽人之善故後日以明之疏柰閩本監本毛本作奈非春秋例戰伐會盟書日皆在主名前此在下故特解之明得紀侯鄭伯之助乃能結戰日也古者戰必卜日周禮太史云太史抱天時與太師同車先鄭云大出師則太史主抱式以知天時是也○注君子至明之○說苑酌理云取人之善以自爲己是謂盜也又云匿人之善者是謂蔽賢也明魯得紀鄭然後勝故後日以明其功

內不言戰此其言戰何注据公敗宋師于菅疏注据公至于菅○隱十年公敗宋師于菅春秋尊魯凡內勝皆曰敗某師于某但以不日別偏詐耳此書日爲偏戰宜但書敗某師今言戰嫌與言戰乃敗矣同故難之

從外也注從外諸侯相與戰例疏注從外至戰例○春秋之例凡外戰偏戰曰某及某戰于某某師敗績詐戰曰某敗某師于某此書公會紀侯鄭伯及齊侯已下戰齊師已下敗績是從外諸侯相與戰例也穀梁傳曰其言及者由內及之也其曰戰者由外言之也范云內不言戰言戰則敗今魯與紀鄭同討以有紀鄭故可得言戰是及由內稱戰從外稱也

曷爲從外注据戰于宋不從外言敗績疏注据戰至敗績○舊疏云卽上十二年也上經云及鄭師伐宋丁未戰于宋於時有鄭人宜書敗績經仍從內不言戰言戰則敗之例不別書敗故据以爲難恃外故從外也注明當歸功于紀鄭故從紀鄭言戰疏注明當至言戰○上戰于宋不專恃鄭勝

敗魯亦蒙之故仍從內錄此專恃紀鄭取勝歸功於外故從外曰戰繁露觀德云魯桓卽位十三年齊宋衞燕舉師而東紀鄭與魯勠力而報之後其日以魯不得遍避紀侯與鄭屬公也按遍字疑誤避紀鄭與歸功紀鄭之義合也何以不地注据在下句疏注据在下句〇舊疏云卽下郎亦近矣郎何以地按因下傳据郎爲難故云据在下句不然宜云据郎之戰書地近也惡乎近近乎圍疏通義云董仲舒說四國共伐魯大破之于龍門謂是戰也龍門魯之郭門故言近乎圍戰不變及言來者不地則近已見可順從外文穀梁傳其不地于紀也何氏廢疾難云在紀無爲不地范注引鄭釋之曰紀當爲己謂在魯也字之誤耳得在龍門城下之戰迫近故不地劉氏逢祿云鄭以公羊義改紀爲己不知傳義如此當云于內不云于己于己爲不辭也經義述聞云傳凡自魯言皆曰我或曰內無言己者六年蔡人殺陳佗傳曰其不地于蔡也文義正與此同蔡也紀也皆國名也不得破紀爲己魯戰龍門者公羊之說非穀梁說也紀也李氏惇羣經識小云穀梁曰其不地於紀也范注春秋戰無不地於紀戰無爲不地鄭康成讀于紀之紀當爲己字之誤謂在魯龍門城下之戰故不地楊疏引考異郵及何注公羊亦同然則非在紀國按龍門之戰亦見春秋緯非專公羊家說穀梁公羊皆釋不地義公羊之近穀梁云於己二義正同若是作紀則郎書于紀可也無爲不地誠如何氏所難矣傳文不必皆同作內作己似俱無不可郎亦近矣郎何以地郎猶可以地也注郎雖近猶尚可言其處今親戰龍門兵攻城池尤危故恥之績功也非義不戰故以功言之不言功者取其積聚師衆

有尊卑上下之第行伍必出萬死而不奔北故以自敗爲文明當坐也燕戰稱人敗績稱師者重敗北戰少而敗多言及者明見我爲主故得汲汲敗勝之文

【疏】郎之戰見上十年齊侯衛侯鄭伯來戰于郎是也彼傳云郎者何吾近邑也吾近邑則其言來戰于郎何近也惡乎近近乎圍也○注郎雖至其處○舊疏云謂郎雖在郊内仍非攻城猶可以舉其地○注今親至恥之○舊疏引春秋說云龍門之戰民死傷者滿溝也者主說此經故知之又文選注引感精符云强楚並侵戰兵雷合龍門溺驂宋注龍門魯地名也時齊與宋鄭戰敗相殺血溺驂馬又引合誠圖云戰龍門之下涉血相創涉血喋血也漢書五行志桓十四年御廩災董仲舒以爲先是四國共伐魯大破之於龍門注引韋昭曰魯郭門也易林坤之離齊魯爭言戰於龍門構怨連禍三世不安○注績功至坐也○閩本監本毛本北作此依鄂本正宣十二年穀梁傳績功也爾雅釋詁績功也詩文王有聲維禹之績箋云績功也書堯典庶績咸熙史記五帝紀作衆功皆與通義云敗績者猶周禮言師不功也績取其積也戰功曰多以數獲積多爲上爾雅釋詁績宜事也經義述聞云下文曰績業也功績成也功績業皆事之宜成者故績業公又爲事也公功古字通皐陶謨庶事康哉堯典庶績咸熙庶績猶庶事也又曰績用弗成鄭事弗成也莊十一年左傳大崩曰敗績謂敗其事也穀梁傳績功也功事也曰其事敗矣晉語國無敗績單無敗政謂國無敗事也周語昔吾先王昭王穆王世法文武遠績以成名謂以文武之事爲法也邢引設都于禹之績失之按功事通用春秋非義不戰故以功言也積聚師衆以積說績疊韻爲訓也當坐者繁露竹林云戰

攻侵伐雖數百起必一二書傷其害所重也故也○注燕戰至敗多○舊疏云蓋師不盡戰故言戰少敗時悉走故不言敗多而莊二十八年齊人伐衞衞人及齊人戰衞人敗續傳即据此經云敗者稱師衞何以不稱師未得乎師也彼注云未得成列爲師也穀梁傳云戰稱人敗稱師重衆也○繁露竹林云春秋愛人而戰者殺人君子奚說善殺其所愛哉○注言及至之文○明愛見我者爲主鄂本同宋本閩本監本毛本我誤伐校勘記云者字當衍蓋我誤爲伐始衍者字矣隱元年傳及猶汲汲也及我欲之注欲之者善重惡深我爲主明敗勝皆當坐魯重也

三月葬衞宣公注背殯用兵而月不危之者衞弱於齊宋不從亦有危故量力不責也疏注背殯至責也○隱三年傳當時而不日正也當時而日危不得葬也衞惠背殯用兵有危宜書日此不日故解之量力不責猶下十八年之君子辭也繁露玉英云苟能行善得衆春秋弗危衞侯晉以正書葬是也俱不繫宜立而宋繆公受之先君而危衞宣弗受先君而不危以此見得衆心之爲大安也解衞宣之書葬得正爲得衆與何義異左氏家杜預穀梁家徐邈皆責衞惠公稱侯於先君未葬自惡其不稱子以侯禮接鄰國也禮記疏引服虔說亦同

夏大水注爲龍門之戰死傷者衆民悲哀之所致疏注爲龍至所致○龍門戰見上漢書五行志桓公七年秋大水董仲舒劉向以爲桓弑兄隱民臣痛隱而賤桓後宋督弑其君諸侯會將討之桓受賂而歸又背宋諸侯由是伐魯仍交兵結仇伏尸流血百姓愈怨故十三年夏復大水一曰夫人驕盈將弑君陰威桓不寤卒弑死劉歆以爲桓易

許田不祀周公廢祭祀之罰也按歆說取徵太遠

秋七月

冬十月

十有四年春正月公會鄭伯于曹疏通義云以曹地者參會也左傳曰曹人致餼按此與及宋人盟于宿同

無冰疏鄂本冰誤水

何以書記異也注周之正月夏之十一月法當堅冰無冰者溫也此夫人淫泆陰而陽行之所致疏注周之至所致○漢書五行志庶徵之恆奧劉向以爲春秋亡冰也小奧不書無冰然後書舉其大者也京房易傳曰祿不遂行茲謂欺厥咎奧雨雪四至而溫臣安祿樂逸茲謂亂奧而生蟲知罪不誅茲謂舒其奧夏則暑殺人冬則物華實重過不誅茲謂亡乞徵其咎當寒而日奧六日也桓公十四年春無冰劉向以爲周春今冬也先是連兵鄰國三戰而再敗也內失百姓外失諸侯不敢行誅罰鄭伯突簒兄而立公與相親長養同類不明善惡之罰也董仲舒以爲象夫人不正陰失節也彼又云一曰水旱之災寒暑之變天下皆同故曰無冰天下異也周失之舒秦失之急故周衰無寒歲秦滅無奧年按如傳文自爲魯記異異者先事而至者董何說同通義云五行傳曰視之不明是謂不悊厥咎舒厥罰恆

燠其不曰水不爲冰而曰無冰何也春秋本天道以正人事詩曰二之日鑿冰冲冲三之日納于凌陰藏冰之禮先王所重天道當寒不寒水澤不腹堅於是無以取冰無以取冰則春無以薦夏無以頒故以無言之見人事目之之辭也穀梁傳注引徐邈云無冰者常陽之異此夫人淫泆陰爲陽行之所致與何說合

夏五鄭伯使其弟語來盟

夏五者何無聞焉耳 注 來盟者聘而盟也不言聘者舉重也內不出主名者主國也莅盟可知莅盟來盟例皆時時者從內爲王義明王者當以至信先天下 疏 通義云本當言夏五月幹枝鄭伯使其弟語來盟簡札爛滅不知盟日春秋方令桓盟皆日以重著其無信故進不可就五增月退不可去五存夏即用舊文無所增損亦因以示史闕疑之法子曰聽遠音者聞其疾而不聞其舒望遠者察其貌而不察其形立乎定哀以指隱桓隱桓之月遠矣夏五傳疑也按何云時者從內爲王義孔云當言幹枝則書日矣與何義不合惟既有五則不僅書時已見似何義亦尙未協穀梁釋文夏五本或有月者非杜云闕文范云孔子在於定哀之世而錄隱桓之事故承闕文之疑不書月明皆實錄語穀梁作御釋文云本亦作禦楊疏本卽作禦史記東越列傳樓船將軍率錢唐轅終古斬徇北將軍爲禦兒侯正義禦字今作語漢書閩粤傳卽作語兒侯卽今之嘉興語兒鄉也是語禦古通用〇注來盟至重也〇盟重於聘故書盟以舉重然則春秋凡書來盟皆聘而盟矣成三年晉侯使荀庚來聘衞侯使孫良夫

來聘丙午及荀庚盟丁未及孫良父盟彼亦因聘而盟聘盟兩書者彼傳云尋舊盟也注尋繹舊故約誓也書者惡之明其不止結盟而已也○注內不至可知○內不出與盟者名氏旣曰來盟凡內曰來盟內大夫莅盟矣○注莅盟至皆時○僖三年冬公子友如齊莅盟定十一年冬叔還如鄭莅盟是莅盟時也宣七年春衛侯使孫良父來盟是來盟時也外而來內曰來盟內而往外曰莅盟文十五年春三月宋司馬華孫來盟書月者彼注云文公微弱大夫秉政宋亦敝於三世之黨二亂結盟故不與信詞也蓋來盟莅盟與離參者異故皆與信辭○注時者至天下○王校勘記云鄂本元本閩本同監本毛本王誤主○注下云明王者當以至信先天下可證此本作王此夏五應是夏五月之奪文何氏以為時者舊疏云來盟之例例不言月而此有五師所不說何氏以五字或衍文故如此義或然也盟例不信時

秋八月壬申御廩災 疏 包氏愼言云八月書壬申乙亥八月無壬申乙亥九月之十六日與十九日八月爲夏正六月非嘗之時傳曰常事不書此何以書譏嘗也曰猶嘗乎御廩災不如弗嘗而已是書嘗非責其不時責其不知廢時祭以應天變也則公羊經文本作九月與祭以首時之例合

御廩者何粢盛委之所藏也 注 黍稷曰粢在器曰盛委積也御者謂御用于宗廟廩者釋治穀名禮天子親耕東田千畝諸侯百畝后夫人親西郊采桑以共粢盛祭服躬行孝道以先天下 疏 禮記明堂

位云米廩有虞氏之庠也鄭注魯謂之米廩虞帝上孝令藏粢盛之委焉疏委謂委積言魯家於此學中藏此粢盛委積又月令云
藏帝籍之收於神倉祗敬必飭注重粢盛之委也帝籍所耕千畝也藏祭祀之穀爲神倉疏委謂委積之物重此粢盛委積之物故
內於神倉引公羊傳云粢盛委之所藏皇氏云委謂輸也其義禮蓋秦名神倉魯名御廩均爲藏積粢盛之所不必有定名也周非
廩人職云大祭祀則共其接盛注接讀曰扱扱以授舂人大祭祀之穀籍田之收藏於神倉者不以給小用亦以月令說周制也晉
書天文志天廩四星主蓄黍稷以供享祀鄭春秋之御廩也○注黍稷至曰盛○周禮天官甸師職以共齍盛鄭注齍盛祭祀所用
穀也粢稷也穀者稷爲長是以名云在器曰盛上六年左傳云粢盛豐備杜注黍稷曰粢在器曰盛穀梁范注云天子親耕其禮三
推黍稷曰粢在器曰盛說文皿部齍黍稷器所以祀者盛黍稷在器中以祀者也又地官舂人云共其齍盛之米注齍盛謂黍稷稻
粱之屬可盛以爲簠簋實然則以器內所實言之謂之粢爾雅云粢稷也稷爲穀長以統衆穀而言也以諸穀在器言之謂之盛黍
稷稻粱皆是也段氏玉裁說文注云周禮一書或兼言齍盛若舂人肆師小祝是也單言齍若大宗伯小宗伯大祝是也單言盛若
饎人廩人是也小宗伯逆齍注受饎人之盛以入然則齍盛可互稱也甸師注云粢稷也穀者稷爲長是以名齍粢古今字也毛詩
甫田作齊亦作齍用古文禮記作粢盛用今文左傳作粢盛則用今字之始左傳曰潔粢豐盛毛傳曰器實曰齍在器曰盛鄭注周
禮齍或專訓稷或訓黍稷稻粱盛則皆訓在器是則粢之與盛別者齍謂穀也盛謂在器也許則云器曰齍實之則曰盛似與毛鄭
異蓋許主說字其字从皿故謂其器可盛黍稷曰齍要之齍可盛黍稷而因謂其所盛黍稷曰齍凡文字故訓引伸每多如此○注

委積也○廣雅釋詁委積也委積也莊子知北遊云是天地之委形也釋文引司馬注云委積也管子國蓄云彼人君守其本委謹房注委
所委積之物也周禮大司徒職令野脩道委積鄭注少曰委多曰積是其義通也周禮宰夫職掌其牢禮委積膳獻飲食賓賜之飧
辜注委積謂牢米薪芻給賓客道用也蓋凡積聚之物皆可曰委故供賓客者亦曰委積不必宗廟用也此云粢盛委之所藏謂粢
盛委積之所藏委郎粢盛非必粢盛外別有委也○注御者至宗廟○獨斷云天子所進曰御又云御者進也凡衣服加於身飲食
適於口妃妾接於寢皆曰御荀子大略云天子御珽諸侯御荼注御者言臣下所進御也禮記王制云千里之內以爲御注御謂衣
食亦謂進御所須者也按詩六月傳御進也廣韻御侍也進也進於尊者故凡進於尊者服食所須皆謂御因之君上所止曰御前
書曰御書服曰御服皆取統御之義此爲君上祭宗廟所用故亦曰御廩也或御用作進用解亦通○注廩者至穀名○舊疏云謂
廩之言藻之義故也按藻與澡通詩采蘋箋云藻之言澡婦人之行尚柔順自潔清是也或藻卽澡之誤澡有治義禮喪服澡麻帶
鄭注澡者治去垢故廣雅釋詁澡治也又釋言云廩治也展轉爲訓得相通漢書昭帝紀朕虛倉廩注穀所振入也荀子富國云
垣窌倉廩者財之末注米藏曰廩文選注引蔡邕月令章句云米藏曰廩蓋穀必治乃成米可用故廩又爲米藏之名也爾雅釋言
廩廯也孫炎注廯藏穀絜也亦此義也通義云藏穀曰倉藏米曰廩謂之御廩者給宗廟所用故以米之最精者名也九章粟米術
曰粟率五十糲米三十粺米二十七糳米二十四御米二十一按御廩藏粢盛之委甸師入之廩人共之舂人舂之小宗伯辨之世
婦爲之饎人炊之爲之卽擇之或謂三夫人擇以授饎人誤也○注禮天子至天下○穀梁傳云天子親耕以共粢盛王后親蠶以

共祭服國非無良農工女也以為人之所盡事其祖禰不若以己所自親者也舊疏云禮天至天下皆出祭義之文按祭義無此文禮記祭統云天子親耕於南郊王后蠶於北郊與此異又祭義云昔者天子為籍千畝冕而朱紘躬秉耒諸侯為籍百畝冕而青紘躬秉耒以事天地山川社稷先古以為醴酪粢盛於是乎取之敬之至也注以籍之田也千畝百畝之說與此合御覽引雷次宗五經要義云天子籍田以供上帝之粢盛所以先百姓而致孝敬也籍蹈也言親自蹈履於田而耕之白虎通耕桑云王者所以親耕后親桑行以率天下農桑也天子親耕以供郊廟之服后親桑以供祭服又云以耕於東郊何東方少陽農事始起桑於西郊何西方少陰女功所成故曾子問曰天子耕東田而三反之漢書文帝紀詔曰其開籍田朕親率耕以給宗廟粢盛應劭曰古者天子耕籍田千畝為天下先籍者帝王典籍之常也韋昭曰籍借也借民力以治之以奉宗廟且以勸率天下使務農也臣瓚曰景帝詔曰朕親耕后親蠶桑為天下先本以躬親為義不得以假借為喻也籍謂蹈籍也按此所引禮及白虎通所引曾子問蓋皆逸禮文祭統所記蓋周制逸禮所記或異代禮也周禮天子諸侯不同制南郊太陽北郊太陰諸侯夫人故降為東西郊東郊少陽西郊少陰也祭統記夫人亦蠶於北郊與后同疏云夫人少陰故合西郊然亦北者婦人質少變故與后同也禮記月令孟春之月云乃擇元辰天子親載耒耜措之于參保介之御間帥三公九卿諸侯大夫躬耕帝籍注元辰蓋郊後吉亥也帝籍為天神借民力所治之田也國語周語宣王不籍千畝虢文公諫曰夫民之大事在農上帝之粢盛於是乎出是籍田亦以共上帝此因嘗祭而災故言躬行孝道也又季春之月云后妃齊戒親東鄉躬桑禁婦女毋觀省婦事以勸蠶事注后妃親采桑示帥先天下也東鄉者鄉時義也是明其

不常留養蠶也留養者祭義所云卜三夫人世婦之吉者使浴蠶
於蠶室者也月令又云蠶事既登分繭效功以共郊廟之服明天
地宗廟祭服皆親蠶所共也周禮內宰職云中春詔后帥外內命
婦始蠶于北郊以為祭服是周制蠶于北郊也鄭云蠶于北郊婦
人以純陰為尊郊
必有公桑蠶室焉

御廩災何以書記災也【注】火自出燒之曰災先是龍門之戰死傷者衆桓無惻痛於民之心不重宗廟之尊逆天危先祖鬼神不饗故天應以災御廩【疏】

舊疏云御廩災何以書者
嫌覆問上粢盛委之所藏
故不但言何以書○注火自至曰災○說文火部災天火也左傳
宣十六年云人火曰火天火曰災火自出燒之明與人火異也舊
疏云公羊之例內悉言災而復言火自出燒之者入春秋始有此
災欲通人火不書之義也○注先是至御廩○漢書五行志云傳
曰棄法律逐功臣殺太子以妾為妻則火不炎上又云春秋桓公
十四年八月壬申御廩災董仲舒以為先是四國共伐魯大破之
於龍門百姓傷痍未瘳怨咎未復而君臣俱惰內怠政事外侮四
鄰非能保守社稷終其天年者也故天災御廩以戒之劉向以為
御廩夫人八妾所舂米之臧以奉宗廟者也時夫人有淫行挾逆
心天戒若曰夫人不可以奉宗廟桓不寤與夫人俱會齊夫人譖
桓公於齊侯齊侯殺桓公劉歆以為御廩公所親耕籍田以奉粢
盛者也棄法度亡禮之應也按董說與何注合以災為後事而至
者故也向說較切
蓋穀梁家先師說

乙亥嘗

常事不書此何以書譏何譏爾譏嘗也【注】譏新有御廩災而嘗之

【疏】注譏新至嘗之○左傳疏引服虔云魯以壬申被災至乙亥而嘗不以災害爲恐按致齊三日乙亥嘗壬申爲致齊之初日御廩即災而猶嘗故書示譏也

曰猶嘗乎【注】難曰四時之祭不可廢則無猶嘗乎

【疏】通義云言猶不廢嘗乎亦可以示變矣按禮記檀弓注云猶尚也如孔義則猶作尚解亦通○注難曰至嘗乎○何以此爲設難語下爲答語也猶即無猶若詩無念爲念之例若曰四時之祭不可廢則將無猶嘗乎言廢嘗也

御廩災不如勿嘗而已矣【注】當廢一時祭自責以奉天災也知不以不時書者本不當嘗也

【疏】注當廢至災也○傳云不如勿嘗故注云當廢一時祭以答猶嘗之難左疏引服云魯以壬申被災至乙亥而嘗不以災害爲恐惠氏士奇春秋說云八月嘗以災書人君遇災而懼當廢一時祭何休之論篤矣左氏謂書不害也豈其然乎穀梁傳曰夫嘗必有兼甸之事者言夫人始其事餘人次第終其事御廩災明夫人不可以奉粢盛故天災之桓公恬然不懼卒與夫人如齊而有彭生之禍其災先見於此可不懼哉晉書禮志蔡謨議魯桓公壬申有災而以乙亥嘗祭春秋譏之災事既退尤追懼而已故廢宗廟之祭穀梁傳御廩之災不志此其志何也以爲唯未易災之餘而嘗可也志不敬也按穀梁傳又云何用見其未易災之餘而嘗也曰甸粟而內之三宮三宮米而藏之御廩夫嘗必有兼甸之事焉壬申御廩災乙亥嘗以爲未易災之餘而嘗也范注引鄭嗣曰用火焚之餘以祭宗廟非人子所以盡其心力不敬之大也彼傳兼甸當依釋文一本作兼旬十日爲旬蓋宗廟

之祭君夫人皆散齊七日致齊三日故有兼旬之事非數日所能備故鄭嗣曰壬申乙亥相去四日言用日至少而功多明未足及易而嘗是也范云夫人親舂是兼旬之事兼旬義難通自不如作兼旬爲得也或係涉上旬粟譌蓋旬師供所入之粟夫人舂之三宮擇之故有兼旬之事焉經義雜記云左氏當從服解杜注謂書以示法最謬夫遇災而懼所以敬天也夙夜小心潔其祭祀所以敬祖也御廩災而嘗遂書以示法是聖人之勸災也故不論嘉穀之害與不害而御廩必不可災公羊曰御廩災不如勿嘗甚言其不當災也穀梁曰未易災之餘而嘗志不敬也言災之不可復嘗也可也者不可也魯人不能於未災之前謹守御廩復不能於既災之後敬卜遠日是皆不以災爲恐也依服解而三傳並通歆謂棄法度無禮亦得之董生推所以致災之由可謂遠識矣何氏本之是也然言廢一時祭以奉天災則猶未得公羊之旨穀梁但言甸粟納之三宮三宮米而藏之御廩而子政復推其本以爲夫人文姜不可奉宗廟祭祀可謂深切著明矣按時何氏謂廢一祭正傳不如勿嘗義亦未爲不得公羊旨也杜氏謬解已爲衛冀隆所難見左氏疏○注知不至嘗也○宋本閩本監本毛本書在者下誤今正舊疏云周之八月非夏之孟秋而反爲嘗故以不時言之按如包氏推曆定在九月則非一不時矣通義云君子之祭也散齊七日致齊三日是故先期旬有一日帥執事而誓戒隸人掃除雍人濯溉職人省閱廩人共接盛百官莫敢廢其職以服大刑今乙亥去壬申四日耳宜亦既肅既戒而猶弗謹於火致粢盛不潔然則所當譏者豈唯未易災之餘云乎按何氏以爲本不當嘗嘗則不僅如穀梁所譏矣

冬十有二月丁巳齊侯祿父卒疏包氏慎言云十二月書丁巳据曆爲十一月之二日葬在十五年四

月書丁巳所謂過時而日也若卒在十二月則適當五月之時經不應書日矣

宋人以齊人衛人蔡人陳人伐鄭

以者何行其意也注以己從人曰行言四國行宋意也宋前納突求賂突背恩伐宋故宋結四國伐之四國本不起兵當分別之故加以也宋恃四國乃伐鄭四國當與宋同罪非爲四國見輕重疏左氏穀梁蔡在衛上趙氏坦春秋異文箋云謹案左氏定四年傳晉文爲踐土之盟衛成公不在夷叔其母弟也猶先蔡杜注踐土召陵二會經書蔡在衛上伯主以國大小序之也子魚所言盟歃之次此經左氏穀梁蔡在衛上似亦以大小爲次公羊或傳寫之譌以者詩載芟云侯疆侯以箋云春秋之義能東西之曰以僖二十六年左傳凡師能左右之曰以以有用義論語微子篇曰不使大臣怨乎不以鄭怨乎不用也宋能用四國師故曰行其意也春秋說云以者借人之力有能行其意者有能左右之者四國伐鄭而宋以之可謂能行其意矣未能左右之也○四國惟齊爲大國又皆諸侯焉能左之右之惟宋馬首是瞻哉○注以已至意也○說文行部行人之步趨也步趨爲行從人步趨亦爲行引申之從人行事亦曰行四國從乎宋是行宋意也○注突前至伐之○舊疏云宋前納突求賂上十一年宋人執鄭祭仲突歸于鄭是突背恩伐宋上十二年及鄭師伐宋丁未戰丁宋是也按十一年左傳云亦執厲公而求賂焉十三年云宋多責賂于鄭鄭不堪命故以紀魯及齊與宋衛燕戰公羊以十三年之戰爲戰于魯故舊疏以十

二年伐宋宋事當之○注四國至以也○毛本分誤法春秋說云春秋不書宋宋會四國而曰宋以四國伐鄭○且諸侯也而稱人罪宋也何罪乎宋宋鄭之亂實宋人釀成之又以賂立突而責賂無厭魯再三平之而不克遂與鄭合而與宋戰則曲在宋而鄭未爲直也至是宋復以四國伐鄭則曲在宋惟宋獨行其意爾獨行其意言非四國欲伐鄭也宋實以之所以罪宋云爾按穀梁傳云以者不以者也范注不以者謂本非所得制今得以之也亦罪宋之意○注宋特至輕重○穀梁又云民者君之本也使人以其死非正也范注云刺四國使宋專用其師輕民命也春秋說云四國不恤其民助宋伐鄭則四國亦不得從未滅焉按宋齊衛蔡陳皆君也春秋皆人之是與宋同罪非有輕重而宋之爲首惡故加以以罪之

公羊義疏十五

公羊義疏十六

南菁書院
句容陳立卓人著

桓十五年盡十八年

十有五年春二月天王使家父來求車

何以書譏何譏爾王者無求求車非禮也【注】王者千里畿內租稅足以共費四方各以其職來貢足以尊榮當以至廉無為率先天下不當求求則諸侯貪大夫鄙士庶盜竊求例時此月者桓行惡不能誅反從求之故獨月【疏】繁露王道云刺家父求車武氏毛伯求賻金隱三年求賻傳云何以書譏何譏爾喪事無求求賻非禮也與此同按周禮土訓職原其生以詔地求易繫辭傳定其交而後求無交而求則民弗與也似王者有求之道蓋諸侯當貢其國之所有故楚貢不入齊桓致責鄭輸晉幣壞垣納車盟主猶然何況王者魯不輸貢致周來求蓋兩譏之矣故周禮大宰職九貢三曰器貢注內府受良器以待邦國之用疏良器謂車乘及禮器之善者則器貢中有車矣○注王者至尊榮○周禮九畿注先鄭云天子一圻列國一同引詩邦畿千里是王者圻內千里也鹽鐵論園池云古者制地足以養民民足以承其上千乘之國百里之地公侯伯子男各充其求澹其欲明天子圻內亦然知足以共費也四方各以其職來貢者國語周語云

甸服者祭侯服者祀賓服者享要服者貢荒服者王有不祭則修意有不祀則修言有不享則修文有不貢則修名有不王則修德序成而有不至則修刑於是有刑不祭伐不祀征不享讓不貢告不王於是有刑罰之辟有攻伐之兵有征討之備有威讓之令有文告之辭春秋之時諸侯皆不祭不祀不享不貢不王天子不能修意修言修文修名修德修刑又不能刑之罰之征之讓之告之而致令臣子下求所以罪桓公並罪天王也左傳僖七年云諸侯官受方物朱氏彬經傳考證云當是齊侯使官司受諸侯所貢之方物以獻于天子不當重諸侯二字郎四方各以其職來貢也蓋齊侯行霸令諸侯行之與○注當以至盜竊○說苑貴德云周天子使家父毛伯求金於諸侯春秋譏之故天子好利則諸侯貪諸侯貪則大夫鄙大夫鄙則庶人盜上之變下猶風之靡草也按毛伯上宜脫求車二字鹽鐵論本議云傳曰諸侯好利則大夫鄙大夫鄙則士貪士貪則庶人盜申鑒政體云問人主有公賦無私求有公用無私費有公役無私使有公賜無私惠有公怒無私怨私求則下煩而無度是謂傷清私費則官耗而無限是謂傷制私使則民撓擾而無節是謂傷義私惠則下虛望而無準是謂傷正私怨則下疑懼而不安是謂傷德是王者無私求也通義云諸侯當以時貢於天子所出所重物而獻之桓公不率臣職而傳釋經意主譏天子者魯不貢其罪曷見世俗之儒皆能言之下雖不貢上不可求此春秋以文王之法待王者其意微而難知也○注求例至獨月○隱三年秋武氏子來求賻文九年秋毛伯來求金是求例時也此獨月故解之

三月乙未天王崩注桓王也疏三月書乙未据曆為二月之十一日四月之十二日也○注桓王也○史

記周本紀平王崩太子洩父蚤死立其子林是爲桓王桓王平王孫也二十三年桓王崩子莊王佗立通義云是後周曆莊僖二王經未記崩者蓋平桓之際猶有征伐告命至于莊王王風遂終陵夷始極則雖告終嗣德虛文有不備者矣故莊十一年王姬歸于齊其明年莊王即崩春秋特削其文而自是二十餘年王事遂絕於簡策雖以子頹之變有所不書使後之考者知王迹之熄甚也及齊霸功成匡翼天子惠王之喪翕然復尊然後知撥亂序續實不得已焉耳

夏四月己巳葬齊僖公 注 當時而日者背殯伐鄭危之 疏 包氏慎言云四月無己巳曆爲三月之十六日五月之十七日也己巳爲葬僖公之日何注不以爲月誤然所謂背殯用兵者即指上年十二月宋人以齊人伐鄭之事按曆爲三月之十五日五月之十六日○注當時至危之○隱三年傳當時而日爲危不得葬此齊侯卒於去年十二月至四月當五月之時以十二月有背殯伐鄭事故危之也按如包氏所推齊侯卒在十一月此己巳在三月亦爲當時而日也

五月鄭伯突出奔蔡

突何以名 注 据衞侯出奔楚不名不連爵問之者并問上已名今復名故使文相顧 疏 注据衞至不名○見傳二十八年夏○注不連至相顧○下十六年傳云衞侯朔何以名又哀八年傳曹伯陽何以名皆連爵問之也突於十一年得國書名此失國復書名故但問何以名使文相顧 奪正也 注 明祭仲得出之故復於此名著其奪正不以失衆錄也月者大國

奔例月重乖離之禍小國例時也疏注明祭至錄也○名鄂本宋本閩本監本同毛本名誤明祭仲得書之者上十一年傳挈乎祭仲也見祭仲之權能使之歸使之出也鄭世家及左傳並有祭仲專政厲公使雍糾殺之不克出奔事是爲祭仲所出也通義云絕之與衛侯朔同義是也不以失衆錄者舊疏云決襄十四年夏四月己未衛侯衎出奔齊之屬書其名爲失衆錄之故也○注月者至例時○下十六年十一月衛侯朔出奔齊及此書五月之屬是也小國書時昭三年冬北燕伯款出奔齊之屬是也大國出奔重乖離之禍小國則從其略也鄭與北燕同伯爵而鄭從大國例者蓋春秋之時以國之強弱廣狹分大小不必以爵論也而通義云凡諸侯出奔有罪者月無罪者時然則衛侯衎出奔書日又將何說乎

鄭世子忽復歸于鄭疏說文曰部曶出气詞也从曰象气出形春秋傳有鄭太子曶則左氏經當作曶論語微子篇仲忽古今人表作曶揚雄甘泉賦翕赫曶霍河東賦翬曶如神師古曰曶讀與忽同按曶即笏臣所執以見君者說文無笏字也士喪禮注今文笏作忽知曶忽古今字

其稱世子何注据上出奔不稱世子疏注据上至世子○上十一年鄭忽出奔衛是也復正也注欲言鄭忽則嫌其出奔還入與當國同文反更成上鄭忽爲當國故使稱世子明復正以效祭仲之權亦所以解上非當國也疏穀梁傳於此云反正也於突出奔傳云譏奪正也皆與公羊合按鄭莊娶鄧女爲夫人生忽上六年左傳齊使乞師于鄭

鄭太子忽帥師救齊是忽爲莊公太子救齊之時名位已定矣○注欲言至復正○莊九年齊小白入于齊傳云曷爲以國氏當國
也忽如不稱世子書鄭忽嫌與齊小白同文並十一年鄭忽出奔衛亦爲當國辭非以喪降稱矣通義云欲言鄭伯則出奔時尚未
成君順上言鄭忽則既非在喪反嫌當國故繫世子以見其正也○注以效至國也○上十一年傳何賢乎祭仲以爲知權也又云
少遼緩之則突可故出而忽可故反此忽復正是祭仲之權效也廣韻效部效驗也漢書藝文志儒者以試之效謂以試之驗也此
以言驗祭仲之權也曷爲或言歸疏僖三十年衛侯鄭歸于衛是也或言復歸疏此經是也復歸
者出惡歸無惡復入者出無惡入有惡疏成十八年宋魚石復入于彭城襄二十三年晉
欒盈復入于晉是也入者出入惡疏下文許叔入于許鄭伯突入于櫟皆是也歸者出入無惡注
皆於還入乃別之者入國犯命禍重也忽未成君出奔不應絕出
惡者不如死之榮也入無惡者出不應絕則還入不應盜國疏僖三
十年傳云此殺其大夫其言歸何歸惡乎元咺也曷爲歸惡乎元咺元咺之事君也君出則己入君入則己出以爲不臣也注從出
入無惡言歸以見元咺有出入罪衛侯得殺之所以專臣事君之義是衛侯書歸爲出入無惡也○注皆於至重也○通義云已下
並道通例入者內弗受也故言惡歸者與使有其國家也故言無惡諸侯不能保有社稷而出奔皆當絕絕者王命所絕也復入國
犯命其禍尤重故於此分別之○注忽未至盜國○通義云忽正而又言出惡者微弱不能自存亦有責也毛詩序云蘀兮刺忽也

君弱臣强不倡而和也忽雖未成君可從末減不絶然亦挈乎祭仲生而惡不如死而榮出既不在絶科故入國不與盜國同文也

許叔入于許【注】稱叔者春秋前失爵在字例也入者出入惡明當誅也不書出時者略小國【疏】注稱叔至例也○舊疏云正以莊十六年同盟于幽經書許男故也莊十年傳字不若爵此與上十一年蔡叔稱字同蔡叔春秋所貶此春秋前天王所貶皆爲絶奪其爵也○注入者至誅也○包氏慎言云諸侯出奔已絶于宗廟社稷出而復入以盜國論所傳聞世出奔者不誅而盜國則誅與北燕伯款異穀梁傳曰其曰入何也其歸之道非所以歸也注泰曰叔進無王命退非父授故不書曰歸同之惡入彼傳例以惡曰入與公羊同惟無出惡之義故以爲許叔許之貴者也莫宜乎許叔也公羊則以許叔爲出奔復入者○注不書至小國○舊疏云正以上文忽與突出入並書故

公會齊侯于鄗【疏】左氏作艾穀梁作蒿春秋異文箋云謹案篆文艾字與菱字相類穀梁因譌爲蒿公羊又轉爲鄗皆文字殘蝕而譌也校勘記云按艾蒿同物也蒿鄗同音也一方輿紀要艾山在青州府蒙陰縣西北百二十里與沂水縣接界一統志艾山在徐州府邳縣東一百里接徐州府界

邾婁人牟人葛人來朝【疏】大事表云牟國自後不見於經蓋入於齊也通典登州治蓬萊縣爲春秋牟子國亦曰東牟郡今爲登州府治蓬萊縣水經注汶水篇汶出牟縣故城西南阜下牟縣故城在東北古牟國也春秋時牟人朝魯應劭曰魯附庸也俗謂是水爲牟汶矣地理志泰山郡牟下云故國應劭曰附庸也師古曰桓十五年牟人來朝卽此也無魯附庸之說方

輿紀要牟在泰安州萊蕪縣東二十里又云葛城在歸德府甯陵縣北十五里古葛伯國按漢書地理志陳留郡甯陵應劭曰故葛伯國杜云在梁國甯陵縣東北蓋於晉屬梁國也

皆何以稱人注据言朝也疏注据言朝也○舊疏云正以隱十一年傳云諸侯來曰朝則非微者可知

夷狄之也注桓公行惡而三人俱朝事之三人爲衆衆足責故夷狄之疏注桓公至狄之○繁露王道云夷狄邾婁人牟人葛人爲其天王崩而相朝聘也與何氏說異按襄元年簡王崩於是邾婁來朝鄫剽交聘不夷狄之也稱人爲夷狄之者禮記曲禮云庶方小侯入天子之國曰某人鄭注謂戎狄子男君也春秋王魯故貶邾婁牟葛以張義三人爲衆國語周語文數成於三也故禮記月令淫雨蚤降注雨三日以上爲霖今月令曰衆雨是也說文目部衆多也多足責也范氏說穀梁亦取公羊注爲說

秋九月鄭伯突入于櫟

櫟者何鄭之邑疏杜云櫟鄭別都也今河南陽翟縣大事表云今爲許州府禹州後入楚水經注潁水篇潁水自堨東逕陽翟故城北夏禹始封於此爲夏國故城故武王至周曰吾其有夏之居乎遂營洛邑徐廣曰河南陽城陽翟則夏地也春秋時鄭伯突入于櫟是也櫟鄭之大都宋衷曰今陽翟也周末韓景侯自新鄭徙居之王隱曰陽翟本櫟也故潁川郡治也左傳鄭伯因櫟人殺檀伯而遂居櫟水經注引服虔云櫟鄭大都也一統志陽翟故城今許州府禹州治禹州今屬開封府曷爲不

言入于鄭【注】据齊陽生立陳乞家言入于齊【疏】注据齊至于齊○見哀六年彼傳云景公死而舍立陳乞使人迎陽生于諸其家諸大夫皆之陳乞家陳乞曰吾有所爲甲請以示焉於是使力士舉巨囊而至于中霤開之則公子陽生陳乞曰此君也已諸大夫不得已皆逡巡北面再拜稽首而君之爾是立陳乞家經書入于齊也

末言爾【注】末者淺也解不言入國意【疏】注末淺也○說文木部木上曰末凡物在首者曰淺故易象下傳志末也疏末猶淺也本此禮記檀弓云末之卜也注末之猶微哉昭十四年左傳不爲末減杜云末薄也微薄俱與淺義近朱氏彬經傳考證云末微也末言者猶言不足言耳鹽鐵論非鞅篇引春秋曰末言介介爾之誤古爾作尒與介混也通義云末無也後突自櫟入鄭時仲已死故無用言爾

曷爲末言爾【注】据俱篡也【疏】注据俱篡也○謂陽生與突也

祭仲亡矣【注】亡死亡也祭仲亡則鄭國易得故明入邑則忽危矣不須乃入國也所以效君必死國必亡矣【疏】注亡死亡也○周禮大宗伯職以喪禮哀死亡禮記中庸篇事亡如事存皆謂死亡也說文从入从乚○注祭仲至國也○鄭世家敘渠彌射殺昭公於野祭仲與渠彌不敢入厲公又齊襄公會諸侯於首止子亹往會高渠彌相祭仲稱疾不行齊侯殺子亹高渠彌歸與祭仲謀召公子嬰於陳而立之則是祭仲未亡本左傳按左傳記祭仲事至爲厲公懼昭公仲所立渠彌焉敢弒之明時祭仲已亡也公羊以突入櫟卽入鄭無子亹子儀矣亦無忽被弒事○注所以至亡矣○卽上十一年傳云祭仲不從其言則君必死國必亡也彼時祭仲不從則仲卽死忽卽不能自存

甚至國亡也效亦驗也然則曷爲不言忽之出奔注据上言出奔也疏注据上至言忽爲奔也○即上十一年書鄭忽出奔衞也通義云忽實爲高渠彌所弒弟子不知疑其出奔牽涉左氏公羊無此義也君之微也祭仲存則存矣疏校勘記云鄂本閩本監本毛本同唐石經無矣字非十一年疏引此亦有矣字祭仲亡則亡矣注言忽微弱甚於鴻毛僅若匹夫之出耳故不復錄皆所以終祭仲之言解不虛設危險之嫌疏注言忽至復錄○通義云仲之存亡爲忽重輕故忽微弱甚不足錄也言則亡矣者亦就答忽實死亡非出奔意按死亡曰亡出奔亦曰亡禮記大學云亡人無以爲寶是也不必忽亡即與仲亡之亡同故注言僅若匹夫之出也○注皆所至之嫌○十一年傳祭仲不從其言則君必死國必亡祭仲從其言則君可以生易死國可以存易亡今祭仲死而忽果出傳明忽爲君微云云皆所以終十一年傳文也舊疏云十一年傳文雖不出祭仲之口但傳家爲祭仲而爲此辭故得云祭仲之言也公羊謂祭仲知權有危險之嫌序所謂非常意義可怪之論是也反覆道此亦所以解不虛設危險之嫌

冬十有一月公會齊侯宋公衞侯陳侯于侈伐鄭注月者善諸侯征突善錄義兵也不舉伐爲重者用兵重於會嫌月爲桓伐有危舉不爲義兵錄故復錄會疏校勘記云唐石經諸本同二傳作袲無齊侯侈袲皆多聲故文異說文衣部引

春秋傳公會齊侯于稷說文所謂春秋傳皆左氏傳也而有齊侯字稷亦與今體不同按稷即褎之變陳氏樹華亦云褎乃稷之變體而宋公上當有齊侯也杜云褎宋地在沛國相縣西南有褎亭大事表云在今江南鳳陽府宿州一統志褎亭在鳳陽府宿州西按鄭在宋陳西鳳陽在宋陳東南不知何會此伐鄭也○注月者至錄會○正以隱七年秋公伐邾婁之屬書時而此書月故決之伐重會輕不舉伐爲重而先書會于後嫌月爲危桓之伐故錄會然桓元年春三月公會鄭伯于垂注桓公會皆月危之不嫌爲桓危會者明爲伐會故知書月爲伐也

十有六年春正月公會宋公蔡侯衛侯于曹【疏】與僖十九年公會陳人蔡人楚人鄭人盟于齊同彼齊與盟此亦曹與會也

夏四月公會宋公衛侯陳侯蔡侯伐鄭【疏】書月與上年十一月伐鄭同爲錄義兵也故書致也

秋七月公至自伐鄭【注】致者善桓公能疾惡同類比與諸侯行義兵伐鄭致例時此月者善其比與善行義故以致復加月也【疏】注致者至伐鄭○正以桓之出皆不致爲奪臣子詞此書致故決之舊疏云桓是篡賊動作有危今能疾篡故致之○注致例時○上二年冬公至自唐之屬是也桓盟不致彼致者明隱與戎盟雖不信猶可安桓與戎盟雖信猶可危書致之變例也○注此月至月也○毛本義字空缺致例時此月故決之

冬城向疏沈氏欽韓云按此冬城向實是十月唐曆志大衍日度議曰以歲差推之周初霜降日在心五度角亢晨見立冬火見營室中後七日水星昏正可以興板幹故祖沖之以為定之方中值營室八度是歲九月六日霜降二十一日立冬十月之時水星昏正故傳以為得時則當周之十二月在衛侯朔出奔齊下按殷曆亦十一月二十一日立冬城例時故書月上

十有一月衛侯朔出奔齊

衛侯朔何以名注据衛侯出奔楚不名疏注据衛至不名○在僖廿八年絶疏繁露順命云公侯不能奉天子之命則名絶而不得就位衛侯朔是也禮記曲禮云天子不言出諸侯不生名君子不親惡鄭注天子之言出諸侯之生名皆有大惡君子所遠書名以絶之春秋傳曰天王出居于鄭衛侯朔入于衛是也彼君子即謂孔子書經也曷為絶之注据俱奔也疏注据俱奔也○据衛侯出奔楚亦奔也得罪于天子也其得罪于天子奈何見使守衛朔注朔十二月朔政事也月所以朝廟告朔是也疏注朔十至是也○周禮太史職頒國朔于邦國注天子頒朔於諸侯諸侯藏之祖廟至朔朝於廟而受行之鄭司農云以十二月朔布告天下諸侯禮記玉藻云諸侯皮弁聽朔於太廟諸侯每月以天子所頒朔於太廟用羊以告謂之告朔論語季氏篇子貢欲去告朔之餼羊是也於時聽治此月之事謂之聽朔玉藻所云是也亦謂之視朔文十六年公四不視朔是也告朔亦謂之告月文六年閏月不告月是也天子行諸明堂諸侯行之太廟謂之朝廟文六年猶朝于廟是也太史注云定四

時以次序授民時之事文六年左傳云時以作事事以厚生生民之道於是乎在天子使守衛朔謂使守每月所頒之政令太史職所謂正歲年以序事頒之於官府及都鄙者非謂僅守告朔朝廟之禮也而不能使衛小衆注時天子使發小衆不能使行疏注時天至使行○通義云天子小有徵發於衛而朔不用命其事未聞左傳以爲衛宣公之世子急本爲朔所搆殺左公子洩右公子職不平共逐朔而立黔牟豈洩職之徒訴朔于周而以不能使衆之罪逐之與公羊師說云王立公子留廣森以爲黔讀若芩芩年急言之曰留按穀梁傳云朔之名惡也天子召而不往也繁露王道云觀乎衛侯朔知不即召之罪似天子召衛侯發衆不往也越在岱陰齊注越猶走也岱岱宗泰山也山北曰陰先言岱陰後言齊者明名山大澤不以封諸侯以爲天地自然之利非人力所能加故當與百姓共之傳著朔在岱陰者明天子當及是時未能交連五國之兵早誅之疏注越猶走也○楚辭逢紛云精越裂而衰耄王注越去也廣雅釋詁越遠也襄十四年左傳而越在他竟注越遠也說文走部越度也越从走故有走義引申之爲去爲遠也經義述聞云越之言播越也昭二十六年左傳云茲不穀震蕩播越竄在荊蠻是也昭二十年越在草莽定四年越在草莽公羊越在岱陰齊皆謂播越也晉語延及寡君之紹續昆裔隱悼播越託在草莽亦與越在草莽同義○注岱岱至山也○漢書地理志岱山在泰山郡博縣西北國策齊策蘇秦說齊王曰南有泰山史記貨殖傳泰山之陽則魯其陰則齊書堯典至于岱宗僞

孔傳泰山爲四岳所宗周禮職方氏職兖州其山鎭曰岱山爾雅釋地河東岱書疏引李巡云東岳泰山也史記五帝紀黃帝東至于海及岱宗漢書五行志泰山岱宗五岳之長王者易姓告代處也○注山北曰陰○說文阜部陰闇也水之南山之北也呂覽古樂云乃之阮隃之陰又國策齊策及之睪黍梁父之陰高注並云山北曰陰○注先言至共之○漢書吳王濞傳贊曰古者諸侯不過百里山海不以封禮記王制云名山大澤不以封注與民同財不得障管亦賦稅之而已故周禮山虞職云令萬民時斬材有期日澤虞職云使其地之人守其財物以時入之于玉府其圻內亦不得頒賜王制云天子之縣內名山大澤不以朌是也鹽鐵論錯幣云故王者外不障海澤以便民用內不禁刀幣以通民施又禁耕云民人藏於家諸侯藏於國天子藏於海內故民人以垣牆爲藏閉天子以海內爲匣匱故權利深者不在山海在朝廷皆謂與百姓共之義也傳不曰齊岱陰而言岱陰齊謂岱陰之齊耳○注傳著至誅之○舊疏云其五國者莊五年公會齊人宋人陳人蔡人伐衛是傳著岱陰有衛朔恃負險阻意故責天子不及時早誅也

屬負茲舍不卽罪爾注屬託也天子有疾稱不豫諸侯稱負茲大夫稱犬馬士稱負薪舍止也託疾止不就罪疏注屬託也○荀子榮辱篇我欲屬之狂惑疾病耶楊注屬託也又禮論云屬諸侯注屬謂付託之○注天子至負薪○舊疏云皆漢禮之名此與漢禮無涉舊說非御覽引白虎通云天子疾稱不豫諸侯稱負子大夫稱負薪士稱犬馬按不豫者不復豫政也書金滕王有疾弗豫史記作不豫釋文引馬本作不豫論衡死僞篇續漢禮儀志皆同說文作不悆又顧命云王不懌漢書律曆志作不豫蓋今文尚

書也懌豫一聲之轉悆豫同部段借舊疏云豫詁爲樂亦通諸侯稱負茲者白虎通諸侯云負子者諸侯子民今不復子之也書金滕云是有丕子之責于天史記注引鄭注云丕讀曰負九經古義鄭注偁書丕讀曰不愛子孫曰子史記作負子棣案白虎通諸侯曰負子子民也言不復子之也公羊曰屬負茲則負茲卽不茲也負與丕音相近故負亦讀曰陪禹貢陪尾史記作負尾子又與茲同諸說不一鄭說爲長益稷曰予不子故鄭讀從之按爾雅釋器蓐謂之茲郭引公羊傳曰屬負茲茲者蓐席也史記周本紀衞康叔封布茲注徐廣曰茲者藉草之名諸侯病曰負茲索隱茲公明草素問五藏生成篇色見青如草茲者死亦以茲爲藉序之名其以龍鬚草爲席者謂之龍茲荀子正論注云龍茲卽今之龍鬚席其以草薦馬者謂之馬茲周禮圉師注蓐馬茲也蓋人有疾則著席如負之然故公羊問答云蓋取此草以織席當指臥病不起展轉牀第惟與席相枕藉而已雅訓較爲親切子與茲雖通而義不同不必取白虎通之說若徐疏云負事繁多又以皆漢禮之名則俱失之左矣通義云荀子有龍茲楊倞注以爲卽今之龍鬚席茲編草爲之字从艸而本疏云負事繁多故致疾近強說也禮記隱義作不茲自虎通作負子子與茲不與負皆聲之轉魯世家述金滕曰是有負子之責于天言武王見責於天而有疾也告神謙從諸侯辭也犬馬者白虎通云負薪犬馬皆謙稱也舊疏云代人勞苦行役遠方故致疾負薪者禮記曲禮云君使士射不能則辭以疾言曰某有負薪之憂注憂或爲疾疏言己有擔樵之餘勞不堪射也然士祿可代耕且下文問庶人子云能負薪未能負薪而今云士負薪者亦謙辭也孟子公孫丑篇昔者有王命有采薪之憂趙注亦引曲禮爲證知士曰負薪也○注舍止也○昭九年舍藥物可也杜預引服注云舍止也禮記月令耕者少舍注舍止也荀

子成相云各以宜舍巧拙注舍止也○注託疾至就罪○繁露王道云無以先天下召衞侯不能致釋文諸侯有疾稱負茲言朔託有疾謂託疾止不就罪也通義云舍釋也古訓通爲赦故漢書朱博傳曰春秋之義姦以事君常刑不舍按如孔說亦通意謂衞朔託疾天子即止而不罪與上注責天子當及時誅之義相足見天子之始終不能召衞侯也

十有七年春正月丙辰公會齊侯紀侯盟于黄 疏 包氏愼言云春正月有丙子無丙辰二月經書丙午公及邾婁儀父盟于趡月之六日二月有丙午則正月不得有丙辰矣按丙午爲二月之四日黄杜云齊地方輿紀要黄城在東昌府冠縣南括地志冠氏南有黄城亦以黄溝爲名或是登州府黄縣東南有故黄城是其處左傳云平齊紀則似在登州者爲是

二月丙午公及邾婁儀父盟于趡 注 本失爵在名例中朝桓公稱人今此不名者蓋以爲儀父最先與隱公盟盟明元功之臣有誅而無絶 疏 傳十六年疏引春秋說以此丙午爲二月晦下五月丙午爲五月之朔經義述聞云何氏本此發注於傳十六年傳曰事當日者平居無他卓佹無所求取言晦朔也趡盟奚戰是也蓋以趡之盟在晦而不言晦奚之戰在朔而不言朔按此說非也杜預春秋長曆桓十七年二月甲戌朔是月無丙午丙午三月四日也五月壬寅朔丙午是月五日也上推至三年壬辰朔正合若謂十七年二月丙午是晦五月丙午是朔則上推三年七月朔當爲丙申不得爲壬辰矣經何云七月壬辰朔乎春秋緯之說顯與經文

不合更以公羊之例求之僖十六年傳論春秋不書晦雖有事不書是朔日有事則書今五月丙午及齊師戰于奚可謂有事矣如丙午是朔日則例當書朔今不書則其非朔可知又僖十六年經之是月傳以爲晦日不言晦春秋不書晦矣此經之二月事在彼前如丙午是晦日而不言晦則春秋不書晦之例當先於此發之何以傳無一語直至僖十六年之是月始云晦日不當書晦乎然則此經之二月傳不以爲晦也春秋緯之說亦非傳意邵公乃深信而不疑之何耶公及左氏及作會隱元年左疏云史書魯事以公爲主言公及及者言自此及彼据魯爲文也桓十七年公會邾儀父盟于趡彼言會此言及者彼行會禮此不行會禮故也故劉炫曰策書之例先會後盟者上言會下言盟唯盟不會者直言及此爲不行會禮故言及也春秋異文箋云會與及三傳各有義例此經左氏作會公穀作及或由聲誤趡者杜云魯地大事表云在今兗州府泗水鄒縣之間○注注本失至無絕○本失爵在名例者舊疏云正以隱元年得褒乃書字故也朝桓公稱人者上十五年邾人牟人葛人來朝傳曰夷狄之注桓公行惡而三人俱朝事之故夷狄之是也儀父先與隱公盟即隱元年公及邾婁儀父盟于眛是也傳云此其爲可褒奈何漸進也注譬若隱公受命而王諸侯有倡始先歸之者當進而封之以率其後者宿與滕薛猶先故爲元功之臣也有誅無絕者舊疏云有誅十五年稱人是也無絕今還其字無絕其功是也通義云復稱字者尋眛之盟終隱之志明君子與人爲善當始終之也于眛不日于趡日者下與宋衞共伐之惡桓公不信

五月丙午及齊師戰于奚注夏者陽也月者陰也去夏者明夫人不

繫於公也此戰蓋由桓公曰同非吾子云爾【疏】唐石經閩本監本毛本宋本同石經宋本左傳亦無夏字與彼序疏合按此與左氏應無夏字石經考文提要云春秋左傳桓公十七年五月丙午及齊師戰于奚監本從唐石經春秋集解春秋集注五月經書丙午及齊師戰于奚歷五月上有夏字按正義云桓十七年無夏以此起例足徵本無今推五月無丙午六月之六日四月之五日也通義云得與二月俱有丙午者師說以為上丙午二月晦此丙午五月朔也晦不言晦朔不言朔詞無所美殺而不繁按春秋書朔不書晦公羊之例也王氏言之詳矣杜云奚魯地大事表在今兗州府滕縣南奚公山下有奚邑水經注夏車正奚仲之國也沈氏欽韓云水經只云漷水西逕薛縣故城北地理志曰夏車正奚仲之國無奚邑之目穀梁傳作郎春秋異文箋曰韻補以七之韻頤一宧二字入陽韻以其有養音也支脂之微齊佳皆灰咍古音同為一部七之韻字既得轉入陽韻則齊韻之通唐亦其類也穀梁奚作郎亦方音之轉按齊微部內字古不與陽唐韻通趙說非是此或傳寫之譌或一地二名不必強為附合也○注夏者至公也○繁露十指云木生火火為夏天之端一指也蓋夏者陽故為天端夫者妻之天妻不繫於夫故去夏為戒也彼又云木生火火為夏則陰陽四時之理相受而次矣不然則四時皆可去時何獨取諸夏以張義哉○注此戰至云爾○見莊元年傳此何氏以意言之故云蓋為疑辭也舊疏云姜氏三年至魯六年莊公生桓公何云同非吾子蓋夫人譖之也

六月丁丑蔡侯封人卒【疏】六月無丁丑曆為七月之七日五月之六日

秋八月蔡季自陳歸于蔡【注】稱字者蔡侯封人無子季次當立封人欲立獻舞而疾害季季辟之陳封人死歸反奔喪思慕三年卒無怨心故賢而字之出奔不書者方以起季奔喪歸故使若非出奔歸不稱弟者見季不受父兄之尊起宜爲天子大夫天子大夫不得與諸侯親通故魯季子紀季皆去其氏唯卒以恩錄親季友叔肸卒是也【疏】注稱字至字之○史記管蔡世家云桓侯二十年卒弟哀侯獻舞立知封人無子也季事何氏或别有所見左傳云蔡桓侯卒蔡人召蔡季于陳杜云桓侯無子故召季而立之季內得國人之望外有諸侯之助故書字以善得衆稱歸以明外納則以季卽獻舞故莊十年杜注云獻舞蔡季也按如左傳所記獻舞始則弗賓息嬀致師喪身虜復嗾楚滅息國又被圍昏庸甚矣何嘉之有明蔡季與獻舞非一人也○注出奔至奔歸○蔡季不容於封人而出故知出奔書出奔嫌季子以罪出故但書自陳歸若非出奔歸起其以奔喪歸也閔二年季子來歸亦不書其出彼自以內大夫出與歸不兩書也○注不稱至是也○校勘記云鄂本無下天子大夫四字非也天子上大夫例稱五十字次大夫例稱二十字下大夫繫官氏名且字此稱季五十字也故云起宜爲天子大夫王朝之臣不與諸侯親屬通故不稱弟也魯季子紀季去氏者閔元年季子來歸莊三年紀季以酅入于齊是也唯卒以恩錄親季友叔肸卒者僖十六年公子季友卒宣十七年公弟叔肸卒是也若然禮記大傳云族人不得以其戚戚君故穀

梁隱七年桓十四年傳並云諸侯之尊弟兄不得以屬通如此注則非天子大夫得稱弟者矣公羊以春秋變文從質質家親親故母弟稱弟母兄稱兄係道春秋制不必與周制同也

癸巳葬蔡桓侯注稱侯者亦奪臣子辭也有賢弟而不能任用反疾害之而立獻舞國幾并於蠻荆故賢季抑桓稱侯所以起其事疏注稱侯至辭也○左疏引劉賈許云桓卒而季歸無臣子之辭也故不稱公通義云葬不稱公者桓公生不能防正其姑姊妹使淫於陳佗外內亂有滅道故不與臣子辭也五等諸侯皆得以公配謚本周之舊制若魯考公煬公齊丁公是也然書有文侯之命篇則亦有謚配爵者据史記蔡之諸君始終稱侯前此考父亦稱宣侯後此申亦稱文侯固亦稱景侯春秋則斷以葬從主人之例悉更之曰公唯此存其故稱我無加損焉而義固已貶矣亦所謂因其可貶而貶之蓋春秋雖假文王之法顧視諸侯不可以屢黜陟也故襃之進爵者自隱而後無聞焉貶之降號者自蔡杞而外無見焉猶託始之意耳是其治諸夏也同姓之先蔡異姓先杞二王者之後最先封姬姓之在列者莫長於文王之子文王之子莫長於蔡是以獨於此先見法也○注有賢至其事○莊十年荆敗蔡師于莘以蔡侯獻舞歸是也

及宋人衞人伐邾婁

冬十月朔日有食之注是後夫人譖公爲齊侯所誘殺去日者著桓

行惡故深爲內懼其將見殺無日 疏 包氏愼言云冬十月書朔日有食之無日穀梁例言朔不言日食二日也小餘七百三十六通義云趙子常以爲言朔不言日者穀梁夜食之例當移施於此沈氏欽韓云元史曆志大衍曆推得在十一月交分入食限失閏也○注是後至誘殺○見下十八年○注去日至無日○舊疏云若以隱三年傳言之卽某月某日朔日有食之者食正朔若言某月某日日有食之者謂二日食也若言某月日有食之者謂食在晦也今此言朔而不書日故此解之漢書五行志云董仲舒以爲言朔不言日惡桓且有夫人之禍將不終爲君也繁露玉英所云魯桓忘其憂而禍逮其身是也於此驗矣可以見日月之例非徒施也將使後之覽者知篡弑得位則動作皆危有萌篡弑之心者必且懼而自沮此卽垂教之大

十有八年春王正月公會齊侯于濼 疏 通義云桓公之會皆危月之卒以會齊殞其身春秋所危者濼者說文水部濼齊魯閒水杜云濼水在濟南歷城縣西北入于濟水經注濟水篇濟水又東北濼水出焉水出歷城故城西南泉源上奮水涌若輪春秋公會齊侯于濼是也俗謂之爲娥姜水以泉源有舜妃娥英廟故也其水北爲大明湖方輿紀要小清河在濟南府城北卽濼水也大事表云濼卽今之小清河志云濟之南源也源發趵突泉在濟南府城西南濟水伏流重發處逕城北而東大明湖自城北水門流入焉又東北逕華不注山陽合華泉又東北入大清河卽濟瀆焉

公夫人姜氏遂如齊 疏 鄂本公下有與字涉左穀二傳而衍也按此傳云公何以不言及又繁露順命云妻不奉夫之命則絕夫不言及是公羊本作公夫人姜氏遂如齊也若有與字與與及義同不得特發夫人外公之傳矣通義云檢前後經

例但有暨及更無與文知此直言公夫人是也不言及不言暨兩之之詞

公何以不言及夫人注据公及夫人姜氏會齊侯于陽穀疏注据公至陽穀○見僖十一年夫人外也注若言夫人已爲公所絕外也疏注若言至外也○下傳云其實夫人外公此言夫人外故若言夫人爲公所絕外也夫人外者何內辭也注內爲公諱辭疏注內爲公諱辭○實夫人外公而經作公外夫人辭故知內爲公諱也其實夫人外公也注時夫人淫於齊侯而譖公故云爾言遂者起夫人本與公出會齊侯于濼故得弁言遂如齊不書夫人會書夫人遂者明遂在夫人齊侯誘公使遂如齊以夫人譖公故疏注時夫至云爾○見莊元年傳○注言遂至如齊○杜云公本與夫人俱行至濼公與齊侯行會禮故先書會濼既會而相隨至齊故曰遂范云遂者繼事之辭○注不書至公故○史記魯世家云十八年公將有行遂與夫人如齊申繻諫止公不聽遂如齊齊襄公通桓公夫人公怒夫人以告齊侯据彼文齊侯至此始通夫人譖公則無爲先誘與公羊異上十七年舊疏云或云蓋在齊之日已共私通是也穀梁傳云濼之會不言及夫人何也以夫人之伉弗稱數也明濼之會夫人實在書遂如齊不書會濼明遂在夫人桓不能制也

夏四月丙子公薨于齊注不書齊誘殺公者深諱恥也地者在外爲

大國所殺於國尤危國重故不暇隱也疏包氏慎言云夏四月有丙子曆四月有丙午無丙子史記魯世家夏四月丙子齊襄公饗公公醉使公子彭生抱魯桓公因命彭生摺其脅公死於車繁露玉英云魯桓公忘其憂而禍逮其身○注不書至恥也○舊疏云如此注者正決昭十一年楚子虔誘蔡侯般殺之于申之文也杜云不言殺諱之也范云夫人與齊謀殺之不書諱也○注地者至隱也○各本尤作此依鄂本正舊疏云魯侯被殺例不舉地故隱公閔公直言薨而已今此言齊故如此解按穀梁傳云其地於外也君弒於外於國危甚國重君輕故以國危爲重以諱君恥爲輕也隱閔不地自緣不忍言地臣子辭也

丁酉公之喪至自齊注凡公薨外致日者危痛之外多窮厄伐喪內多乘便而起不可不戒慎加之者喪者死之通辭也本以別死生不以明貴賤非配公之稱故加之以絕疏包氏慎言云四月又有丁酉曆四月之朔日爲丁酉丙子爲桓公卒于齊之日丁酉爲喪至之日喪至在四月朔則公以三月卒矣三月之十日丙子也○注凡公至戒慎○舊疏云定元年夏六月癸亥公之喪至自乾侯之屬是也彼書日亦危痛之義也○注加之至以絕○校勘記云生死宋本同蓋誤鄂本閩監本毛本皆作死生是也禮喪服鄭目錄云不忍言死而言喪喪者棄亡之辭若全存於彼焉已棄亡之耳白虎通喪服云天子下至庶人俱言喪何欲言身體髮膚俱受之父母其痛一也是喪爲死之通稱上下同之不以明貴賤也若言公喪至自乾侯嫌喪

爲諸侯專稱故加之以絕明非配公之稱也

秋七月

冬十有二月己丑葬我君桓公

賊未討何以書葬注据隱公也疏包氏慎言云十二月書己丑葬桓公曆閏月之二十七日也按閏當明年閏正月此己丑於曆爲十一月之二十七日也○注据隱公也○隱十一年傳云何以不書葬隱之也隱閔皆不書葬隱在前故專据隱也讎在外也讎在外則何以書葬注据俱讎也疏注据俱讎也○隱元年傳云君弑賊不討不書葬以爲無臣子也明亂臣賊子人人得讎所謂君父之讎不共戴天是也不能討則不與臣子葬辭意舉國皆當絕也君子辭也注時齊強魯弱不可立得報故君子量力且假使書葬於可復讎而不復乃責之諱與齊狩是也桓者謚禮生有爵死有謚所以勸善懲惡也禮諸侯薨天子謚之卿大夫受謚於君唯天子稱天以誄之蓋以爲祖祭乃謚丁酉公之喪至自齊丁巳葬我君定公雨不克葬戊午日下昊乃克葬是也以公配謚者終有臣子之辭上葬日者起生者之事也且明王者當遣使者

與諸侯共會之加我君者錄內也猶君薨地也【疏】繁露俞序云春秋緣人情赦小
過而傳明之曰君子辭也孔子明得失見成敗疾時世之不仁失王道之體故因行事赦小過傳又明之曰君子辭也按君子即作
春秋者謂孔子也哀十四年傳君子曷為為春秋又云其諸君子樂道堯舜之道與末不亦樂乎堯舜之知君子也又云以君子之
為亦有樂乎此也凡傳文稱君子皆是也○注時齊至書葬○穀梁傳曰君弒賊不討不書葬此其言葬何也不責踰國而討于是
也范云時齊强大非己所討君子即而恕之以申臣子之恩用公羊義也通義云親弒君者彭生也時魯人請於齊而誅彭生臣子
之心亦少紓矣故以恕辭葬之知不然者彭生雖手弒魯桓係受其君使抑勒不足罪主使者齊襄也不當以齊襄坐首齊襄之讎不
報雖殺彭生何益焉何氏以為量力且假使書葬得君子辭之義矣孔說非是○何注於可至是也○莊四年冬公及齊人狩于郜傳
公曷為與微者狩齊侯也齊侯則其稱人何諱與讎狩是也○注桓者諡○與周書諡法解辟土開疆曰桓○注禮生至惡也○御覽
引大戴禮云周公旦太師望相嗣王作諡法諡者行之迹也號者功之狀也服者位之章也是以大行受大名細行受小名行出於
己名出於人諡慎也以人行之始終悉慎錄之以為名也白虎通諡篇諡者何也諡之為言引也引列行之迹也所以進勸成德使
上務節也故禮郊特牲曰古者生無爵死無諡此言生有爵死當有諡也御覽引古史考云禮待葬而諡所以尊名也其行善惡為
諡所以勉為善也穀梁傳曰桓公葬而後舉諡諡所以成德也於卒事乎加之矣注諡者行之迹所以表德人之終卒事畢於葬故
於葬定稱號也昔武王崩周公制諡法大行受大名小行受小名所以勸善而懲惡禮記表記云先王諡以尊名節以壹惠恥名之

浮於行也注謚者行之節也名者謂聲譽也言先王論行以爲謚以尊名者使聲譽可得而尊信也壹讀爲一也惠猶善也言聲譽雖有衆多者卽以其行一大善者爲謚耳在上曰浮君子勸行成功聲譽踰行是所恥按禮士冠記注云古謂殷殷士生不爲爵死不爲謚周制以士爲爵死猶不爲謚耳周禮小宗伯云賜卿大夫士爵則儐是則周時以士爲爵而不爲謚則生有爵者死卽有謚殷以前制殷時大夫乃爲爵也春秋變周從殷故曰生有爵死有謚郊特牲注亦云古謂殷大夫以上乃謂之爵死有謚也○注禮諸至謚之○白虎通謚篇云諸侯薨世子赴告于天子天子遣大夫會其葬而謚之何幼不誄長賤不誄貴諸侯相誄非禮也臣當受謚于君也曾子問注云禮當謚於天子也天子乃使大夫賜之謚釋名釋典藝云古者諸侯薨時天子論行以謚之當春秋時周室卑微臣謚其君子其父故諸侯之謚多不以實也禮記曲禮云既葬見天子曰類見言謚曰類疏引王肅說云請謚於天子必以其實爲謚類於平生之行也穀梁注諸侯薨天子謚之隱三年傳天子記崩不記葬必其時也諸侯記卒記葬有天子存不得必其時也亦以諸侯須請謚乃葬也其禮則曲禮注云使大夫行象聘問之禮也言謚者序其行及謚所宜其禮亡疏引何允云類其德而稱之如經天緯地謂之文也今案鄭旨謂吉時遣大夫行則曰聘今請謚使大夫不得曰聘而名曰類言類象聘而行此禮也若然襄十三年左傳楚子囊爲共王作謚者春秋亂世不能如禮且楚僭王已久尤非天子所得命謚矣○注卿大至於君○周禮大史職小喪賜謚鄭注小喪卿大夫也又小史云卿大夫之喪賜謚讀誄彼謂天子卿大夫亦受謚於其君矣白虎通謚篇云卿大夫老歸死有謚何謚者所以別尊卑彰有德也卿大夫歸無過猶有祿位故有謚也則在位者有謚明矣故禮記檀弓云公叔文子卒

其子戌請謚于君曰日月有時將葬矣請所以易其名者隱八年無駭卒左傳羽父請謚與族穀梁注卿大夫卒受謚於其君是也○注天至誅之○白虎通謚篇云天子崩大臣至南郊謚之者何以爲人臣之義莫不欲褒稱其君掩惡揚善者也故云南郊明不得欺天也故曾子問孔子曰天子崩臣下之南郊告謚之按曾子問曰賤不誅貴幼不誅長禮也唯天子稱天以誅之注以其無尊焉春秋公羊說以爲讀誄制謚於南郊若云受之於天然御覽引五經通義云大臣吉服之南郊告天還素服稱天而謚之穀梁注云禮天子崩大臣稱天命以謚之彼疏亦引公羊說證之曾子問注又云誄累也累列生時行迹讀之以作謚謚當由尊者成故也○注蓋以至是也○吳宋本同閩本監本毛本吳作昊白虎通謚篇云士冠經曰死而謚之今也所以臨葬而謚之何因衆會欲顯揚之也故春秋曰公之喪至自乾侯昭公死於晉乾侯之地數月歸至急當未有謚也春秋曰丁巳葬戊午日下吳乃克葬明祖載而有謚也按上經云公之喪至自齊與定元年公之喪至自乾侯同一書法皆未有謚之稱此云葬我君桓公與彼葬我君昭公亦同書明葬時乃有謚而定十五年丁巳葬我君定公雨不克葬戊午日下吳乃克葬是未卽墓時已有謚明祖載時已謚也白虎通崩薨篇祖於庭何盡孝子之恩也祖者始也始載于庭也乘軸車辭祖禰故名爲祖載也禮曰祖於庭葬於墓又曰適祖升自西階禮記檀弓疏按旣夕禮啓殯之後柩遷于祖重先奠從柩從升自西階正柩于兩楹間用夷牀鄭注是時柩北首設奠于柩西此奠謂啓殯之奠也質明徹去啓奠乃設遷祖之奠于柩西至日側乃卻下柩載於階間乘蜃車載訖降下遷祖之奠設於柩車西當前束時柩猶北首前束近北前束者謂棺於車束有前後故云前束乃飾柩謂披屬引徹去遷祖之奠遷柩向外而爲行始謂之祖

也婦人降即位于階間乃設祖奠於柩西至厥明徹祖奠又設遣奠於柩車之西然後徹之苞牲取下體載之遂行此是啓殯之後至柩車出之節也所以謂之祖者禮既夕禮注云束棺於柩車賓出遂匠納車於階間柩從兩楹卻下載於車乃迴車南出是爲祖也祖始也謂將行之始也檀弓注亦云祖謂移柩車去載處爲行始也按既夕禮設祖奠後有公賵賓賵諸儀賜謚宜在此時所謂因衆會欲顯揚之也士無謚故禮經不及述也○注以公至之辭○穀梁傳薨稱公舉上也是公爲臣子尊其君父之稱故稱公爲有臣子辭也決隱十一年不書葬爲無臣子也既書葬又稱公是爲終有臣子辭也○注一上葬至事也○舊疏云考諸古本皆無上字衍文或者上葬爲此上文之葬若昭三年葬滕成公下注云月者襄公上葬諸侯莫肯加禮獨滕子來會葬故恩錄之之類也按彼發注於葬滕成公之下故曰上葬此即在葬我君桓公經下不須言上蓋上葬日者謂書日於葬上明葬爲生者事也隱十一年傳云葬生者之事也此既不責臣子不討賊故以生者之事予之隱三年傳過時而日隱之注隱痛賢君不得以時葬丁亥葬齊桓公是也桓非賢君隱之者明臣子當痛其君父死不以正不得以時葬也故注云云起生者之事○注且明至會之○白虎通崩薨篇臣死亦赴告於君何此君哀痛於臣子也欲聞之加賻贈之禮故隱三年注云記諸侯卒葬者當加之以恩禮故爲恩錄按隱元年左傳衛侯來會葬杜云諸侯會葬非禮也昭十三年左傳先王之制諸侯之喪士弔大夫送葬昭三年左傳稱文襄之霸君薨大夫弔卿共葬事皆無諸侯會葬之文則左氏家不謂諸侯共會也既夕禮有公賵元纁束馬兩事此諸侯薨明王者亦當遣使也○注加我至地也○莊三十二年公薨于路寢注在寢地加錄內也是也穀梁傳葬我君接上下也注言我君舉國上下之辭按各國稱葬

某某公魯不得但書葬某公嫌與葬某王

同故加我君以錄內也春秋內魯故言我

公羊義疏七十六

南菁書院

句容陳立卓人著

莊元年盡二年

春秋公羊經傳解詁莊公第三

疏釋文但題莊公第三餘卷準此史記魯世家桓公六年夫人生子與桓公同日故名曰同同長為太子十八年魯立太子同是為莊公釋文諡法勝敵克亂曰莊左疏引作勝敵克壯曰莊

元年春王正月

公何以不言即位春秋君弒子不言即位疏唐石經諸本同釋文作君殺申志反下皆同通義云目春秋者時君自行即位之禮特春秋不言耳君弒賊不討不書葬以義治也君弒子不言即位以仁治也二者並是春秋新義俗儒張云不行即位之禮故不書是猶以春秋為魯之史非君子之經矣舊疏亦云言春秋者欲道孔子意春秋之內皆爾非止此處故舉其大號言之是以僖元年傳云公何以不言即位繼弒君子不言即位此非子也其稱子何臣子一例也然則宣公之傳不言子直以其無臣子之道不念其君父亦不由宣公非子赤之子故不言子也君弒則子何以不言即位注据繼君不絕也疏注据繼君不絕○說文糸部繼續也玉篇紹繼也大夫不世諸侯世父死子繼曰世故不絕也隱之也孰隱隱子也注隱痛是子之禍不忍言即位疏注隱

痛至即位○隱三年注隱痛也親父被戕禍莫大焉故爲子痛之不忍書其即位穀梁傳繼弒君不言即位正也繼弒君不言即位之爲正何也曰先君不以其道終則子不忍即位也是也舊疏云莊公踰年之後合稱成君而言子者凡諸侯於其封內三年稱子故也其表臣子之心不可曠年無君故乃稱公耳然則莊公之行即位禮與否固不可知聖人以春秋治之則不忍即位也故不書

三月夫人孫于齊

孫者何孫猶孫也【注】孫猶遁也【疏】通義云猶孫也者猶遜讓之遜也諱若自讓其位而去舊疏云凡言孫者孫遁自去之辭今此言孫與尚書序云將孫于位讓於虞舜義同故言孫猶孫也猶彼文也○注孫猶遁也○說文辵部遜遁也段氏玉裁注云六經有孫無遜大雅孫謀聘禮孫而說學記不陵節而施之謂孫論語孫以出之皆遜之段借也春秋夫人孫于齊詩公孫碩膚尚書序將孫于位皆逡遁遷延之意故穀梁云孫之爲言猶孫也公羊云孫猶孫也何云孫猶遁也鄭箋云孫之爲言孫遁也釋言曰遜遁也釋名孫遜也遜遁在後生也古就孫義引申卑下如兒孫非別有遜字也至部𦤳字下云从玉玉至復孫孫遁也此亦有孫無遜之證何義蓋以上孫爲謙遜下孫爲遁孫故云猶也舊疏謂欲解彼此之皆爲孫遁月去之義恐非

內諱奔謂之孫【注】言于齊者盈諱文【疏】通義云諱奔謂孫乃公與夫人通例此承上文兼說之也舊疏云據百二十國寶書以爲春秋非獨魯也而言內者託王於魯故言內猶言內其國外諸夏之義也然則內魯爲王王者無出奔之義故謂之孫而僖二十四年冬天王出居于鄭言出者彼傳云王者無外此其言出何不能乎母也注不能事母罪莫大

于不孝故絕之言出也然則彼天王合絕故書出不天子之也穀梁亦曰諱奔也○注注言于至諱文○舊疏云凡言于某者從此往彼之辭今此夫人實非始往而言于齊與公孫于齊文同者盈滿其諱文若今始然也

夫人固在齊矣其言孫于齊何 注 据公夫人遂如齊未有來文 疏 注据公至來文○公夫人遂如齊在桓十八年若有來文當如文九年夫人姜氏如齊下言夫人姜氏至自齊矣下二年注云不致者本無出道有出道乃致奔喪致是也彼注即据文九年為說似此可不致而云未有來文者舊疏云夫人如齊之時得公之命非無出道故如此解也按詩齊風南山序箋云夫人久留于齊莊公即位後乃來左傳云不書即位文姜出故也是夫人固在齊也詩疏云其來年月三傳無文何氏及賈逵服虔皆以為公憂思少殺念及於母以其罪重不可以反之故書孫于齊其實本未歸也至二年夫人會齊侯于禚是從魯往之則於會之前已反魯矣服虔云蓋魯桓之喪從齊來以文姜為二年始來也惟杜預以為莊公元年歲首即位之時文姜未來公以母出之故不忍即位文姜於時感公意而來既至為魯人所尤故三月又孫于齊謂文姜來而復出非先在齊與前儒說異不可從也按左傳明云文姜出杜氏必欲故違三傳及先儒之說因謂其二月反孔穎達依回其解似若留此二月餘時為杜孔藉口者而又增飾姜氏感公意而反魯人尤之而孫諸節殊不可解

念母也 注 固在齊而書孫者所以起念母也 疏 注固在至母也○通義云將以來月練祭莊公感在齊念而迎之左傳曰元年春不稱即位文姜出故也雖失經意然彼据魯史可見夫人實非三月始孫矣至是始書者前與桓公如齊公弑灈為國討留齊未返本非出奔孫文無所施今將迎而

反之乃著之曰是時固孫于齊也不言其迎者義不當迎君子削之也然自孫後更無復文而下書會書饗書如齊師其見迎而復也明矣所謂沒其文而不沒其實詩疏引服虔云桓公之喪至是年三月期而小祥公念及於母不可以反故書孫于齊其實先在齊本末歸也亦用何義魏書寶瑗傳引服云文姜通於兄齊襄與殺公而不反父殺母出隱痛深諱期而中練思慕少殺念至於母故經書三月夫人孫于齊瑗又曰尋注義隱痛深諱者以父爲齊所殺而母與之隱痛父死深諱母出

正月以存君念母以首事

注 禮練祭取法存君夫人當首祭事時莊公練祭念母而迎之當書迎反書孫者明不宜也

疏 通義云公孫則正月書其所在以存君也夫人孫則接練時錄母之變以念母也自卒哭而祔比至于練間無他祭莊公即位首舉此祀事故曰首事案正月以存君即謂此年書元年春王正月也莊公不書即位故書正月以存君明己即位與定元年之不書正月異彼即位後也孔說正月以存君非是存君者襄二十九年注云正月歲終而復始臣子喜其君父與歲終而復始執贄存之莊公於去年桓公薨後即已定位正月君雖不忍即位臣子不能不執贄存之也夫人當首事者公時尙未婚娶故君母首祭事也〇注禮練至宜也〇存如禮記祭義敬愛則存之存彼注云孝子致極愛親之心則若親之存也禮記喪服小記云故期而祭禮也注此謂練祭也禮正月存親親亡至今而期期則宜祭疏孝子之喪親應感時之氣歲序改易隨時傷感故一期而爲練祭是孝子存親之心故云禮詩疏引服虔賈逵云桓公之喪至是年三月期而小祥公憂思少殺念及於母鄭氏小記注引此正月存親事則與何賈服並同矣襄二十九年傳正月以存君也彼

爲襄公在楚故特發此傳此練祭亦是臣子痛君父沒已踰年禮而存之與正月存君同也穀梁傳接練時錄母之變始人之也注於練時感夫人不與祭故始以人道錄之經義述聞傳言錄者閔錄之也人之者仁之也謂於練時閔夫人之不與祭於是始仁之也公羊言念母此言仁之其義一也左疏駁之謂期月而練桓公以往年四月薨至今年三月未得一期何故已得爲練不知練應四月時已三月宜先宿戒故下注云月者起練祭左右孔疏所云未足月以難穀梁也傳云念母必行練時乃許念乎俞云何氏此解甚爲違失傳言正月以存君不言練祭以存君乃曰練祭取法存君一失也練祭莊公主之非夫人主之乃曰夫人當首祭事二失也經明書孫于齊傳但言念母不言迎母乃曰念母而迎之三失也然則此傳當作何解曰接練時錄母之變此穀梁傳之說公羊無此說也莊公一篇先書元年春王正月繼書三月夫人孫于齊其書此元年春王正月者明國有君也所謂正月以存君也其書三月夫人孫于齊者明君有母也春秋記載莊公三十二年之事以此月爲首蓋推莊公之心無有更先于此者也所謂念母以首事也是時夫人固在齊而曰孫于齊者猶曰夫人在齊云爾亦猶公在乾侯之比紀其實也春秋雖託文見義然先世事實豈容以意變亂若使夫人實於此時迎歸而反書曰孫于齊是則記載之失實甚矣何以爲春秋乎必於三月書之者是年三月以前無事其下始書夏單伯逆王姬故欲書單伯逆王姬而先書夫人孫于齊正所謂念母以首事矣

夫人何以不稱姜氏

〔注〕据夫人姜氏孫于邾婁〔疏〕○注据夫至邾婁見閔二年

貶〔疏〕通義云貶去姓者惡其瀆姓穀梁傳不言氏姓貶之也左傳云絕不爲親禮也疏引左氏先儒謂莊公繼母不復以之爲親爲父絕母得禮尊父之義故曰禮也自

是正解唯杜以爲宜與齊絕而復奔齊故去姜氏以示義夫文姜與兄殺君何止於責即與齊絕文姜遂無罪乎春秋爲臣子明義故二傳皆責莊公也而辭例又以莊公當以母淫于齊而絕其齊親內全母子之道故經不稱姜氏夫責莊公絕其何爲貶去夫人之氏進退皆失据也曷爲貶注据俱以孫爲文與弒公也疏唐石經諸本同釋文作與殺通義云等與弒公而貶異處者分別實孫否也本所以貶夫人者著其罪又以惡臣子也夫人姜氏孫于邾婁是內絕之之詞絕之則無惡矣於其喪歸乃復以少君事之故惡之於彼夫人孫于齊內逆之之詞也自後遂終以小君事之故惡之於此後不待貶矣按詩疏引服虔云夫人有與殺桓之罪絕不爲親得尊父之義善莊公思大義絕有罪故曰禮也賈義同是皆以弒公罪文姜而杜氏釋例乃謂弒公之謀姜所不與又謂夫子以爲姜氏罪不與弒夫即以今律論姦夫弒死本夫姦婦雖不知情尙應繯首文姜果不知情乎杜氏直是爲司馬昭賈充寬解若曰高貴鄉公之死成濟弒之耳而司馬昭即以撫尸一哭掩其弒君之罪矣其與弒公奈何夫人譖公于齊侯注如其事曰訴加誣曰譖疏注如其事曰訴○後漢書齊武王縯傳注如其事曰訴說文言部訴告也或从言作愬或从心作愬論語顏淵篇膚受之愬注愬己之冤也漢書五行志引作訴○注加誣曰譖○後漢書齊武王縯傳注加誣言曰譖說文言部譖愬也論語憲問篇愬子路於季孫集解引馬曰愬譖也左傳成十六年云郤犨訴公于晉侯注訴譖也是對文異散則通也而譖重於訴玉篇言部譖讒也廣雅釋詁譖諻也詩小雅雨無極云譖言則退箋云有譖毀之言則共爲排退之漢書孫寶傳蒙受冤譖並有加誣之意公曰同非吾子齊

侯之子也【注】以淫於齊侯所生【疏】舊疏云夫人加誣此言非謂桓公實有此言何者正以夫人之至在桓三年秋子同之生乃在六年九月故也桓十七年舊疏引或云蓋在齊之日已共私通魯侯知之悼恨之言耳按史記齊世家齊襄公故嘗私通魯夫人魯夫人者襄公女弟也自釐公時嫁爲魯桓公婦及桓公來襄公復通焉魯桓公知之怒夫人以告襄公詩南山序云鳥獸之行淫於其妹箋云襄公之妹魯桓公夫人文姜也襄公素與淫通及嫁公謫之公與夫人如齊夫人愬之襄公又猗嗟序云人以莊公爲齊侯之子明非如齊之後始與襄通或說是也姦淫之事生於狎處故知未嫁之前即與淫通所以人有此語桓公知而謫之則此公曰云云亦可知桓公實有此語所謂加誣者姜雖與襄通同不必即齊侯所生桓公甚其詞以斥姜耳若本無此事公曷爲憑空有此語乎

齊侯怒與之飲酒【注】欲醉而殺之禮飲酒不過三爵【疏】注欲醉而殺之○齊世家襄公與魯君飲醉之○注禮飲至三爵○禮記玉藻云君子之飲酒也受一爵而色灑如也二爵而言言斯已三爵而油油以退鄭注禮飲過三爵則敬殺可以去矣宣二年左傳云臣侍君宴過三爵非禮也蓋禮飲不過三爵詩賓筵云三爵不識也詩疏引異義韓詩說金罍大夫器也天子以玉諸侯大夫皆金上以梓一升曰爵爵盡也足也二升曰觚觚寡也飲當寡少三升曰觶觶適也飲當自適也四升曰角角觸也飲不能自適觸罪過也五升曰散散訕也飲不能自節爲人所謗訕也總名曰爵其實曰觴引禮者蓋桓公不止三爵因爲酗酒者示戒

於其出焉使公子彭生送之於其乘焉【注】於其將上車時【疏】經傳釋詞焉猶也昭三十二年左傳民之服焉不亦宜乎

公羊於其出焉於其乘焉定四年於其歸焉猶也耳擠幹而殺之注幹脅擠折聲也扶上車

以手擠折其幹疏舊疏云此與上於其乘焉二句連讀之唐石經宋本監本閩本毛本同詩南山疏引作拉幹而殺之玉篇引作拉公幹而殺之皆作拉段氏玉裁云依說文當作搚許云搚也从手劦聲作擠者或體也作拉者段借字也按史記魯世家作搚范雎傳折脅搚齒鄒陽傳作搚脅折齒漢書作拉脅折齒字異義同釋文本作搚音路合反本又作擠亦作拉皆同齊世家云使力士彭生抱上魯君車因拉殺魯桓公桓公下車則死矣詩南山箋作搚殺之疏引說文搚捉也拉折聲正謂手捉其脇而折拉然爲聲此指言殺狀故言搚也○注幹脇○各本無此二字依詩南山疏引補詩駉傳云艮馬腹幹肥張也疏腹謂馬肚幹謂馬脅脅是脅稱幹也爾雅釋畜在幹茀方郭注幹脅國語晉語聞其駢脅欲觀其狀韋注駢幷幹也按釋文幹音古旦反脇也是陸本不脫○注擠折至其幹○舊疏云折音如字說文辵部邋搚也手部搚摺也引公羊傳曰搚幹而殺之又拉摧也摧亦有折義廣雅釋詁擠折也文選吳都賦拉捭摧藏注拉頓折也又云菈擸雷硠崩巒弛岑注菈擸雷硠崩弛之聲也管子大匡篇公子彭生乘魯侯脅之公薨于車脅卽擠也桓十八年左傳使公子彭生乘公公薨于車注上車曰乘彭生多力拉公幹而殺之是也扶宋本作扶誤

念母者所善也則曷爲於其念母焉貶注据貶必於其重疏注据貶至其重○僖元年傳云夫人何以不稱姜氏貶曷爲貶與弒公也然則曷爲不於弒焉貶貶必於其重者莫重乎其以喪至也注刑人於市與衆棄之故必於其臣子集迎之時貶之所以明誅得其罪是也

不與念母也注念母則忘

父背本之道也故絕文姜不爲不孝距蒯聵不爲不順脅靈社不爲不敬蓋重本尊統使尊行於卑上行於下貶者見王法所當誅至此乃貶者并不與念母也又欲以孫爲內見義明但當推逐去之亦不可加誅誅不加上之義非實孫月者起練祭左右

疏 穀梁傳人之於天也以道受命於人也以言受命不若於道者天絕之也不若於言者人絕之也臣子大受命謂妻當順天道以事夫文姜弒君是不順乎天故天絕之婦當受夫之命文姜從齊侯之命以弒夫是不順乎人故人絕之臣子受君父之大命得貶退夫人亦此不與念母之意也○注念母至道也○禮記喪服四制曰資於事父以事母而愛同天無二日土無二王國無二君家無二尊以一治之也故父在爲母齊衰期者見無二尊也謂取父之道以事母其恩愛雖同而服制則異見家無二尊之故文姜以母弒父念母則忘父矣禮喪服傳曰禽獸知母而不知父若念母則但知母矣○注故絕至不孝○舊疏云謂貶氏是也繁露精華云絕母之屬而不爲不孝義夫說苑辨物篇絕文姜之屬而不爲不愛其母其義之盡耶經韻樓集云或曰魯文姜之罪若何曰以趙盾可書弒例之春秋据實書之當曰夫人弒公于齊左氏曰夫人孫于齊不稱姜氏絕不爲親禮也何休說公羊曰念母則忘父背本之道也故莊公絕文姜不爲不孝烏乎唐中宗知此可以處武后矣○注距蒯至不順○宋本閩本作聵當据正哀三年傳云曼姑受命乎靈公而立輒以曼姑之義爲固可以距之也注曼姑無惡文者起曼姑得距之曼姑臣也距之者上爲靈公命下爲輒故者是也繁

露精華云辭父之命而不為不承親說苑辨物作辭蒯瞶之命不為不聽其父卽哀三年傳所謂不以父命辭王父命又云以王父
命辭父命是父之行乎子也禮記疏引異義衞輒拒父公羊以為孝子不以父命辭王父命許拒其父左氏以為子而拒父悖德逆
倫大惡也鄭氏駁云以父子私恩言之則傷仁恩則鄭義亦以公羊所云為公義左氏為私恩也○注脅靈至不敬○莊二十五年
傳日食則曷為鼓用牲于社求乎陰之道也注求責求也以朱絲營社或曰脅之注脅之與責求同義社者土地之主也月者土地
之精也上繫於天而犯日故鳴鼓而攻之脅其本也朱絲營之助陽抑陰也是脅靈社不為不敬也繁露精華云脅嚴社不為不敬
靈說苑作劫嚴社而不為不驚靈按繁露說苑並有出天王而不為不尊上之語似並成語○注蓋重至於下○舊疏云此蓋詁為
皆也與隱三年蓋通乎下之蓋同漢書禮樂志注師古曰蓋語辭也亦通周道尊尊春秋雖改周之文從殷之質而於重本尊統之
義以上治下以尊治卑以義治恩仍一本周道也繁露精華云故變天地之位正陰陽之序直行其道而不忘其難義之至也是也
○注貶者至當誅○包氏慎言云不與念母者絕而奪其母子之恩也何氏云念母則忘父之道也故絕文姜不為不孝貶者見王之
法所當誅是言弒夫者王法所不貸王誅不加子當以義斷恩遠之故不與念母然則王法者春秋之法也文姜幸逃法誅聖人以
春秋之法誅之爾○注至此至母也○舊疏云注言此者欲道桓十八年公如齊之時不貶意也貶於此罪夫人幷責莊公也○注
又欲至之義○舊疏云又欲以孫為內見義者正言道魯臣子不合誅夫人之意定四年疏引見義下有言孫者三字當据補禮疏
引異義云妻甲夫乙毆母甲見乙毆母而殺乙公羊說甲為姑討夫猶武王為天誅紂鄭駁之云乙雖不孝但毆之耳殺之太甚凡

在宮者未得殺之殺之士官也据公羊義妻得殺不孝之夫而子不得誅弒父之母者夫妻以胖合且敵體故得討不義子爲母生至親也至親與至尊並故但推遠之而已故禮記檀弓云子弒父凡在宮者殺無赦鄭注子孫無尊卑皆得殺之孔疏如鄭此注似父弒祖子得殺父然子之於父天性也父雖不孝於祖子不可不孝於父今云子者因孫而連言之或容兄弟之子耳除子以外皆得殺其弒父之人亦此類也○注非實至左右○通義云公孫日夫人孫月尊卑之差也按閔二年九月夫人姜氏孫于邾妻彼注云彼公夫人奔例日此月者有罪然則此有罪書月正是其例而言起練祭左右者見夫人非實孫特書月以起練耳但言春不明也喪服小記云故期而祭禮也期而除喪道也注此謂練祭也禮正月存親親亡至今而期期則宜祭期天道一變哀惻之情益衰衰則宜除不相爲也桓公薨於上年四月今年四月一期故爲練祭左右也謂之練者所著服也禮記檀弓練練衣黃裏縓緣注小祥練祭冠練中衣以是爲內縓爲飾黃之色卑於纁縓纁之類明外除是小祥著練中衣故曰練也

夏單伯逆王姬 疏 左氏作送

單伯者何吾大夫之命乎天子者也 注 以稱字也禮諸侯三年一貢士於天子天子命與諸侯輔助爲政所以通賢共治示不獨專重民之至大國舉三人次國舉二人小國舉一人 疏 ○注以稱字也 穀梁傳單伯者何吾大夫之命乎天子者也命大夫故不名也范云諸侯歲貢士於天子天子親命之使還其國爲大夫者不名天子就其國

命之者以名氏通也通義云命大夫以名氏書單伯以伯仲書推
此知大國之卿與王之上士同秩其命乎天子則與中大夫同秩
左氏經云單伯送王姬誤也經書單伯會諸侯于鄄單伯如齊單
伯至自齊弁是內大夫之詞且逆則據往之日書先行單伯而後
築館也送則据來之日書時尚未有以居王姬也是不可通也按
白虎通王者不臣云不名者貴賢者而已共成先祖功德加于百
姓者也春秋單伯不名傳曰吾大夫之命于天子者也此與命卿
異禮記王制所云大國三卿皆命于天子是尋常命卿春秋仍應
書名左傳僖十一年所云天子之二守國高在者也曲禮下云國
君不名卿老世婦注以卿老為上卿自謂本國之君不名耳春秋
所不名自為貴賢張義也魯有偉邑或作聞疑單伯食采於此者
此與十三年之單伯應一也人文十四年之單伯或是其子若孫與
〇注禮諸侯至一人〇舊疏云皆書傳文禮記疏引書傳云諸侯
之於天子也三年一貢士一適謂之好德再適謂之賢賢三適謂
之有功有功者天子賜以衣服弓矢再賜以秬鬯三賜以虎賁百
人號曰命諸侯不云兼地者文不具矣又引云貢士一不適謂之
過注謂三年時也再不適謂之敖注謂六年時也三不適謂之誣
注謂九年時也一絀以爵再絀以地三絀而地畢注凡十五年之閒
夫論考績云古者貢士一適謂之好德再適謂之尚賢三適謂之
有功則加之賞其不貢士也一則黜爵再則黜地三則爵土俱畢
附下而罔上者刑與聞國政而無益下民者斥在上位而不能進
賢者逐漢書武帝紀有司奏議曰古者諸侯貢士一適謂之好德
再適謂之賢賢三適謂之有功乃加九錫不貢士一則黜爵再則
黜地三而黜爵地畢矣說苑修文云諸侯三年一貢士士一適謂
之好德再適謂之尊賢三適謂之有功有功者天子一賜以輿服
弓矢再賜以鬯三賜以虎賁百人號曰命諸侯命諸侯者鄰國有

臣弒其君孽弒其宗雖不請於天子征之可也巳征而歸其地於天子諸侯貢士一不適謂之過再不適謂之敖三不適謂之誣天子黜之一黜以爵再黜以地三黜而地畢諸侯有不貢士者謂之不率正不率正者天子黜之亦二黜地畢然後天子比年秩官之無文者而黜之以諸侯之所貢士代之蓋皆本書大傳為說禮記射義云古者天子之制諸侯歲獻貢士于天子天子試之於射宮注歲獻獻國事之書及計偕物也三歲而貢士舊說云大國三人次國二人小國一人蓋亦用書傳說也書錄引白虎通云云三年一貢士者治道三年有成也諸侯所以貢士於天子者進賢勸善者也天子聘求之者貴義也治國之道本在得賢得賢則治失賢則亂故月令季春三日開府庫出幣帛周天下勉諸侯聘名士禮賢者育貢者復育聘者何以為諸侯貢士庸才者貢其身盛德者貢其名及其幽隱諸侯所遺失天子之所昭故聘之也後漢書魯丕傳對策云古者貢士得其人有慶不得其人者有罰故漢書元光四年徵吏民有明當時之務習先聖之術畧縣次續食會與計偕蓋猶取法三代歲獻貢士之意也按王制云大國三卿皆命於天子次國三卿二卿命於天子一卿命於其君注小國亦三卿一卿命於天子二卿命於其君此文似脫誤耳白虎通引王度記曰子男三卿一卿命於天子然則諸侯之卿命於天子者大國三人次國二人小國一人故此所貢之數亦準此與何以不稱使注据公子遂如京師言如者內稱使之文疏注据公至之文〇僖三十年公子遂如京師是也凡內稱使則曰如外內之詞單伯不言如故以不稱使為問天子召而使之也疏通義云緣親親之義則我不可受于京師緣尊尊之義天子可得召而使我也故因而不稱使以為內殺惡也春秋之義以王事辭家事不以家事

辭王事父之讎不敢不讎也王命勿讎則亦不敢讎也孝子之心盡其得自盡者而已所以主王姬無譏於其狩焉乃譏逆之
者何使我主之也注逆者魯自往之文方使魯爲父母主嫁之故
與魯使自逆之不言于京師者使魯主之故使若自魯女無使受
之疏注逆者至受之○說文辵部逆迎也魯自往迎之也魯爲父母主嫁受命於天子故與其逆無譏文也不言於京師明同
魯內女無使受之者也逆亦有受義禮聘禮衆介皆逆命不辭注逆猶受也是也猶言單伯受王姬故無使之文也曷爲使
我主之注据諸侯非一疏注据諸侯非一○各本一作之誤据鄂本宋本正一天子嫁女乎
諸侯必使諸侯同姓者主之注諸侯與天子同姓者疏唐石經乎作于史記
呂后本紀魯元公主注如淳曰公羊傳曰天子嫁女於諸侯必使諸侯同姓者主之故謂之公主按此自謂嫁女於侯伯以下者耳
若嫁於二王後當不必諸侯主之知者禮記檀弓齊穀王姬之喪魯莊公爲之大功或曰由魯嫁故爲之服姊妹之服然則由諸侯
嫁者則所主諸侯爲之服姊妹服天子不服可知天子之女嫁於二王後得申其私服則不必就諸侯主之如諸侯嫁女於諸侯例
矣下四年注云天子諸侯絶旁期天子唯女之適二王後者恩得申是也諸侯嫁女于大夫必使大夫
同姓者主之注大夫與諸侯同姓者不自爲主者尊卑不敵其行
婚姻之禮則傷君臣之義行君臣之禮則廢婚姻之好故必使同

姓有血脈之屬宜爲父道與所適敵體者主之禮尊者嫁女于卑
者必待風旨爲卑者不敢先求亦不可斥與之者申陽倡陰和之
道天子嫁女於諸侯備姪娣如諸侯之禮義不可以天子之尊絶
人繼嗣之路我主書者惡天子也禮齊衰不接弁冕仇讎不交婚
姻【疏】下二十七年莒慶來逆叔姬傳大夫越竟逆女非禮也則諸
侯嫁女於大夫亦宜使本國同姓大夫主之矣○注不自至
主之○白虎通嫁娶云王者嫁女必使同姓主之何昏禮貴和不
可相答○爲傷君臣之義亦欲使女不以天子尊乘諸侯也春秋傳
曰天子嫁女乎諸侯使同姓諸侯主之諸侯嫁女於大夫使大夫
同姓者主之必使同姓者以其同宗共祖可以主親也故使攝父
事不使同姓卿主之何尊加諸侯爲威厭不得舒也後漢書荀爽
傳云春秋之義王姬嫁齊使魯主之不以天子之尊加於諸侯也
○注禮尊至之道○宋本閩本監本毛本待作持誤鄂本作待當
据正于當作於舊疏云風猶放也言使卑者待己放其命云有女
可嫁然後卑者乃敢求昏亦不可斥與之者亦不可斥言嫁於某
國正以申陽倡陰和之道故也按風猶諷也猶詩序之風化風刺
皆謂諭示不直言也易泰六五帝乙歸妹集解引九家易注五者
帝位震象稱乙是爲帝乙六五以陰居尊位帝者之姊妹五在震
後明其爲二也五應於二當下嫁二婦人謂嫁曰歸故言帝乙歸
妹謂下居二以中和之道相承故元吉困學紀聞引京氏易傳湯
嫁妹之辭曰無以天子之尊而乘諸侯無以天子之富而驕諸侯
陰之從陽如女之順夫本天地之義也往事爾夫必以禮義皆所

以申倡和之道也詩丰序云陽倡而陰不和男行而女不隨失倡和之義矣○注天子至之路○於鄂本宋本閩本同監本毛本於改于非詩疏引皇甫謐云武王五男二女元女妻胡公王姬宜爲媵今何得適齊侯之子蓋士安駁毛鄭語亦可見天子嫁於諸侯備姪娣矣或可以尊故命同族諸侯女爲姪娣與諸侯不再娶若其無媵設適夫人歿或適無子則是絕人繼嗣矣○注我主至子也○校勘記云鄂本宋本無我字同監本毛本上有我字當衍元本上空一字此本上有○今刪正閩本我字重刻蓋原本亦空缺一字也按有我字是也我主謂以我爲主變法書之也我主見上文穀梁傳其不言如何也其義不可受於京師也其義不可受於京師何也曰躬君弑於齊使之主婚姻與齊爲禮其義固不可受也注魯桓親見弑于齊若天子命使爲主則非禮大矣春秋爲尊者諱故不可受之于京師諱之正所以惡之故不使受之京師而以我主也○注禮齊至婚姻○穀梁傳曰仇讎之人非所以接婚姻也衰麻非所以接弁冕也何氏所本穀梁又云其不言齊侯之來逆何也不使齊侯得與吾爲禮也魯主齊婚犯二事而忘仇之罪尤重耳

秋築王姬之館于外

何以書譏何譏爾築之禮也于外非禮也【注】以言外知有築內之道也于外非禮也禮同姓本有主嫁女之道必闕地於夫人之下羣公子之上也時魯以將嫁女於讎國故築于外【疏】白虎通嫁娶篇引館作觀

穀梁亦云築禮也于外非禮也左氏以于外爲禮左疏引鄭箴膏肓云宮廟朝廷各有定處無所館天子之女故宜築于宮外劉氏逢祿曰羣公子之舍亦無定制築于前何不可之有魯既不能以父仇辭天子之命又以衰麻之服爲王姬主婚此譏之大者不天王既不能爲隱討桓又不能爲桓討齊而一則使榮叔追錫弒兄而遺弒之桓公一則以王姬而下嫁禽獸行之齊襄又使無行之魯莊公忘讎奪親而爲之主婚故王不稱天以示同於吳楚此又天討黜周之大者若僅論之同姓主婚之禮既有父道則築于子舍之前以侯親迎之禮豈得謂之卑王姬乎○注以言至禮也○穀梁傳云主王姬者必自公門出范云公門朝之外門主王姬者當設几筵于宗廟以侯迎者故在公門之內築王姬之館是有築內之道也否則第書築王姬之館矣曰於外明其非禮也○注禮同至于外○下傳云於路寢則不可羣公子之舍則以卑故闕地于夫人之下羣公子之上也時魯因嫁女讎國故于外耳

于外

何以非禮【注】據非內女【疏】注據非內女○閩本監本毛本女作也依鄂本宋本正言王姬應殊內女故據以難

築于外非禮也【注】于遠辟也爲營衛不固不以將嫁于讎國除譏者魯本自得以讎爲解無爲受命而外之故曰非禮【疏】注于遠辟也○大戴禮夏小正傳曰越于也書大誥云大誥猷爾多邦越爾御事王莽大誥作大告道諸侯王三公列侯于女卿大夫元士御事是于有越訓越有遠義故于亦有遠辭也可知于於之別矣○注爲營衛不固○通義云申言築于外非禮者設令國外舊自有館于外可也夫有所受之也今特築之而外是疏王姬且營衛不謹故曰館王姬于外則可曰築王姬之館于外則不可按孔說非是傳

意凡同姓主嫁必酌築於路寢小寢羣公子之舍之間本無在外之道則不得舊自有館也楊疏云主姬者必自公門出今築之於外則是營衞不固是輕王女是也申言之者一則責魯可以仇辭一則輕王姬故也○注不以至非禮○此駁左穀二家義也穀梁以爲築之外變之正也左傳以爲禮亦卽穀梁義故杜云齊彊魯弱又委罪於彭生魯不能讎齊然喪制未闋故異其得禮之變公羊義魯得以仇爲辭無爲受命而又築于外也故不以將嫁于讎國除譏也

其築之何以禮注据禮當豫設疏此道築之通義非譏魯此之築爲禮也

主王姬者必爲之改築主王姬者則曷爲必爲之改築注据諸侯宮非一疏注据諸至非一○舊疏云卽下云路寢小寢之屬是也按下三十二年注云天子諸侯皆有三寢一曰高寢二曰路寢三曰小寢是也非一也

於路寢則不可小寢則嫌注皆所以遠別也疏注皆所至別也○舊疏云於路寢則不可者謂外內無別小寢則嫌者嫌褻瀆曲禮疏引此傳下引何氏說云路寢是君聽事之處不可嫁他女小寢是夫人所居天子王女宜遠別不可居也今注無此語白虎通嫁娶云所以必更築館者尊之不於路寢路寢本所以行政處非婦人之居也小寢則嫌羣公子之舍則已卑矣故必改築于城郭之內穀梁傳云於廟則已尊於寢則已卑爲之築節矣

羣公子之舍注謂女公子也疏注謂女公子也○詩齊風七月云殆及公子同歸亦謂女公子也禮記曲禮云女子許嫁纓非有大故不入其門注女子有宮者謂由命士以上也春秋傳曰羣公子之舍則已卑矣疏女子已許嫁則有宮門列爲成人引公羊傳證女子有別宮也然則父子異宮不獨男子

然也儀禮喪服傳云故有東宮有西宮有南宮有北宮異居而同財左傳隱三年有東宮得臣是也宮室之制前正寢次燕寢次夫人正寢及小寢皆南北相直諸子所居當在其旁則女公子所居亦當在夫人小寢旁矣禮士昏禮注古者命士以上年十五父子異宮以其十五成童故女子亦十五許嫁乃別宮也昏禮云祖廟未毀教于公宮三月注祖廟女高祖爲君者之廟以有緦麻之親就尊者之宮教之彼所謂宮即天子諸侯女公子之宮也則以卑矣注以爲太卑疏白虎通曲禮疏引以作已曲禮疏說云羣公子是魯侯之諸女也魯侯女宮爲卑不可處王女也疑亦何氏說禮記檀弓注以與已字本同何氏作以爲說應作以其道必爲之改築者也注以上傳言爾知當築夫人之下羣公子之上築例時疏注以上至之上○曲禮疏引此注作築夫人宮下羣公子宮上白虎通嫁娶云不使同姓諸侯就京師主之何諸侯親迎入京師當朝天子爲禮不兼春秋傳曰築王姬之觀于外明不往京師也易林屯之觀云東鄰嫁女爲王妃后莊公築館以尊王母歸于京師季姜說喜蓋誤合紀季姜與此爲一事○注築例時○舊疏云此年秋築王姬之館二十八年冬築微三十一年春築臺于郎秋築臺于秦之屬是也

冬十月乙亥陳侯林卒疏十月乙亥之十八日也穀梁傳諸侯日卒正也史記陳杞世家立中弟林是爲莊公莊公七年卒

王使榮叔來錫桓公命疏通義云錫命例月重錄之加于聘也趙汸曰錫成公命書月者著例也凡褒上事月

者以著例決之范注上諸侯曰卒傳云重發之者與錫命相連恐日月之爲錫命而錄故傳明之其賁錫命蒙月也杜云榮氏叔字按榮叔疑書顧命榮公之後

錫者何賜也注上與下之辭疏易師王三錫命釋文鄭本作賜書序平王錫晉文侯釋文馬本作賜詩大雅韓奕王錫韓侯周禮注引作王賜韓侯是賜錫通○注上與下之辭○禮記少儀云其以乘壺酒束修一犬賜人注於卑者曰賜周禮小宗伯職賜卿大夫士爵注賜猶命也禮記曲禮三賜不及車馬注三賜三命也皆爲上與下之稱故曲禮又云長者賜也

命者何加我服也注增加其衣服令有異於諸侯禮有九錫一曰車馬二曰衣服三曰樂則四曰朱戶五曰納陛六曰虎賁七曰弓矢八曰鈇鉞九曰秬鬯皆所以勸善扶不能言命不言服者重命不重其財物禮百里不過九命七十里不過七命五十里不過五命疏注增加至諸侯○曲禮疏所載公羊家說一加服二朱戶三納陛四輿馬五樂則六虎賁七斧鉞八弓矢九秬鬯此傳以命爲加我服知公羊家以加服爲九賜第一矣○注禮有至不能○舊疏云此禮緯含文嘉文也彼注云諸侯有德當益其地不過百里後有功加以九賜進退有節行步有度賜以車馬以代其步其言成文章行成法則賜以衣服以表其德其長於教誨內懷至仁賜以樂則以化其民其居處修理房內不泄賜以朱戶以明其別其動作有禮賜以納陛以安其體其勇猛勁疾執義堅彊

賜以虎賁以備非常其內懷至仁執義不傾賜以弓矢使得專征
其賜亢陽威武志在宿衛賜以斧鉞使得專殺其賜孝慈父母賜以秬
鬯使之祭祀皆加有德則陰陽和風雨時四方所瞻臣子所望則
有秬鬯之草景星之應是也曲禮注引含文嘉作九賜此疏云正
以變賜言錫與禮九賜之文異所見本亦作賜也曲禮疏云公羊
說九賜之數與含文嘉不同一曰加服云云異人之說故有參差
大略同也按此疏引禮緯注楊疏引舊說及文選潘勖冊魏公九
錫文皆同惟白虎通引禮說作七曰鈇鉞八曰弓矢曲禮疏引含
文嘉宋注漢書武紀應劭注同鈇鉞又作斧鉞曲禮疏所引公羊
說又與何氏不同以異義考之蓋先師舊說與韓詩外傳引傳曰
諸侯有德天子錫之一錫車馬二錫衣服三錫虎賁四錫樂器五
錫納陛六錫朱戶七錫弓矢八錫鈇鉞九錫秬鬯其次又異穀梁
注云皆所以褒德賞功也德有厚薄功有輕重故命有多少蓋褒
德賞功卽所以勸善勸善卽以扶不能論語爲政篇所謂舉善而
教不能則勸是也○注言命至財物○通義云錫命之禮諸侯奉
篋服加命書於其上太史述命侯氏降拜升成拜太史加書于服
上侯氏受故經舉命傳舉服也詩唐風無衣篇爲晉人爲其君請
命於天子之使而以無衣爲辭知王錫諸侯有服也重命不重財
物亦聘禮輕財重禮之意○注禮百至五命○通義云上公九命
其餘大國七命小國五命王子母弟有大功德者雖諸侯加命如
上公其服以九爲節公羊問答云問周禮有五百里以下之國而
莊元年注云百里不過九命七十里不過七命五十里不過五命而
何也曰此取孟子王制爲說何休等不信周禮是周公所制以爲
六國陰謀之書故其說不同按周禮典命職上公九命侯伯七命
子男五命公羊家當以公九命侯七命伯子男五命也禮記疏引
許慎說九賜卽九命九命鄭康成以爲不同据何氏蓋與許同也

禮疏引鄭司農亦以周禮九命與九賜爲一康成以九賜謂八命作牧九命作伯之後始加九錫知先鄭亦與許何說同白虎通攷黜篇五十里不過五賜而進爵土七十里不過七賜而進爵土能有大小行有進退亦與此同白虎通又載一說盛德始封百里者賜三等得征伐專殺斷獄七十里伯始封賜二等至虎賁百人後有功賜弓矢後有功賜秬鬯增爵爲侯益土百里復有功入爲三公五十里子男始封賜一等至樂則稍賜至虎賁增爵爲伯復有功稍賜至秬鬯增爵爲侯則以九錫分三等黜陟與此微異蓋彼以子男三命伯六命侯九命也

其言桓公何 注 据錫文公命不言謚 疏 注据至言謚〇卽文元年夏四月天王使毛伯來錫公命是也

追命也 注 舉謚明知追命死者禮生有善行死當加善謚不當復加錫不言天王者桓行實惡而乃追錫之尤悖天道故云爾 疏 注舉謚至死者〇以言桓與文元年止稱公異也杜氏釋例云天子錫命其詳未聞諸侯或卽位而見錫或歷年乃加錫或已薨而追錫魯桓薨後見錫則亦衞襄之比也魯文卽位見錫則亦晉惠之比也魯成八年齊靈二十三年乃見錫隨恩所加得失存乎其事也〇注禮生至加錫〇穀梁傳生服之死行之禮也生不服死追錫之不正甚矣通典引異義春秋公羊說王使榮叔錫魯桓公命進錫死者非禮也死者功可追而錫如有罪又可追而刑耶春秋左氏譏其錫篡弒之君無譏錫死者文也按下注云桓行實惡追錫之尤悖天道則亦兼左氏義矣惠氏士奇春秋說云諸侯薨天子追命無聞焉惟周官大史大喪讀誄小喪賜謚小喪謂諸侯喪其卿大夫喪則小史賜謚讀誄蓋賜謚必有誄詞皆大史賜之小史讀之昭七年左傳

衛襄公卒告喪于周且請命王使成簡公如衛弔且追命之曰叔父陟恪云云此誄詞也穀梁傳又云禮有受命無來錫命錫命非正也注爵人於朝與士共之當召而錫也引周禮大宗伯職曰王命諸侯則儐之是來受命蓋諸侯如有功德可褒宜及其生以示崇獎死後乃追錫之無謂也○注不言至云爾○莊氏存與云不稱天何也貶天子可乎曰以天道臨之可也君臣之義嫡妾之辨人莫大焉天莫大焉又通義云周公制禮諡以易名然而有幽靈厲戾者諸侯受諡於天子天子稱天以誄之自尊臨卑雖君父之惡臣子有不得而隱也君子蓋取此義施之春秋以春先王以王先正月若曰諸侯有罪正之以王王有罪正之以天桓公之行是謂無王無王之人而追命之是謂無天凡內錄王使唯加禮於桓公成風之喪者不稱天其故可知矣易曰有夫婦然後有父子有父子然後有君臣桓公推刃於同父成風以妾母儷小君父子之恩缺夫婦之分亂而君臣之義或幾乎熄矣文王之道刑于寡妻至于兄弟以御于家邦魯廢文王之法度而天子方崇獎之非所以欽承王業欽若君道也雖然尊者不可以屢譏故來聘來求車皆不去天將於失之重者壹譏而已蓋莫重乎其追錫命宋本悖誤存

王姬歸于齊

何以書我主之也注魯主女為父母道故恩錄而書之內女歸例月外女不月者聖人探人情以制恩實不如魯女也疏注魯主至書之○通義云由我嫁故同於內女家鉉翁曰書云釐降二女于嬀汭詩序言王姬下嫁于諸侯曰降曰下猶有自上而下之意至春秋垂法

則曰王姬歸于齊與列國女嫁諸侯者無異詞所以見陰從陽夫倡婦不以天子女至貴而紊居室之大倫其慮後世遠矣穀梁傳爲之中者歸之也按此與伯姬歸于紀伯姬歸于宋同一書法是比於內女緣我主之有父母道故從內女恩錄之然則十一年王姬歸于齊非魯主婚因過魯當有送迎之禮故亦從內女錄也〇注內女至女也〇各本無也字宋本標起訖作女也當据補內女月者隱三年冬十月伯姬歸于紀隱七年三月叔姬歸于紀成九年二月伯姬歸于宋之屬是也此書時故解之聖人緣人情以制親親之殺不能無厚薄重輕故較爲略也

齊師遷紀郱鄑郚疏杜云郱在東莞臨朐縣東南郚在朱虛縣東南北海郡都昌縣西有訾城大事表云此紀三邑也郱一作駢後爲齊大夫伯氏邑管仲奪伯氏駢邑三百卽此在今青州府臨朐縣東南郚在今萊州府昌邑縣西北三十里郚在今青州府安丘縣西南六十里有郚山四面險絕其上實平約數百里有古城遺址卽郚城也晉朱虛縣在臨朐縣東六十里一統志駢縣故城在青州府臨朐縣東北亦作郱又作駢郚縣故城在安丘縣西南峿山北訾亭在萊州昌邑縣西卽古鄑邑鄑訾同音方輿紀要列駢城於安丘縣又以訾城在昌邑縣西北六十里又十五里爲郚城名勝志瓦亭社在縣西三十里是郚邑故址左氏以此三邑爲紀邑杜云齊欲滅紀故徙其三邑之民而取其地與公羊義同穀梁傳紀國也郱鄑郚國也以郱鄑郚爲一國名又曰或曰遷紀于郱鄑郚則宜加于以絕之不如公羊左氏爲是通義云郱鄑郚三邑名穀梁說三者爲國謬也

遷之者何取之也注以稱師知取之疏注以稱至取之〇決下十年宋人遷宿之非以兵取

也此傳明經文之遷爲取非訓遷爲取也取之則曷爲不言取之也注据莒人伐杞取
牟婁疏注据莒至牟婁〇見隱四年各本杞作邾誤依宋本正爲襄公諱也注襄公將復讎
於紀故先孤弱取其邑本不爲利舉故爲諱不舉伐順諱文也疏
注襄公至文也〇襄公復讎事見下四年傳襄公取郱鄑郚當坐取邑春秋與襄公復讎故爲之諱若不爲利然所謂假其事以張
義非襄公之誠不爲利也不書取幷不書伐皆所以順諱文外取邑不書此何以書大之也何
大爾自是始滅也注將大滅紀從此始故重而書之疏春秋大其復讎爲襄
公諱滅故下四年經曰紀侯大去其國於此書其取邑爲大復讎先張義也
二年春王二月葬陳莊公
夏公子慶父帥師伐於餘丘
於餘丘者何邾婁之邑也曷爲不繫乎邾婁國之也曷爲國之君
存焉爾注慶父幼少將兵不議者從不言弟意亦起之疏十行本伐下脫
於字桓七年焚咸丘傳云咸丘者何邾婁之邑也曷爲不繫乎邾婁國之也曷爲國之君存焉爾文與此同又昭三十二年取闞傳
云闞者何邾婁之邑也曷爲不繫乎邾婁諱亟也注與受濫爲亟是邑不繫國本有二例故此及桓七年如此解也通義云蓋咸丘

爲魯所焚邾婁一君遷都於此爲穀梁傳國而曰伐於餘丘邾之邑也其曰伐何也曰君在而重之也杜說左傳以於餘丘爲邾國名左氏亦無說杜故違二傳也○注慶父至起之○下二十七年傳云公子慶父公子牙公子友皆莊公母弟也然則莊公於桓六年生時年十五慶父爲其弟年宜十三四故云幼少將兵矣杜氏以爲莊公時年十五則慶父莊之庶兄其釋例云經書公子慶父伐於餘丘而公羊以爲莊公母弟計其年歲既未能統軍又無晉悼王孫滿幼知之文此蓋公羊之妄而先儒曾不覺悟取以爲左氏義今推案傳之上下羽父之弒隱公皆諮謀於桓公則桓公已成人也傳曰生桓公而惠公薨明仲子唯有此男非謂生在薨年也成桓已成人而弒隱即位乃娶於齊自應有長庶故氏曰孟此明證也公疾問後於叔牙牙稱慶父材疑同母弟也傳稱季友文姜之愛子與公同生故以死奉般情義相推之考之左氏有若符契不然者慶父年幼將兵本不必實有統軍之能虛假其名以爲統帥當時自必有撫軍之人慶父如果莊公之兄則庶長稱孟可矣何必又字共仲後世子孫稱仲孫氏經皆書仲其爲莊公之弟明矣亦稱孟者對叔季二氏爲孟耳文元年注云不稱王子者時天子諸侯不務求賢而專貴親親故尤其在位子弟刺其卑任以權也此慶父爲莊之母弟例合稱弟削去弟文則譏意見矣故云從不言弟意起之也齊氏召南考證云何休謂是公弟以莊三十二年傳叔牙曰魯一生一及慶父也存是慶父爲弟之明證也史記魯世家亦取公羊爲說曰莊公有三弟長曰慶父次曰叔牙次曰季友休言不爲無据舊疏云魯得言公子者方錄異辭故獨不言弟也諸侯得言子弟者一國失賢輕按內大夫惟公弟叔肹卒書弟肹非在位子弟也其餘母弟見於經者惟公子慶父公子友公子友惟一如陳是通乎己之私行亦無緣書弟故無弟文也公子慶

父年幼將兵浸至於弑二君幾亡魯國春秋於莊公即位書之履霜堅冰非一朝一夕之故也通義云貶不稱弟不發傳者與牙同罪從彼傳可知然友亦不稱弟何也

秋七月齊王姬卒

外夫人不卒此何以卒錄焉爾曷爲錄焉爾注据王后崩猶不錄

疏注据王至不錄○春秋書天王崩無王后崩文也王后不錄王女之嫁於諸侯宜不錄矣故下十一年歸齊之王姬無卒文明非由我主故不恩錄之同乎內女也

我主之也注魯主女爲父母道故卒錄之明當有恩禮內女卒例日外女卒不日者實不如魯女也

疏注魯主至恩禮○穀梁傳爲之主者卒之也注主其嫁則有兄弟之恩死則服之服之故書卒按此與紀伯姬卒紀叔姬卒宋伯姬卒同一書法是同之內女卒錄之矣禮記檀弓云齊穀王姬之喪魯莊公爲之大功或曰由魯嫁故爲之服姊妹之服或曰外祖母也故爲之服鄭云春秋周女由魯嫁卒服之如內女服姊妹是也天子爲之無服嫁於王者之後乃服之莊公齊襄公女弟文姜之子當爲舅之妻非外祖母也外祖母又小功也是鄭以由魯嫁一說爲是正用公羊義也有恩禮者即爲之服是也禮喪服大功章君爲姑姊妹女子子嫁於國君者姑姊妹在室期出降一等大功王姬比之內女故大功也若嫁於大夫則無服尊卑不敵故也故高固所迎之子叔姬無卒文也天子之女嫁於諸侯亦無服若嫁於王者之後亦大功矣若魯莊元年王姬亦宜爲之大功喪服女子子出嫁爲其昆弟亦

降一等服大功也檀弓疏云喪服云女子子爲父後期謂大夫士妻有往來歸宗之義故喪服傳云婦人雖在外必有歸宗曰小宗鄭答趙商曰自其家之宗言宗及小宗故知是大夫士也諸侯夫人父母卒無復歸甯之理故知諸侯夫人爲兄弟爲諸侯者亦止大功也熊氏以爲服期非也喪服小記云與諸侯爲兄弟者服斬卑賤降等雖不爲臣猶服斬衰與此別也通義云不言齊侯夫人而以王姬繫齊醇同於內女文○注內女至魯女也○傳十六年夏四月丙申鄫季姬卒又成八年冬十月癸卯杞叔姬卒襄三十年夏五月甲午宋災伯姬卒之屬是內女卒皆日也此不日故解之猶王姬歸齊不月之義也而下四年三月紀伯姬卒不日者彼注云卒不日葬日魯本宜葬之故移恩錄文於葬也故下二十九年十二月紀叔姬卒亦不日也

冬十有二月夫人姜氏會齊侯于郜注書者婦人無外事外則近淫不致者本無出道有出道乃致奔喪致是也疏左氏穀梁郜作禚下四年同杜云齊地玉篇示部禚之若反齊地郜故到切濟陰成武縣東南城名大事表云杜云齊地實邑也定九年齊侯致禚媚杏于衛杜云三邑皆齊西界據此當爲齊魯衛三國分界之地七經孟子考文二作一非范云齊地用杜義○注書者至近淫○左傳夫人姜氏會齊侯于禚書姦也白虎通喪服云婦人不出竟弔者婦人無外事防淫泆也詩南山序淫乎其妹箋云莊公即位後猶復會齊侯于禚于祝丘又如齊師大夫見襄公行惡如是作詩以刺之按下四年于祝丘注亦云與會郜同義故左傳云書姦也穀梁傳婦人既嫁不踰竟踰竟非禮也婦人不言會言會非正也論衡書虛云魯文姜齊襄公之妹也襄公通焉春秋經曰莊二年冬夫人姜氏會齊

侯于郜引公羊經也傳無明文言會則淫見矣○注不致至是也
○卽文九年春夫人姜氏如齊三月夫人姜氏至自齊注云奔父
母之喪也又云出獨致者得禮故與臣子辭卽此注之有出道也
禮記雜記云婦人非三年之喪不踰封而弔如三年之喪則君夫
人歸夫人其歸也以諸侯之弔禮其待之也若待諸侯然
注奔父母之喪也是夫人惟奔喪出故與臣子辭書致

乙酉宋公馮卒【疏】十二月無乙酉乙酉十一月之四日也

公羊義疏十七

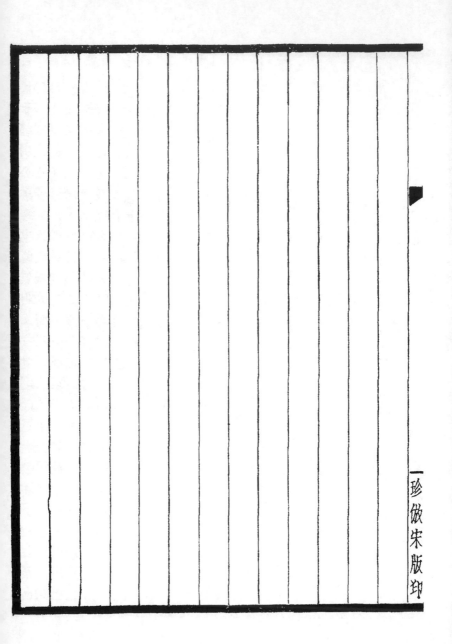

莊三年盡四年

南菁書院

句容陳立卓人著

三年春王正月溺會齊師伐衛

溺者何吾大夫之未命者也【注】所伐大夫不卒者莊公薄於臣子之恩故不卒大夫與桓同義月者衛朔背叛出奔天子新立衛公子留齊魯無憚天子之心而伐之故明惡重於伐故月也【疏】舊疏云隱九年傳云俠者何吾大夫之未命者也桓十一年傳云柔會宋公以下于折傳曰柔者何吾大夫之未命者也注云輒發傳者無氏嫌貶也然則今復發傳者嫌會讎人致貶故也按左傳云疾不明所疾何事杜氏以爲疾其專政亦以意言耳穀梁云其不稱公子何也惡其會讎而伐同姓故貶而名之舊疏蓋歐穀梁說耳○注所伐至大夫○舊疏云知未命大夫得書卒者正見隱九年經書俠卒也彼注云未命所以卒之者賞宜從重無氏者少略也卽其義按將兵大夫稱名雖未命蓋亦三卿之一隱五年傳云將尊師少稱將也○注與桓同義○舊疏云桓十一年柔會宋公已下于折傳曰柔者何吾大夫之未命者也彼注云所以不卒柔者深薄桓公不與有恩禮於大夫也按柔蓋亦三卿之一桓莊皆薄臣子之恩故去卒以示譏○注月者至月也○舊疏云世本及史記

並有其事齊氏召南考證云按史記衛世家曰惠公奔齊衛君黔牟立八年齊襄公率諸侯奉王命共伐衛納惠公是此役伐衛乃奉王命非違王命也如何說則齊魯違王命矣以左傳證之史記是也按以左氏證之亦當與公羊同義下五年公會諸侯伐衛納惠公六年王人子突救衛救衛者救黔牟也明黔牟天子所立故得奔於周也世家又云二十五年惠公怨周之客舍黔牟與燕伐周如惠公爲王命所納黔牟無緣復爲周所立衛惠無爲怨周史公亦自矛盾也王舊疏云正以征伐例時即上二年公子慶父伐於餘丘之屬是也今此月者背叛出奔罪重故也是月爲惡詞明重於伐矣通義云此兩惡并重錄責之甚也凡侵伐常例時間有月者皆殊文以見美惡諸侯之師以錄月者爲善公會侵蔡伐楚宋公伐齊是也大夫之師以錄月者爲惡溺會伐衛公孫慈令侵陳是也君臣殊科故得相反以成其義范引徐邈曰齊受天子罪人爲之興師而與魯同其理危也

夏四月葬宋莊公【注】莊公馮篡不見書葬者篡以計除非以起他事不見也【疏】注莊公至見也○僖二十四年晉侯夷吾卒注篡故不書葬明當絕也又宣九年晉侯黑臀卒于扈注不書葬者篡也是篡不明者則貶去葬以見義若如衛人立晉見於隱四年傳云立者何立者不宜立其篡已明故桓十三年書葬衛宣公齊小白入于齊見下九年傳曰其言入何篡辭也是篡亦明明故僖十八年書葬齊桓公齊陽生入于齊見哀六年亦書入以明篡故哀十年書葬齊悼公其入國即位之初皆有立納入文者不嫌非篡則不必貶去其葬也宋莊公初篡之不明理合去葬見義今書葬者正以繆公有讓國之善計其父功而除其篡罪也隱三年注繆公亦死而讓得爲功者反正也蓋以盈大居正之義故也通義云

篡未明而書葬者爲繆公之諱與喜時同義是也舊疏云襄十四年夏衞侯衎出奔齊至二十六年春衞喜弒其君剽衞侯衎復歸于衞傳云然則曷爲不言剽之立不言剽之立者以惡衞侯也注云起衞侯失衆出奔故不書剽立剽立無惡則衞侯惡明矣又宣六年傳而立成公黑臀彼注云不書者以惡夷獋也然則剽與成公之篡皆不惡者以惡衎與夷獋是爲以起他事不見今宋莊公之立不書惡之者自以計除之不見義故云非以起他事不見也既以計除則迥然無罪故得書葬又云晉侯重耳亦篡不明而僖公三十三年得書葬晉文公者春秋爲賢者諱故也

五月葬桓王

此未有言崩者何以書葬蓋改葬也注改更也改葬服輕不當月月者時無非常之變榮奢改葬爾故惡錄之書者諸侯當有恩禮

疏僉云謹按言字衍文也當作此未有崩者蓋謂此年未有天王崩之事非謂經文未有言宿者也僖十九年傳此未有伐者三十一年傳此未有伐曹者皆其例也莊十八年傳此未有言伐者唐石經無言字以彼例此可知言字之衍矣穀梁傳云傳曰改葬也注若實改葬當言改以明之猶郊牛之口傷改卜牛是也傳當以七年乃葬故謂之改葬是范不以傳言爲然舊疏云經宜書改而不書改者蓋以天王之崩去此七年是改可知何勞書改其改卜牛須書改者若直言卜牛嫌卜前口傷之牛故須言改以明之是徐疏隱駁范氏義也○注改更也○詩鄭風緇衣云敝予又改爲兮傳改更也廣雅釋詁改更也國語魯語執政未改韋注改易

也易亦更也更改雙聲○注改葬至當月○禮喪服改葬緦注謂
壙墓以他故崩壞將亡失尸柩者也言改葬者明棺物壞敗故謂
之如葬時也其奠如大斂從廟之廟從墓之墓禮宜同也服緦者
臣為君也子為父也妻為夫也必服緦者親見尸柩不可以無服
緦三月而除之疏云按既夕記朝廟至廟中更設遷祖奠此移柩
向新葬之處所設之奠亦如士斂之奠士用豚三鼎則大夫已上
更加牲牢大夫用特牲諸侯用少牢天子用太牢可知朝廟載柩
之時士用輁軸大夫已上用輴不用蜃車飾以帷荒則此從墓之
墓亦與朝廟同可知通典徐整問射慈云改葬緦其奠如大斂從
廟之廟從墓之墓禮宜同也又此大斂謂如始死之大斂耶從廟
謂從何廟牲物何用慈答奠如大斂奠士特豚從禰廟朝廟廟從
故墓之新墓皆用特豚大夫以上其禮亡以此推之大夫朝奠用特
牲天子太牢諸侯少牢又晉尚書下問改葬緦應虞與否王肅喪
服記云改葬緦既虞而除之傅純難曰夫改葬以藏形廟以安神改
葬之神在廟久矣安得退之於寢而虞之乎若虞之於寢則當復
還祔於廟不得但虞而已荀訥以為虞安神之祭神已在廟改葬
不應復虞虞則有主訥謂純言為當庾蔚之謂神已在廟無所復
虞但先祭而虞開墓將窆而奠事畢而奠祭遂毀靈座若棺毀更斂
宜有大斂之奠若移喪遠葬又有祖奠遣奠也射慈答徐整亦云
不在殯宮又不為位何反虞之有孔叢子衞司徒文子改葬其叔
父問服於子思子思曰禮父母改葬緦既葬而除之不忍無服送
至親也非父母無服無服則弔服而加麻漢戴德云制緦麻具而
葬葬而除謂子為父妻妾為夫臣為君孫為祖後也無遣奠之禮
其餘親皆弔服按呂氏春秋開春篇昔王季歷葬於渦山之尾欒
水齧其墓見棺之前和此鄭氏所謂墳墓以他故崩壞者故韓愈
改葬服議云改葬者為山崩水涌毀其墓若文王之葬王季是也

穀梁傳云改葬之禮緦舉下緬也注緦者五服最下故云服輕也通典載蔡謨等說以為改葬宜斬衰韓愈云經次五等之服小功之下然後著改葬之制更無輕重之差以他知惟記其最親者其他無服則不記也若主人當服斬衰其餘親各服其服則經亦言之不當惟言緦也其說是矣所以鄭氏專指臣子妻三項江氏鈞云改葬究竟誰改之三者皆是主改葬之人所以其義獨精范甯云言舉下緬上從緦皆反其故服因葬桓王記改葬之禮不謂改葬桓王當服緦也甯之先君與蔡司徒論之詳矣則范德之論同於蔡謨矣彼又引江熙曰諸葬稱公舉五等之上改葬禮緦舉五服之下以喪緬藐遠也天子諸侯易服而葬以為交於神明者不可以純凶況其緬者乎是故改葬之禮其服惟輕言緬釋所以緦也是江氏以皆服緦也蓋年遠改葬較之初葬雖有異但親見尸柩不可以無服也馬氏云棺有弛壞將亡尸匶故制改葬棺物敗之設之如初其奠如大斂時不制斬者禮已終也從墓之墓事已而除不必三月唯三年者服緦期以下無服王氏云本有三年之服者道有遠近或有艱故既葬而除不得待有三月之限案馬王與鄭略同唯云事已而除不待三月與鄭異後儒多從鄭說故通典引趙商答陳鑠問謂當待三月以序其餘哀庾蔚之云改葬所以緦而不重者當以送亡有已復生有節若用始亡之服則是死其親故制緦以示變吉既有其服若旬月而葬則當如鄭氏說卒緦之限三月而除若葬過三月者須葬畢釋服服為葬說故也韓愈云或曰經言改葬緦而不著其月數則似三月而後除也子思之對文子則曰既葬而除之今宜如何曰自啓殯至於既葬而三月則除之未三月則服以終三月也是皆從鄭說何氏不著既葬而除之說當亦如鄭義又云不當月以決昭二十二年六月叔鞅如京師葬景王之文彼宜服重故月明此服輕不必如蔡謨范甯等

反重服也左氏傳緩也似不得緩至七年非如後世青烏術或有
求卜吉壞停柩不葬之事穀梁引或曰卻尸以求諸侯亦非人情
應如范氏所駁惠氏士奇春秋說云魯莊三年葬桓王或云緩葬
或云改葬緩至七年學者疑之於是有卻尸以求諸侯之說似改
葬近之春秋書改卜曷為不書改葬改卜禮也改葬非禮也何以
知之以周禮知之春官冢人掌正墓位先王之葬居中以昭穆為
左右遷而改之則昭穆亂矣墓位焉得正乎地官媒氏禁遷葬者
謂禁民間之遷葬也大司徒以本俗六安萬民三曰族墳墓是葬者
各以其族焉可遷又焉可改而冢人亦有族葬之法故遷葬者媒
氏禁之墓大夫掌其禁焉春秋魯改葬惠公鄭改葬幽公齊改葬
莊公皆不書以此知改葬非禮也○注月者至錄之○舊疏引春
秋說云恆星不見周人榮奢改葬桓王冢死尸復擾終不覺穀梁
疏引感精符云恆星不見夜中星隕如雨而王不攝使榮叔改葬
桓王奢麗太甚嚴氏杰云見疏引春秋說穀梁疏乃感精符文知解
中凡言春秋說者皆春秋緯書作解者用漢人之法不出書名耳
按春說說即春秋緯是也不必即感精符文感精符以改葬桓王
在恆星不見後與春秋四達舊疏所引春秋說似因改葬榮奢乃
致恆星之變故又引宋均說云由三年改葬故七年恆星不見夜
明者由此榮奢改葬故惡而書月以深錄之也言時無非常之變
則有變者可改葬如王季之墓為欒水所齧喪服注所謂以他故
崩壞將亡失尸柩者是也通義云是文九年傳所謂過時書者也
改葬之服緦禮則有之然骨肉歸復於土其道尚靜苟有陵谷之
變至動尸移柩孝子仁人所不忍言也卜葬之辭曰考降無有近
悔舉天下而葬一人未能遠悔尚復改葬蓋不慎矣若乃無非常
之變榮奢更葬尤春秋之所惡也古不脩墓況改葬乎○注書者
至恩禮○文九年傳云王者不書葬此何以書我有往者則書注

謂使大夫往也惡文公不自往故書葬以起大夫會之然則此改葬桓王亦宜有恩禮故書之也

秋紀季以酅入于齊　疏　杜云酅紀邑在齊國東安平縣一統志酅邑在青州府臨淄縣東大事表在今青州臨淄縣案國語齊語云齊桓公初立正封城東至於紀酅蓋特存之齊都臨淄而酅即在臨淄之境則知桓公初年齊之東向地甚狹也齊氏召南考證云按東安平前漢屬菑川國後漢屬北海國前志注引孟康曰今酅亭是也後志注引此傳東萊集引此注無東字誤也水經注淄水篇女水東北流逕東安平縣故城城故酅亭也春秋魯莊公三年紀季以酅入于齊公羊傳曰季者何紀侯弟也賢其服罪請酅存五祀按述征記女水至安平城南伏流十五年然後更流注北楊水城城故酅亭也是酅亭在齊國東東平縣南十餘里馬氏宗槤說

紀季者何紀侯之弟也何以不名賢也　疏　史記始皇本紀贊云紀季以酅春秋不名杜云紀季紀侯弟齊欲滅紀故季以邑入齊為附庸先祀不廢社稷有奉故書字貴之

何賢乎紀季　注　据叛也　疏　注据叛也○左傳疏引劉賈謂紀季以酅奔齊不言叛不能專酅也按經文與邾庶其以漆閭丘來奔黑肱以濫來奔之屬詞同似皆據地外叛劉賈等因如彼說故何氏据以難也杜以為貴之蓋本公羊說

服罪也其服罪奈何魯子曰請後五廟以存姑姊妹　注　紀與齊為讎不直齊大紀小季知必亡故以酅首服先祖有罪於齊請為五廟後以酅共祭祀存姑姊

妹稱字賢之者以存先祖之功則除出奔之罪明其知權言入者
難辭賢季有難去兄入齊之心故見之男謂女先生爲姊後生爲
妹父之姊妹爲姑【疏】穀梁傳曰酅紀之邑也入于齊者以酅事齊也亦即服罪義也魯子者舊疏云傳所以記魯子者欲言孔氏之門徒受春秋者非唯子夏故有他師矣其隱十一年記子沈子者欲明子夏所傳非獨公羊氏矣故輒記其人以廣義也公羊問答云問元郝氏經以魯子皆是曾子之譌昭十九年傳引樂正子春爲說子春是曾子弟子則此爲曾子無疑也此說可信否曰按元和姓纂周公子伯禽至頃公三十四代九百餘年爲楚所滅子孫以國爲是漢魯賜碭人也据此則孔氏之徒受春秋者尚無魯姓也又按董仲舒繁露引故曾子子石盛美齊侯安諸侯云云則曾子亦深於春秋者此處云爲曾子更無疑矣又按玉海急就篇魯春秋注已引公羊傳魯子其誤已久請後五廟以存姑姊妹者通義云謹按喪服女子適人不降昆弟之爲父後者其傳曰婦人雖在外必有歸宗曰小宗故服期也言五廟無後則姑姊妹之嫁者有所取無所歸故以存姑姊妹爲詞舊疏云無季爲附庸而得有五廟者舊說云此諸侯之禮故也直言存姑姊妹不言兄弟子姪者謙不敢言之欲言兄弟子姪亦隨國亡但外出之女有所歸趣而已校勘記云惠棟云董子以魯子曰爲紀侯謂其弟之語又云以酅入于齊者實紀侯爲之而春秋詭其辭以予紀季按左傳云紀季以酅入于齊紀於是乎始判注判分也言分爲附庸始於此文下四年傳云紀侯不能下齊以與紀季似亦言以酅入齊爲紀侯所屬矣與董生說同○注紀與至姊妹○舊疏云凡言首者先服之辭紀國未滅今以往服故謂之首服按今律

有自首首告之科同此義先祖有罪於齊事在下四年傳通義云惠士奇曰古者諸侯受封必有采地百里諸侯以三十里爲采七十里諸侯以二十里爲采五十里諸侯以十里爲采其後子孫雖有罪而絀使子孫賢者守其地世世以祠其始封之君是謂采此韓詩外傳云說必有所据郱郚鄑者紀之封鄑者紀之采還封而留采故紀滅而鄑存然則紀季蓋紀子孫之賢者與附庸有采無封附於五等封內故曰附庸若紀季以鄑入于齊則附于齊之封內爲齊附庸矣按韓詩之說自謂天子以正絀滅有罪諸侯者言故留其采與賢子孫守其始封之祀若春秋以强併弱以大兼小狡焉蠶食安得有此此蓋紀季服罪適齊襄爲其所動許以鄑存焉爾毛氏奇齡春秋傳云鄑者紀之邑也齊侯將滅紀紀已還紀三邑矣至是而紀季以鄑納齊願爲附庸以存宗廟此亦大不得已之苦心也夫子存此與後書叔姬歸鄑其恤紀與惡齊義俱見焉○注稱字至知權○繁露玉英云難紀季曰春秋之法大夫不得用地又曰公子無去國之義又曰君子不通外難紀季犯此三者何以爲賢賢臣固盜地以下敵棄君以避患乎曰賢者不爲是是故託賢於紀季以見季之弗爲也紀季弗爲而紀侯使之可知矣春秋之書事時詭其實以有避也其書人時易其名以有諱也然則說春秋者入則詭辭隨其委曲而後得之今紀季受命乎君而經書專無善一名而文見賢此皆詭辭不可不察春秋之於取賢也固順其志而一其辭章其義而褒其美今紀侯春秋之所貴也是以聽其入齊之志而詭其服罪之辭也移之紀季故告糴於齊者實莊公爲之而春秋諱其辭以予臧孫辰以鄑入于齊者實紀侯爲之而春秋詭其辭以予紀季所以詭之不同其實一也難者曰有國家者人欲立之固書不聽國滅君死之正也何賢乎紀侯曰齊將復讎紀侯自知力不加而志距之故謂其弟曰我宗廟之

主不可不以死也汝以鄭往服罪於齊請以立五廟使我先君歲時有所依歸然則董生所据公羊以爲本美紀侯詭其辭於季耳與何氏少異何氏自以季存祖之功除其出奔之罪予以知權故稱字賢之然繁露亦引公子目夷祭仲荀息曼姑爲例則是亦以紀季爲能行權也矣所謂博而要詳而反也○注言入至見之○舊疏云襄二十六年衛孫林父入于戚定十三年晉荀寅士吉射入于朝歌之屬皆是不獲已故以爲難辭公羊問答云夫既服罪矣而又有難辭何也曰此當與繁露參觀繁露曰紀侯謂其弟曰我宗廟之主不可以不死汝以鄭往服罪于齊据此則紀季之服罪實紀侯使之故雖迫於先命而猶有不忍去之心故經書入以起之舉凡常例之大夫不得專地公子無去國之義君子不避外難皆不足以責之夫亦曰彼有所使之也不然使紀季自主之方且罪之不暇而又何賢乎按以何氏解入之義證之則亦兼董子義矣左疏引賈云紀季以鄭奔齊不言叛不能專鄭也按如專鄭則或據邑距君或竊地他國季皆不然故不言叛也亦與何義相足○注男謂至爲姑○爾雅釋親文釋名釋親屬云姊積也猶日始出積時多而明也妹昧也猶日始入歷時少尚昧也白虎通三綱六紀云姊者恣也妹者末也詩衛風泉水云遂及伯姊是女子亦謂先生爲姊也釋名又云姑故也言於己爲久故之人也詩疏引孫炎爾雅注云姑之言古尊老之稱也左傳疏引樊光爾雅注云春秋傳曰姑姊妹按今襄三十一年左傳有公姑姊又列女傳有梁節姑姊魯義姑姊蓋謂父姊爲姑姊父妹爲姑妹也樊光所引春秋傳蓋即此傳語禮喪服及記皆姑姊妹連稱爲其同爲期親故也白虎通又云男稱兄弟女稱姊妹何男女異姓故別其稱也父之昆弟不俱謂之世父父之女昆弟俱謂之姑何也以爲諸父曰內親也故別稱之也姑當外適人疏故總言之也

冬公次于郎注次者兵舍止之名疏左氏作于滑杜云滑鄭地陳留襄邑縣西北大事表在後漢志襄邑有滑此杜氏所本也今歸德府睢州有滑亭按刺公欲救紀而不能則次爲紀出紀在魯東滑與郎皆在按西故下注云惡公救人避難道還也左傳以爲將會鄭伯紀紀難故作滑公穀皆無此義○注次者至之名○穀梁傳謀止也左傳凡師一宿爲舍再舍爲信過信爲次按所止舍次可曰次故周禮宮正職以時比宮中之宮府次舍之衆寡皆鄭謂次諸吏直宿又宮伯職授八次八舍之職事先鄭謂後內曰次在外曰舍左傳襄二十六年師陳焚次杜云次舍在因之安行旅處爲旅次易旅二爻旅即次張幄所止亦曰也周禮掌次職則張大次小次市亭亦曰次又司市職于思次以令市而聽大治大訟涖于介次而聽小治小訟推之星次所躔亦爲次禮記月令日窮于次是也所處亦曰次國語之語五刑三次韋注次處也蓋凡暫處者皆得次名兵所止魯曰次亦以不久故也舊疏云正以傳元年齊師宋師曹師舍于聶北救邢次之文故也

其言次于郎何注國內兵不當書公斂處父帥師而至雖有事而猶不書是也疏注國內至是也○見定八年傳不當閩本監本毛本作而當依鄂本正若然定十二年書公圍成者彼注云公親圍成不能服不能以一國爲家甚危若從他國來故危錄之其昭十三年書叔弓帥師圍費彼無注費亦季氏強邑經書叔弓之圍其亦書公圍成之意與郎爲內地見桓十年

刺欲救紀而後不能也注惡公既救人辟難道還故書其止次以起之諸侯本有相救之道所以抑強

消亂也次例時【疏】注惡公至起之○穀梁傳有畏也欲救紀而不能也注畏齊是辟難義也杜氏釋例云兵未有所加所次則書之以示遲速公次于滑師次于郎是也既書兵所加則不書次以事為宜非虛次諸久兵而不書次是也既書兵所加而又書次義有取於次遂伐楚次于陘盟于牡丘遂次于匡是也所記或次在事前次以成事也或次在事後事成而次也按此救紀不能無事可成故書次以示譏左疏引賈氏皆以為善次非也○注諸侯至亂也○閔二年左傳云簡書同惡相恤之謂也請救邢以從簡書又傳元年傳凡侯伯救患分災討罪禮也是本有相救之道以抑強消亂也舊疏云言此者欲道春秋善齊襄復仇不書其滅而刺魯侯不救紀者以諸侯本有相救之道是以刺不相救也而善齊襄復讎者所以申仁孝之恩各自為義○注次例時○舊疏云郎此及三十年夏師次于成之屬是也而八年春王正月師次于郎書月者自為下文甲午祠兵出之次仍不蒙月也十年夏六月齊師宋師次于郎公敗宋師于乘丘書月者自為下文敗宋師出之次仍不蒙月也義或然也

四年春王二月夫人姜氏饗齊侯于祝丘【注】書者與會郜同義牛酒曰犒加飯羹曰饗月者再出重也二出不月者省文從可知例【疏】左氏饗作享國語魯語天子所以饗元侯也周禮鐘師注杜子春引作享經傳多享饗互用也後人分下獻上曰享上受下曰饗非也孟子萬章而百神享之亦下獻上乎○注書者至同義○上二年冬十有二月夫人姜氏會齊侯于郜是也彼注云書者婦人無外事外事則近淫此同彼義也惠氏士奇春秋說云婦人主內事不主外外事與內祭不與外祭外祭郊社是也內祭宗廟是也古者

聘享之禮皆行于廟故后夫人得與爲聘禮賓至近郊君使卿勞夫人亦使下大夫勞聘君以主人享君以璧夫人以璋享用琮既卒事君使卿歸大禮夫人亦使下大夫歸禮皆君爲主而夫人助之周禮內宰職凡賓客之祼獻瑤爵皆贊謂王同姓未爲賓客者祼則后亞王而禮賓獻則后亞王而獻賓內宰皆贊云大行人職上公之禮廟中將幣三享王禮再祼而酢再祼者謂王祼后亞祼王祼酌圭瓚后亞祼酌璋瓚皆宗伯攝之拜送則王及后也坊記禮非祭男女不交爵以此坊民陽侯猶殺繆侯而竊其夫人故大享廢夫人之禮王享諸侯及諸侯自相享同姓則后夫人親獻異姓則使人攝獻至春秋而其禮不行久矣禮可以義起亦可以義止莊四年夫人姜氏饗齊侯于祝丘猶假古禮而竊行之書祝丘則非宗廟也書齊侯則非同姓也書夫人則非攝獻也以國君之母乃竊出而獨行享禮於外君子於是病魯莊公古有夫人享諸侯之禮未聞夫人會諸侯之禮春秋屢書會于禚于防于穀言享非正也會甚矣其後僖公夫人亦奉而行之奉爲家法陽穀及卞兩會齊侯魯秉周禮此何禮也○注牛酒曰犒○淮南氾論訓犒以十二牛高注牛羊曰犒共其枯槁也說文無犒字據高誘說當即槁字緣設牛酒共其枯槁故即謂之槁蓋因其枯槁而潤之曰槁猶因其勞苦而慰之曰勞也周禮牛人職軍事共其犒牛亦作醇斥彰長田君碑史見勞醇芳馨馥芬是也錢氏大昕潛研堂答問春秋屢見犒師之文而說文無犒字張有復古編謂即鎬字果何所据曰經典無以鎬與犒通者唯玉篇犒與鎬通故謙中從之其賓不足据也攷牛人疏云將師在軍枯槁之賜牛謂之犒牛又大行人職云若國師役則令槁禬之注故書槁爲稾鄭司農云稾當爲槁謂犒師也左傳公使展喜犒師服注以師枯槁故饋之飲食然則槁本从木後人因此犒牛字妄改爲牛旁爾○注加飯羹曰

饗○周禮春人職注饗有食米則饗禮兼燕與食疏云燕禮無食米食禮無飲酒若饗禮則有飲酒有食米故云饗禮兼燕與食也淮南氾論訓注又云酒肉曰饗周禮槀人職書其等以饗工注饗酒肴勞之也按大行人職云饗禮九獻注饗設盛禮以飲賓也蓋此自用饗禮饗齊侯聘義所謂酒清人渴而不敢飲焉肉乾人飢而不敢食者非僅加酒肴之謂故穀梁注曰饗食也兩君相見之禮也禮士昏禮云舅姑共饗婦注以酒食勞人曰饗雖止一獻爲其禮之至大故於厥明行之焉鄂本飯作飰通○注月者至知例○舊疏云上二年十有二月夫人姜氏會齊侯于郜一出亦書月而言再出重者正以下文三月出四出皆無月故也而上二年月者自爲下經乙酉宋公馮卒其會仍自不蒙月矣三出不月者即下五年夏夫人姜氏如齊師是也按穀梁傳云饗甚矣注以非禮尤甚故謹而月之再出又饗故爲重也

三月紀伯姬卒注禮天子諸侯絕期大夫絕緦天子唯女之適二王後者諸侯唯女之爲諸侯夫人者恩得申故卒之疏注禮天至卒之○穀梁傳外夫人不卒此其言卒何也吾女也適諸侯則尊同以吾爲之變卒之也范云禮諸侯絕傍期姑姊妹女子子嫁於國君者尊與己同則爲之服大功九月變不服之例然則適大夫不書卒按穀梁之變猶禮記文王世子爲之變如其倫之喪之變謂變服也范說非白虎通喪服云天子爲諸侯絕期何示同愛百姓明不獨親其親也故禮中庸曰期之喪達乎大夫三年達乎天子卿大夫降緦重公正也禮記檀弓云古者不降上下各以其親滕伯文爲孟虎齊衰其叔父也爲孟皮齊衰其叔父也注古謂殷時也上不降遠

下不降卑伯文殷時滕君也蓋殷時天子諸侯無絕旁期之禮故滕伯文爲世叔父乃昆弟之子皆如本服齊衰期也殷道親親周道尊尊故二代之制不同故禮喪服大功章君爲姑姊妹女子子之嫁于國君者傳曰何以大功也尊同也尊同則得服其親服疏國君絕期以下今爲尊同故亦不降依降服大功檀弓又云悼公之母死哀公爲之齊衰有若曰爲妾齊衰禮與疏天子諸侯絕旁期於妾無服又云齊穀王姬之喪魯莊爲之大功或曰由魯嫁故爲之服姊妹之服注王姬周女齊襄公夫人春秋周女由魯嫁卒服之如內女服姊妹是也天子爲之無服嫁於王者之後乃服之是與此同也通典引馬融喪服注云君諸侯也爲姑姊妹女子子嫁於國君者服也不言諸侯者關天子元士卿大夫也上但言君者欲關天子元士卿大夫嫁女諸侯皆爲大功也又曰諸侯絕周姑姊妹在室無服也嫁於國君者尊與己同故服周親服按馬氏前一說謂天子之卿大夫士嫁女於國君皆服大功如邦人然也以尊同之義核之其說非也大功章又云大夫大夫之妻大夫之子公之昆弟爲姑姊妹女子子嫁于大夫者通典引馬氏云此上四人者各爲其姑姊妹女子子嫁於大夫者服也在室大功嫁於大夫大功尊同也按在室大功以在大夫尊降之限嫁大夫尊同故不復重降嫁士則小功按在室大功云云疑後人申釋馬注之語非其原文也賈疏云此大夫大夫妻大夫之子公之昆弟四等人尊卑同皆降旁姑姊妹已下一等大功又以出降一等當小功但嫁於大夫尊同無尊降直有出降故皆大功也但大夫妻爲命婦若夫之姑姊妹在室及嫁皆小功若不爲大夫妻則又降在緦服今彼姑姊妹亦爲命婦唯小功爾今得在大夫科中者此謂命婦爲本親姑姊妹己之女子子因大夫大夫之子爲姑姊妹女子子寄文於夫與子姑姊妹之中不煩別見也按此所述大夫等四

人至詳其謂大夫之妻爲本親姑姊妹非夫之姑姊妹尤精褚氏寅亮云大夫之妻服其本族與男子同因嫁而降雖彼此俱嫁亦止一降無再降也故大夫之妻服其姑姊妹之嫁於大夫者與大夫同程氏瑤田喪服文足徵記云他處不見兩皆出室之例惟此大夫妻爲嫁大夫者可見兩相出室無兩相再降者也盛氏世佐云大夫之妻爲姑姊妹嫁於大夫者之服在此則其適士當降在小功可知矣此亦命婦以尊降旁親之證也按此四人所降卽天子諸侯所絕二王之後王者所不臣故得申其尊服本服大功也喪服傳曰何以大功也尊同也尊同則得服其親服本服期出嫁大功是其功者其親服也此云恩得申亦謂服大功也言絕期者本其本服言之也通義云伯姬卽隱二年所逆者蓋惠公之女莊公之姑喪服大功章尊同則得服其親服故春秋之義內女嫁於諸侯者錄卒嫁於大夫者不錄卒也其杞伯姬亦諸侯夫人不見卒者杞伯姬者桓公之女也僖之季年猶欲求歸蓋卒於文宣之世於屬爲父之姑尊絕旁緦況復出降本以有服恩錄無服則不錄也所傳聞之世恩殺故杞伯姬叔姬卒皆不日與內大夫義同杜云內女唯諸侯夫人卒葬皆書恩成於敵體釋例其非適諸侯則略之以服制相準也生書其來而死不錄其卒從外大夫比也

按不錄卒蓋謂高固所逆之子叔姬之屬者也若諸侯夫人不書卒當如孔義

夏齊侯陳侯鄭伯遇于垂

紀侯大去其國

疏 繁露玉英云率一國之衆以衞九世之主襄公逐之不去求之弗予上下同心而俱死之故爲之大去春秋賢死義且得衆心也故爲諱滅以爲之諱見其賢之也以其賢之也見其中仁義也穀梁傳大去者不遺一人之辭也言民

之從者四年而後畢也紀侯賢而齊侯滅之不言滅而言大去其國者不使小人加乎君子彼注引何君廢疾云春秋楚世子商臣弒其君其後滅江六不言大去又大去者於齊滅之不明但知不使小人加乎君子而不言滅縱失襄公之惡反為大去也鄭君釋之曰商臣弒其父大惡也不得但為小人江六之君又無紀侯得民之賢不得變滅言大去也元年冬齊師遷紀三年紀季以酅入于齊今紀侯大去其國是足起齊滅之矣即以變滅言大去為縱失襄公之惡是乃經也非傳也且春秋因事見義舍此以滅人為罪者自多矣劉氏逢祿難曰論語與滅國公羊傳滅者亡國之善辭也上下之同力者也故晉人執虞公經不言滅梁亡沈潰皆不得言滅誠以滅人者當坐取王封之罪而為所滅者以死社稷乃正以出奔為罪而書滅則皆志其當與也變滅言大去者為復仇張義明但當逐之不得殺之滅之云爾若以齊侯為小人則安得諱其滅人之罪而反與為禮大書齊侯葬紀伯姬乎紀侯得民之說亦望文生義非事實也若果民畢從之如大王遷岐當書紀侯遷于某以存之矣鄭以縱失大惡委之於經則何取乎傳乎通義云大去者不返之詞其君出奔而國為敵所有也由齊言之則為滅由絕言之則為大去蓋因其可諱而諱之按如董生所記似紀侯死難並未出奔故有賢之之義蓋亦公羊先師所傳與何氏所習少異善善從長繁露所記不可不存也若如左穀二家師說以大去為不反則國滅不能死義宗廟社稷委之於季置身事外春秋應罪之不暇何為賢之

大去者何滅也孰滅之齊滅之曷為不言齊滅之為襄公諱也春秋為賢者諱何賢乎襄公【注】据楚莊王亦賢滅蕭不為諱【疏】注据楚至

爲諱○見宣十二年彼注云日者屬上有王言今反滅人故深責之是書○滅蕭正春秋責備賢者義也下十三年齊人滅遂注云不諱者桓公行霸不任文德而尚武力又功未足除惡蓋時齊桓賢德未著故亦不爲諱則十年齊師滅譚不諱從可知矣莊王伯功已成一於其殺陳夏徵舒實與之不言執一於其入陳善其納善一於其戰邲貶荀林父其賢明著而不諱滅蕭故據以難也通義云襄公他事不足賢獨復仇之心有取焉故爲諱惡以成其善俗儒疑於襄公利紀不得爲賢此未明諱之所設也假令襄公不貪土地醇乎令德更何所諱唯賢其復仇而病其利紀故存其可法沒其不可法而假以爲後世法耳論語述而篇與其潔也不保其往也戴氏注云君子善善從長惡惡從短諸侯卿大夫與行多過惡而有一節可以立法春秋所不遺此其義與

復讎也

疏 後漢書逢萌傳云後讀春秋問復讎之義謂此

何讎爾遠祖也哀公亨乎周

注 亨煑而殺之

疏 鄭氏齊詩譜云後五世哀公政衰荒淫怠慢紀侯譖之于周懿王使烹焉齊人變風始作史記齊世家哀公時紀侯譖之周周烹哀公而立其弟靜是爲胡公徐廣曰周夷王與鄭不同孔氏詩疏云世家言當周夷王時哀公之同母少弟山殺胡公而自立是爲獻公言夷王之時山殺胡公則胡公之立在夷王前矣受譖烹人則是衰闇之主夷王上有孝王書傳不言孝王身有大罪于國周本紀云懿王立王室遂衰自懿王爲始明懿王受譖烹矣按齊詩序雞鳴思賢妃也哀公荒淫怠慢故陳賢妃貞女夙夜警戒相成之道焉又云還刺荒也哀公好田獵從禽獸而無厭國人化之遂成風俗習于田獵謂之賢閑於馳逐謂之好焉明哀公失政之君故紀侯得以入譖因之受烹也陳氏啓源毛詩稽古編云孔此言當矣汲冢紀年夷王三年王致諸侯烹齊哀公徐廣應本

此爲說然紀年之書非先儒所取信又按顧命齊侯呂伋逆子釗左傳楚子言呂伋事康王則齊丁公伋與康王同時康王後歷昭穆共懿凡四王丁公後歷乙癸及哀僅四君較其世次以哀值懿猶爲疏也不應更後矣又史記三代世表亦以哀公當共王世胡公當懿王世此皆證據顯然不僅如孔氏所云也鄭譜應不誤按懿王以前歲數不明鄭譜懿王下即稱夷王又大雅民勞箋厲王成王七世孫正義云不數孝王故七世似鄭譜無孝王懿夷相承尤易訛傳故也○注烹煑而殺之○老子如烹太牢釋文烹殺烹煑也淮南說林訓狡兔得而獵犬烹注烹猶殺禮特牲饋食禮烹于門外注烹煑也漢書高帝紀羽烹周苛注烹謂煑而殺之與此同也舊疏云周語亦有其事周語當齊世家之誤

紀侯譖之以襄公之爲於此焉者事祖禰之心盡矣盡者何襄公將復讎乎紀卜之曰師喪分焉【注】龜曰卜蓍曰筮分半也師喪亡其半【疏】舊疏云盡者何者以襄公淫泆行同鳥獸而言事祖禰之心盡故執不知問按襄公假復讎爲名滅紀春秋因假以張義○注龜曰至曰筮○禮記曲禮云龜爲卜筴爲筮注筴或爲蓍彼疏引劉向云蓍之言耆龜之言久龜千歲而靈蓍百歲而神以其長久故能辨吉凶也白虎通引禮三正記云天子龜一尺二寸諸侯一尺大夫八寸士六寸龜陰也故其數偶說文艸部蓍蒿屬也生千歲三百莖易以爲數天子九尺諸侯七尺大夫五尺士三尺蓋蓍陽也故其數奇禮記疏引師說云卜覆也以覆審吉凶筮決也以決定其惑通鑑引劉向說又云卜赴也赴來者之心筮問也問筮者之事易繫辭傳定天下之吉凶成天下之亹亹者莫大乎蓍龜又曰蓍之德圓而神卦之德方以知神以知來知以藏往似蓍龜知靈相

似僖四年左傳云筮短龜長者蓋卜人不欲獻公立驪姬設此語阻之也周禮春官太卜職掌三兆之灋一曰玉兆二曰瓦兆三曰原兆注兆者灼龜發於火其形可占者其象似玉瓦原之璺罅是用名之焉其經兆之體百二十頌千二百是也筮者太卜又云掌三易之灋一曰連山二曰歸藏三曰周易注易者揲蓍變易之數可占者也其經卦八其別六十有四也大事卜小事筮大事者大卜所掌也八命征象與諸果至兩瘳是也餘則入於九筮則簭人所掌巫更巫咸巫式巫目巫易巫比巫詞巫參巫環鄭破巫爲筮者是也按先鄭云征謂征伐象謂災變雲物與謂予人物謀謂謀議果謂事成與不至謂至不兩謂兩不瘳謂疾瘳不後鄭易征爲巡守象謂有所造立與謂所與共事果謂以勇決爲之若吳伐楚楚司馬子魚卜戰令龜曰鮒也以其屬死之是也其九筮則後鄭云更謂遷都邑咸猶愈也謂筮衆心歡否也式謂筮制作法式也目謂事衆筮其要所當也易謂民衆不悅筮所改易也比謂筮與民和比也祠謂筮牲與日也參謂筮御與右也環謂筮可知師不也大事皆先筮後卜筮凶則止所謂卜筮不相襲也大卜八命而外有立君大封皆眡高作龜大祭祀則眡高命龜大遷大師則貞龜旅則陳龜喪事命龜此又大事之次也○注分半至其半○荀子禮論云然則何以分之楊注分半也禮記月令云孔生分注分猶半也說文八部分別也从八从刀刀以分別物也物分則半故分爲半師喪分焉故知爲師喪其其半言不必全喪亡也

寡人死之

注 襄公答卜者之辭

疏 注襄公至之辭○通義云師喪分焉寡人死之不爲不吉焉皆命卜之詞言苟得滅紀雖師喪君死猶以爲吉若長岸之戰楚司馬子魚令龜曰鮒也以其屬死之楚師繼之尙大克之吉其意同按當謂師喪半焉寡人卽死之示以必死復仇不爲不吉爲祈龜詞若曰

無爲示凶兆也舊疏云所以謂死爲吉事者以復讎云答以死敗爲榮故也亦通何氏卜者之詞亦卽告卜者詞也不爲不吉也遠祖者幾世乎九世矣【疏】齊世家云周烹哀公而立其弟靜是爲胡公胡公夷王之時哀公同母少弟山殺胡公而自立是爲獻公九年獻公卒子武公壽立二十六年武公卒子厲公無忌立胡公子復入齊故殺厲公胡公子亦戰死齊人乃立厲公子赤爲君是爲文公文公十二年卒子成公說立九年卒子莊公購立六十四年莊公卒子釐公祿父立三十二年釐公卒大子諸兒立是爲襄公是歷胡獻武厲文成莊僖襄凡九世也九世猶可以復讎乎雖百世可也【注】百世大言之爾猶詩云嵩高維嶽峻極于天君子萬年【疏】曲禮疏引異義公羊說復百世之讎古周禮說復讎之義不過五世謹案魯桓公爲齊襄公所殺其子莊公與齊桓公會春秋不譏又定公是魯桓公九世孫孔子相定公與齊會于夾谷是不復百世之讎也從周禮說鄭康成無駁與許同也周禮疏引異義又云古周禮說復仇可盡五世之內五世之外施之於己則無義施之於彼則無罪所復者惟謂殺者之身及在被殺者子孫可盡五世得復之按世家子糾小白皆襄公之弟故春秋止譏魯莊與襄公狩不譏其會桓且襄譏皆壹而已耳故於後無譏文也孔子相定公事不得援以相難厲氏鶚齊襄公復九世讎議曰復讎之義見乎禮經者父之讎弗與共戴天兄弟之讎不反兵未聞有九世也卽以世讎言之止有五世不應有九世周官調人云父之讎辟諸海外兄弟之讎辟諸千里之外從父兄弟之讎不同國賈公彥疏云此經略言其不言者皆以服約之伯叔父母姑姊妹女子子在室及兄弟衆子一與兄弟同其祖父母曾祖父母高祖父母其孫承後

皆斬衰皆與父同其不承後者祖與伯叔同曾祖高祖齊衰三月皆與從父兄弟同自外不見者據服爲斷也夫據服爲斷親盡則讎盡故許愼異義古周禮說復讎之義不過五世魯桓爲齊襄所殺定公是桓九世孫孔子相定公與齊會是不復九世之讎也公羊所云諸侯會聚之事必稱先君以相接齊紀無說焉不可以並立乎天下其不然矣凡經之所云讎者皆是殺義鄭注父者子之天殺己之天紀侯佀譖哀公安必懿王之受而烹之不得云紀侯殺之也懿王受譖而烹之則齊襄之讎當在莊王矣天王其可讎乎子胥入郢撻平王之墓左氏紀鄖公辛之言曰君討臣誰敢讎之君命天也則公羊父不受誅子復讎之義疏矣乃子胥不聞辱無極之屍何有譖九世之祖而怒其無罪之遠孫哉且齊之政始衰于哀公齊風雞鳴刺哀公之荒淫還刺哀公之好獵外禽內色未或不亡當時于王室必有失朝覲貢獻之職者而後紀侯之譖得入之周德雖衰哀公非不受誅彼讎及九世者衡以推刃之說其自相刺謬亦甚矣紀齊同姓國也又嘗同盟于黃前此齊師遷紀郱鄑郚三邑紀季以酅入于齊齊侯之利其地也久矣甫田之詩刺襄公無禮義而求大功不修德而求諸侯是其事也滅同姓無親也滅同盟無信也襄公獸行而賢其復九世之讎此公羊之俗說也按厲氏此說直不知春秋者也春秋爲張義之書非紀事之書齊襄利紀土地自不言言春秋因其託名復讎即以復讎予之予復讎非予齊襄也明父祖之讎不可一日忘以此坊民猶有反顏之讎者稽康爲晉文所害稽紹死難於晉惠君子責其忠而不孝矣哀公荒淫天子討之義也設非紀侯之譖安必懿王討之討之而烹之能令子孫之不讎乎子孫不敢讎天子因讎其所由正子孫私恩之正也齊哀可受周王之誅不必受紀侯之譖復讎于紀正得推刃之義何有刺謬乎服盡則讎盡則尤厲氏之謬說

也通義云黃道周曰九世而猶可況於三年之內乎故公羊子善於立言者也後漢書袁紹傳若齊襄報九世之讎士匄卒荀偃之事是故春秋美其文君子大其信○注百世至萬年○說文十十也凡衆多皆曰百易繫辭傳百官以治書堯典平章百姓是也引伸之凡極多極久曰百如百年百世皆是大言之者猶言極言之耳詩見大雅崧高篇君子萬年見小雅瞻彼洛矣亦極言之嵩高不必果峻極于天君子不必果萬年也釋文嵩作崧云本亦作嵩校勘記云維嵩作惟

家亦可乎注家謂大夫家疏注家謂大夫家○左傳桓二年云故天子建國諸侯立家謂天子封諸侯諸侯命大夫也周禮載師職以家邑之田任稍地注家邑大夫之采地夏官大司馬職家以號名注家謂食采地之臣也是大夫稱家也其實諸侯亦稱家孟子梁惠王云萬乘之國弒其君者必千乘之家趙注千乘當言國而言家者諸侯以國爲家者以避萬乘稱國故稱家君臣上下之辭史記吳泰伯以下凡諸侯目爲世家索隱引董仲舒云王者封諸侯非官之也得以代代爲家者也是也

曰不可國何以可注据家不可疏隱三年傳云譏世卿世卿非禮也大夫不世故不得與諸侯同也

國君一體也先君之恥猶今君之恥也今君之恥猶先君之恥也注先君謂哀公今君謂襄公言其恥同也疏國君世以國爲體故先君今君其恥同也禮說云襄公復九世之讎說者譏其迂不知諸侯有會盟朝聘之禮必稱先君以相接一稱先君則與讎人之子相揖讓可乎春秋爲撥亂反正之書是年冬公及齊人狩于郜此言復九世之讎則及身而與讎狩者其罪不上通於天乎孟子曰矯枉者過其正傳故相言之雖百世可也王應麟

曰臣不討賊非臣也子不復讎非子也讎者無時焉可與通此三言者君臣父子天典民彝係焉朱子戊午讜議曰有天下者承萬世無疆之統則必有萬世無疆之讎吁何止百世哉顧棟高反譏其不情謂漢武欲困匈奴下詔曰昔齊襄復九世之讎春秋大之遂至兵連不解殫財喪師流血千里公羊一言之流毒至此嗟乎設使公羊無此言漢武遂不窮兵黷武哉邊疆之釁何代無之皆公羊之流毒耶

國君何以爲一體 注 据非一世 疏 注据非一世○禮士冠記云繼世以立諸侯國語周語后稷韋注父子相繼曰世世世相承自一世至百世皆然故云据非一世

國君以國爲體諸侯世故國君爲一體也 注 雖百世號猶稱齊侯 疏 禮喪服傳云大夫及學士則知尊祖矣諸侯及其大祖天子及其始祖之所自出國君以國體爲重自大祖而下皆一體也通義云大夫士之義不得世故喪服傳云父子一體也昆弟一體也禮所與使復讎者亦唯父母之讎不與同生昆弟之讎不與聚國也按厲氏明乎此則不牽涉周禮禮記辟讎之說紛紛妄辨蓋彼經所言皆指大夫士庶言與有國者自殊也

今紀無罪 注 今紀侯也此非怒與 注 怒遷怒齊人語也此非怒其先祖遷之於子孫與 疏 注怒遷至孫與○論語雍也篇不遷怒遷怒爲怒猶不如言如也蓋方言耳經義述聞云家大人曰遷怒但謂之怒則文義不明何注非也怒之言弩太過之謂也方言凡人語而過東齊謂之劍或謂之弩弩猶怒也荀子君子篇刑罰不怒罪爵賞不踰德怒也踰也皆過也是古者謂怒爲過今紀無罪此非怒與者言今日之紀無罪乃因其先世有罪而滅之此非太過與東齊謂過爲弩則弩者齊人語也又云怒

者太過也解者曰遷怒則於怒上增遷字矣按王說亦通校勘記云於當作于曰非也古者有明天子則

紀侯必誅必無紀者疏經義述聞云謹案必無紀下不當有者字蓋涉下文至今有紀者而衍唐石經本闕無紀者三字而字數與今本同則原刻已衍者字矣紀侯之不誅至今有紀者猶無明天子

也疏猶無猶言由無也惠氏棟云猶由通按莊十四年左傳猶有妖乎正義古者由猶二字通是也古者諸侯必

有會聚之事相朝聘之道號辭必稱先君以相接疏通義云號者玉幣之號若秦伯使遂來聘曰不腆先君之敝器使下臣致諸執事辭者賓主之辭若聘禮曰不腆先君之祧既拚以俟矣按大祝云一曰祠鄭司農云祠當爲辭謂辭令也元謂一曰辭者交接之辭春秋傳曰古者諸侯相見號辭必稱先君以相接辭之辭也禮記表記曰無辭不相接也無禮不相見也欲民之無相褻也注辭所以通情也禮謂摯也春秋傳曰古者諸侯有朝聘之事號辭必稱先君以相接也

然則齊紀無說焉不可以並立乎天下注無說無說懌也疏注無說至懌也○說懌宋本同閩本監本手本作悅懌釋文無說音悅注同是陸本亦作說段氏玉裁云依說文注當作說釋說悅釋懌皆古今字經義述聞云謹按說當如字讀說卽號辭也承上文言之古者諸侯必有會聚之事相朝聘之道號辭必稱先君以相接今齊之先君爲紀所害則齊紀先世有不共戴天之讎不忍復稱先君故無辭以相接也故曰齊紀無說焉不可以並立乎天下按王說亦可通舊疏云正以號辭必稱先君是以齊紀不得並立於天下也古若有明天子則須去其不直是以上文云古者有明天

子則紀侯必誅也故將去紀侯者不得不去紀也疏言若去其君則不得存其國有明

天子則襄公得為若行乎注若如也猶曰得為如此行乎疏注若如至

行乎○考工記梓人職毋或若女不寧侯注若如也廣雅釋詁云如若也國語魯語若我往注若如也呂覽下賢云堯論其德行智

達而不若注若如也若如雙聲為訓也經傳釋詞云若猶此也則襄公得為若行乎謂此行也又釋僖二十六年傳曷為以外內同

若辭謂此辭也定四年傳君如有憂中國之心則若時可矣謂此時可也論語君子哉若人謂此人也按若亦有作如此用者書大

誥云爾知寧王若勤者言如此勤也孟子梁惠王篇以若所為求若所欲言如此所為如此所欲也荀子禮論篇故人苟生之為見

若者必死苟利之為見若者必害言如此者必死必害也故史記禮書正義云若如此也舊疏云行讀如有子行之之行曰不

得也不得則襄公曷為為之上無天子下無方伯注有而無益於

治曰無猶易曰闃其無人疏鹽鐵論論儒云上無天子下無方伯天下煩亂賢聖之義也○注有而至

無人○所引易豐上六爻辭彼作无有人如无人也後漢安帝紀帝曰上無明天子下無賢方伯為天子不明方伯不賢無益於治

雖有如無故直曰無襄十五年左傳其相曰朝也慧曰無人焉亦此義闐各本作闃非此及易釋文皆苦鶪反彼又引馬鄭云无人

貌作闃孟作窒此所引與王輔嗣本同緣恩疾者可也注疾痛也賢襄公為諱者以

復讎之義除滅人之惡言大去者為襄公明義但當遷徙去之不

當取而有明亂義也不爲文實者方諱不得貶【疏】注疾痛也○成十三年左傳痛心疾首注疾痛也荀子彊國云疾養緩急之有相先者也注疾痛也凡人有疾如痛故謂疾爲痛孟子梁惠王篇疾首注頭痛也是也舊疏云時無明王賢伯以誅無道緣其有恩痛於先祖者可以許其復讎故曰緣恩疾者可也蓋父祖之讎未復則痛於心故也包氏慎言云齊襄莊公弒父之讎也春秋之大齊襄刺魯莊也齊襄不忘遠祖之讎而魯莊忘其父之讎而爲之主婚與之會狩焉會聚必稱先君齊紀無說焉齊魯得有說乎襄公之卜滅紀曰師喪分焉寡人死之不爲不吉也莊公果有不共戴天之志即上無所訴下無所控而以死喪決之則襄公之殺不待無知矣紀之滅不曰滅曰大去穀梁云不使小人得加乎君子正言也公羊曰爲襄公諱婉辭也言以復讎之滅人國君子不以滅國坐之文見於此而義起於彼上不畏天王之誅下不畏方伯之討而覥顏事讎責莊公不以先君之恥爲恥自絕於國也傳曰有明天子則襄公得爲若行乎曰不得也不得則襄公曷爲爲云上無天子下無方伯緣恩疾者可也九世之祖其恩疾何如其父讎未討書葬爲內量力不責人爲莊公量而莊公安然自量如莊公爲不子矣故因假襄公以譏之所謂習其讀問其傳而不知己之有罪耳○注賢襄至之惡○隱二年傳疾始滅也又云此滅也其言入何內大惡諱也彼爲內諱改滅而書入此爲賢諱改滅而曰大去也以復讎之義除滅入之惡亦宋莊公篡以計除之意也○注言大至義也○校勘記云鄂本宋本而作有疑誤按解云不當取而有之明其亂正義矣繁露滅國下云紀侯之所以滅者乃九世之讎也一旦之言危百世之嗣故曰大去與何義少異舊疏云襄公亂義而不惡者正以復讎除之按此蓋亦爲齊襄盈乎諱也爾如傳義齊紀既

不容並立勢不得不滅其國而又云但當遷徙去之不當取而有者蓋滅紀之後當上之天子諸侯不得盜有土地也周天子擇紀賢者立之以奉其後不得取譖者之子孫庶近於義矣○注不爲至得貶○僖元年傳不與諸侯專封也曷爲不與實與而文不與曷爲不與諸侯之義不得專封也諸侯之義不得專封則其實與之何上無天子下無方伯天下諸侯有相滅亡者力能救之則救之可也又見宣十一年所謂文實也蓋彼責備賢者故文以專封責桓公而實以美桓之存亡國其美自見無庸爲諱襄公本非賢者滅國之罪又重於專封假復讎以除罪本春秋微詞以責魯莊故曲爲襄諱不必又起貶義也舊疏云凡爲文實者皆初以常事爲罪而貶之然後計功除過此齊襄功實未足除過故傳不爲文實也

六月乙丑齊侯葬紀伯姬 疏 經六月有乙丑麻有乙亥乙酉乙未無乙丑五月之二十三七月之二十四皆乙丑也

外夫人不書葬此何以書 注 据鄫季姬也 疏 注据鄫季姬○即僖十六年鄫季姬卒無葬文是也

隱之也何隱爾其國亡矣徒葬於齊爾 注 徒者無臣子辭也國滅無臣子徒爲齊侯所葬故痛而書之明魯宜當閔傷臨之卒不日葬日者魯本宜葬之故移恩錄文於葬 疏 穀梁傳外夫人不書葬此其書葬何也吾女也失國故隱而葬之注隱痛也不日卒而日葬閔紀之亡也經傳釋詞爾猶而已也檀弓用美焉爾言用美焉而已又曰主

人自盡焉爾言主人自盡焉而已公羊傳徒葬於齊爾又不崇朝而徧雨乎天下者唯泰山爾論語鄉黨篇唯謹爾並與而已同義○注徒者至所葬○廣韻徒空也又但也葬者生者之事國滅君亡無臣子故但爲齊侯所葬耳各本所葬作所殺誤依鄂本正○注故痛至臨之○禮喪服不杖期章姑姊妹女子子適人無主者魯女嫁爲諸侯夫人本無尊降宜亦出降大功今夫國已亡魯宜依無主之服服本服期喪服傳無主者謂其無祭主者也何以期也爲其無祭主故也注無主後者人之所哀憐不忍降之也雖係士禮喪服經載大夫之子爲姑姊妹女子子無主者亦期大夫與大夫之子同推之諸侯禮亦宜然故痛而書之明當閔傷臨之也○注卒不至於葬○上三月書紀伯姬卒不日是也舊疏云春秋內女卒例日而紀伯姬卒不日故如此解又云此雖不及五月不得以渴葬解之爲渴葬慢葬自施於諸侯非夫人例

此復讎也曷爲葬之注据恩怨不兩行滅其可滅葬其可葬此其爲可葬奈何復讎者非將殺之逐之也以爲雖遇紀侯之殯亦將葬之也注以爲者設事辭而言之以大斂而徙棺曰殯夏后氏殯於阼階之上若存殷人殯於兩楹之閒賓主夾之周人殯於西階之上賓之也稱齊侯者善葬伯姬得其宜也疏注以爲至之辭○禮記檀弓曰吾以將爲賢人也以卽以爲也以爲雙聲故以亦訓爲玉篇以爲也是也凡未事而億度之皆曰以爲故爲設事辭設者假借之辭也戰國策齊策今先生設爲不宦高云設者虛假之辭是也○注以大至曰殯○禮

士喪禮云卒斂徹帷此大斂禮畢下云主人奉尸斂于棺踊如初乃蓋注棺在肂中斂尸焉所謂殯也檀弓曰殯于客位按檀弓周禮也士喪禮又云主人降北面視肂設熬旁一筐踊無算注以木覆棺上而塗之為火備卒塗祝取銘置于肂主人復位此大斂後而殯之節也○注夏后至之也○舊疏云檀弓上篇文白虎通崩薨篇云夏后氏殯於阼階殷人殯於兩楹之間周人殯於西階之上夏后氏教之忠忠者厚也曰生吾親也死亦吾親也主人宜在阼階殷人教以敬曰死者將去又不敢客也故置之兩楹之間賓主共夾而敬之周人教以文曰死者將去不可又得故賓客之也西引檀弓記曰夏后氏殯於阼階殷人殯於兩楹之門周人殯於西階士喪禮周禮也主人入門左視塗注肂在西階入門而左由便趨疾是也○注敢齊至宜也○杜云紀季入酅為齊附庸而紀侯大去其國齊侯加禮初附以崇厚義故攝伯姬之喪而以紀國夫人禮葬之

秋七月

冬公及齊人狩于郜 疏 左氏作禚

公曷為與微者狩 注 据與高傒盟諱此競逐恥同 疏 注据與至恥同○据莊二十二年秋及齊高傒盟于防傳云公則曷為不言公諱與大夫盟也此與微者競逐禽獸與大夫盟同宜諱故難之 齊侯也 注 以不沒公知為齊侯也 疏 注以不至信也○舊疏云正以大夫盟即沒公此不沒公者齊侯故也按穀梁傳曰齊人者齊侯也杜氏以齊人為賓微者云越竟與齊微者狩失禮沈氏欽韓云雖無人心何為與齊之微者狩尊卑上下

自有統紀齊之微者安能與鄰國之君狩乎人者齊侯也齊侯則其稱人何諱與讎狩也注禮父母之讎不共戴天兄弟之讎不同國九族之讎不同鄉黨朋友之讎不同市朝稱人者使若微者不沒公言齊人者公可以見齊微者至於魯人皆當復讎義不可以見齊侯也疏穀梁傳何爲卑公也不復讎而怨不釋刺釋怨也○注禮父之市朝○禮記曲禮云父之讎弗與共戴天兄弟之讎不反兵交遊之讎不同國注父者子之天殺己之天與共戴天非孝子也行求殺之乃止又檀弓云居父母之讎如之何夫子曰寢苫枕干不仕弗與共天下也遇諸市朝不反兵而鬬注不可以並生言雖適市朝不釋兵又曰請問居昆弟之讎如之何曰仕弗與共國銜君命而使雖遇之不鬬曰請問居從父昆弟之讎如之何曰不爲魁主人能則執兵而陪其後大戴禮曾子制言云父母之讎不與同生兄弟之讎不與聚國也友之讎不與聚鄉族人之讎不與共鄰白虎通誅伐云子得爲父報讎者臣子於君父其義一也忠臣孝子所以不能已以恩義不能奪也故曰父之讎不共天下兄弟之讎不與共國朋友之讎不與同朝族人之讎不共鄰故春秋傳曰子不復讎非子按何氏所說復讎之次與白虎通合惟朋友之讎與大戴禮異父讎不共戴天而周禮調人云辟諸海外不共戴之天極言孝子不與父讎並生之義若已辟諸海外則亦力有所難故禮記疏引鄭答趙商云讎若在九夷之東八蠻之南六戎之西五狄之北雖有至孝之心能往討之乎是也鄭注曲禮云交遊或爲朋友盧辯云朋友之讎不同國厚矣則曲禮似過此云不同市朝得矣檀弓說居昆弟之讎曰仕弗與

共國與此不同國同調人云兄弟之讎辟諸千里之外從父昆弟之讎不同國又云主友之讎視從父昆弟蓋同一不同國昆弟之讎不同國中並處朋友之讎但不同國仕耳定四年傳云朋友相衞古之道也義亦通於此此也檀弓說居從父昆弟之讎意卽此之九族彼曰不爲魁主人能則執兵陪其後與此不同鄉黨其輕重相似也與調人之不同國殊蓋惟君父之讎不共戴天無異說其餘則各述所聞故難一致○注稱人微者○穀梁傳其稱人何也卑公之敵所以卑公也通義云等諱不沒公而必貶齊侯稱人者沒公則但有諱義人齊侯兼以惡齊也諸侯以國爲體雖据哀錄莊猶有讎齊之心爲讎之則其言賢之何也賢其可賢貶其可貶以直報怨春秋以之沈氏欽韓云莊公安之而書者爲愧之從而微之○注不沒至侯也○周禮調人云君之讎視父隱十一年傳子沈子曰君弑臣不討賊非臣也子不復讎非子也明齊襄魯之臣民皆當讎之若沒公則嫌魯之微者可與齊侯狩明亦不宜也不沒公而貶齊侯爲微者見齊之臣下莊公無爲讎之不見也

前此者有事矣 注 溺會齊師伐衞是也 疏 注溺會至是也○見上三年春穀梁於彼惡其會讎讎伐同姓公羊所不取

後此者有事矣 注 師及齊師圍盛是也 疏 注師及至是也○見下八年

則曷爲獨於此焉譏於讎者將壹譏而已故擇其重者而譏焉 疏 莊氏述祖春秋正詞云若諸侯不享覲不可勝譏則書公如齊於上書大夫如京師於下而自如齊以異之若諸侯不會葬奔喪不可勝譏則書公子遂如晉葬晉襄公書叔孫得臣如京師辛丑葬襄王日以異之書十二月甲寅天王崩乙未楚子昭卒不以日先後爲序以大異之

莫重乎其與讎

狩也注狩者上所以共承宗廟下所以教習兵行義疏通義云從禽爲樂與雝共之乃忘親之大者○注狩者至行義○桓四年傳云諸侯曷爲必田狩一曰乾豆二曰賓客三曰充君之庖注必田狩者孝子之意以爲己之所養不如天地自然之牲逸豫肥美禽獸多則傷五穀因習兵事又不空設故因以捕禽獸所以共承宗廟示不忘武備又因以爲田除害左傳隱五年云故春蒐夏苗秋獮冬狩皆以農隙而講武事也於雝者則曷爲將壹譏而已雝者無時焉可與通通則爲大譏不可勝譏故將壹譏而已其餘從同同注其餘輕者從義與重者同不復譏都與無雝同文論之所以省文達其異義矣凡二同故言同同疏校勘記云唐石經諸本同注凡二同故言同同解云考諸古本傳及此注同字之下皆無重語有者衍文按疏中標注亦作凡二同故言同同衍一同字○注其餘至者同論之○舊疏云謂皆是與雝交接更無貶文矣○注所以至義也○舊疏云一則省文二則達其異義矣其異義者圍盛不稱公者諱滅同姓溺會齊師伐衛不稱氏者見未命大夫也若不省文文無以見此義故曰所以省文達其異義矣按此知許慎異義据夾谷會以駁公羊之謬矣○注凡二至同一同○舊疏云輕者不譏見與重者同一同也都與無雝同文論之一同也故曰凡二同矣讀書叢錄云按注其餘輕者從義與重者同不復譏都與無雝同文論之所以省文達其異義矣疏輕者不譏見與重者同一同也都與無雝同文論之二同也故曰凡二同矣傳及此注皆當作同同古本非是按孫說是也注明云凡二同故言同同則重

同字者是

公羊義疏十八

西元二〇二四年三月一日重製一版

公羊義疏　冊一（清陳立撰）

平裝四冊基本定價參仟元正
（郵運匯費另加）

發行人　張敏君

發行處　中華書局

臺北市內湖區舊宗路二段一八一巷八號五樓（5FL., No. 8, Lane 181, JIOU-TZUNG Rd., Sec 2, NEI HU, TAIPEI, 11494, TAIWAN）

客服電話：886-8797-8396

公司傳真：886-8797-8909

匯款帳戶：華南商業銀行西湖分行
179100026931

印　刷：維中科技有限公司
海瑞印刷品有限公司

No. N0032-1

國家圖書館出版品預行編目(CIP)資料

公羊義疏/(清)陳立撰. -- 重製一版. -- 臺北市 : 中華書局, 2024.03
冊 ; 公分
ISBN 978-626-7349-04-5(全套 : 平裝)

1.CST: 公羊傳 2.CST: 研究考訂

621.717 113001464